国家出版基金项目
“十三五”国家重点出版物出版规划项目
安徽省文化强省建设专项资金项目

日瓦戈医生

Доктор Живаго

［苏联］帕斯捷尔纳克◎著
力 冈 冀 刚◎译

安徽师范大学出版社
·芜湖·

图书在版编目(CIP)数据

日瓦戈医生 / (苏)帕斯捷尔纳克著；力冈，冀刚译. — 芜湖：安徽师范大学出版社，2018.1
(力冈译文全集；9)
ISBN 978-7-5676-3269-1

Ⅰ. ①日… Ⅱ. ①帕… ②力… ③冀… Ⅲ. ①长篇小说－苏联 Ⅳ. ①I512.45

中国版本图书馆CIP数据核字(2017)第258878号

日瓦戈医生 [苏联]帕斯捷尔纳克◎著 力冈 冀刚◎译
RIWAGE YISHENG

责任编辑：汪碧颖
装帧设计：刘 畅 桑国磊
出版发行：安徽师范大学出版社
芜湖市九华南路189号安徽师范大学花津校区
网 址：http://www.ahnupress.com/
发 行 部：0553-3883578 5910327 5910310(传真)
印 刷：浙江新华数码印务有限公司
版 次：2018年1月第1版
印 次：2018年1月第1次印刷
规 格：880 mm×1230 mm 1/32
印 张：22
字 数：517千字
书 号：ISBN 978-7-5676-3269-1
定 价：148.00元

力冈先生文学翻译的历史意义

——序《力冈译文全集》

刘文飞
中国俄罗斯文学研究会会长

在力冈先生诞辰91周年的今天，在力冈先生去世20年后的当下，在洋洋19卷23册的《力冈译文全集》面世的此刻，我们终于可以试着归纳一下他的文学翻译所具有的历史意义了。

一

力冈先生的文学翻译苦行僧形象是具有典型意义和感召力量的，这是中国老一辈俄苏文学翻译家留下的一个苍凉背影，也是他们为自己建起的一座“非人工的纪念碑”。翻译是一项苦差事，是需要坐冷板凳的，是一项付出和回报往往不成正比的工作，是一种注定要与孤独和寂寞为伴的工作。文学翻译至少需要出色地掌握两种语言，而好的外语或许能让人找到另外一种更为轻松、更有利可图的工作，好的翻译家若用其母语来进行创作，大约自己也能写出像样的文学作品来。可是，文学翻译似乎像电子游戏、像吸食鸦片一样是一种能让人上瘾的事情，一旦上手，一旦品味到其中的甘苦，往往便欲罢不能。始自玄奘的翻译姿态和翻译精神，似乎成了中国一代又一代译者的宿命，即专注和吃苦，苦修和执着。

力冈先生1926年生于山东乡间，自幼失去母亲，生活贫苦，到他上中学时，家乡被日寇占领，他流亡河南、甘肃、陕西等地。1950年，他考入哈尔滨外国语专门学校俄语专业，毕业后志愿来到安徽师范大学任教，不久就开始了文学翻译工作，陆续在报刊上发表一些短篇译作，至1956年，他的单行本译作《里雅希柯小说集》已由上海新文艺出版社推出。然而次年，他便在反右运动中蒙冤，被开除公职，押往新生耐火材料厂劳教。1960年7月，他因“劳动表现突出”被摘掉右派帽子，重返学校，他在教学之余立即重拾译笔，在短短数月间便译出苏联作家艾特马托夫的中篇小说《查密莉雅》，这篇译作在《世界文学》杂志1961年第10期刊出，引起轰动，“力冈”这一译家大名从此进入人们的视野。就在力冈先生准备大展宏图、施展拳脚的时候，“文化大革命”却突如其来，1968年，他再度被逐出校园，下放至宣城地区新田公社劳动改造，直到“文革”结束后的1978年方得以重返讲台，此时他已过天命之年，用他自己的话说就是：“噩梦醒来，已是人生的黄昏。”文学翻译需要天赋，但也是一种力气活，在对于一位翻译家而言的黄金时期，即30—50岁，力冈先生却两度蒙冤，两度再拾译笔，重新开始，这需要何等的勇气和坚韧！他两落三起的翻译经历，几乎就是20世纪五六十年代中国的俄苏文学翻译家们跌宕起伏的人生经历的缩影，就是那一时代中国知识分子命运的象征。令人惊讶的是，重返译坛的力冈先生以超乎常人的工作激情和翻译速度，在1978年后的20年间陆续出版20余部译著，平均每年一部，总字数达700余万。在20世纪80年代，最初几部译著的出版使力冈先生挣到了以当时标准看相当不菲的稿酬，甚至成为所谓“万元户”，但他似乎无暇也无意去享受自己的劳动成果，依然粗茶淡饭，素衣裹身，与此同时却以更大的热情继续译事，终日伏案，不懈地爬格子。1997年2月，力冈先生因肝癌病在芜湖弋矶山医院逝世，据家人说，他在生命的最后时刻仍在念叨着未译完的最后一部译作《罪与罚》。我们或许可以说，他是被文学翻译累死的；我们肯定可以说，文学翻译是他最为看重的毕生事业。

力冈先生少年时四处漂泊，中年时命运多舛，老年时病魔缠身，他的一生似乎都不是给最需要安宁和平静的翻译家所准备的；力冈先生的职业是教师，他偏居小城，又不善交际，这些似乎都不构成他迅速成长为一位全国著名翻译家的前提条件。但是，正如吴笛教授在他纪念力冈先生的文章中所言：“他的一生就是用出人意料的成就表现了悲怆的境界。面对种种意想不到的遭遇和不公，他并没有沉沦，也没有片面地记恨，而是在艰难的岁月中怀着对人性的憧憬，将厄运升华为创作的动力，在逆境中不忘呼唤人性和仁爱，将种种遭遇视为生命中的财富，在悲怆的境界中抒写诗意人生，毫不气馁地追求生命的意义，在自己所献身的俄罗斯文学翻译事业中，做出了杰出的贡献。”

普希金说过：“译者是文明的驿马。”笔者曾对此说法加以引申：“如果说广义的译者是文明的驿马，那么专事文学翻译的人士便是‘文学的驿马’了。凑巧的是，在汉语中，译者的‘译’和驿马的‘驿’不仅同音，而且在词源、词形和词义上也很相近，区别似乎仅在于后者为‘马儿’而前者是‘文人’（言者）。……用在驿站间往复奔波的马儿来形容译者，每个有过译事经验的人大约都能在这个比喻中品味出某种艰苦和辛酸，甚至是束缚和无奈。……既要有出众的能力还要有忍辱负重的秉性，日复一日的奔波只能换得微薄的粮草，还得时刻提防路途中遍布的坑洼和沼泽，能善此业者非驿马莫属也。”力冈先生就是这样一匹忍辱负重、砥砺前行的“文学的驿马”。力冈先生以他的作为告诉我们，文学翻译是一项可以托付终生的事业，是一种富有意义的存在方式；力冈先生及其文学翻译活动是一种燃烧生命的举动，一个与命运抗争的典范，同时是他的翻译意志奏出的一曲凯歌。

二

力冈先生是在中国改革开放的热潮中展开他最积极的翻译活动的，他的大部分译作出版于20世纪80年代。浏览一下力冈先生的译作书目，可以发现出版于80年代的译著有十余部之多，计有格鲁兹杰夫的《高尔基传》（与济凯合译，江西人民出版社1980年版）、冈察尔的《爱的归宿》（安徽人民出版社1983年版）、巴巴耶夫斯基的《野茫茫》（浙江文艺出版社1983年版）、艾特马托夫的《白轮船》（外国文学出版社1984年版）、阿列克谢耶夫的《儿时伙伴》（山东文艺出版社1984年版）、波利亚科夫的《别林斯基传》（黑龙江人民出版社1985年版）、普希金的《暴风雪》（春风文艺出版社1985年版）、肖洛霍夫的《静静的顿河》（漓江出版社1986年版）、帕斯捷尔纳克的《日瓦戈医生》（与冀刚合译，漓江出版社1986年版）、帕斯捷尔纳克的《含泪的圆舞曲——帕斯捷尔纳克诗选》(与吴笛合译,浙江文艺出版社1988年版)、卡里姆的《悠悠儿时情》(安徽文艺出版社1989年版)和格罗斯曼的《风雨人生》(漓江出版社1991年版)等。从这个目录还可以看出,力冈这一时期的译作总体上以苏联当代文学作品为主要翻译对象。

20世纪80年代是中国当代史上的一个特殊时期,那是一个文化转型期,甚至可以说是中国现当代的一场文艺复兴,是一个文化觉醒的黄金时期。在那场汹涌壮阔的思想解放运动中,在整个改革开放后中国当代文化的建构过程中,对外国文学和外国文化的翻译和介绍起到了无可替代的重要作用,中国当今的现代化,从某种意义上说就是一种“被翻译过来的现代化”。那是一个文学的时代,也是一个翻译文学的时代;那是一个开放的时代,更是一个对外国优秀文学和文化开放的时代,在精神上饥寒交迫的国人首度面对外国文学的盛宴,饕餮之余,最应该感谢的就是那一时代的翻译家。在中国改革开放后出现的外国文学翻译热潮中,俄苏文学也是重要的译介对象之一,力冈先生的译著也和其他众多翻译作品一样,是对改革事业的添砖加瓦,是为思想解放运动注入的燃料,对当时中国社会的文化重建、国民文化性格的重塑起到了重要作用。

中国的俄国文学翻译始自19世纪末,在五四时期出现第一个高潮,如今人们在探讨五四运动的起因时,常将俄国的文学与德国的马克思主义和法国的启蒙思想并列为三大思想资源,由此不难看出俄国文学在当时中国社会所发挥的强大思想作用。后来,在抗日战争时期,在新中国成立之后的50—60年代,俄苏文学再度发挥“军火”和“样板”功能，而在改革开放时期，包括俄苏文学在内的外国文学，又一次成为国人解放思想、放眼世界的意识形态工具和思想武器。如果说，鲁迅那一代翻译家是“给起义的奴隶偷运军火”的人，那么，改革开放时期的这一代中国翻译家同样是为国人“盗火”的普罗米修斯，功莫大焉，没有包括力冈先生在内的这一代翻译家的辛勤工作，国人的思想解放就是难以想象的。如果我们把出生在19、20世纪之交的翻译家如鲁迅、瞿秋白、蒋光慈、茅盾、巴金、耿济之等视为中国第一代俄国文学翻译家，那么20世纪第一个十年前后出生的姜椿芳、曹靖华、戈宝权、查良铮、汝龙、满涛、叶水夫等就是第二代，而力冈以及去年去世的草婴和刚刚去世的高莽等人则构成中国的俄国文学翻译家的第三代方阵，这一代翻译家同样以自己的辛勤努力为中国的思想启蒙和文化构建做出了历史性的贡献。

中国第三代俄国文学翻译家的工作也对当代中国文学的发展进程产生了深远影响。在20世纪80年代初起，俄苏文学在中国的译介出现一个“井喷”现象，十余年间，全国近百家出版社先后出版的俄苏文学作品多达近万种，在译作的种类和印数上，可能要高出此前所有同类出版物的总和。在这样一种铺天盖地的外国文学译介热潮中，受益的不仅仅是中国的读者，自然也包括中国的作家。王蒙在他的《青春祭》（作家出版社2006年版）一书中写道：“我们这一代中国作家中的许多人，特别是我自己，从不讳言苏联文学的影响。是爱伦堡的《谈谈作家的工作》在50年代初期诱引我走上写作之途。是安东诺夫的《第一个职务》与纳吉宾的《冬天的橡树》照耀着我的短篇小说创作。是法捷耶夫的《青年近卫军》帮助我去挖掘新生活带来的新的精神世界之美。在张洁、蒋子龙、李国文、从维熙、茹志鹃、张贤亮、杜鹏程、王汶石直到铁凝和张承志的作品中,都不难看到苏联文学的影响。张贤亮的《肖尔布拉克》、张承志的《黑骏马》以及蒋子龙的某些小说都曾被人具体地指认出苏联的某部对应的文学作品;这里,与其说是作者一定受到了某部作品的直接启发,不如说是整个苏联文学的思路与情调、氛围的强大影响力在我们的身上屡屡开花结果。”这里提到的张承志,就对力冈先生的译作赞不绝口,曾感慨:“我恨不得倒背如流!”由此不难窥见力冈先生的译作对改革开放时期中国作家产生的影响。

三

1984年,漓江出版社推出力冈先生重译的《静静的顿河》,这是新时期名著重译的第一部,而自90年代起,力冈先生更将名著重译当成首要任务,相继重译了多部俄国文学经典,如托尔斯泰的《复活》(译林出版社1992年版)和《安娜·卡列尼娜》(浙江文艺出版社1992年版)、屠格涅夫的《猎人笔记》(河北教育出版社1994年版)、莱蒙托夫的《当代英雄》(河北教育出版社1994年版)等,他作为翻译家的最后一项工作,就是重译陀思妥耶夫斯基的《罪与罚》。力冈先生是俄国文学经典著作重译的倡导者和先行者之一,他几乎将他翻译艺术炉火纯青的最后十年都用在了名著重译上。

文学名著重译始终是译界的一个有趣话题。中外文学史上的名作原著，无论出现在什么时代，一代又一代读者捧读的均为同一个文本，而文学名著的译本，即便是著名的译本，却常常会随着时间的推移而“衰老”，会被所谓“新译”所取代。日本著名斯拉夫学者、契诃夫的日译者沼野充义有一次曾对笔者说，被译成日语的契诃夫作品每20—25年便要新译一次，以适应新一代的读者。他的话让笔者大吃一惊，可转而一想，外国文学作品的汉译其实也有着大致相同的命运，尽管其存活期未必一定就是20—25年。汉语文学中的原创名著，如唐诗宋词元曲，如《三国演义》《水浒》《西游记》《红楼梦》，自然在任何时代都不需要也不允许做任何文字加工，可汉语文学中的翻译名著，即便是近现代翻译大家们的著名译作，如严复译的《天演论》、林纾和魏易译的《黑奴吁天录》、鲁迅译的《死魂灵》等，如今也会让人觉得不无“过时”之感，至少会让当下的读者阅读不畅。也就是说，文学名著是永恒的，不朽的，它们的译作却是相对短命的。笔者曾在一篇文章中对名著重译现象作过一番思考：首先，从读者方面看，读者为什么会在面对原作和译著时持有不同的阅读态度呢？他们对于原作和译作这种不同的阅读取舍究竟源自何种阅读心理呢？这种厚此薄彼的取向究竟是先天的还是后天的，是产生在翻译活动出现之后还是之前，这种倾向与文学名著重译这两者之间究竟存在着什么样的互动关系呢？其次，从译者的角度看，在进行重译和新译时究竟该如何面对已有的译作，尤其是已有的优秀译作，是刻意回避，还是尽量汲取原有译作的经验和精髓呢？如果对原有译作尤其是名译作的经验和精髓有所汲取，又该如何避免抄袭的嫌疑和版权的纠纷呢？如果对前辈翻译家宝贵的翻译经验视而不见，每位新译者均另起炉灶，真的能做到青出于蓝吗？如果新译在翻译质量上无法与旧译比肩，甚至不如旧译，那么重译的意义和价值又何在呢？最后，从翻译实践活动自身来看，用16、17世纪的汉语去翻译莎士比亚当然是可笑的，但是，用21世纪的汉语网络语言去翻译莎士比亚就一定具有历史的必然性和合理性吗？不断地重译、新译，会在多大程度上减少或抹去原作的时代感和历史感，把每一部新译作都作为当下的作品来读，是不是一种最大程度的误读呢？

力冈先生在进行文学名著的重译时，不知是否也曾遭遇此类问题，但他在晚年义无反顾地执着于重译，一定是一种有意识的抉择。我们猜度，他在他翻译事业的黄金时段做出这一重大转向，可能有如下几种原因：首先，他觉得在他之前的译本还有继续加工的余地，还有再度提升的空间。力冈先生重译的这几部俄国文学名著在他之前早已有过出自名家的名译，它们是不止一代中国读者捧读的对象，但力冈先生却不畏权威，另辟蹊径，公开与多位前辈翻译大家打擂台，这或许是力冈先生个人性格的一种显现，但他敢于“叫板”，无疑因为他自信他可以比之前的译著译得更好，或至少能译出他自己与众不同的特色。其次，在译出十多本书后，作为一名富有经验的翻译家，力冈先生大约也会产生出如何超越自己的问题，重译名著，既可以与前辈译家一较高低，同时也能时刻与俄国文学史上的名著及其作者进行跨越时空的深度交流，这无疑是一种更富有挑战也更富有趣味的工作。最后，名著之所以成为名著，就因为它们往往具有更为完满的艺术价值和更为恒久的艺术生命，翻译这样的作品，无疑更能呼应社会的阅读需求，赢得更大的社会意义。

力冈先生晚年重译的多部名著如今仍在一次又一次地再版，这说明力冈重译的俄国文学经典具有长久的生命力，也说明他当年重译名著的抉择是正确的。一位翻译家，只要他的译作还能出版，还能被人阅读，这位翻译家就还活着，好的译作就是译者的生命之延续。从更为广泛的意义上说，力冈先生是我国改革开放之后名著重译之风的倡导者之一，而名著重译，对于深化我们对外国文学经典的理解和认识、对于发展我们的翻译实践和理论而言，都是极具历史意义的。

四

力冈先生是一位翻译家，也是一位大学老师，教书育人是他的本业。作为恢复高考后步入安徽师大外语系俄语专业的20名学生之一，笔者有幸受教于王老师（力冈本名王桂荣，我们当时都称他“王老师”）。记得先生1978年从插队的宣城乡村回到安徽师大后，不久就开始给我们授课，他教的是“文学选读课”。先生是一个颇为“另类”的老师：他上课不用现成的教材，没有固定的教案，就以他当时正在进行的翻译工作为授课内容；他在教室里不来回走动，几乎不做板书，仅端坐讲台，摊开那本他正在翻译的原著，一旁摆着一摞他最新出炉的译稿，按部就班、一句一句对照着讲下去。对文学没有兴趣、对文学翻译没有兴趣的学生，听这样的课或许会感到无味，当时王老师课的课堂气氛也的确有些沉闷单调，但王老师并不在意，只管自顾自地讲下去，他会讲他为什么要这样译，讲到兴奋处，他会突然提高嗓门，用带有山东腔的口音高声朗读他最得意的译文段落，读完后，他会抬起眼睛，久久地盯着天花板，似在掩饰眼里涌出的泪水。记得是在讲解《当代英雄》时，他时时指出其他译者，甚至是非常著名的翻译家的错误，并向我们分析这些错误之所以出现的可能的原因，他也时常让我们在他的译文中“挑错”或为他的译文“润色”，如果我们偶有所得，他往往显得比我们还要高兴。与王老师的文学选读课构成呼应的，是我们在大三时学的翻译课，翻译课教师张本桂先生常常给我们一些原文片段，让我们动手翻译，并在下一次翻译课上让译文出色的同学朗诵其译文，并对他认为好的译文再逐字推敲。正是在力冈先生以及张本桂先生和其他老师的精心培养下，安徽师大俄语专业涌现出一大批俄罗斯语言文学专业的人才，其中多位如今已成为国内知名的翻译家，有译著面世的人更多达十余位，如吴笛、张杰、周启超、吴嘉佑、冯华英、朱少华、陈建硕和刘文飞等。名不见经传的安徽师大俄语专业，在短短二三十年间居然成为中国的俄语文学翻译家的摇篮，王老师在天之灵也会因此而深感欣慰！

我们这个俄国文学译者群体的崛起，在很大程度上要归功于力冈先生及其同事们的言传身教。首先，他在课堂上逐字逐句的中俄文对照讲解，他关于译者甘苦的诉说，对于有志于文学翻译的学生而言弥足珍贵，这其实就是一个文学翻译的工作坊和实验室，让我们当年在初步掌握俄语后不久便接触到了俄语翻译的真谛，亲眼目睹了一位翻译家的工作过程和工作方式。其次，他既与我们分享他的翻译过程，也与我们分享他的翻译收获，记得我们在校时，他和济凯先生合译的《高尔基传》已经出版（江西人民出版社1980年版），他送给全班同学每人一本译著，并用规整的笔迹在扉页上题字签名，不难想象，我们接到这样的馈赠时会多么激动，同时也会觉得译书和出书不再是一件遥不可及的事情。最后，他以他的翻译行为和翻译意志告诉我们大家，庙小并不妨碍念经，更不妨碍修身。他在翻译课上不畏权威，真诚地点出翻译名家们的长处和短处，让我们较早地感受到某种翻译民主精神，并从而确立自己的翻译人格。在他之前的大翻译家往往都生活和工作在大城市，而他在成名后却安居小城，潜心译事，他的存在方式构成一种垂范和激励，使我们很早就意识到，一位翻译家原本可以在任何环境里成长和工作。力冈先生作为一位翻译家的作为和风骨，为他的学生们树立起一个光辉的榜样。

五

力冈的文学翻译有着其鲜明独特的文字风格。译者作为一部作品中的“被动创作者”，究竟应不应该体现其风格，这也是翻译学中一个争论已久的问题，一个见仁见智的问题，有人认为，译者的责任就在于原封不动地传导原作的风格，而不能擅自发挥，喧宾夺主。但是，译作毕竟是由译者用另一种语言进行的文学再创作，译者个人的修辞习惯和语言风格不可避免地会在其译作中得到体现，也就是说，所谓“译者风格”实际上是难以避免的。在这种情况下，如何让译者的风格与作者的风格相互接近、相互吻合，往往就成了决定译作成败的关键因素之一。译者无法在作品的风格范畴里肆意妄为，但译者毕竟有权利选择与自己相近的原著，或者说，选择自己较容易处理的翻译对象，或者说，在一部作品的翻译过程中更注重在自己的风格较易发挥的地方施展拳脚。原作风格和译者风格的吻合虽是一个可遇不可求的事情，但一旦相遇，便是译者的幸事，也是原作者的幸事，更是读者的幸事。

在力冈先生的译著中，较之于人物对话和心理描写，大段落的抒情和大场面的写景似乎得到了译者更为精心的处置，他往往能借助这些段落营造出一种悲凉壮阔、哀婉抒情的氛围，更确切地说，他往往能细腻精准地传导出原作中的此种氛围。力冈先生钟情于这样的段落，钟情于这种文学氛围的营造和传导，无疑与他饱经沧桑的生活经历相关，也是他既刚正不阿又侠骨柔情的性格使然，更是他的审美趣味和文字风格的要求。他的几部译著在书名翻译上的处理，就在一定程度上体现了他的这一追求。巴巴耶夫斯基的小说原名 ***Приволье***，这是一个很“地道”的俄语单词，意为“广阔的地方”“无拘无束”等，力冈成功地将其译成《野茫茫》，这个译名既契合小说描写苏联斯塔夫罗波尔草原地区生活的主题，也暗含着我国著名的北朝民歌《敕勒歌》所具有的苍茫壮阔的抒情力量。卡里姆的小说原题 ***Долгое-долгое детство***，力冈先生最初发表在《世界文学》上的译文题为《漫长漫长的童年》，后来出版单行本时，他将书名改为《悠悠儿时情》，

“漫长漫长的”和“悠悠”这两种均使用了叠词的译法都是对原文题目中的修辞手法和诗意情绪的准确再现，但“悠悠”较之“漫长漫长的”似乎更符合中文习惯，再加上之后的“儿时情”，无疑更有抒情味。冈察尔的小说 ***Берег любви*** 通常被译为《爱的彼岸》或《爱之岸》，力冈先生却译为《爱的归宿》，译者似乎也是在有意地“拓展”作为小说描写对象的爱情的辐射范围。力冈最重要的译作之一《生活与命运》最初的译名是《风雨人生》，力冈是在20世纪80年代末结束此书的翻译的，想必他在译完这部作品时，回顾自己和社会遭遇的种种磨难，不禁百感交集，故将格罗斯曼的原书名 ***Жизни и судьба*** 译成《风雨人生》。需要说明的是，在广西师范大学出版社不久前再版力冈先生的这部译著时，笔者建议将译著的书名改为《生活与命运》，因为这部小说如今已与托尔斯泰的《战争与和平》并列，而作者格罗斯曼在为这部小说取名时也的确是对托尔斯泰那部史诗的有意模仿，“生活与命运”和“战争与和平”，都是对人类生活最高程度的归纳和概括。

我们或许可以将力冈先生的文学翻译风格概括为“大气的诗意”或“壮阔的悲凉”，即一种融悲剧与抒情于一炉、广阔的画面感与内在的节奏感相互呼应、一气呵成的连贯调性和力透纸背的史诗感相映成趣的译文风格。在他精心翻译的《静静的顿河》和《日瓦戈医生》等巨著中，他的译笔很好地传达出了原著中原本就饱含的由抒情性、悲剧性和史诗性抱合而成的小说整体氛围，而在《生活与命运》的翻译中，他的这一风格又得到了更为充分的彰显。请读一读这部史诗长篇的结尾：“在这种宁静中，会想起去年的树叶，想起过去的一场又一场风雨，筑起又抛弃的窠巢，想起童年,想起蚂蚁辛辛苦苦的劳动,想起狐狸的狡诈和鹰的强横,想起世间万物的互相残杀,想起产生于同一心中又跟着这颗心死去的善与恶,想起曾经使兔子的心和树干都发抖的暴风雨和雷电。在幽暗的凉荫里,在雪下,沉睡着逝去的生命——因为爱情而聚会时的欢乐,四月里鸟儿的悄声低语,初见觉得奇怪、后来逐渐习惯了的邻居,都已成为过去。强者和弱者、勇敢的和怯弱的、幸福的和不幸的都已沉睡。就好比在一座不再有人住的空了的房子里,在和死去的、永远离开这座房子的人诀别。但是在寒冷的树林中比阳光明丽的平原上春意更浓。在这宁静的树林里的悲伤,也比宁静的秋日里的悲伤更沉重。在这无言的静默中,可以听到哀悼死者的号哭和迎接新生的狂欢……”这一史诗性的小说结尾写得好,译得也好,善于再现悲剧抒情风格的翻译家力冈先生的功力和风格在这里体现得淋漓尽致,炉火纯青!

俄国诗人叶夫图申科在1986年访问中国之后,深为中国俄苏文学翻译家们忍辱负重、坚持不懈的精神所感动,写下一首题为《中国翻译家》的诗作,在由笔者译成中文的这首诗的最后,诗人写道:“知识分子的良心,/就是一家出版社,/它仍能工作,/即便没有印刷机,/无论监狱、瘢迹还是侮辱,/它仍能用诗句的春燕/把各个民族连系。/翻译家们在做什么?/他们让各国人民相互走近,/越过国境,/越过谎言的沼泽地。/总有一天,要用他们的姓氏/为巨轮命名,/稻穗和麦穗,/会向他们鞠躬致敬。/伟大的译文,/就像神的预言。/翻译过来的细语,/会成为震耳的呼喊。/但愿能有一座纪念碑,/献给无名的翻译家,/那最为可敬的基座,/就由无数的译著垒成!”我们相信,力冈先生的译著,应该也被垒入这座纪念碑的基座；力冈先生的名字，应该也被刻上这座纪念碑的碑身！

二〇一七年初秋于京西

目　录

主要人物表

尤利·安得列耶维奇·日瓦戈

——即日瓦戈医生。小名尤拉

托尼娅

——日瓦戈医生的妻子

亚历山大·格罗麦科

——日瓦戈医生的岳父

安娜·伊万诺芙娜

——日瓦戈医生的岳母

格兰尼亚

——日瓦戈医生同父异母兄弟

尼古拉·尼古拉耶维奇·维杰尼亚平

——日瓦戈医生的舅父

拉莉萨·安季波娃

——日瓦戈医生的情人

巴维尔·安季波夫

——拉莉萨的丈夫。小名巴沙。化名斯特列尔尼科夫

加里乌林

——巴维尔·安季波夫小时的伙伴。小名尤苏普卡

戈尔顿

——日瓦戈医生的朋友。小名米沙

杜多罗夫

——日瓦戈医生的朋友。小名尼卡

科马罗夫斯基

——律师

米库利增

——托尼娅外祖父庄园的总管

利维里

——米库利增的儿子。红军游击队司令

瓦夏

——农村少年

玛丽娜

——日瓦戈医生后来的妻子

马尔克尔

——玛丽娜的父亲

第一部

第一章　五点钟的快车

一

送殡的行列前进着，唱着《安魂歌》。歌声间断时，脚步声、马蹄声、轻轻的风声仿佛依然在重唱着那支歌。

行人纷纷给送殡的行列让道，数着花圈，画着十字。有些好奇的人走进行列，问："是谁家出殡？"回答是："日瓦戈家。""原来这样。这就明白了。""不过，葬的不是老爷，是夫人。""反正一样。殡礼真够排场。愿她早升天堂。"

送殡的路是有限的，终于走完了。教士念过"天主、大地和大地上的生灵"的告别辞，便画着十字，抓一把黄土撒在玛丽亚·尼古拉耶芙娜身上。大家唱起《虔诚的灵魂》。接着就忙活起来。盖好棺盖，钉上钉子，就开始下葬。四把铁锹急急忙忙将雨点般的黄土撒向坟墓。转眼间堆起一座新坟。一个十岁的男孩爬上坟头。

在盛大殡礼结束的时候，通常有一种木然失神的感觉，只有在这种状态下，才觉得似乎小男孩要在妈妈的坟头上讲话。

他抬起头来，用视而不见的目光扫视了一下寂寥的秋日天空和寺院的圆顶。他那翘鼻子的脸变了样子。脖子伸得老长。那种样子，就像一只小狼马上要嗥叫似的。小男孩两手捂起脸，放声大哭起来。一片云彩迎面飞来，将冰冷的雨点浇在他的脸上和手上。一个身穿黑衣、窄窄的袖子上带有皱褶的男子走到坟前。他是尼古拉·尼古拉耶维奇·维杰尼亚平，是死者的弟弟，是痛哭的小男孩的舅舅，原来是一位教士，后来还了俗。他走到小男孩跟前，领着他离开了坟地。

二

他们宿在寺院的一个房间里，因为舅舅是这里的老熟人，所以让他们住的。这是圣母节前夕。第二天，他们要上遥远的南方，到伏尔加河边一座省城去。舅舅尼古拉在那儿的一家出版社工作，那家出版社出版一份进步的地方报纸。火车票已经买好了，行李也捆好了，就放在寺院的房间里。因为车站离得很近，冷风不时地将来回调动的火车头那哭泣般的汽笛声送过来。

傍晚时候，冷得厉害了。从两个落地窗朝外望去，可以看到那围着黄黄的刺槐树棵子的荒芜的菜园的一角，可以看到大道上一个个冻住的水洼儿，还可以看到刚刚埋葬了玛丽亚·尼古拉耶芙娜的坟地的一端。菜园里除了几棵冻得发了青的皱皱巴巴的白菜以外，什么都没有了。狂风吹来，那落光了叶子的刺槐树棵子像发了疯似的乱摇乱晃，拼命朝路旁倒去。

夜里，小男孩尤拉被窗子上的敲击声惊醒了。黑乎乎的房间里令人惊异地闪动着一种晃晃悠悠的白光。尤拉穿着一件小褂跑到窗前,将脸贴在冰冷的玻璃上。

朝窗外望去,看不见道路,看不见坟地,也看不见菜园。外面狂风呼啸,大雪漫天飞舞。就好像暴风雪发现了尤拉,暴风雪意识到自己可怕,并且因为吓坏了尤拉而感到洋洋得意。暴风雪又尖叫又狂啸,想方设法吓唬尤拉。一股股大雪像看不见边的白布似的从天空落下,就像给大地盖上一层层的尸衣。天地间除了狂风大雪,什么也没有了。

尤拉从窗台上爬下来,首先想到的就是要穿起衣服,跑到外面去,做一点什么。也许是他怕寺院的白菜被大雪埋住,挖不出来,也许是怕大雪把妈妈压住,妈妈经不住压,会越陷越深,离他越来越远。

结果他又哭了起来。舅舅醒了,对他说了一阵基督的话,安慰他,后来舅舅打了几个呵欠,便走到窗前,沉思起来。他们开始穿衣服,天放亮了。

三

母亲活着的时候,尤拉还不知道,父亲早就抛弃了他们,自己在西伯利亚和国外的许多城市到处游荡,吃喝玩乐,早已把他们的万贯家财挥霍一空。尤拉常常听说的是,父亲时而在彼得堡,时而在某地集市上,尤其是常常在伊尔比特的集市上。

后来体弱多病的母亲害了肺病。她常常到法国南部或意大利北方去治疗,尤拉陪她去过两次。尤拉时常由外人轮换着照管。他的童年生活就这样在不安宁和一连串的闷葫芦中过去。他习惯了这些变化。在这种不安宁的环境中,没有父亲,他也就不觉得奇怪了。

他很小的时候,许许多多东西还都带有他们家的姓氏。

有日瓦戈工厂、日瓦戈银行、日瓦戈商号、日瓦戈别针扎领带法,甚至还有一种像糖酒点心那样的圆形甜饼,也叫日瓦戈饼。有一个时期,在莫斯科只要对车夫喊一声"日瓦戈家!",车夫就像老兵听到口令那样,立即把你送到要去的地方。四周是静静的花圃。乌鸦落向下垂的雪松枝头,踩得枝头的雪纷纷往下落。乌鸦那像树枝断裂一样的嘎嘎叫声传得很远很远。一条条良种狗从林荫道那边的新屋里跑过来。屋里的灯火亮了。暮色渐渐浓了。

忽然这一切灰飞烟灭。他们家穷了。

四

一九〇三年夏天,尤拉陪着舅舅乘马车上杜布良庄去,那是酷爱艺术的丝绸厂厂主科洛格里沃夫的庄园。舅舅是去找教师和通俗读物作家伊万·伊万诺维奇·沃斯科鲍伊尼科夫。

正是喀山圣母节,农忙时候。不知是因为过节,还是因为正是午饭时候,田野上一个人也没有。烈日照射下的没有割完的庄稼地,就像是剃了一半的囚犯脑袋。一群群鸟儿在田野上来来回回飞着。在没有一丝风的时候,小麦垂着头,站得笔直。在离大道很远的地方,割倒的小麦堆成一堆一堆的。人望的时间长了,就好像麦堆在动,就像是许多土地丈量员在天边来回地走,在做记录。

“这些地是谁家的?”舅舅向巴维尔问道。巴维尔是出版社里干粗活儿和看大门的,这时正交叉着两腿,弯腰斜坐在驾车座上,一看就知道他不是真正的车夫,不是干这一行的。“是地主家的,还是庄稼人的?”

“这一片是老爷家的,”巴维尔一面回答,一面抽起烟来,“那一片……”他深深吸了一口烟,停了很久之后,用鞭梢指了指另一边,说,“那一片是庄稼人的。喂,快走!”他时不时地吆喝着马,目不转睛地瞅着马尾巴和马屁股,就像机械师注视着仪表似的。

可是两匹马像世界上所有拉车的马那样,驾辕的马规规矩矩地走着,好像从来就不知道调皮捣蛋似的,拉套的马却像个无所事事的闲汉,只知道把身子弯得像天鹅一样,跟着自己晃动的铃声跳甩腿舞。

舅舅是去给沃斯科鲍伊尼科夫送一本有关土地问题的小册子的校样,因为书刊检查更严了,所以出版社要求他再修改修改。

“这个县里的老百姓太不像话了,”舅舅说,“在潘科夫乡还杀了一个买卖人,把县里的养马场都烧了。你对这些事有什么看法?你们村子里是怎样说的?”

谁知巴维尔把事情看得极糟,甚至超过了那个不许沃斯科鲍伊尼科夫发表关于土地问题的激烈言论的书刊检查官。

“能有什么好说的?老百姓简直是胡闹。无法无天!这些人什么事都能干得出来。要是由着庄稼汉胡闹,他们会自相残杀,闹得鸡犬不宁。喂,快走!”

这是尤拉第二次跟着舅舅上杜布良庄。尤拉自以为已经熟悉了这条道路，每当眼前出现辽阔的田野，田野周围的树林就像细细的镶边儿的时候，尤拉就觉得马上要到那向右转弯的地方了，一转弯就是那忽隐忽现的十俄里之外的科洛格里沃夫的庄园和远处闪闪放光的河水以及河那边的铁路了。可是他每次都估计错了。过了田野又是田野。过了树林又是树林。无边无际的田野使人心胸开阔，引人遐想，引人思索未来。

后来使舅舅尼古拉·尼古拉耶维奇成名的那些书，此刻一本还没有写出来。但是他的构思已经成形。他还不知道，他不久就要时来运转了。

此人很快就要跻身于当代文学大家、大学教授、革命哲学家之行列，他探讨过他们关注的一切问题，然而除了所用的术语之外，他和他们毫无共同之处。那些人都死守着一套教条，满足于一些词句和外表，尼古拉·尼古拉耶维奇却当过教士，探讨过托尔斯泰主义，又不断地向前探索。他渴望有一种切实有益的主义，这种主义能够在千变万化中指明真正不同的道路，使世界有所好转，这种主义应当是妇孺都能看得到、听得清，就像天空的闪电与滚雷。他渴求的是新的东西。

尤拉很喜欢和舅舅在一起。他很像母亲。他和母亲一样，是一个很随便的人，对于任何陌生事物都不抱什么成见。他和她一样，有一种同一切人平等相处的高贵感情。他也和她一样，看一切事情都凭第一次印象，而且，一开头是怎么想的，他就怎么说，只要这些想法还没改变。

舅舅带他上杜布良庄来，尤拉十分高兴。杜布良庄景致很美，美丽的景致也使他想起妈妈，因为妈妈很喜欢大自然景物，常常带着他出去玩。此外，尤拉高兴的是，他又要见到住在沃斯科鲍伊尼科夫家里的中学生尼卡·杜多罗夫了，虽然尼卡比他大两岁，可能瞧不起他。尼卡在握手的时候总是使劲把手向下拉，而且把头垂得很低，以至头发耷拉到额头上，遮住半边脸。

五

“贫困问题之生命中枢。”尼古拉·尼古拉耶维奇念着修改过的稿件。

“我看，最好还是改为‘实质’。”伊万·伊万诺维奇说着，便在校样上进行修改。

他们在昏暗的、镶了玻璃的阳台上修改着校样。看得见乱放在地上的喷水壶和其他园艺工具。破椅子背上搭着一件雨衣。角落里有一双长筒靴，沾满了干泥巴，靴筒耷拉到地上。

“而且，有关死亡和出生的统计表明……”尼古拉·尼古拉耶维奇念道。

“应当写明统计年度。”伊万·伊万诺维奇说着，把年度写上。

阳台上有轻微的过堂风吹过。小册子校样用花岗石镇纸压着，免得被吹跑了。

他们一修改完毕，尼古拉·尼古拉耶维奇就急着要回家。

“要下大雨了。得赶快走。”

“不行，你不能走。咱们马上来喝茶。”

“天黑以前，我一定要赶回城里。”

“怎么说也不行。反正我不让你走。”

从花圃里飘来茶炊的烟气,驱散了烟草气味和芥菜花香。从厢房里端来了奶油、水果和点心。这时候听说巴维尔到河里洗澡和洗马去了。尼古拉·尼古拉耶维奇只好留下来。

“趁他们摆茶点,咱们到河边走走,在长凳上坐一会儿。”伊万·伊万诺维奇说。

伊万·伊万诺维奇靠着他和大富翁科洛格里沃夫的交情,住着总管的侧楼的两个房间。这座小楼以及楼前的小花圃坐落在庭园的荒凉的一角上。庭园进口处有一条古老的半圆形林荫道。林荫道上长满了荒草。这条小道如今已经没有人走了。只是有时候大车拉着废土和断砖碎瓦往堆放垃圾的土沟里倒时,才从这里经过。科洛格里沃夫是一个思想进步、同情革命的百万富翁,现在正同妻子住在国外。庄园里只有他的两个女儿娜加和莉芭、一个家庭女教师和少数仆人。

在总管的小庭园周围,有一圈稠密的黑绣球花树棵子作篱笆,和整个的庭园、庭园里的池塘、草坪以及老爷的楼房隔离开来。伊万·伊万诺维奇和尼古拉·尼古拉耶维奇绕着这绿色的篱笆走去,他们每走几步,在间隔相同的时间里,就从绣球花树丛里飞出大小相同的一群麻雀。树丛里到处是麻雀,一片平和的啁啾声,就好像他们前面有一股水顺着管子在流动。

他们走过温室、园丁的住房和不知是什么建筑物留下的石头地基。他们谈起科学界和文学界的后起之秀。

“确实有些人是很有才华的,”尼古拉·尼古拉耶维奇说,“但时下最风行的是搞各种各样的团体和会社。不管这些团体信奉的是索洛维约夫，是康德，还是马克思，反正都是随声附和，是庸才的藏身之所。人只能单独地探求真理，只有这样，才能摆脱那些歪曲真理的人的影响。世界上有没有什么东西，是值得我们信仰的？这样的东西太少了。我以为，应当相信永生，相信这加长了的另一种生命形式。应当相信永生，应当相信耶稣！啊，你这家伙，又皱眉头了！你什么也不懂。”

“嗯。”伊万·伊万诺维奇鼻子里嗯了一声。这个细细的、淡黄头发的精灵鬼，养着一部怪样的下巴胡，因此很像一个林肯时代的美国人。他时不时地把胡子攥在手里，用嘴唇咬咬胡子尖儿。“我不想说什么。你自己明白，我对这些事的看法完全不同。不过，我想顺便问问。请你说说，你是怎么还俗的。我早就想问了。也许，你是有点儿怕，还是被革出了教门？嗯？”

“干吗要改换话题？不过，说说也好。革出教门？不是的，现在不兴革出教门了。有过不愉快的事，有一些影响。比如说，很久不能干公务，不准我去京城。不过这都不算什么。咱们还是言归正传吧。我说过，应当相信耶稣。现在我来解释解释。你不明白：人可以不信神，可以不知道是否有上帝和上帝是干什么的，然而却应该知道，人不是自生自灭，而是生活在历史中。就当今的观点来看，历史是基督创造的，福音书是历史的根据。历史是什么？历史就是千百年来对于死亡的一系列的谜以及将来如何战胜死亡的探索的记录。因为探索，才发现了数学上的无穷大，发现了电磁波，创造出交响乐。要在这方面有所前进，就不能没有某种热情。要有所发现，就需要有精神装备。精神装备的来源就在福音书中。是什么样的精神呢？首先就是爱他人，这种爱是生命活力的最高形式，生命活力充满了人的心，就要冲出来找用场；再就是现代人不可或缺的主要组成部分，也就是个人自由的思想和生命就是牺牲的思想。你要注意，到现在为止，这还是异常新颖的。远古时代的历史可不是这样的。那时候只有互相残杀，强暴者你争我抢，不顾被奴役者的死活。那时候只有歌功颂德、死气沉沉的铜碑和大理石圆柱。只有在基督降世以后，世世代代才有了自由。只有在基督降世以后，生活才有了希望，人类才不是死于街头篱下，而是死于家中，为历史，为战胜死亡而紧张工作，为这一主旨而死。噢，瞧，我说上了劲儿啦！恐怕是对牛弹琴吧？”

“伙计，这是玄学。医生不叫我谈这一套，因为我的胃吃不消。”

“去你的吧。咱们不谈这些了。你真幸运！你这儿的景色美极啦！天天住在这儿，也就不觉得了。”

河面上亮得刺眼睛。河水在阳光中亮闪闪的，像屋顶上的铁皮那样，忽而凸起，忽而凹下。突然河面上起了皱褶。一艘沉甸甸的渡船从这岸向对岸驶去，上面满载着马匹、车辆、男男女女。

“你看，只有五点多钟，”伊万·伊万诺维奇说，“看见没有，那是从锡兹兰来的快车。每天五点多钟经过这里。”

远处平原上，一列很漂亮的黄蓝色火车从右向左行驶着，因为离得很远，火车显得非常小。忽然他们发现，那火车停了。火车头上冒出一团团白色的蒸汽。过了一会儿，传来令人不安的火车汽笛声。

“奇怪，”伊万·伊万诺维奇说，“有点儿不正常。火车不该在荒野上停下来。一定是出了什么事儿。咱们回去喝茶吧。”

六

尼卡不在园子里，也不在房子里。尤拉猜想，尼卡躲开他们，是因为觉得跟他们在一起没有味道，跟尤拉也玩不到一块儿。舅舅和伊万·伊万诺维奇到阳台上修改校样去了，尤拉只好在房子周围闲逛。

这儿真是风光迷人的地方！每时每刻都能听到黄鹂那清脆、婉转的啼声，那啼声带有等待的间歇，好让那湿乎乎的、好像水井里出来的声音把四周围滋润透。那浓郁的、在空中迷了路的花香，被暑热钉在花坛之上，一动也不动。这多么像法国的昂蒂布和意大利的鲍尔季盖拉呀！尤拉时而转向右面，时而转向左面。草地上仿佛回响着母亲的声音，尤拉觉得那婉转的鸟鸣声和蜜蜂的嗡嗡声都成了母亲的声音。尤拉哆嗦了几下，他总觉得，仿佛母亲在呼唤他，叫他到什么地方去。

他走到一条大沟边，朝下走去。他穿过沟沿上的稀稀的、干净的树林，走进沟底的赤杨树丛里。

这儿又黑暗又潮湿，刮倒的树，死掉的鸟儿，花儿很少，那有节的木贼茎儿像测量花秆，又像他的带画的书上那画着埃及花纹的拐杖。

尤拉心里越来越难受。他想哭。他跪在地上，痛哭起来。

“上帝啊，保佑我吧，”尤拉祷告起来，“请指引我，并且告诉我妈妈，说我很好，叫她放心。主啊，如果死后有灵，你要叫妈妈进入天堂,让善良的灵魂都像日月星辰一样放光。妈妈可是个真正的好人呀,不可能是罪人,主啊,保佑她吧,别让她受苦呀。好妈妈呀。”他痛断肝肠地向天上呼唤她,好像她已经是新入选的护持圣徒了。他忽然支持不住了,倒在地上,失去了知觉。

他昏迷的时间不久。他苏醒过来时,听到舅舅在上面唤他。他应了一声,就爬起来,从沟里朝外走。忽然他想起来,他还没有为不知下落的父亲祷告呢,母亲过去常常教他为父亲祷告。

但是他在晕厥过后心里十分松快,他很想保持这种轻松心情,怕失去这种心情。他想,没有什么了不起的,等下一次再为父亲祷告吧。

“他会等着的,他有耐心。”尤拉自言自语地说。他已经忘记父亲的样子了。

七

米沙·戈尔顿和他的父亲一起坐在这列火车的二等车厢里。米沙是中学二年级学生,十一岁,一张若有所思的脸,一双黑黑的大眼睛。父亲是奥连堡的律师,现在是赴莫斯科任职,米沙也转到莫斯科的中学去上学。母亲和妹妹们早已经到了莫斯科,已经在忙着布置寓所了。

父子两人在火车上已经是第三天了。

晒得像白石灰一样的俄罗斯,田野,草原,城市,乡村,在一团团滚热的灰尘中从旁边驰过。大路上走着一辆辆的大车,沉甸甸的大车慢慢向交道口靠近,从风驰电掣的火车上看去,好像大车停在那儿,一动也不动,马匹也只是在原地倒动着四条腿儿。

每到一个大的车站,乘客们都要慌慌忙忙地跑下去买东西吃,夕阳从车站花园的树丛后面射过来,照着乘客们的腿,照得火车轮子底下亮堂堂的。

分开来看,世界上的一切活动都是有目的的,清醒的,然而总起来说,一切活动却都被各种活动联结而成的生活洪流弄醉了,成为无意识的了。人们被自己的操心事的机械操纵着,在劳动,在忙碌。但是,如果没有最大的和最要紧的泰然心情作为其主要调节器的话,机械会失灵的。要想有这种泰然心情,则必须意识到人类生命是连续的,相信人类生命可以轮回,并且感到幸福的是,一切事情不仅发生在埋葬死者的大地上,而且发生在另外的世界,另外的地方,那地方有些人叫作天庭,有些人叫作历史,还有一些人叫作别的什么。

拿这个道理来说,米沙是一个痛苦、不幸的例外。他的生命的主要动力却是忧虑感。无忧无虑的心情既不能使他轻松,也不能使他振奋。他知道自己有这个遗传来的特点,时时警觉地注视着这一特点在自己身上的表现。他因此感到苦恼,感到是一种耻辱。

自从他懂事以后,他一直感到奇怪的是,尽管胳膊、腿都一样,语言、习惯也相同,为什么却总是和大家不一样,很少有人喜欢、有人爱呢?他不能理解,在有些状况下,如果你不如别人的话,不论你怎样努力,都不能改变自己,变得好些。做一个不如人的人有什么意思呢?为什么会这样呢?这种无可奈何的挑战,除了痛苦,什么都不会带来,又能得到什么代价,什么补偿呢?

他去问父亲,父亲说他的出发点是荒谬的,不能这样推断问题,但是父亲也没有提出什么值得他深思或者使他心服口服的见解。

除了对父亲、母亲以外,米沙渐渐十分瞧不起那些惹出麻烦、自己却无法对付的成年人。他相信,等他长大了,这些事他都能弄清楚的。

就比如现在,当那个疯子朝车门口冲去时,他的父亲马上跟着追去,疯子用劲把他父亲一推,把车门拉开,就像游泳时从跳板上往水里跳那样,头朝下纵身从车上向路基上跳去,他的父亲便拉动了紧急刹车闸。这种情形,谁也说不清他父亲的做法是错的,还是对的。

但是,正是他的父亲拉动了刹车闸,结果火车莫名其妙地停了这么久。

谁也弄不清停车的原因。有些人说,因为紧急刹车,风闸坏了;有些人则说,火车停在一个陡坡上,火车头拉不动了;还有一些人说,因为自杀者是一位要员,所以他的随从人员要求从邻近的科洛格里沃夫车站找人来做现场记录。所以副司机曾经爬到电线杆上打过电话。轨道车大概快要到了。

厕所里虽然洒了不少香水,厕所里的臭气还是在车厢里轻轻弥漫着;包在肮脏的油纸里的烧鸡,也散发出淡淡的臭味。在车厢里,有几个彼得堡的白了头发的太太,被煤烟加雪花膏涂成了黑油油的茨冈人,可是仍然在不停地搽粉,用手帕擦着手,用吱吱哇哇的胸音说着话儿。当她们从戈尔顿父子的包厢旁走过,手里抚弄着肩头的披巾,再一次把拥挤的通道当作卖俏的场所时,米沙觉得,仿佛她们在低声说话,或者,从她们那撇着的嘴来看,她们是想说:“哼,你们瞧,这些人真没长眼睛！我们可不是平常人！我们是有身份的！我们可不一样！”

自杀者的尸体躺在路基旁的草地上。一股凝结的血横着从死者的额头和眼睛上穿过,黑乎乎的,好像在这张脸上画了一个删去的符号。那血好像不是他身上流出来的血,倒像是贴上去的别的什么东西,像膏药或者溅上的泥巴,或者水湿的桦树叶子。

看热闹的和表示同情的人堆时时在变化。死者的朋友和旅伴、身体结实而态度傲慢的律师,这个穿着汗湿的衬衫的高贵动物毫无表情地站在死者旁边。他热得难受,手里扇着软软的帽子。不管问他什么,他只是耸耸肩膀,连头也不扭,很不客气地说:“是个酒鬼。这不是明摆着吗？是发酒疯跳车的。”

一个身穿毛料长衣、披着挑花头巾的瘦瘦的妇女,到死者跟前去了两三次。她是季维尔津娜老奶奶,是个寡妇,两个儿子都当火车司机,所以她带着两个儿媳妇免费坐在三等车厢里。两个媳妇沉默寡言,头巾扎得低低的,一声不响地跟在她后面,就像两位修女跟着修道院长。这婆媳三个引起人们的尊敬。大家纷纷给她们让路。

季维尔津娜的丈夫是在一次铁路事故中活活被烧死的。此刻她站在离尸体几步远的地方,这样可以从人缝里看到死者,她好像在叹着气进行比较,好像在说:“各人有各人的命。有的人死,是主的安排。可是你瞧,就有这种糊涂事儿,因为过够了阔日子,发了疯找死。”

车上所有的乘客都在尸体旁待过一阵子,他们所以回到车厢里，只是因为担心自己的行李被人偷走。

乘客们跳下车，活动活动腿脚，采采野花，多少舒展舒展筋骨，大家都觉得，亏得停车，才发现了这块地方，如果不是出事的话，那一片片的水草地，那宽宽的河，高高的对岸那漂亮的房子和教堂，还没有机会看到呢。

这儿的太阳仿佛也带有乡土气。这薄暮时候的阳光羞答答地照射着铁路边出事的地方，好像是怕到跟前去，就像是从附近牧放的牛群中走出一头牛，走到路基跟前，站下来怯生生地望着人群。

米沙一看见出了事，十分震惊，又痛心，又害怕，哭了起来。在路上这两三天，自杀的人有好几次来到他们的包厢里，和米沙的父亲一谈就是几个钟头。他说，因为他们彼此以诚相待，谈得投机，他心里感到松快，并且向米沙的父亲问了不少各种各样的法律细则和在期票、赠予证书、破产和伪造方面的纠葛问题。"是这样吗？"他听了戈尔顿律师的解释，感到十分惊讶。"您说的法律可是相当宽大的。我的律师可是另外一种说法。他对这些事情的看法悲观多了。"

每当这个焦灼不安的人平静下来时，他的律师和旅伴就从头等车厢里来找他，拖他到餐车里去喝酒。那就是现在丝毫无动于衷地站在尸体旁边的这个身体结实、态度蛮横、衣着讲究、脸刮得精光的律师。不能不使人觉得，他正是希望他的被保护人经常处于焦灼不安状态。

父亲说，这是有名的富翁，是舍拉普特教徒，是一个好人，神经已经有些错乱了。这人当着米沙的面，谈起自己也有一个像米沙这么大的儿子，谈起自己的已死的妻子，后来又谈起那也被他抛弃了的第二个家。说到这里，他想起另外一件事情，害怕得脸色发了白，一个劲儿地说了起来，渐渐迷糊了。

他对米沙表现出一种说不出的疼爱，也许是把对儿子的爱移到了米沙的身上。他经常送给米沙礼物。为了送礼物，一到大车站，他就下车到头等候车室里去买书籍、玩具和当地名贵特产。

他一个劲儿地喝酒，并且诉苦说，已经有两个多月没有睡觉了，只要酒一醒，他就痛苦得不得了，那种痛苦是一个正常人无法想象的。

在临死前一分钟，他跑进他们的包厢，抓住米沙父亲的手，想说点儿什么，但是没有说，就冲向车门口，从车上跳了下来。

米沙正在观看死者送给他的最后一件礼物——装在小木匣里的一小堆乌拉尔彩石。忽然四周围轰动起来。一辆轨道车从另一条轨道上来到列车跟前。从上面跳下一位头戴制帽的侦察官、一名医生、两名警察，官腔官调地问起话来。问了一些问题，又做了记录。乘务人员和警察笨拙地在沙石地上一歪一滑地顺着路基把尸体朝上拖了拖。有一个娘儿们放声哭了起来。乘务人员叫大家上车，汽笛响了。火车开动了。

八

“又是这个乏味的家伙来了！”尼卡恶狠狠地想着，就在屋里乱跑起来。客人的声音渐渐近了。已经无法朝门外跑了。这间卧室里有两张床，一张是沃斯科鲍伊尼科夫的，一张是尼卡的。

尼卡没有多想,就钻到自己的床底下。

他听见,他们在别的屋里找他,唤他,因为找不到他而表示惊愕。后来他们来到卧室里。

“没法子,”尼古拉·尼古拉耶维奇说,“尤拉,你自个儿去玩玩儿吧,也许尼卡一会儿就回来,你们再一块玩儿。”接着他们就谈起彼得堡和莫斯科的大学里的风潮,让尼卡在床底下憋了有二十来分钟。终于,他们到阳台上去了。尼卡轻轻开了窗子,从窗台上跳出去,到园子里去了。

他昨夜没有睡好,今天有些不得劲儿。他今年十四岁了。他做小孩子已经厌了。昨夜他一夜没有睡,天一放亮,他就走出厢房。太阳冉冉升起,那长长的、露水打湿了的、带有许多斑点的树荫铺满庭园的土地。那树荫不是黑色的,而是暗灰色的,就像是打湿了的毛毡。这清晨的醉人的芳香,好像正是地上这打湿了的、缀有一条条姑娘手指似的长圆形光斑的树荫散发出来的。

忽然一道水银般的银色细流在离他几步远的地方流过,就像是一串露水珠儿在青草上滚过。这道细流向前流呀,流呀,丝毫没有渗进地里。细流急急匆匆地朝旁边一窜,就不见了。原来是一条毒蛇。尼卡打了几个寒噤。

他是一个很奇特的孩子。在兴奋的时候,他常常大声地自言自语。他仿效他的母亲,喜欢高谈阔论,喜欢发表奇特的议论。

“人世上真好啊!”他想道,“可是人世上为什么总是这样痛苦?上帝当然是有的。但是,如果有上帝的话,那么,上帝就是我了。看,我叫这白杨听我的,”他望了望那棵从上到下都在轻轻抖动的大白杨树(杨树那湿漉漉的、闪闪有光的叶子好像是用洋铁皮剪成的)，想道，“我来对它下命令。”于是他拼命鼓足全身的劲儿，运用全身的气力，在心里喊一声：“停！”那白杨树马上就乖乖地停了下来，一动也不动了。尼卡高兴地笑了。于是他大步跑向河边，到河里去洗澡。

他的父亲杰缅季·杜多罗夫是个恐怖分子，判了绞刑又被皇上特赦出来，现在正在服劳役。他的母亲是格鲁吉亚的艾里斯托夫公爵家的小姐，性情乖戾，至今还是一个年轻的美女，她总是醉心和关注一些人和事，例如暴动和暴动分子、激烈的理论、著名的演员、不幸的失意者。

她非常疼爱尼卡，她把尼卡的名字变成各种各样亲热的叫法，比如“伊诺契克”或者“诺琴卡”。她还常常带他上梯弗里斯去，让娘家的人看看她的宝贝儿子。他在那儿最感到稀奇的是他们住的院子里的一棵有许多分叉的老树。那是一棵粗壮的热带大树。那树伸展开一片片如大象耳朵似的大叶子，遮住火辣辣的南方太阳。尼卡总觉得这不是一棵树，而是一头野兽。

对于一个男孩子来说，姓父亲那可怕的姓氏，是很危险的。伊万·伊万诺维奇取得他母亲的同意，准备向皇上上书，要求让尼卡姓母亲的姓。

当尼卡藏在床底下，愤恨世上的一切时，他也想起了这件事。这个沃斯科鲍伊尼科夫算哪一棵葱？干吗他要管得这样宽？要教训教训这样的家伙！

还有那个娜加！凭着她十五岁，就有资格翘鼻子，拿他当小孩子看吗？他也要给她一点厉害瞧瞧！“我恨死她了，”他自言自语地说了好几遍，“我要宰了她！我叫她去划船，把她淹死。”

妈妈也够坏的。她走的时候，骗了他，也骗了沃斯科鲍伊尼科夫。她根本没有去高加索，而是一下子就拐弯朝北去了，这会儿正在彼得堡快快活活地同大学生一起朝警察开火呢。他就该在这倒霉的地方活活闷死吗？可是他要叫他们看看他的本领。他要淹死娜加，离开学校，逃到西伯利亚去找父亲，发动起义。

池塘边上长满了睡莲。小船钻进密密丛丛的睡莲，发出干燥的沙沙声。睡莲缝隙里露出塘水，就像西瓜裂缝里渗出的瓜汁儿。

尼卡和娜加采起睡莲花。两个人同时抓住一根像胶皮一样有韧性的、很结实的秆儿。两人一块儿用劲儿扯。两个头碰了一下子。小船像被钩竿钩着似的飘到了岸边。一根根秆儿乱摇乱晃，纷纷朝水里缩去，那一朵朵带红蕊的白色的花儿，就像带血的蛋黄似的，纷纷往水里钻。等到钻出来的时候，都纷纷流起泪珠儿。

娜加和尼卡还在采花儿，压得小船越来越歪，两个人几乎是并肩躺在下斜的一边船舷上。

“我上学上厌了。”尼卡说，“应该独立生活了，要去赚钱，自谋出路。”

“可是我正想请你帮我解二次方程式呢。我的代数太差了，差一点儿要补考呢。”

尼卡觉得她的话带刺儿。不用说，她这是叫他知道自量，提醒他，他还是小孩子。二次方程式哩！他连代数还没有摸过呢。

他没有流露出自己被刺疼的心情，故意装作心平气和地问：“等你长大了，你嫁给谁？”问过了，马上就意识到自己问得太蠢。

“啊,这还早着呢。也许我不嫁人。我还没想过这事儿呢。”

“请你别以为我对这事儿有多大兴趣。”

“那你干吗要问?”

“你真蠢。”

他们吵了起来。尼卡今天早晨憎恨女人的情绪又发作了。他吓唬娜加说,如果她再说不客气的话,他就淹死她。“你试试看!”娜加说。他拦腰把她抱住。两个人扭打起来。他们失去平衡,一齐掉进水里。

两个人都会游泳,但是睡莲缠住了他们的胳膊和腿,他们都还够不到塘底。终于,他们在水藻里挣扎了一阵子,爬到了岸上。从他们的鞋里和口袋里直往外淌水。尼卡特别疲惫。

如果这事儿发生在不久以前,比如说,如果是在今年春天的话,那么,在这种情况下,两个人从水里爬出来,浑身湿漉漉地坐在一起,他们一定会吵,会骂,或者哈哈大笑的。

可是现在他们一声不响,轻轻地喘着气,觉得刚才的事毫无意思。娜加心里非常生气,尼卡浑身疼痛,就好像胳膊和腿都挨了棍子,肋条骨都被压断了。

终于,娜加像个大人一样轻轻地说:“你真是个疯子!”尼卡也像个大人一样说:“请原谅我。”

他们朝家里走去,后面留下两道湿印子,就像两只装满水的水桶似的。他们走的是一片多蛇的土坡,离早晨尼卡看见毒蛇的地方不远。

尼卡想起夜里自己的心像中了魔法似的振奋,想起天亮的时候,想起早晨他对大树下命令时那种了不起的神气。“现在该对她下什么命令呢?"他想道。他最希望的是什么呢?他觉得,他最希望的是再一次和娜加一起掉到水塘里,而且此刻他很想知道,以后还有没有这种机会。

第二章　另一境地的少女

一

俄日战争尚未结束。人们的视线忽然一下子转移到其他一些事件上。俄罗斯到处翻滚起革命的浪潮，浪潮一个比一个高，一个比一个凶猛。

就在这时候，阿玛丽亚·卡尔洛芙娜·基莎尔带着儿子罗季昂和女儿拉莉萨从乌拉尔来到莫斯科。基莎尔的丈夫原是工程师，比利时人，已经去世；她自己则是完全俄化了的法国人。她把儿子送进士官学校，把女儿送进一所女子中学，凑巧科洛格里沃夫家的娜加也在这所中学，而且在同一个班上。

丈夫留给基莎尔太太的积蓄，都是有价证券，以前天天上涨，现在已开始下跌。为了不让自己的积蓄继续销蚀，为了不至于坐吃山空，基莎尔太太买下了一座不大的店铺。她买的是凯旋门附近的列维茨卡娅成衣店，连同店铺的招牌、原来的顾客订货、裁缝师傅和学徒一齐接收过来。

基莎尔太太这样做，是采纳了科马罗夫斯基律师的主意。科马罗夫斯基是丈夫的好友，是她信得过的人，是一个精明的生意人，对俄罗斯商业界的情形了如指掌。她迁往莫斯科的事，也是在信中和他商量的。他在车站迎接他们，带他们穿过整个莫斯科城区，来到军械胡同，进了黑山公寓，住进为他们租的一套带家具的房间。也是他劝她把罗季昂送进士官学校，把拉莉萨送进他选中的一所中学，他还随随便便地跟罗季昂开了一会儿玩笑，又拿眼睛盯了拉莉萨一阵子，盯得拉莉萨脸都红了。

二

他们在搬进成衣店的三间一套的不大的住房之前，在黑山公寓住了有一个多月。

这一带是莫斯科最可怕的地方，贼窝，赌场，淫窟，亡命徒聚居的场所。

孩子们对于公寓里的肮脏、臭虫、房间家具的简陋，不觉得稀奇了。父亲死后，母亲一直处在贫困的恐怖中。罗季昂和拉莉萨老是听说，他们已经到了死亡的边缘。他们知道，他们并不是街头流浪儿，但是却像孤儿院里的孩子们那样，对富人怀着一种深深的畏怯心情。

母亲常常给他们做这种畏惧的生动榜样。她是一个三十五岁的胖胖的金发女人，不是心脏病发作，就是糊涂劲儿发作。她的胆子非常小，怕男子汉怕得要死。正因为这样，因为怕和因为没有主见，她一会儿投进这个男人的怀抱，一会儿投进那个男人的怀抱。

在黑山公寓,他们住的是二十三号。二十四号自从公寓开设以来就住下一个姓蒂什克维奇的大提琴手。蒂什克维奇秃顶,好出汗,是一个戴假发的大好人。他在劝说别人的时候,像祷告一样把两手十字交叉地放在胸前,在交际场或在音乐会上演奏的时候,则昂首挺胸,眼睛挺有神地转悠着。他很少在家,天天待在大剧院或者音乐学院里。因为是邻居,他们彼此认识了。因为经常互相帮助,彼此亲近起来。

因为孩子们在场,科马罗夫斯基每次来了,基莎尔感到很不方便,所以蒂什克维奇在出门的时候,总把自己房间的钥匙留给她,让她接待情夫。基莎尔太太很快就对他的舍己为人的行为习以为常,以至于有几次含着眼泪去敲他的门,要求他保护,代替一下她原来的保护人。

三

基莎尔太太现在住的是平房,离特维尔大街街口不远。这儿离布列斯特铁路很近。旁边就是铁路上的房屋和土地、工人宿舍、机车修理厂、仓库。

奥丽亚·杰米娜的家就住在那边。奥丽亚是个聪明女孩子,是货运站一个工人的侄女。

她是个很能干的学徒。以前的东家对她另眼相看,现在的东家也喜欢起她来。奥丽亚也非常喜欢拉莉萨。

成衣店里一切都和以前一样。缝纫机在疲惫不堪的裁缝们那不停踩动的脚下和左右飞舞的手下疯狂地旋转着。有的坐在桌边，飞针走线，静静地缝着。地上到处是碎布片。要说话必须提高嗓门儿，才能压倒缝纫机的声音和基里尔·莫杰斯托维奇那婉转的颤音，基里尔的外号叫“窗口笼子里的金丝雀”，至于他得这个外号的秘密，以前的东家已经带进棺材里去了。

在接待室里，穿得花花绿绿的太太、小姐们围着摆满时装杂志的桌子。有的站着，有的坐着，有的模仿画面上的姿势，侧歪着身子，在看着杂志，议论着各种各样的款式。坐在店主位子上的是基莎尔太太的助手法伊娜·西兰季耶芙娜·费季索娃，她是一位高级剪裁师，瘦瘦的，已经瘪下去的两腮上有几个小小的肉疣。

她那黄黄的牙齿叼着骨头烟嘴在吸烟，眯缝着黄黄的眼睛，嘴里和鼻子里往外喷着一股股黄黄的烟气，往记事簿上写着尺寸、单据号码、顾主的地址和要求。

基莎尔太太在店里是一个没有经验的新人。她不觉得自己是真正的店主。不过，店伙们都是老实人，费季索娃也忠实可靠。然而，如今正是不太平的时候。基莎尔怕想将来的事。她感到绝望。一切都无力应付。

科马罗夫斯基常常上她家来。每当他穿过成衣店，朝她的住房走去时，正在换衣服的女工们纷纷躲到屏风后面，在屏风后面嘻嘻哈哈地回答他那些很不文雅的玩笑话，裁缝师傅们都在他的背后用轻蔑和讥笑的口气小声说：“老板先生来啦。”“她的宝贝儿。”“基莎尔的心肝儿。”“水牛。”“色鬼。”

尤其可恨的是他的恶犬杰克。他有时用皮带牵着狗，那狗又快又猛地扯着他往前走，扯得他踉踉跄跄，直往前闯，伸着两只手，就像被人牵着的瞎子一样，跟着狗往前走。

今年春天，有一次杰克在拉莉萨的腿上咬了一口，并且撕破了她的袜子。

“我要宰了它，这鬼东西。”奥丽亚·杰米娜像个小孩子一样对着拉莉萨的耳朵小声说。

“是的，真是一条讨厌的狗。可是，傻丫头，你用什么法子收拾它呢？”

“小声点儿，别吱声，我来教你。就用复活节时用的那种石头蛋。你妈的五斗柜里就有……”

“嗯，是的，有石头的，也有玻璃的。”

“噢，这就行了。你把耳朵凑过来，我对你说。把石头蛋拿来，往猪油里泡一泡，等猪油干了，该死的狗往肚里一吞，就行啦！狗就要四条腿朝天，完蛋！”

拉莉萨笑着，怀着羡慕的心情想着。奥丽亚是一个干活儿的穷孩子。穷人家的孩子早懂事。可是，瞧瞧自己，又是多么单纯，多么幼稚。杰克，石头蛋……这个主意怎么想出来的呢？“我的命为什么会这样呢？”拉莉萨想道，“为什么我什么事都能遇到，什么事都没办法对付呢？”

四

“妈妈是他的……这话怎么说呀……他是妈妈的……这种肮脏的字眼儿，我真说不出口。既然这样，他为什么拿这样的眼神盯我呀？我是她的女儿嘛。”

她刚刚过十六岁,但已经是一个发育成熟的大姑娘了。看样子她至少有十八岁。她聪明伶俐,性情温和,容貌异常俏丽。

她和罗季昂都明白,他们今后的一切都要靠自己的努力去挣。他们和那些有钱的纨绔子弟不一样,他们没有工夫过早地去从事钻营,没有工夫侈谈那些实际上还未接触过的东西。非分的东西是最肮脏的。拉莉萨是世界上最纯洁的人。

兄妹俩知道一切的价值,知道一切成功来之不易。为了求得一席生存之地,必须上进。拉莉萨学习很好,不是因为求知心切,而是为了得到奖学金,就必须成为好学生,要成为好学生,必须刻苦学习。她不光是学习好,还很会做家务事,常常在成衣店里帮忙,替母亲跑腿。她的风度沉静、潇洒,而且她的一切:那轻盈的举止,那身段、声音,那灰色的眼睛和金色的头发——都显得异常和谐。

七月中旬的一个星期天。每逢假日,早晨是可以在床上多躺一会儿的。拉莉萨仰面躺着,两手放在脑后。

成衣店里出奇的安静。临街的窗子开着。拉莉萨听见,远处有一辆马车从石子马路上轰隆轰隆地走进有轨马车的轨道,沉重的隆隆声变成了平稳轻快的车轮滑动声。"应该再睡一会儿。"拉莉萨想道。城市的喧嚣声像一支催眠曲,催人入睡。

拉莉萨这时候从两点,从左肩膀头和右脚大拇指,感觉出自己长大了,把被窝塞满了。肩膀和脚是这样,而其余的一切——她本身,她的心或者发育得十分匀称、急切渴求生活的身体——或多或少也是这样。

"应该睡一睡。"拉莉萨想着,脑海里却出现了此刻阳光照耀下的一大排轻便马车、马车行的车篷、扫得干干净净的地上摆着的准备出售的拉货大马车、有棱的玻璃车灯、肥头大耳的人们和阔绰的生活。拉莉萨继续在脑海里勾画生活的场面。龙骑兵在大旗兵营的操场上操练,一匹匹训练有素、生龙活虎般的战马在绕着圈儿奔跑,龙骑兵飞身跳上战马,小步走,大步走,快跑。保姆和奶娘带着小孩子在兵营外面站成一排一排的,一个个把嘴张得老大。

拉莉萨又往下想,想起了彼得罗夫大街、彼得罗夫大街上的车水马龙。她仿佛听见有人喊:“您怎么啦,拉莉萨!哪儿来的这些想法?我正想叫您看看我的房子呢。好在离这儿不远。”

科马罗夫斯基在马车行的朋友有一个小女儿叫奥尔加,今天是她的命名日。因此大人们要乐一乐,要跳舞,要喝酒。科马罗夫斯基邀妈妈去。可是妈妈身子不舒服,不能去。妈妈说:“您带拉莉萨去吧。您常常提醒我:‘阿玛丽亚,您要好好照顾拉莉萨。’好,您现在就好好照顾她吧。”于是他就带她去,有什么说的!哈哈哈!

华尔兹真是一种疯狂的玩意儿!转呀,转呀,什么也不想。当音乐在演奏的时候,时间不知不觉地过去,就像小说中的生活那样。但是只要音乐声一停,就会有一种丢脸的感觉,就好像被人浇了一身冷水,或者赤身裸体出现在众人面前。另外,所以让别人对自己这样放肆,是出于夸耀心情,想要别人明白,自己已经是大姑娘了。

她从来没想到他跳舞跳得这样好。他的双臂有多么灵活,搂她的腰搂得多么稳当!不过,她再也不让任何人这样吻自己了。

她从来没有想到，当别人的嘴唇紧紧贴到自己的嘴上时，别人的嘴上会有那样厉害的令人害羞的滋味。

不能干这种糊涂事儿。永远别干。不能装成天真的样子，不能撒娇卖俏，不能羞答答地垂着眼睛。这种事儿总没有好结果的，可怕的结果也许就在跟前。再走一步，就要掉进万丈深渊。跳舞连想也别想。跳舞绝没有好事儿。要勇敢地拒绝。推说不会跳舞，或者说腿有毛病。

五

秋天，莫斯科的铁路工人闹起风潮。莫斯科至喀山一线罢工了。莫科斯至布列斯特铁路线的工人也要响应。罢工的决议已经通过，但是工人委员会还没有定出罢工的日期。铁路上的人都知道要罢工的事，只要等到有一点口实，便可以开始了。

这是十月初的寒冷而阴沉的一天上午。今天铁路上要发工资，可是会计科的表册很久没有送来。后来，一个工友来到出纳台，送来出勤表、工资表册，还有一大堆要追回工作证的名字。开始发工资了。在办公处的木头房子和车站、工间、机车厂、仓库、铁路线之间的很大的一片空地上，排起了领工资的长龙，这里面有列车员、扳道工、钳工以及他们的助手，还有车库里擦地板的女工。

一片城市的初冬气象。弥漫着踩烂的槭树叶子气息、融雪的气息、火车煤烟气息和车站饭店地下室里刚刚出炉的热烘烘的黑麦面包气息。列车开来又开去，时而连接起来，时而拆开，挥舞着的旗子时而卷起，时而展开。看守的小笛、调车员的哨子、火车头粗壮的汽笛不停地叫着。一股股煤烟像无尽头的梯子似的朝天空升去。一台台生火待发的火车头停在线路上，喷吐着一股股的蒸汽，蒸着冬日的冷云。

铁路段段长、线路工程师富弗雷金和车站工段领工员巴维尔·费拉庞托维奇·安季波夫在路基边上来来回回地走着。安季波夫多次向修理处反映，拨给他整修路面的材料不能用，钢的韧度不够，钢轨经受不住弯曲和折断的试验。安季波夫认为，钢轨一到天寒地冻，就会断裂。铁路当局对安季波夫的意见置若罔闻。有人在采购材料时贪污受贿。

富弗雷金穿一件镶有铁路标志的贵重皮袄，敞着怀，里面是一身崭新的哔叽西服。他小心翼翼地在路基上走着，欣赏着西服上衣的侧线、裤子上那笔直的褶条和靴子的高贵样式。

安季波夫的话，他一点没有用心去听。他想着自己的心事，不时地掏出表来看看，显然是急着要上什么地方去。

“伙计，你说得对，对，”他不耐烦地打断安季波夫的话，“不过，这只能是在主要线路上，或者在车辆来往较多的直通区间。你别忘了，你管的是什么样的线路？你管的是备用线和死岔线，无关紧要，至多是空车编组和机车调动。你还不满意哩！你不是疯了吗？这种地段用不着什么像样的钢轨，就是用木头路轨也行。”

富弗雷金看了看表，把表壳扣上，便注视起远处公路接近铁路的地方。公路拐弯处出现了一辆马车。那是富弗雷金自家的马车。是他的妻子来找他。车夫在快到路基跟前时让马停下来，紧紧握着缰绳,用女人一样的尖尖的嗓门儿轻轻吁着马,就像保姆哄小孩子,因为马见了铁路很害怕。马车上坐着一个漂亮的太太,大模大样地靠在椅垫上。

“好啦,伙计,下次再谈吧。”这位铁路段长说着,摆了摆手,“顾不上你说的这些事,还有比材料更要紧的呢。”他和太太一起走了。

六

三四个钟头以后,将近黄昏时候,在铁路旁边的田野上,出现了两个人,出现得十分突然,就像从地里钻出来的一样。他们不住地回头望着,快步走了开去。

“咱们走快点儿。”季维尔津说,“我不是怕奸细跟踪我们,我是说,这个扯皮的会快结束了,他们就要从地下室里爬出来,来赶我们。我真不愿意看到他们。都这样拖拖拉拉,什么事也干不成。想玩火,又怕火烧身,要这样的委员会干什么?你也够呛的,竟也支持起尼古拉耶夫站来的那个窝囊废!”

“我家的达丽亚害了伤寒。我要送她上医院。不把她送进医院,我什么都没心思干。”

“听说今天发工资,我上办公室去看看。假如今天不是发工资的日子,我才不管你们那一套,我连一分钟也不多等,有办法不叫再拖下去。”

“请问,你用什么办法?”

“这事很简单。我到锅炉房里,把汽笛一拉,就行了。”

他们道过别，各自朝相反的方向走去。

季维尔津顺着铁路朝城里走去。在办公室里领过工资的人纷纷迎着他走来。人数很多。季维尔津用眼睛打量了一下，断定，车站的人差不多全领了。

天渐渐黑了下来。办公室旁边的一片开阔场地上，在办公室的灯光照耀之下，聚集了不少闲着没事儿的工人。场地入口处停着富弗雷金家的马车。富弗雷金太太坐在车上，仍然是原来的姿势，好像她从上午起就没有下过车。她在等待进办公室领工资的丈夫。

忽然下起了雨和水雪。车夫从车上跳下来，动手撑车篷。趁他一只脚踩在车子后面，打开紧绷绷的撑杆时，富弗雷金太太欣赏起在办公室灯光中闪闪发亮的银珠般水粒儿。她不时地朝人群投过梦幻般的凝视的目光，那神情好像是说，如果有必要，她的目光可以一点不漏地把他们穿透，就像穿透雾气和蒙蒙雨帘那样。

季维尔津无意中看到了这一表情。他感到厌恶。他没有同富弗雷金太太打招呼，就走了开去，决定过一阵子再来领工资，免得在办公室里碰到她的丈夫。他继续往前走，朝灯光较弱的车间那边走去，那边黑乎乎的一片是机车转弯处，有好几条线路通向机车库。

"季维尔津！库普里扬！"黑暗中有几个声音喊他。车间前面站着一堆人。车间里有人大声吆喝，还有一个小孩子在哭。"库普里扬·萨维利耶维奇，去救救那个小徒弟吧。"人堆里有一个妇女说。

老工长彼得·胡多列耶夫又在打他的小徒弟尤苏普卡了。

胡多列耶夫本来不是个虐待徒弟的人，不是醉鬼和喜欢打人的人。当年，他是个仪表堂堂的青年工人，莫斯科工厂区的商人和牧师的女儿都对他垂青。可是，他向一个叫玛尔法的神学校毕业的姑娘求婚，玛尔法却拒绝了他，而嫁给了他的同事、机车司机萨维利·尼基季奇·季维尔津，也就是库普里扬的父亲。

一八八八年，萨维利·季维尔津在轰动一时的铁路撞车事件中惨死。玛尔法寡居五年之后，胡多列耶夫再一次向她求婚，她又拒绝了他。从此以后，他就经常喝酒，胡闹，要同世上的一切算算账，认为一切都是他的不幸的根源。

尤苏普卡是季维尔津家住的院子里的看门人基马泽特金的儿子。季维尔津在厂里经常关心这个孩子。这对于胡多列耶夫恼恨孩子的心情，起了火上浇油的作用。

“你这是怎么使锉子，蠢猪！”胡多列耶夫抓着尤苏普卡的头发，一面敲他的脖子，一面吼叫着。“有这样锉东西的吗？你把活儿给我弄糟了，我要好好儿收拾你。你是故意捣蛋，还是死木头疙瘩？”

“哎哟，我再也不敢了，大叔，我不敢了，不敢了，哎哟，好疼啊！”

“对你说过一千次，叫你先上好卡盘，然后拧紧圆轴，可是你偏不听。差点儿把小轴给我弄断了，狗崽子。”

“我没有碰到小轴，大叔，真的，我没有碰。”

“你干吗要打这孩子？”季维尔津从人堆里挤过去，问道。

“你少管闲事！”胡多列耶夫不客气地说。

“我问你，你为什么打这孩子？”

“我告诉你，你这社会指挥官，滚开。这混账东西差点儿给我把小轴弄断，打死他还算便宜的。我不把他打死，只是扯他的耳朵，揪他的头发，就算我对他开恩啦。”

“怎么，胡多列耶夫大叔，照你说的，应该揪掉他的脑袋啰？真不知道丑。一个老师傅，活到白了头，还一点不懂道理。”

“滚吧，滚吧，你趁早滚远点儿。倒教训起我来啦，看我剥你的皮，狗崽子！你是个狗杂种，是人家当着你爹的面把你日出来的。你妈是个烂货，破鞋，臭婊子！”

他们立刻打了起来。两个人都顺手拿起放在车床台架上的东西，有笨重的家伙，还有铁块，如果不是大伙儿立刻冲进去把他们拉开的话，会出人命的。胡多列耶夫和季维尔津脸色煞白，眼睛里充满了血，弯着腰站着，额头几乎碰到一起。两个人都气得说不出一句话来。很多人从背后拉住他们的手，紧紧把他们拉住。他们歇了一口气之后，鼓起劲儿，拼命往外挣，身子扭来扭去，拖着拉架的人到处转圈儿。衣服上的纽扣都扯掉了，上衣和衬衣从光光的肩膀上脱了下来。四周围乱糟糟地嚷成了一团。

“凿子！把他的凿子夺下来，会把脑袋打通的。”

“放手，放手，彼得大叔，要不然把你的胳膊扭断啦。”

“干吗跟他们缠起来没有完？把他们拉开，分别关起来，就完事啦。”

忽然季维尔津使出猛劲儿，一下子摆脱了抓住他的好多只手，挣了出去，跑到门口。很多人本来想跑过去再把他抓住，但是看到他不想再打了，也就不管他了。他把门一拉，走了出去，头也不回地朝前走去。四周围是秋天的潮气，漆黑的夜幕。“你拼命为他们做好事，他们却一心想朝你腰上捅刀子。”他嘴里嘟哝着，漫无目的地朝前走去。

在这个丑恶和虚伪的世界上，一个养肥了的太太竟用那样的目光看这些下苦力的人，一个成为这种制度的牺牲品的酒鬼竟以虐待自己的同类人为乐事，季维尔津此刻恨透了这个世界。他走得非常快，就好像他走得越快，此刻他的发热的头脑所描绘的那种合情合理的美好时代就来得越快。他知道，这些天他们的打算、铁路上的混乱、集会上的讲话和他们已经通过然而尚未执行、也未取消的罢工决议——都是走向这条光明大路的必要步骤。

但是此刻他兴奋已极，恨不得一口气也不喘，一下子跑完这段距离。他把步子跨得大大的，并不考虑上哪儿去，但是两条腿知道该上哪儿去。

季维尔津很久都不知道，在他和安季波夫离开地下室以后，会议通过了就在当天晚上罢工的决议。委员们马上分了工，谁上哪儿去，去发动哪些人。当机车厂里沙哑的、越来越嘹亮、越来越有力的汽笛声就像从季维尔津的心底冲出来时，机车库和货运站的人群已经过了进站信号机，朝城里拥去，接着又有一批工人，听到季维尔津在锅炉房里拉的汽笛，也扔下工作，参加了罢工的行列。

以后有很多年，季维尔津一直以为，那天晚上使铁路上罢工和瘫痪的，全是他一个人。直到后来他被审讯时，给他定的罪名是参加罢工，而不是鼓动罢工时，他才恍然大悟。

很多人跑出来，问：“拉笛干什么？上哪儿去？”黑暗中有人回答说:“你又不是聋子。你没听到,这是火警。失火啦。”“什么地方失火?”“既然拉了笛,总有地方失火。”

大门乒乒乓乓响着,人一批一批地走出来。另外一些人的说话声:“还说是失火呢!糊涂透啦!别听这些傻话。这是罢工,懂吗?做牛做马做够了,我再也不干啦。伙计们,咱们回家。”

罢工的人越来越多。铁路瘫痪了。

七

季维尔津两天以后回到家里,胡子长得老长,神情异常疲惫,冷得浑身打着哆嗦。昨天夜里忽然冷得厉害起来,这时候本来不该这样冷的,季维尔津却还穿着秋衣。看门人基马泽特金在大门口迎住他。

“谢谢你,季维尔津先生,”他急急忙忙地说,“你救了尤苏普卡,我一辈子为你祷告上帝。”

“基马泽特金,你怎么糊涂了,我算什么先生啊?请你别这样吧。有话快说吧,你看外面多么冷。”

“萨维利耶维奇,怎么冷,你要暖和了。我和你妈玛尔法昨天从莫斯科货运站拉了一棚子木柴,全是白桦木,好柴,干柴。”

“谢谢,基马泽特金。你还有什么话,就请快说吧,我实在冻坏啦。”

“我想说,萨维利耶维奇,你应该躲一躲,别在家里睡。站岗的来问,派出所所长也来问,什么人来过。我说,没有什么人来。我说,有副司机来,乘务组的人来,铁路上的人来。另外什么人也没有!”

独身的库普里扬·季维尔津和母亲以及有家小的哥哥住在这里。这是附近圣三一教堂的房产。这里住着一小部分教士,两伙儿在城里摆小摊卖水果的和卖肉的,然而大多数还是莫斯科布列斯特铁路的小职员。

这是一幢带有木结构回廊的石头楼房。回廊从四面围住一个肮脏的、没有铺砌的院子。回廊里有几道又脏又滑的木楼梯。楼梯上散发着猫腥味和酸白菜气味。楼梯口是厕所和挂着锁的储藏室。

库普里扬的哥哥被征去当兵打仗,在瓦房沟战役中负了伤,现在正在克拉斯诺亚尔斯克军事医院养伤。他的妻子带两个女儿去看他和照料他去了。季维尔津父子两代人都在铁路上工作,所以家里人可以凭免票证随便到国内任何地方去。现在他们家里空荡荡的,十分安静。家里只有一个儿子和母亲。

他们住在二楼。楼梯口放着一只大水桶,水是运水夫按时送的。库普里扬上二楼的时候,发现水桶的盖子被推到了一边,桶里的水已经结了冰,冰壳子上有一只铁茶缸,已经冻在上面了。

“一定是普罗夫,”库普里扬冷笑了一下,想道,“拼命喝酒,喝多了,肚子里发烧啦。”

普罗夫·阿法纳西耶维奇·索科洛夫是教堂里的诵经人,是个仪表堂堂的、不见老的男子,是母亲娘家远房的人。

库普里扬拿起结在冰壳子上的茶缸,把水桶盖子盖好,拉了拉门铃。一股暖烘烘的气味和香喷喷的热气迎面扑来。

“妈妈,您烧得屋子里热烘烘的。咱们家里好暖和,好舒服呀。”

母亲扑到他的脖子上，把他抱住，哭了起来。他抚摩了几下母亲的头发，等了一会儿，就轻轻地把母亲推开。

“妈妈，胆子放大点儿，什么都不怕，”他小声说，“我要离开莫斯科，上华沙去。”

“我知道。所以我才哭。他们要抓你。你走吧，好孩子，跑远点儿。”

“您那个老朋友，那个老脸皮厚的彼得，差点儿把我的脑袋敲碎。”他想说说笑话，叫她开开心。但是她不喜欢这样的玩笑，而是板着脸回答说：

“孩子，笑话他可是罪过。你该可怜他。一个可怜的苦命人，不走运的人。”

“咱们把安季波夫家的巴沙接过来吧。就是巴维尔·费拉庞托维奇的小孩子。夜里来搜查，到处搜了个遍。天一亮就把他带走了。他那达丽亚又害伤寒住了医院。巴沙还小，正念中学，家里只剩了他和一个聋姑姑。而且房东还在撵他们。我看，咱们应该把孩子接到咱们家来。普罗夫来干什么的？”

“你怎么知道他来过？”

“我看见，水桶没有盖好，里面还有一只茶缸。我就想，一定是普罗夫喝酒喝得发了烧，在桶里喝水的。”

“孩子，你真机灵。你猜对了。是普罗夫，普罗夫，普罗夫·阿法纳西耶维奇。他来借木柴，我给了他一些。噢，我好糊涂！我简直忘了，他带了一个消息来呢。他说，皇上签署了一道圣旨，今后要大改变，谁也不欺负谁，要把土地分给庄稼人，老百姓都要和贵族平等。签过的圣旨很快就要发出了。主教公会刚刚发来一道通告,要举行感恩祈祷或者什么祝寿祈祷。普罗夫对我说过,可是我记不清了。”

八

巴维尔·费拉庞托维奇·安季波夫被捕了,他的妻子达丽亚又住了医院,所以他们的儿子巴沙就住到了季维尔津家里。这是一个爱干净的孩子,眉清目秀,淡黄色的头发梳成平分头。他不时地用小梳子梳梳头发,不时地理理制服上衣和带有实业学业标志的宽皮带。巴沙富于幽默感,善于观察模仿。凡是他见过的和听见过的东西,模仿起来惟妙惟肖,令人笑破肚子。

圣旨在十月十七日颁布之后,很快地筹划了一次大规模的示威游行,游行的路线是从特维尔门到卡卢加门。这次游行的发动工作非常混乱。好几个参与发动游行的革命团体争吵得不可开交,一个接一个表示放弃游行的主张,可是后来听说群众还是在原定的那一天早晨上了大街,各个团体只好仓促派出自己的代表去参加游行。

玛尔法·加甫里洛芙娜不顾库普里扬的劝说和反对,还是带了活泼愉快的巴沙去参加游行。

这是十一月初的一个干冷的日子。铅灰色的宁静的天空,飘着稀稀的、几乎可以数得清的雪花。雪花在落地之前,要游移不定地转悠很久,然后才像毛茸茸的白灰似的落进大路上的坑洼里。

人群乱糟糟的，顺着大街朝前拥去。一张又一张的脸，有棉大衣，有羊羔皮帽，有老人，有女学生，有孩子，有穿制服的铁路人员，有穿长筒靴和皮夹克的电车工人和电信局工人，有中学生和大学生。

游行的队伍唱了一阵子《华沙工人歌》《你们牺牲了》和《马赛曲》。但是那个倒退着走在队伍前面、手里挥舞着帽子指挥唱歌的人，忽然把帽子戴到头上，不再唱了，并且转过身去背对着游行队伍，听并排走的其他几个指挥者说话。歌声乱了，不久就停了。只能听见无数的人走在上冻的马路上的噼里啪啦的脚步声。

有人向游行的发起者报告说，哥萨克在前面等候着游行队伍呢。这个准备攻击的消息，是有人打电话到附近的药房里报告的。

“没什么了不起的，”游行指挥者说，“最要紧的是镇静，不能惊慌。应当立即进入沿街一座公共建筑物，向群众说明即将到来的危险，宣布解散。”

大家又争论起上哪儿好。有人主张进入商会大楼，有人主张进入高等工业学校，还有人主张进入外国通讯学校。

正在争论的当儿，前面出现了一座公共建筑物的一角。这也是一所学校，很适合作避难所，一点也不比上面提到的几处差。

等到游行的人群来到学校跟前，指挥者登上大门口半圆形的石阶，打了几次手势，让打头的队伍停了下来。宽阔的校门敞了开来，全部队伍依次进入学校的前厅，并且开始登上正面的楼梯。

“进礼堂去，进礼堂去！”后面有几个声音喊着。但是人群继续往前拥，有些人分散到各条走廊里，有些人进入各个教室。

等到终于把人群叫回来，一个个坐到礼堂里的位子上，指挥者一再试图向大家说明前面有哥萨克准备抓人，但是谁也不听这些。他们以为，叫他们停下来，进入里面来，是请他们开临时大会的，这大会马上就开始了。

人们唱着歌走了很久，现在真想一声不响地坐一会儿，让别人替自己用用力气，发发声音。休息是最大的愉快，与此相比，讲话人那几乎全部雷同的话里的微小差异，全都不算什么。

因此，最受欢迎的是最差的演说者，因为大家不愿意听他的，不必花费精神。他的每一句话都引起热烈的喝彩声。他的话被喝彩声淹没，一句也听不见，谁也不觉得遗憾。因为不耐烦，大家连忙表示同意他的意见，高声喊："这是耻辱！"拟定抗议电文。大家听厌了他那冗长乏味的演说，忽然大家像一个人一样，完全忘记了演说人，一个接一个、一行挨一行地一齐下了楼梯，来到大街上，又继续游行了。

在开会的时候，外面下雪了。马路上已经一片白。雪越下越大了。

龙骑兵冲过来的时候，后面的游行队伍起初还一点也不知道。忽然从前面传来越来越大的轰隆声，很像许多人齐声喊的"乌拉"声。"救命呀！""杀人啦！"以及另外许许多多的喊声合在一起，成为一阵乱糟糟的声音。就在这时候，人群纷纷朝两边闪，闪出一条窄窄的通道，许多马头、马的鬃毛和挥舞着马刀的骑马人踏着这阵声音的浪涛从窄窄的通道中驰过。

半排骑兵飞驰过去，转过身来，整了整队形，就从后面冲进游行队伍的尾部。屠杀开始了。

几分钟之后,大街上几乎空了。人们纷纷跑进了小胡同。雪下得小些了。傍晚的景色异常单调,就像一幅木炭画。忽然,已经躲到房屋后面的夕阳从屋角后面探出头来,好像伸出手指指点大街上那些红的东西:龙骑兵那红顶的帽子,那倒在地上的红旗,那洒在雪地上的血迹,有红红的斑点,有长长的红线。

在马路边上,有一个被砍破了头的人一面呻吟,一面摊开两条胳膊在爬。有几名骑兵并排从旁边走过。他们是一直追到这条街的尽头以后回来的。玛尔法·加甫里洛芙娜几乎就在他们的脚下来来回回地跑着,她的头巾已经歪到了脑后,她声嘶力竭地满街叫喊:“巴沙! 巴什卡!”

巴沙一直跟她在一起,他模仿最后一个演说人惟妙惟肖,逗得她呵呵直笑,可是龙骑兵冲来的时候,一阵混乱,他不见了。

在混乱中,玛尔法·加甫里洛芙娜的背上也挨了一鞭子,虽然她穿着很厚的棉袄,不觉得疼,她还是痛骂了一阵子,并且朝渐渐远去的骑兵挥了挥拳头。她气愤的是,他们竟敢当众用鞭子抽打她这个老太婆。

玛尔法·加甫里洛芙娜焦急地朝马路两边望着。忽然她高兴地在对面的人行道上看到了巴沙。在那边,在一座卖洋货的小铺和一座石头房子之间的角落里,拥挤着一小堆惶惶然不知所措的人。

那是一个龙骑兵骑着马上了人行道,用马屁股和马身子把他们赶到那里去的。他看到他们害怕的样子,觉得十分开心,他用马拦住他们,让马在他们面前做了几个回旋急转的动作,让马朝后退了退,就像玩马术那样,慢慢地让马直立起来。忽然他在前面看到骑马缓步回来的同伴们，就用马刺踢了一下马，跑了几步，进了他们的队伍。

挤在角落里的人纷纷走散了。一直不敢作声的巴沙朝奶奶跑来。

他们朝家里走去。玛尔法·加甫里洛芙娜一个劲儿地嘟哝："千刀万剐的强盗，该死的刽子手！皇上开恩，老百姓高兴，可是这些家伙不服气。他们要把什么都弄糟，把每句话的意思都颠倒过去。"

她痛恨龙骑兵，痛恨四周围的一切，而且此时此刻，她连自己的亲儿子都恨起来。在满肚子愤恨的时候，她仿佛觉得，现在发生的一切，都是库普里扬那一伙儿糊涂家伙在开玩笑，她认为都是错误和胡闹。

"都是一些混账家伙！他们想干什么？什么也不懂！光知道骂人和斗嘴。那个演说的家伙，巴沙，你可记得他的样子？你学学他，好孩子，学学他。啊，笑死人啦，笑死人啊！一点不差，像极啦！呵呵呵……他嗡嗡嗡，像个蜂子，像个马蝇。"

回到家里，她责骂起儿子，说她这么大年纪，还要挨人家的鞭子。

"妈妈，您这是怎么啦！好像我成了哥萨克连长或者宪兵队长啦。"

九

人群四散奔逃的时候，尼古拉·尼古拉耶维奇站在窗口。他知道，这是游行的人在跑。他朝远处望了一阵子，想看看其中有没有尤拉，或者别的什么人。但是他没有看到熟人，只有一次他觉得似乎跑过去一个孩子（尼古拉·尼古拉耶维奇忘记他的名字了），那是杜多罗夫的儿子，是个天不怕地不怕的孩子，最近才从左肩膀里取出一颗子弹，可是又胡闹起来了。

尼古拉·尼古拉耶维奇是秋天从彼得堡来到莫斯科的。他在莫斯科没有房子，可是又不愿住旅馆。他住在自己的远房亲戚斯文季茨基家里，住的是顶楼拐角上的一间屋子。

这座两层的厢房，没有孩子的斯文季茨基夫妻住在里面，显得太大了。这房子是已经去世的斯文季茨基的父母多年以前向多尔戈鲁基公爵家租下来的。多尔戈鲁基家的房产有三个院子，一个花园，许许多多式样不同、布局凌乱的房屋，面对着三条胡同，旧称为“面粉城”。

尽管这间屋子有四个窗户，屋里仍然相当黑暗。屋里摆满了书籍、纸张、壁毯、版画。屋子外面是阳台。半圆形的阳台围住房子的这一角。通阳台的两扇玻璃门已经封起来，准备过冬了。

从屋子的两扇窗户和阳台的玻璃门，可以清清楚楚地看见整个一条胡同，看见那伸向远处的一条雪橇路、那参差不齐的两边的房屋、参差不齐的栅栏。

雪青色的树荫从花园里投进屋里来。好几棵树都探着头朝屋子里张望，似乎很想把它们那挂满沉甸甸的、好像一条条冻结的雪青色奶油似的霜雪的树枝放到地板上。

尼古拉·尼古拉耶维奇朝胡同里望着，想起了去年在彼得堡过的冬天，想起加庞、高尔基，想起维特的访问，想起一些当代的时髦作家。他从喧嚣的彼得堡来到这宁静的古都,为的是要写他已经构思好的一部书。谁知根本不是那么一回事儿!在这儿一点也不清闲。每天不是讲课,就是讲演,连气都不能喘。有时是在高等女校,有时在神学会,有时去红十字会,有时去罢工委员会的基金会。最好还是上瑞士,到一个僻静的、林木葱郁的乡间去。那儿有平静、清澈的湖水,有青山和蓝天,还有时时保持警觉、时时准备发出回声的清脆的空气。

尼古拉·尼古拉耶维奇离开窗口。他想去拜访朋友,或者随便到街上走走。可是他这时候想起,托尔斯泰主义者维沃洛奇诺夫有事要来找他,他不能出去。他在屋里踱起步来。他想起了尤拉。

尼古拉·尼古拉耶维奇从偏僻的伏尔加河畔移居彼得堡的时候,把尤拉带到了莫斯科,带到亲戚们的圈子里。亲戚有维杰尼亚平家、奥斯特罗梅斯连斯基家、谢利亚维诺伊家、米哈耶利索夫家、斯文季茨基家和格罗麦科家。起初,尤拉住在奥斯特罗梅斯连斯基老汉家里。奥斯特罗梅斯连斯基是个很不规矩、爱说空话的老汉,家里人干脆叫他"小费佳"。他暗地里和自己的养女姘居,因此自认为是反礼教的勇士。他辜负所托,捞取便宜,把尤拉的寄养费自己花费一空。因此只好让尤拉住到格罗麦科教授家里,一直住到现在。

尤拉住在格罗麦科家,气氛异常融洽。

"在他们家里,三个孩子正好是一小伙儿,"尼古拉·尼古拉耶维奇想道,"尤拉、他的小伙伴和同学米沙·戈尔顿、格罗麦科的女儿托尼娅。这三人小组天天在读《爱的意义》《克莱采奏鸣曲》,沉浸在道德说教里。”

少年时代应当有一个时期如癫似狂地追求道德净化。但是他们太过分了,往往狂热超过了理智。

他们是非常古怪的孩子。他们正在性欲萌动时,他们却不知为什么把性欲方面的事叫作“下流”,而且不管是不是地方,都要用这个词儿,往往用得极其不恰当。不论是本能的反应、诲淫的书刊、玩弄女人,而且差不多凡是有关性的方面的事情,他们统统都叫作“下流”。他们一提到这种字眼儿,就要脸红,或者气得发白。

“假如我一直在莫斯科的话,”尼古拉·尼古拉耶维奇想道,“我不会让这孩子变成这种样子的。知道羞耻是必要的,但要有一定的限度……啊,尼尔·费奥克季斯托维奇!欢迎欢迎。”他高声叫着,上前去迎接客人。

十

一个身穿灰衬衣、腰系宽皮带的胖胖的男子走了进来。他穿着毡靴,裤子的膝盖部分鼓鼓囊囊的。他给人的印象是一个喜欢空想的善人。系着宽宽的黑带子的小小的夹鼻眼镜在他的鼻子上一个劲儿地蹦跳着。

他在外间里脱衣服,却不把事情干利索。他没有摘下围巾,围巾的一头拖在地板上,他手里还拿着他那圆圆的呢帽。这些东西妨碍着他的行动,他不仅不能和尼古拉·尼古拉耶维奇握手,连见面问好的话也说不出来了。

“唉，嗯嗯。”他到处打量着，不知所措地嗯了两声。

“随便放在哪儿都行。”尼古拉·尼古拉耶维奇说。这么一来，维沃洛奇诺夫才恢复了说话的能力和自制力。

他是列夫·尼古拉耶维奇·托尔斯泰的信徒，不过像他这种信徒，是把不断追求的天才作家的思想，当作僵死的、一成不变的东西，因而使其庸俗化了。

维沃洛奇诺夫是来请尼古拉·尼古拉耶维奇到一个学校去演讲，为政治流放者呼吁。

“我已经在那个学校演讲过一次了。”

“是为政治流放者呼吁吗？”

“是的。”

“还要再去一次。”

尼古拉·尼古拉耶维奇推辞了几次，后来终于同意了。

来办的事情已经办妥。尼古拉·尼古拉耶维奇也没有挽留客人。维沃洛奇诺夫可以起身告辞了。但是他觉得马上就走似乎不太礼貌。临别时应当说几句随便的话、热闹的话。谁知一谈起来，却谈得很不自然、很不愉快。

“您成了颓废派啦？迷上神秘主义了吧？”

“您这是什么意思？”

“您全变了。记得地方自治会吗？”

“当然记得。咱们还一起参加过选举呢。”

“咱们为建立乡村学校，为建立教师进修班斗争过。记得吧？”

“当然记得。斗争很激烈呢。您后来好像为了人民健康，去从事社会救济活动了。是吗?”

“干过一个时期。”

“嗯。现在您和那些牧羊神、黄色睡莲、雅典少年为伍了。我真不敢相信呀。不相信一个富有幽默感的、深知人民疾苦的聪明人……请别发急……也许,是不是我闯进了……什么隐秘之处?”

“干吗要漫无目的地瞎扯。咱们争论的是什么?您不了解我的意思。”

“俄罗斯需要的是学校和医院,不是牧羊神和睡莲。”

“这话谁也没意见。”

“农民现在衣不蔽体,食不果腹……”

他们就这样东一句西一句地扯着。尼古拉·尼古拉耶维奇早就看出这种谈话毫无意思,仍然解释了一下,他为什么同象征派的一些作家接近,后来他又谈起了托尔斯泰:

“咱们在很多方面是接近的。不过托尔斯泰说,一个人越是献身于美,他就离善越远。”

“您以为是相反吗?您以为,美、神秘剧之类的玩意儿、罗扎诺夫和陀思妥耶夫斯基能拯救世界吗?”

“不,我以为怎样,让我自己来说。我以为,潜伏在人身上的兽性如果能够靠吓唬,不论是靠监牢,还是靠因果报应来制伏的话,那么,人类最崇高的象征就是手执皮鞭的马戏团驯兽师,而不是牺牲自我的传教士了。然而,事实却是,千百年来使人类超越禽兽而且不断前进的,不是鞭子,而是真理的声音,是不用武器的真理的无可争辩的力量和真理的范例的诱导。至今人们都认为,福音书中最重要的是那些道德格言和训条,我却认为,最主要的是耶稣说的醒世警言都是来自生活,用日常生活现象阐明真理。其基本意思是:人和人永远是有联系的,生命是象征性的,因为生命是有重要意义的。”

“我一句也听不懂。您最好把您的见解写成一本书。”

维沃洛奇诺夫走后,尼古拉·尼古拉耶维奇觉得十分生气。他气他自己对维沃洛奇诺夫这种傻瓜说了一部分自己的心里话,对他说这种话一点用处也没有。就像有时候会出现的情形一样,尼古拉·尼古拉耶维奇的懊恼忽然改变了方向。他完全忘记了维沃洛奇诺夫,就好像从来没有这个人似的。他想起了另一件事。他平常不写日记,但是一年之中有一两次会把自己感触最深的一些想法记在那个厚厚的大本子上。他抽出大本子,用又大又清楚的字体写了起来。下面就是他写的:

一整天很不自在,都是因为那个混账的女人什列津格尔。她上午跑了来,一直坐到中午,整整有两个钟头她都在朗诵那些乱七八糟的玩意儿。有象征派某作家为某作曲家的宇宙交响乐写的歌词,还有行星的精灵以及水、火、气、土的声音,等等。我忍着,忍着,终于忍不住了,就恳求说,我实在受不了,饶了我吧。

我忽然全明白了。我明白,为什么我总是极其厌恶这些东西,为什么就连浮士德也是虚伪的。因为都是矫揉造作。现代人不需要这样的东西。现代人要解宇宙之谜,求教于物理,而不是求教于格季奥德的六音步诗。

这不仅是因为这些形式的陈旧与落后。而是因为这些水与火的精灵把科学已经弄清楚的东西重新搞糊涂了。因为这种体裁和今天的艺术的整个精神及其实质、动机背道而驰。

这些天地变化的说法，在古时候出现是很自然的，那时候大地上的人类极少，人类无力对付大自然。大地上还生存着猛犸，人类对恐龙和飞龙的记忆犹新。大自然在人类面前显得那样威风，那样凶恶，人类完全受制于大自然，使人不由地想，也许，当真一切都是由神来支配。这就是人类最初的历史，是刚刚开始的上古历史。

在罗马，由于人口繁殖过度，这种上古时代便结束了。

罗马是外来神祇和被征服民族汇集之处，地上和天上都拥挤不堪，就像一个难分难解的龌龊的大扭结。达吉人、戈鲁尔人、斯基泰人、萨尔马特人、极北人、没有辐条的沉重的车轮、肥得眯成一条缝的眼睛、兽奸、双重下巴、用有学问的奴隶的肉喂鱼、不识字的皇帝。当时的人口比后来任何时候都要多，人们拥挤在斗兽场的通道里，人们受着折磨。

终于，标榜人道而装作很土气、穿得光彩夺目的、轻装的加利利人来到这冷冰冰的大理石和黄金堆中，从此各民族和神停止了争斗，出现了人，出现了做木匠的人、种庄稼的人、夕阳下牧放羊群的人、丝毫也不以为自己了不起的人、在所有的母亲摇篮歌里和世界上所有的画廊中被传诵的人。

十一

莫斯科彼得罗夫大街这一带地方，很像彼得堡的一角。这条横街两旁的房屋十分整齐，带有雕饰的、格调高雅的大门，书店，阅览室，制图社，非常阔气的香烟铺，非常阔气的饭馆，饭馆门前还有用大托架托着、用毛玻璃圆罩罩着的煤气灯。

冬天，这地方一片黯淡、萧条景象。这里住的是一些收入可观、自尊自爱、正正经经的自由职业者。

维克托·伊波利托维奇·科马罗夫斯基在这里租了一套阔绰的住房。这套住房在二楼，有宽宽的楼梯，楼梯上有高高的橡木栏杆。他的女管家，不，他的幽静的独居生活的管理人艾玛·艾尔涅斯托芙娜主持他的家务，她耳聋眼花，什么都想了解，可是什么都了解不到。他回报她的是他这种身份的人所常有的那种绅士般的感激态度。他不容许客人和来访者到他的寓所来扰乱这里的宁静的、老处女一般的世界。他这里像修道院一样安静。窗帘总是放下的，没有灰尘，没有泥污，就像手术室里那样。

每到星期天上午，他照例带上自己的狗到彼得罗夫大街和库兹涅茨街上溜达。戏子和赌徒康斯坦丁·伊拉里昂诺维奇·萨塔尼季就会从一个街口走出来，跟他一起溜达。

他们就一起在人行道上闲逛，一面说着笑话，发表三言两语的意见，极其简短，极其随便，对世上的一切表现出那样的轻蔑，他们的话简直可以用普通的吼叫来代替，他们只管让他们那高大的、毫不在乎地呼哧着的、好像颤动得透不过气来的粗嗓门儿充塞在库兹涅茨街两边的人行道上。

十二

乍寒还暖时候。“滴答、滴答、滴答……”滴水在铁檐上和排水管里响着。就像春天那样，房顶上到处哗哗淌水。正是融雪的日子。

一路上她就像掉了魂似的走着，回到家里，她才明白发生了什么事。

家里人都睡了。她又陷入迷惘状态中。她怅然地坐在母亲的梳妆台前，穿着一件接近白色的淡紫色镶边长衣，蒙着长长的面纱，衣服和面纱都是为参加舞会临时在成衣店里借的。她面对自己在镜子里的影子坐着，却什么也看不见。然后，她双臂交叉，放在梳妆台上，把头埋在双臂里。

妈妈如果知道了，会打死她的。妈妈打死她，还要自尽。

这事儿是怎么发生的呢？怎么会发生这种事儿呢？现在晚了。应该早点儿想想。

现在她成了……怎么说呢……成了失身的女子了。她成了法国小说中的那种女子，明天她还要去上学，同那些女孩子坐在一起，她们和她相比，都还是一些纯洁的小孩子呢。天啊，天啊，怎么会发生这种事儿呢！

将来，若干年后，等到情况许可的时候，她拉莉萨要把这事儿告诉奥丽亚·杰米娜。奥丽亚会抱住她的头，大哭一场的。

窗外响着滴水声，雪还在融化着。街上有人砰砰地敲着邻居的大门。拉莉萨没有抬头。她的肩膀哆嗦着。她在哭。

十三

“啊，艾玛·艾尔涅斯托芙娜，谢谢，不用啦。叫人心烦。”

他把一些东西，把硬袖口和胸衣扔在地毯上和沙发上，把五斗柜的抽屉抽出来又推进去，不知道自己要找什么。

他想找她，想得要命，然而这个星期天不可能看见她。他像个野兽似的在房里乱转悠，觉得到处都不自在。

她具有无与伦比的高雅美。她的手臂使人吃惊，就像高明的见解那样使人惊绝。她的影子投在房间的壁纸上，好像是她的纯洁无瑕的灵魂的映象。她的上衣裹在胸脯上紧绷绷的，就像是绷在绣架上的绣花底布。

科马罗夫斯基和着在马路上缓缓行进的马蹄声，用手指头敲着窗上的玻璃。“拉莉萨。”他小声呼唤着，合上了眼睛，脑海中出现了她那枕在他的手臂上的头，那睡着了的头在睡梦中垂着眼睫毛，全不知道有人一连几个小时地看着她。她的一头秀发披散在枕头上，那种蓬松的美使他眼花缭乱，心荡神驰。

他这个星期天散步并不快活。他带着杰克在人行道上走了几步，就停了下来。他的脑海中浮现出库兹涅茨街，萨塔尼季在说笑话，迎面来的一个个熟人。不，他简直受不了！这一切多么令人厌烦！他转身朝后走。杰克感到惊愕，用不赞成的目光昂起头盯着他，很不乐意地在后面跟着他走。

“这是何等怪事！”他想道，“这都是怎么一回事儿？这是什么,是良心觉醒,是怜惜还是悔恨?也许这是担心?不是,他知道她在自己家里,不会有什么事儿。那为什么他在脑海里一直想着她呢?”

他走进大门,上了楼梯,来到楼梯平台上,又转身上第二段楼梯。楼梯平台上有一个威尼斯式窗子,玻璃的四个角上都有华丽的纹章。花花绿绿的太阳光斑从玻璃上投到窗台上和地板上。第二段楼梯走了一半,科马罗夫斯基停了下来。

“不能一味地这样缠绵相思、寻愁觅恨!自己又不是小孩子,应该明白,如果由于他的迷恋,他的亡友的女儿,这个幼小的女孩子,成为他爱得发狂的对象的话,他将会有什么样的结果。要悬崖勒马!要对得起自己,不能改变自己以往的一切。否则一切都要完了。”

他用手紧紧抓住宽宽的栏杆,闭了一会儿眼睛,然后毅然决然地转过身子,朝楼下走去。在到处是光斑的楼梯平台上,他遇到了杰克那依恋的目光。杰克仰着头望着他,那样子就像一个两腮下垂的多愁善感的小老头儿。

杰克不喜欢那姑娘,撕她的袜子,对她吠叫,朝她龇牙。它不喜欢主人和拉莉萨接近,似乎是怕他从她身上沾染人的气味。

“噢,原来是这么回事儿呀!你以为一切都会和以前一样,还是和萨塔尼季散步,还是听听下流的笑话吗?所以我要狠狠敲你几下子,再来一下子,再来一下子,再来一下子!”

他对狗又是手杖打,又是用脚踢。杰克尖叫着跑了开去,屁股哆嗦着一瘸一拐地爬上楼梯,用爪子去抓房门,找艾玛·艾尔涅斯托芙娜诉冤去了。

一个星期又一个星期过去。

十四

啊，这真是中了邪魔的境地呀！假如科马罗夫斯基闯进拉莉萨的生活，引起的只是她的厌恶的话，她会起来反抗，挣脱他的。但是事情却不这么简单。

她感到得意的是，一个论年龄可以给她做父亲的头发斑白的美男子，一个常常在大会上受到鼓掌欢迎、报纸上常常报道的人，竟会为她花费金钱和时间，称她天使，带她上戏院或音乐厅，让她“见世面”。

因为她还是一个穿棕色长衣的未成年的中学生呀，只懂得天真烂漫地开开玩笑，淘淘气。科马罗夫斯基在马车里当着车夫的面或者在剧院包厢里在众目睽睽之下大胆地勾引她，都使她心醉，使她那沉睡的芳心不住地跳动。

然而这种学生时期的胡闹的热劲儿很快就过去了，沮丧和害怕却牢牢扎下了根。她整天昏昏欲睡。因为夜晚睡不好觉，因为经常哭和经常头疼，因为功课负担重，因为身体疲劳，她整日里昏昏沉沉。

十五

科马罗夫斯基是她的灾星，她痛恨他。每天她把这种想法重复多遍。

现在她一辈子要听他摆布了。他怎样使她俯首帖耳的呢？他怎样迫使她顺从，她为什么会屈从，会满足他的欲望，会战战兢兢地干出赤裸裸的丢脸的事而换取他的欢心呢？是因为他的地位，因为妈妈在金钱上依靠他，还是他善于对拉莉萨使用威胁手段？不是，不是，都不是。完全不是这么一回事儿。

不是她在他的手掌里，而是他在她的手掌里。她看得出，他是怎样需要她。她没有什么可怕的，她的良心是清白无辜的。如果她揭穿了他，可耻的应该是他，他会感到非常可怕。但问题是，她永远不会做这种事。她没有干这种事的坏心眼儿，而科马罗夫斯基在对待下属和弱者方面是很有本事的。

这就是他们之间的区别。环境的可怕也就在这里。环境杀人靠雷与电吗？不是的，环境杀人是用白眼和流言蜚语。到处是明枪暗箭。一根蛛丝是可以扯断的，如果已编织成网，你就无法从中脱身，只有越缠越紧了。

所以，卑鄙者和弱者往往能制服伏强者。

十六

她常常对自己说：如果她结了婚怎么样？这有什么丢脸的呢？她用起诡辩的方法。但是有时候她还是苦恼得不得了。

他多么不害臊地跪在她的脚下，哀求说："不能这样过下去。咱们这样混下去，不得了！你要朝下坡路滑下去。咱们还是告诉你妈妈吧。让我娶了你。"

他又哭又讲他的理由，就好像她在反驳，表示不同意似的。

不过他说的都是空话，拉莉萨再也不听这些悲剧式的漂亮话了。

他还是常常带着披了长长的面纱的拉莉萨到那座可怕的饭店的单间里去，饭店的侍者和顾客们都用那样的目光盯着他们，好像要剥去他们的衣服。她只有一个劲儿地自己问自己：难道相爱的人低人一等吗？

有一天她做了一个梦。她已经埋入地下，她只剩了左胸、左肩和右脚。她的左乳头上长出一撮青草，地上有人在唱《黑眼睛和白胸脯》和《不让玛莎上河边去》。

十七

拉莉萨不相信宗教。她认为宗教仪式没什么意思。但是有时为了消除生活的苦闷，需要让生活伴随着某种内心的音乐度过。这样的音乐不可能每次自己都能创作。上帝关于生活的一些话便是这种音乐。所以拉莉萨有时为了听这些话去教堂。

十二月初的一天，拉莉萨的心情和《大雷雨》里的卡捷琳娜的心情一样的时候，她怀着沉重的心情去祈祷，就好像脚下的大地就要裂开，教堂的圆顶就要塌下来。也好。一了百了。可惜的是，她把爱说话的奥丽亚·杰米娜也带来了。

“那是普罗夫·阿法纳西耶维奇。”奥丽亚对着她的耳朵小声说。

“嘘……请小声点儿。哪一个普罗夫·阿法纳西耶维奇？”

“普罗夫·阿法纳西耶维奇·索科洛夫。我家的表亲。就是念经的那一个。”

“噢，你说的是那个念经的呀。那是季维尔津家的亲戚。嘘，别说话了。别搅我。”

她们开始祈祷。唱赞美诗：“天主呀，为我的心灵祝福吧，美好的心灵是你的赐予。”

教堂里人不多，很空，回声很响。只有前面拥挤着一大堆祈祷的人。教堂是新盖起来的。窗上的玻璃没有上颜色，一点也不能给下了雪的灰色胡同和路上的行人增添什么色彩。窗口站着教会长老，他不理会教堂里正在进行的祈祷，大声开导一个疯疯癫癫的、耳聋的女乞丐，那声音又冷又平淡，就像这窗子和胡同一样。

等到拉莉萨手里攥着铜币，慢慢地绕着祈祷的人，走到门口去为自己和奥丽亚买了蜡烛，又小心翼翼地绕着祈祷的人往回走的时候，普罗夫·阿法纳西耶维奇已经有板有眼地念完了不用他念、大家早已熟记的九种人得福的经文。

伤感的人得福……悲痛的人得福……渴求真理的人得福……

拉莉萨正走着，忽然浑身一抖，站了下来。这是说她的嘛。上帝说：被践踏者的命运是好的。被践踏者有理可说。他们的一切都在前面。这是基督的看法，是他的意见。

十八

这是普列斯尼亚起义的日子。

他们家正处在起义的地段。在特维尔大街上，离他们家几步远处，正在修筑街垒。从客厅的窗户里可以看见。很多人在从他们的院子里往那儿挑水，往街垒上浇，为的是让筑街垒的石头和废铁冻结在一起。

旁边的院子里是起义者的一个集合点，似乎是一个医疗站或供应站。

那儿有两个男孩子，拉莉萨都认识。一个是尼卡·杜多罗夫，是娜加的朋友，拉莉萨就是在娜加家里认识他的。他和拉莉萨差不多，直率，自负，不爱说话。他像拉莉萨，然而拉莉萨不喜欢他。

另一个是住在奥丽亚·杰米娜的姥姥季维尔津娜家的巴沙·安季波夫。拉莉萨在季维尔津家里的时候，就发现这孩子迷上了她。巴沙十分天真和单纯，一点也不掩饰她的来访带给他的愉快，就好像拉莉萨是假期中的一片小白桦林，有干净的草地和白云，可以无拘无束地表示见到林中美景时的狂喜心情，不必怕别人笑话。

她一发现自己对他产生了吸引力，就不自觉地运用起这种吸引力。不过，她真正征服这个温柔而顺从的人，那是过了几年，同他长期交往之后，那时候巴沙知道自己已经疯狂地爱上了她，这一辈子再也不能离开她了。

两个男孩子玩着最可怕的成年人玩的游戏，玩的是打仗的游戏，而且是可以招致杀头和流放的游戏。但是他们的风帽的两个长耳在后面打的结子，说明他们还是孩子，并且说明他们还有爸爸和妈妈。拉莉萨就像大人望着小孩子那样望着他们。他们的危险游戏带有天真无邪的味道。他们的这种神气也传染了其他的一切：那到处是毛茸茸的、浓得好像变成了黑色的白霜的寒冷的黄昏，蓝色的院子，两个孩子所在的对面的房子，尤其是在那儿一个劲地响着的手枪射击声，都带有天真烂漫的意味。“孩子们在放枪呢。”拉莉萨想道。她这样想不是想的尼卡和巴沙，而是想的全城里所有放枪的人。“都是好孩子，老实孩子，”她想道，“他们都很好，所以才放枪。”

十九

听说，可能要向街垒开炮。他们家已处在危险中。想迁移到莫斯科其他区的亲友家去，可是已经晚了，他们这一地区已经被封锁了。应当在本地区，在附近找个地方。于是想起了黑山饭店。

谁知，去避难的不光是他们一家。饭店里已经住满了，很多人家的情形也和他们一样。看在他们是老住户，答应让他们在被服间暂住。

他们把最需要的东西包成三个包袱，为的是不引起人注意。然而搬往饭店的事却一天天拖了下来。

成衣店里因为还存在着古朴守旧的风习，所以尽管外面罢工，这里至今还在继续工作。有一天，在一个寒冷而沉闷的黄昏时候，外面有人按门铃。有人进来追问和责难了。他要店主到大门口去。费季索娃走出去问究竟。“姑娘们，出来！”她很快就把女工们叫出去，并且一一介绍给进来的那个人。那人很热情、很笨拙地一一和姑娘们握了手，和费季索娃谈妥之后，就走了。

女工们走进来之后，就开始结头巾，把胳膊扬得高高的，穿她们那窄袖的皮袄。

“怎么回事儿？”基莎尔太太连忙跑出来问道。

“不叫我们干了，太太。我们罢工了。”

“难道我……我有什么对不起你们的地方吗？”基莎尔太太哭了起来。

“您别难过，太太。我们对您没有恶意，我们很感激您。可是这不是您和我们的事。现在天下所有的人都这样了。我们能不这样吗？”

大家全走了，连奥丽亚·杰米娜和费季索娃也走了。费季索娃临走时小声地对基莎尔太太说，她答应罢工是为了东家和店里好。因为不罢工不行。

“真是忘恩负义！我算是看错人啦！那个丫头，我以往是多么心疼她呀！好，就算那是个孩子。可是这个老妖精呢？”

“您要明白，妈妈，他们怎么能为您破格呢？”拉莉萨安慰她说，“谁对您都没有恶意。相反，现在四周围发生的事情，都是为了人，保护弱小，保护妇女和儿童。是的，是的，您不要这样想不开。有朝一日，这种事会给我和您带来好处的。”

但是母亲一点也不明白。她一面抽搭着，一面说：“你总是这样，在我头脑已经够乱的时候，你又来说蠢话，简直把人说糊涂了。人家朝我头上拉屎撒尿，还说是为我好。也许是我真的老糊涂了。”

罗季昂住在士官学校里，只有拉莉萨和母亲在空空的房子里转来转去。没有灯光的街道就像瞎子的眼睛似的朝房里望着。

房屋也用同样的眼睛望着街道。

“妈妈,趁天没有黑,咱们上旅馆里去吧。您听见吗,妈妈?别犹豫了,马上走吧。”

“菲拉特,菲拉特,”他们把看门的人叫了来,“菲拉特,行行好,送我们上黑山饭店去。”

“好的,太太。”

“你把包袱拿着,再就是,菲拉特,你把这里的门儿看好,等大家回来。你把基里尔·莫杰斯托维奇照应好,把东西都锁好。还有,你常到我们那里去看看。”

“是,太太。”

“谢谢你,菲拉特。愿上帝保佑你。好,咱们坐一会儿告告别,就走。”

他们走到大街上,就像久病之后那样,觉得空气完全变了。寒冷的、好像被驯服了的辽阔的空间,乖乖地把圆润、清脆、好像在车床上刨过的枪声朝四面八方传了开去。噼噼啪啪,嗒嗒嗒嗒,步枪单发声、齐射声,好像要把远方炸碎。

不管菲拉特怎么说,拉莉萨和基莎尔太太都认为这是在放空枪。

“菲拉特,你真傻。你自己想想看,看不见放枪的人,怎么不是放空枪呢?你说,这是谁在放枪呢,是神仙吗?当然是空枪。”

来到一个十字路口,巡逻队叫他们站住。哥萨克们阴阳怪气地笑着,把他们搜了一遍,放肆地从头摸到脚。他们那有带儿的无檐帽神气活现地歪到一边耳朵上。好像他们都只有一只眼睛。

“真是万幸!”拉莉萨想道。在他们和城里其他地区隔离的这段时间里,她不会遇到科马罗夫斯基了!她不能和他断绝关系,都是因为妈妈。她不能说:妈妈,您叫他不要来了。如果那样说,事情就瞒不住了。不过,有什么了不起的?有什么可怕的?去他的吧,只要今后不再有这种事儿就好。天啊,天啊,天啊!她厌恶得就要在大街上昏过去了。她这会儿想起了什么呀?!在开头第一次去的那个单间里的那幅画着一个肥胖的罗马男子的可怕的画叫什么来着?《女人乃是花瓶》。是的。就是的。那是一幅有名的画:《女人乃是花瓶》。那时候她还不是一个可以与那幅名画相比的女子。那是后来的事。那时正是美好的时候。

"你干吗跑这样快,就像火烧着了一样?我都跟不上你了。"母亲跟在她后面呼哧呼哧地喘着粗气,抱怨说。拉莉萨走得很快。有一股骄傲的、使人兴奋的力量鼓舞着她,她好像在空中飞似的。

"啊,枪声响得多欢呀,"她想道,"被凌辱的人得福,受骗上当的人得救。放枪吧,愿上帝保佑你们!多放几枪吧,放吧,放吧,你们和我是一条心!"

二十

格罗麦科兄弟的房子在西夫采夫·弗拉什胡同和另一条胡同的拐角上。兄弟二人都是化学教授,亚历山大是彼特罗夫科学院的教授,尼古拉是大学里的教授。尼古拉是独身,亚历山大娶的妻子叫安娜·伊万诺芙娜,娘家姓克柳格尔。她的父亲是一家制铁厂厂主,另外在乌拉尔的尤梁津附近拥有一大片林区,林区里有矿产,但因无利可图,不再开采了。

格罗麦科家的房子是一幢两层楼房。楼上是住人的,有卧室、授课室、亚历山大的书房和藏书室、安娜·伊万诺芙娜的小客厅、托尼娅的房间和尤拉的房间。楼下是会客的。因为那灰绿色的窗幔、钢琴面子上那镜子般的闪光、那玻璃鱼缸、那橄榄色的家具、那水藻似的室内花草,这楼底很像是隐隐晃动着的一处绿色海底。

格罗麦科兄弟是有教养的人,热情好客,知识渊博,爱好音乐。他们常常在家里招待宾客,举办室内音乐晚会,在晚会上演出钢琴三重奏、小提琴奏鸣曲和弦乐四重奏。

一九〇六年一月,在尼古拉·尼古拉耶维奇出国后不久,格罗麦科家里又要举行音乐会。要演奏的有塔涅耶夫派一个青年作曲家的小提琴奏鸣曲和柴可夫斯基的三重奏。

前一天就开始准备。把家具挪一挪,把大厅腾出来。钢琴调音师在角落里调音,一个音符要调上一百次,不时地弹出珍珠般的琶音。厨房里在杀鸡,宰鹅,洗青菜,用橄榄油揉芥菜,做浇汁和沙拉。

这一天上午,安娜·伊万诺芙娜的知己朋友和贴心人舒拉·什列津格尔就头一个到了。

舒拉·什列津格尔是一个又高又瘦的女子,一张端正的、多少有些男相的脸,使她有点儿像一个国王,特别是当她歪戴着灰羊羔皮帽的时候。她来到房里也不脱帽,只是把别在帽子上的面纱撩开一点儿。

在苦恼和繁忙的时候,两位好朋友说说话儿,彼此都觉得轻松。她们的轻松就在于，彼此说的挖苦话越来越尖刻。激烈地吵上一场，接着就以眼泪与和解收场。这种有节奏的争吵使双方都感到轻松，就像水蛭放过血那样。

舒拉·什列津格尔嫁过几个丈夫，但是一离婚就把丈夫完全忘掉，并且把结婚、离婚看得非常随便，所以在各方面还保留着一个独身女子冷漠而好动的特性。

舒拉·什列津格尔是一个神智学者，但是也精通正教的祈祷仪式，简直是一位专家，常常憋不住要提醒教士们，该说什么，该唱什么。“主啊，请你聆听……”“在任何时候”“尊敬的天使……”她一个劲儿地用沙哑的嗓门儿断断续续地小声嘟哝着。

舒拉·什列津格尔还懂数学，还懂印度教的仪式，知道莫斯科音乐学院一些知名教授的住址，知道谁是谁的姘头，她真是无所不知，无所不晓。因此，凡是重大的生活场面，都要请她做裁判和主持人。

约定的时间一到，客人们陆续来临。来的客人有阿杰莱达·菲莉波芙娜、根茨、富弗科夫夫妇、巴苏尔曼先生和夫人、维尔日茨基夫妇、卡夫卡采夫上校。正下着雪，正门一开，风卷着大大小小的雪花扑进来。男客们从风雪中走进来，脚上都穿着肥大的长筒靴子，每个人都装出满不在乎和笨手笨脚的样子，可是他们那在风雪中变得更有精神的妻子们则恰恰相反，解开皮袄上面的两个扣子，敞着怀，羊皮头巾歪到脑后，露出落了白雪的头发，扮演出一副机灵、狡猾、不好惹的样子。

“他是丘伊的侄儿。”当一位第一次被邀的新的钢琴家走进来的时候，有的人小声说。

在大厅里，从两头敞着的边门可以看见饭厅里已经摆好酒宴的、长得像冬天的道路一样的大餐桌。特别显眼的是那带有颗粒状边儿的一只只闪闪发光的酒瓶。那放在一个个银托盘上的装熟油或醋的小小调料瓶，那各种各样的野味和菜肴，都使人馋涎欲滴，连那堆放在一个个小碟里的叠成角锥形的餐巾和小篮子里那散发着扁桃香气的青紫色瓜叶菊，都好像在刺激着人的食欲。为了不推迟享用佳肴珍馐的美好时刻，还需要尽快地先来一番精神享受。大家纷纷在大厅里坐了下来。

"丘伊的侄儿。"当钢琴家坐下来开始弹琴的时候，又响起一阵耳语声。音乐会开始了。

大家早就知道他弹的奏鸣曲是一支沉闷、干涩、不自然的曲子。这支曲子果然是这样，而且还格外冗长。

在休歇时间，评论家克里姆别科夫和亚历山大·格罗麦科就这支曲子展开了争论。评论家把这支曲子说得一无是处，亚历山大则极力为这支曲子辩护。四周围的人在抽烟，在说笑，把椅子搬来搬去。

但是大家的目光又落到旁边餐厅里那摆好了的酒席上。大家建议，音乐会继续进行，不要拖拉。

钢琴家朝听众瞥了一眼，朝伴奏者点了点头，示意开始演奏。小提琴手和大提琴手都拿起了弓子。三重奏开始了。

尤拉、托尼娅和现在有一半时间在格罗麦科家度过的米沙·戈尔顿坐在第三排。

"叶戈罗芙娜找您有事。"尤拉小声对坐在他前面的亚历山大·格罗麦科说。

格罗麦科家的白发苍苍的女用人叶戈罗芙娜站在大厅门口，拼命朝尤拉使眼色，同时一个劲儿地朝亚历山大·格罗麦科摆头，向尤拉示意，她有急事要找东家。

亚历山大·格罗麦科转过头来，用责备的目光瞪了叶戈罗芙娜一眼，耸了耸肩膀。但是叶戈罗芙娜不肯罢休。于是他们在大厅的两头用手势说起话来，就像两个聋哑人在说哑语。大家一齐朝他们望着。安娜·伊万诺芙娜狠狠地朝丈夫瞪了两眼。

亚历山大·格罗麦科站起身来，不能不理睬了。他的脸红了红，便轻轻地顺着墙边绕过去，走到叶戈罗芙娜跟前。

“您怎么不懂事，叶戈罗芙娜？您有什么了不起的事？快说吧，出了什么事？”

叶戈罗芙娜小声地和他说了起来。

“哪一个‘黑山’？”

“黑山饭店。”

“那又怎么样？”

“要他马上去。他们家有人很危险。”

“危险就危险吧。我知道。不行，叶戈罗芙娜。等演完了这一段，我再告诉他。现在可不行。”

“旅馆里来的人在等着呢。还有雪橇等在门口。我对您说，人快要死了，您明白吗？是一位有身份的太太呢。”

“不行就是不行。顶多再等五分钟，没什么了不起的。”

亚历山大·格罗麦科依然轻轻地顺着墙回到自己的位子上坐了下来，皱着眉头擦了擦鼻梁上的汗。

等到奏完第一乐章，他就走到演奏者跟前，掌声尚未停息，他就对大提琴手法杰伊·卡齐米罗维奇·蒂什克维奇说，有人来叫他，出了一点什么事儿，只好停止演奏了。然后亚历山大·格罗麦科朝大家摆了摆手，叫大家别再鼓掌，他大声说：

"诸位朋友，三重奏只好停止了。我们要对法杰伊·卡齐米罗维奇表示同情。他那里出了不愉快的事儿，他必须离开这儿。在这种时刻，我不想让他一个人回去。也许他很需要我陪他。我跟他一块儿去。尤拉，好孩子，你去告诉谢苗，叫他把雪橇赶到门口，他早就套好了。诸位，我不和大家告别，我请大家留下来，我去的时间不会太久。"

两个男孩子要求和亚历山大·格罗麦科一起坐雪橇到夜晚的寒风里去跑跑。

二十一

尽管正常的生活已经恢复，十二月以后有些地方仍然有枪声，时常有新的地方起火，好像是原来的大火的未尽的余火。

他们从来没有像这天夜里一样，坐雪橇走这么远，走的时间这么长。其实这是不长的一段路：斯摩棱斯克胡同、诺文胡同和半条花园街。但是酷寒和浓雾使发了狂的空间的某些小块变大了，似乎世界上的空间并不是到处都一致。火堆冒出的一缕缕白烟、嗒嗒的脚步声、沙沙的雪橇声使人产生一种印象，似乎他们已经走了很久很久，已经走到非常遥远的地方。

旅馆门前停着一架很讲究的小雪橇，雪橇上的马披着马衣站在那里。赶雪橇的人坐在雪橇上，用戴手套的两手抱着裹了围巾的头在取暖。

旅馆大厅里很暖和。看门人坐在门口存衣处的栏杆里面，被通风机的轰轰声、炉火的呼呼声和茶炊的嗞嗞声弄得迷迷糊糊地睡着了，大声地打起了呼噜，一打呼噜，自己被自己的呼噜声惊醒了。

大厅左边的大镜子前面，站着一个浓妆艳抹的太太，脸上的粉搽得厚厚的，一张脸好像是用面粉做的。她在这样冷的天气穿一件非常薄的小皮袄。她在等着什么人下楼来。她背朝着大镜子，一会儿从左肩头、一会儿从右肩头端详自己，看看自己的背影是不是漂亮。

那个冻坏了的赶雪橇的，从门缝里探头向里面看了看。他穿着那件束腰长袍，很像一个扭花面包，而且他身上冒着一团团的热气，就更加像面包了。

“小姐，该走了吧？”他问那个站在镜子前面的太太，“服侍你们这些人，把马都要冻死。”

二十四号房间的事情，在侍役们每天日常的许多伤脑筋的事情中，只是一件小事情。每分钟都有电铃响，墙上长长的玻璃框子里就要出现房间号码，表明哪一号房间里有人发了疯，哪里有人要干莫名其妙的事情，叫服务人员不得安宁。

这会儿在二十四号房间里，正在抢救那个老浑蛋女人基莎尔夫人，给她灌催吐剂，冲洗肠胃。女侍役格拉莎忙得团团转，又擦地板，又倒污物桶，又要把干净桶送回去。但是，在这场忙乱之前很久，当时什么事还没有，还没有派捷列什卡坐雪橇去请医生，没有这种倒霉的叽叽喳喳声，科马罗夫斯基还没有来，门前走廊里还没有这些挤得水泄不通的闲人，就在那时候，这一天侍役中的风暴就开场了。

这一天侍役中的风波的起因是，白天有人从小菜间出来，在狭窄的通道里笨拙地转了个身，不小心碰了侍役瑟索伊一下，恰好瑟索伊弯着身子从一个门口跑出来，右手擎着一个装得满满的托盘。瑟索伊的托盘当啷一声，掉在地上，汤洒了，盘子打碎了，三个大盘子、一个小盘子报销了。

瑟索伊说，这全怪那个洗餐具的女工，要由她赔，扣她的工钱。直到夜里十一点，有一半人很快就要下班了，他们还在为此事争吵着。

“是你自己手脚不稳，一天到晚抱着酒瓶，就像抱着老婆一样，喝得昏天暗地，还要说别人碰了你，让你打碎了盘子！你这斜眼鬼，恶鬼，谁碰你来？你这不要脸的臭东西，谁碰你来？”

“我对您说过了，马特琳娜·斯捷潘诺芙娜，您说话要留心点儿。”

“我当她是个什么了不起的人物呢，值得为她忙活，因为她打碎盘子，原来是个怪物，卖身的太太，娇里娇气的娼妇，为那种事儿吃起砒霜。我在黑山饭店干了这么多年，还没有见过这种烂货和淫棍呢。”

米沙和尤拉在二十四号房间门前的走廊里来来回回地走着。一切都和亚历山大·格罗麦科原来估计的不一样。他原来以为，大提琴家的悲剧总也是高雅的、纯洁的，谁知竟是这种事儿。肮脏，见不得人的事儿，无论如何不能让孩子们看见。

所以两个孩子在走廊里转悠起来。

“两位少爷,你们进去看看婶婶儿吧。”一名侍役再一次走到两个孩子跟前,用温和的口气小声劝他们说,“你们进去吧,没关系。他们没事儿,你们放心吧。他们现在好好的。这地方不能站。这地方今天出了事儿,打碎了一些很值钱的盘子。瞧,我们在那儿来来回回地跑,做事情,这地方很拥挤。你们进去吧。”

两个孩子听从了他的意见。

在房间里,把原来吊在桌子上面的一盏煤油灯摘了下来,拿到散发着臭虫气味的木屏风后面,放到另一半房间里。

那一半是睡觉的地方,有一道落满灰尘的门帘将里面和外面隔开。这时候因为忙乱,忘记将门帘放下来。门帘撩在木屏风上面。煤油灯放在壁龛里的凳子上。这一半房间就像用了舞台的脚灯,光线是自下而上的。

用的毒药是碘酒,而不是洗餐具的女侍役说的砒霜。房间里有一股浓烈的酸涩气味,很像是壳子还是绿的、但已被摩弄得发了黑的嫩胡桃气味。

屏风后面,有一个女侍役在擦地板。一个半裸体的女人躺在床上,大声哭着,头耷拉在一只洗脸盆上面,头发一绺一绺地粘在一起,浑身湿漉漉的,又是水,又是泪,又是汗。两个孩子觉得不好意思朝那边看,马上把眼睛转向一边。可是尤拉已经惊讶地看到,那个女人因为紧张用力地做了几个不自然的起立姿势,所以不再像雕塑所塑的那种样子,而是像一个只穿比赛时的短裤、一身球形肌肉的摔跤运动员了。

终于有人想起把屏风上的门帘放了下来。

“法杰伊·卡齐米罗维奇,亲爱的,您的手在哪儿?把您的手给我。"那个女人因为哭和恶心，抽抽搭搭地说，"哎呀，我觉得太可怕了！我猜想得太坏了！法杰伊·卡齐米罗维奇……我原来以为……好在这全是瞎想，是我在胡思乱想，法杰伊·卡齐米罗维奇您想想，我多么松快呀！原来是……好啦……我还活着呢。"

"安心吧，阿玛丽亚·卡尔洛芙娜，请您安心休息吧。这事儿多么不好意思呀，实在不好意思。"

"咱们马上回家。"亚历山大·格罗麦科小声地对两个孩子说。两个孩子因为不好意思，感到很别扭，站在黑乎乎的外间里，在没有屏风的半间房间的门口，因为眼睛没别的地方可看，就朝没有灯光的半间房里望着。这里的墙上挂着一些相片，有一个乐谱架，书桌上堆满了书籍和画册，一张餐桌铺着针织的台布，餐桌那边有一个姑娘坐在安乐椅上，两条胳膊抱住椅背，一边腮贴在椅背上，睡着了。四周围的说话声和动作声音都没有妨碍她睡觉，可见她疲惫极了。

他们来得毫无意思，继续留在这里很不妥当。"咱们马上走。"亚历山大·格罗麦科又重复了一遍，"等法杰伊·卡齐米罗维奇出来，我就同他告别。"

但是法杰伊·卡齐米罗维奇没有出来，从屏风后面出来的是另一个男子。这是一个结实、魁梧、脸刮得光光的、神气十足的人。他高举着煤油灯走出来，走到姑娘睡觉的那张餐桌前，把煤油灯放进灯架里。灯光一照，姑娘醒了。她对那人笑了笑，就眯起眼睛，伸了个懒腰。

米沙一看见那人，浑身打了个哆嗦，用眼睛盯住那人。他扯了扯尤拉的袖子，想对尤拉说点什么。

“不能当着人家的面小声嘀咕。人家会怎么想呢?”尤拉不叫他说,不愿听他的。

这时姑娘和那个男子演起了哑剧。他们彼此一句话也不说,只是交换目光。但是他们的互相理解却是惊人的和神奇的,仿佛他是个木偶戏演员,她就是听从他摆弄的木偶。

一副疲倦的笑容出现在她的脸上,她半闭眼睛,嘴唇微微张开。但是她看见那男人讥笑的目光,便会心地朝他调皮地挤了挤眼睛。他们高兴的是,一切都平安无事地过去了,他们的秘事没有被揭穿,而且服毒的人也没有死。

尤拉牢牢地盯着他们两个。他站在黑地方,谁也看不见他,他可以看得见灯光照亮了的那一片。姑娘那种俯首帖耳的情景,真是神秘得不可思议,而且又露骨到不知羞耻的程度。尤拉的胸中产生了矛盾的心情。他的心由于这种未曾体验过的心情,感到憋得难受。

这就是他和米沙、托尼娅常常议论并且莫名其妙地称之为“下流”的东西,就是那种又可怕、又吸引人、不接触时在口头上很容易摆脱的东西,现在这种力量来到尤拉的眼前,又实实在在,又模模糊糊像是梦见的,又能无情地冲毁一切,又如怨如诉、向人呼唤,这时候,他们那些孩子气的议论哪儿去了,现在尤拉又该怎样呢?

“你可知道,这人是谁?”等他们来到街上,米沙问道。尤拉一直在想着心思,没有回答。

“这就是拼命叫你父亲喝酒,害得你父亲跳火车自杀的那个人。你该记得,我对你说过的。”

尤拉一直想的是那个姑娘和未来的事，而不是想父亲和过去的事。一时间他竟没有听懂米沙对他说的是什么。天太冷，谈话很困难。

“冻坏了吧，谢苗？”亚历山大·格罗麦科问道。他们上了雪橇。

第三章 斯文季茨基家的圣诞晚会

一

冬天，有一次亚历山大·格罗麦科送给安娜·伊万诺芙娜一个旧式的衣柜。他是偶然买到的。这个黑木头衣柜非常大。如果不拆开，什么门都进不去。因此，是拆散了拉来的，是一部分一部分搬进房里的，然后再考虑往哪里安放。放在比较宽敞的楼下几个房间里，派不上用场，不合适；楼上房间又太狭小，放不下。因此，为了安放衣柜，把主人卧房门口的楼梯平台腾出来一部分。

管院子的马尔克尔安装衣柜。他把六岁的女儿玛琳卡带来了，给了她一块麦芽糖。她的鼻子哼哧着，嘬起糖和沾满了糖的手指头，一面皱着眉头看着爸爸在干活儿。

起初一切都顺顺当当。安娜·伊万诺芙娜眼看着衣柜渐渐装了起来，只剩下柜顶没有安装了。这时候，她忽然想起要帮帮马尔克尔的忙。她站到衣柜的高高的底上，因为身子摇晃了两下，她就扶了扶仅仅靠槽销支撑着的侧板。马尔克尔匆匆安起来的衣柜一下子散了架。安娜·伊万诺芙娜和木板一起栽倒在地板上,摔得很疼。

“哎呀,太太,”马尔克尔连忙跑过来说,“好太太,你这是何苦呀。骨头没摔坏吧?您摸一摸骨头。要紧的是骨头,皮肉没关系,皮肉破了容易长好,就像俗话说的,只是给老娘们儿装门面的。”他又朝哭了起来的玛琳卡喝道:“你别哭,死丫头!你把鼻涕擦擦,找你妈去。”又朝安娜·伊万诺芙娜说:“唉,太太呀,不用您帮忙,这个衣柜难道我装不起来吗?乍一看,我不过是个管院子的,可是说实在的,论本事我可是个木匠,常常干木匠活儿呢。您不相信,这些衣柜经我一收拾,就漂漂亮亮,能给有钱人家的新娘盛嫁妆。全怪我平常爱喝老酒。”

马尔克尔推过一张安乐椅来,把安娜·伊万诺芙娜搀过去,坐下来。安娜·伊万诺芙娜一面哼哧,一面抚摩着跌疼的地方。马尔克尔又开始安装衣柜。等到把柜顶安装好,他说:“好啦,再把门儿装上,就漂亮了。”

安娜·伊万诺芙娜不喜欢这个衣柜。论形状和大小都很像灵车或者皇帝的墓。常常使她产生迷信的恐惧。她把衣柜叫作“阿斯柯里德的坟墓”。实际上她指的是大力士奥列格那匹给主人带来灾殃的马。安娜·伊万诺芙娜乱七八糟地读了不少故事书,把相近的东西混淆了。

安娜·伊万诺芙娜的这种郁闷心情,渐渐成了肺病的根源。

二

一九一一年十一月里，安娜·伊万诺芙娜一直没有起床。她害的是肺炎。

尤拉、米沙·戈尔顿和托尼娅明年春天就要在大学和高等女子学校毕业了。尤拉学的是医学，托尼娅学的是法律，米沙是在哲学系学语文。

尤拉在思想上完全变了，他的观点、习惯、志趣都很独特。他的感受力特别强。他的一些见解极其新颖。

但是不管他多么喜欢艺术和历史，他在选择终身事业时却没有多加考虑。他认为，不能把艺术当作事业，正如不能把天生的乐观和多愁善感当作职业一样。他对物理学和生物学很感兴趣，并且认为，在实际生活中，应当从事一种对社会有益的职业。所以他选择了医学。

四年以前，他在一年级的时候，有一个学期他整天在大学的地下室里学习解剖尸体。他顺着弯弯的阶梯走下地下室。解剖室里有许多头发蓬乱的大学生，有的站成一堆，有的单独站着。有些人把许多骨头摆在身边，翻着破烂的教科书，死记硬背；有些人一声不响地在角落里解剖着尸体；还有一些人在说笑打诨，追赶停尸间的石头地上一群一群地跑着的老鼠。在黑乎乎的停尸间里，有许多白白的尸体像磷光一样隐隐闪着亮光，有不明原因的死者，有不明身份的自杀的年轻女子，有保存完好的溺水女子。因为注射了明矾，都显得年轻而丰润。把尸体剖开，切开，做成标本，不论切得多么碎，人体的美依然如故，所以，在把一具完整的美人鱼般的尸体粗暴地摔向镀锌的解剖台时，会感到美得令人吃惊，等到把胳膊或骨头切下来时，依然会感到美得惊人。地下室里充满了福尔马林和石炭酸的气味，充满了神秘感，所有这些僵直了的尸体的不明的命运是神秘的，生命本身是神秘的，就像回家或者来到自己的大本营里一样来到这地下室里的死亡本身也是神秘的。

这种神秘的声音压倒其余一切的声音，时时萦绕在尤拉的心头，在解剖时常常打搅他。但是就像生活中有许多事情打搅他一样，他对此已经习惯了，这种诱人的干扰打不动他的心了。

尤拉善于思考，也善于写作。还在中学时期，他就想写散文，写一本传记形式的书，他可以把所见到的和想到的最惊人的东西当作隐藏的爆炸物写进去。但是他还是太年轻了，写不好这样的书，所以他没有写这样的书，而写起了诗，就好像一位画家，为了画一幅构思好的巨画，画了一辈子草图。

尤拉所以敢于写诗，是因为觉得自己的诗有热烈的感情和独特性。尤拉认为这两个特点，即热烈的感情和独特性，是艺术的现实性的标志，而缺乏现实性的艺术，全是空洞无物的，是无益的。

尤拉明白，自己性格中的一些主要特点，都是来自舅舅的影响。

舅舅尼古拉·尼古拉耶维奇住在瑞士的洛桑。他在那里出版了一些俄文著作。他在这些著作及其译本中，阐述了自己早已形成的关于历史的见解，认为历史是人类为了回答死亡现象而借助于时间和记忆的现象所创造的另一个宇宙。这些著作的灵魂是重新理解的耶稣教,其直接结果是新的艺术思想。

这一类思想影响了尤拉,更影响了尤拉的朋友米沙·戈尔顿。米沙就在这种影响下,选择了哲学为自己的专业。他在哲学系常常听神学课程,后来甚至想转到神学院去。

舅舅的影响,把尤拉往前推进了,使他得到了解放,然而却把米沙束缚住了。尤拉明白,米沙由于着迷而走极端,这和他的出身很有关系。尤拉因为小心谨慎,并没有劝米沙放弃那些古怪的打算。不过他常常劝米沙做一个脚踏实地、不脱离实际的人。

三

十一月底的一天晚上,尤拉很晚才从学校回来,一天没有吃东西,感到非常疲惫。一回来就听说,今天着实慌乱了一天,安娜·伊万诺芙娜不住地抽风,来过几位医生,建议去请神父做死前祈祷,不过后来打消了这个主意。现在她好些了,已经清醒了,并且吩咐,等尤拉一回来,就叫他马上到她那儿去。

尤拉听了这话,连衣服也没有换,就来到她的卧房里。

在卧房里还可以看到刚才忙乱的痕迹。一个助理护士轻轻地在床头小柜上收拾着东西。周围到处都是揉成团儿的餐用纸和冷敷的湿毛巾。洗杯盆里的水被吐出来的血染成了粉红色。盆里还有不少注射剂玻璃管的碎片和在水里泡得胀大了的棉花球儿。

病人浑身是汗,正用舌尖儿舔着干燥的嘴唇。她一下子瘦了不少，和早晨尤拉看到她的时候大不一样了。

“诊断会不会错？”尤拉想道，“一切征候都说明是哮吼性肺炎。似乎这是好转期的开始。”他同安娜·伊万诺芙娜打过招呼，说了几句在这种情况下应该说的安慰的话，就把护士支了出去。他拿起病人的手，按起脉搏，他的另一只手拿起床头小柜上的听诊器。安娜·伊万诺芙娜摇了摇头，表示这不必要，用不着。尤拉这才明白，她找他是有别的事。安娜·伊万诺芙娜提了提精神，说道：

“你看，他们想给我举行……临终祈祷了……差点儿死了……时时刻刻可能死……有时候去拔牙，怕疼，真不是滋味……这不是拔牙，是把一个人，把一条命拔掉……咔嚓一声就完了，就像用钳子拔掉了一样……这是怎么一回事儿呀？……谁也不知道……我真难受，真害怕呀。”

安娜·伊万诺芙娜不说了。眼泪哗哗地从她的两腮上滚了下来。尤拉没有作声。过了一会儿，安娜·伊万诺芙娜又说道：

“你很有才华……你的才华……与众不同……你应该明白一些道理……你对我说点儿什么吧……宽宽我的心。”

“我怎么说好呢？”尤拉说过这话，就在椅子上左右不安地转悠了一会儿，站了起来，来来回回地走了两圈儿，又坐了下来。“首先我要说，明天您就会渐渐好起来，这是可以看得出来的，我可以担保。再就是，至于死亡、知觉，至于人会不会复活……您想听听我这个学自然科学的人的意见吗？是不是下一次再说呢？怎么？现在就说吗？好吧，现在就说说。不过，马上就说，可不是那么容易。”于是他对她发表了一篇很长的即席演讲，连他自己都

觉得奇怪,他怎么会这样滔滔不绝地讲了起来:

“复活。用安慰弱者的那种最简单的方式来解释的复活,我认为是没有的。对于耶稣所说的一些关于生和死的话,我另有一番理解。千千万万年来的人,如果都复活的话,往哪儿搁呢?整个天下就不够他们住的了,上帝、善良和好的思想都要离开这个世界了。在拥挤不堪、你争我抢、像牲畜一样的人群中,什么都无法容纳。

“但是,人世间不断地有同样的生命诞生,这些生命通过无数的交配和变化,时时刻刻在进行更新。所以您不要担心能不能复活,在您诞生的时候,您已经复活了,您只是没有觉察到就是了。

“您会不会感到痛苦,您的身体各种组织会不会感觉出自己在瓦解呢?换句话说,就是您的意识如何?不过,意识是怎么回事儿呢?我们先来看看。有意识地要去睡觉,就一定会失眠;有意识地想体会自己的消化功能,就一定会导致神经功能紊乱。意识是毒药,是一个人自我毒害的药剂。意识又是投向外在世界的光,意识能够照亮我们面前的道路,使我们不跌跤。意识好比行进的火车头前面的照明灯。如果把车前的灯转向车内,就会出大祸。

“那么,您的意识会怎样呢?您的意识,您的。您又是怎么回事儿呢?关键就在这里。咱们就来看看。您意识到自己的什么,意识到自己身体的哪一部分?是肾,是肝,还是血管?都不是,不管您的意识多么强,您总是意识到自己时时刻刻在活动,在做事,意识到自己在家庭里,在别人当中。请您注意。一个人生存在别人之中,才是一个人的本性。您就是这样,您的意识永远是这样。您的灵魂,您的永生,您的生命,就是在别人之中。究竟怎样呢?就是说,您过去在别人之中,今后还永远在别人之中。如果以后把这叫作纪念,不也是一样吗?这还是您,是成为未来的一部分的您。

“再说最后一点。没有什么好担心的。无所谓死亡。死亡与我们不相干。您刚才说到才华,这是另一回事儿,这是我们的发现。从最深广的意义上来说,才华就是生活的本领。

“圣约翰说,以后不会有死亡。他的推理很简单。以后不会有死亡,因为过去的已经过去。这等于是说:以后不会有死亡,是因为这一切已经经历过,已经老了,令人厌了,现在需要新的了,而新的生命是永恒的。”

他在说这番话的时候,在房里来回踱着。他走到床前,把手放在安娜·伊万诺芙娜的头上,说:“您睡吧。”过了几分钟,安娜·伊万诺芙娜渐渐入睡了。

尤拉轻轻地走出房来,吩咐叶戈罗芙娜把护士叫来。他心想:“鬼晓得是怎么回事儿,我成了江湖医生了。念念咒语,手到病除。”

第二天,安娜·伊万诺芙娜就好些了。

四

安娜·伊万诺芙娜的病情渐渐好转。十二月中旬她曾经试着起床,但是身体还很虚弱。别人劝她好好躺在床上休养。

她常常把尤拉和托尼娅叫了去,对他们讲自己的童年,往往一讲就是几个钟头。她的童年是在乌拉尔的雷瓦河畔祖父的庄园瓦雷金诺庄上度过的。尤拉和托尼娅从来没有上那儿去过,但是尤拉从安娜·伊万诺芙娜的话里,很容易想象出那五千亩黑郁郁的、密密的原始森林,湍急的雷瓦河像弯弯的尖刀似的从森林中两三处地方穿过,雷瓦河有石头河底,克柳格尔河岸边还有高高的石崖。

这几天,尤拉和托尼娅生平第一次做了出门穿的礼服,尤拉做的是一套黑色常礼服,托尼娅做的是一件小开领的浅色缎子晚礼服。他们准备在本月二十七日,在斯文季茨基家传统的圣诞晚会上开始穿自己的新礼服。

在男服装店和女服装店定做的衣服在同一天送到了。尤拉和托尼娅试过了新衣,都十分满意。他们还没有脱下新衣,叶戈罗芙娜就来了,说是安娜·伊万诺芙娜叫他们。尤拉和托尼娅就穿着新衣服来到安娜·伊万诺芙娜跟前。

她见他们来了,用胳膊肘支起身子,从一边看了看他们,又叫他们转了转身子,说:

“很好。简直漂亮极了。我真没想到已经做好了。嗯,托尼娅,再让我看看。我觉得,这地方好像皱了一点儿。不,没什么。你们知道我叫你们来干什么吗?不过,尤拉,我先对你说几句话。”

“安娜·伊万诺芙娜,我知道,是我让您看那封信的。您和我舅舅一样,认为我不应当放弃。请您别着急。您说话对身体不利。现在我来对您解释解释。虽然您已经十分清楚了。

“那么,第一,是可以为日瓦戈家的遗产打打官司,为打官司付出不少律师费用和诉讼费用，但实际上什么遗产也不存在，只有一些债务和乱七八糟的事情，再就是在打官司过程中会出现一些丑事。如果能够把什么东西变成钱的话，难道我非要把钱送给法庭，不可以自己用用吗？问题就在于，打这样的官司是无益的，与其在这方面花力气，不如放弃这种不存在的财产的继承权，让给那几个冒充的继承人和眼红的竞争者。有一位阿丽思夫人，带着孩子住在巴黎，也姓日瓦戈，蓄意已久，此事我早就听说了。可是现在又增加了新的竞争者，此事不知您是否知道，但我是最近才知道的。

“原来，母亲在世的时候，父亲就爱过一个怪僻的斯托尔布诺瓦娅-恩莉齐公爵夫人。她和父亲生过一个男孩，今年十岁了，名字叫格兰尼亚。

“公爵夫人深居简出。她带着儿子住在鄂木斯克郊区自己的房子里，不知靠什么生活。我见过那座房子的照片。是一座五个窗户的漂亮房子，窗户很大，飞檐上还有雕饰。近来我一直有一种感觉，就好像那房子用五个窗户做眼睛，穿过西伯利亚和欧洲部分的俄罗斯之间的几千俄里，虎视眈眈地望着我，或早或晚要把我吃掉。所以，我要这些虚无缥缈的财产、这些挖空心思跳出来的竞争者、他们的恶意和红眼干什么？我要律师干什么？”

“不过，还是不应当放弃。”安娜·伊万诺芙娜说，“你们可知道，我为什么叫你们来，”她又重复了一遍，随即接着说，“我想起那人的名字来了。你们可记得，我昨天讲过一个守林人？他的名字叫巴克斯，就是酒神。很有意思，是吧？黑黑的、可怕的林中怪物，大胡子一直连着眉毛，所以叫作酒神！他一脸都是伤疤，那是狗熊撕咬他，他挣脱了。那儿的人全是这样的。全是这一类的名字。名字都很简短。为的是叫起来响亮、清楚。巴克斯，或者鲁普，或者，比如说，法斯特。你们听着，听着。有时候，听说有什么情况，阿弗克特或者什么弗罗尔就像爷爷的双筒猎枪里的两颗子弹一样，一齐跑出去，我们也从玩的地方一齐跑到厨房里。到厨房里一看，有时候是林中烧木炭的人带回一只小熊来，有时候是看林子的人从远处的护林所带来了矿石样品。爷爷一一记下来，打发人到账房里去。有的给钱，有的给粮食，有的给子弹。窗外就是树林。雪老深老深的！堆得比房子还高！”安娜·伊万诺芙娜咳嗽起来。

“别再说话了，妈妈，说话对身体不好。”托尼娅劝告说。尤拉也劝她不要再说了。

“没关系。不要紧。噢，我顺便说说。叶戈罗芙娜说，你们好像拿不定主意，不知道后天该不该去参加圣诞晚会。我不喜欢你们这样没主见！你们真不怕丑！尤拉，你这样怎么能做医生呀？就这样定啦。你们要去，没有什么可说的。好吧，我再回头说说巴克斯。这个巴克斯年轻的时候做过铁匠。在打架的时候人家打坏了他的五脏，他自己用铁另做了一副。尤拉，你别插嘴。难道我不明白？我明白，不是真的用铁。不过大家都这样说。”

安娜·伊万诺芙娜又咳嗽起来，这一次咳嗽的时间长得多。咳嗽一直停不住。她一直缓不过气来。

尤拉和托尼娅一齐跑到她跟前。他们肩靠肩地站在她的床前。安娜·伊万诺芙娜一面咳嗽，一面把他们那挨在一起的手抓在自己的手里，让他们的两只手在一起紧紧贴了好一阵子。然

后,她控制住自己的声音和呼吸,说:

“如果我死了,你们不要分开。你们是天生的一对儿。你们结婚吧。这是我对你们说的话。”她说过这一句,就哭了起来。

五

早在一九〇六年春天,拉莉萨在进入中学最后一年之前,她和科马罗夫斯基才有六个月的关系,她就觉得无法忍受了。他十分巧妙地利用她的抑郁心情,每当他有性的需要时,他不表露出来,而是非常微妙、非常含蓄地提醒她,让她记起她受过玷污。这就可以使拉莉萨心慌意乱,一个好色之徒就希望女人这样。这种慌乱心情使拉莉萨越来越深地掉进情欲的噩梦,她在清醒时一想起这种噩梦,连头发都要竖立起来。夜里那种癫狂的矛盾像魔法一样不可理解。那时候一切都颠颠倒倒,不合常理。揪心的痛苦会变成一阵阵咯咯的笑声,挣扎和抗拒会变成顺从,并且还要拼命吻他的手以表示感谢。

看来,这种事似乎没有了结的时候,可是,在春天,在本学年的最后一堂课上,拉莉萨考虑到,到夏天,学校里不上课了,拉莉萨再没有借口不和科马罗夫斯基常见面了,他就会经常来纠缠了。于是她很快拿定了主意,这个主意使她的生活在很长时间里大不一样了。

那是一个闷热的上午,一场大雷雨眼看就要来到。教室里在上课,窗子都开着。城市的嗡嗡声在远处一个劲儿单调地响着,就像蜂房里蜜蜂的叫声。正在玩儿的孩子们的叫闹声从院子里飞进来。闻着大地上的青草气息和嫩绿的树叶气息，头脑晕乎乎的，就好像谢肉节时候喝足了酒和吃饱了甜饼。

历史教员正在讲拿破仑远征埃及。他刚讲到在弗雷瑞斯登陆，天空就黑了，雷电交加，一团团飞沙和灰尘夹杂着新鲜空气闯进教室里。两个勤快的学生连忙跑出去叫工友关窗子，当他们打开门时，一阵穿堂风吹来，把一张张桌子上的吸墨纸吹了起来，吹得满教室乱飞。

窗子关上了。夹杂着城市灰尘的肮脏的大雨倾注下来。拉莉萨从练习簿上扯下一页纸，写了一张字条给同桌的娜加·科洛格里沃娃：

娜加：我要离开母亲单独生活。你帮我找点儿收入好的事情干干。你认得的有钱人多。

娜加也用同样的方法回答她：

正在给莉芭找家庭教师。你到我们家来吧。那就太好了！你该知道，我爸爸和妈妈多么喜欢你。

六

拉莉萨在科洛格里沃夫家里住了三年多，就像住在石头城里一样。没有人干扰、侵犯她，就连母亲和哥哥也和她疏远了，很少和她来往。

拉甫连季·米海洛维奇·科洛格里沃夫是一位新型的大实业

家，精明能干，很有头脑。他这个富可敌国的、财产难以估计的大富翁，这个平民出身的神话般的人物，加倍地憎恨腐朽的社会制度。他掩护地下工作者，为被审讯的政治犯请辩护律师，并且，就像有些人开玩笑说的那样，出钱资助革命，自己推翻自己这个私有者，还要鼓动自己工厂里的工人罢工。拉甫连季·米海洛维奇枪法很好，很喜欢打猎。一九〇五年冬天，每到星期天他都要到谢列布良森林里或者到洛辛岛上去教工人自卫队枪法。

他是一个非常好的人。他的妻子谢拉菲玛·菲莉波芙娜和他是天生的一对儿。拉莉萨对他们非常敬佩。家里人都十分喜欢她，拿她当亲人看待。

拉莉萨无忧无虑地过到第四个年头，她的哥哥罗季昂有事来找她了。他像个纨绔子弟那样晃着两条长腿，为了表示神气，用鼻音说话，并且装模作样地撇着腔，对她说，同届毕业的士官生们凑了钱，要买礼物送给校长。他们把钱交给了他罗季昂，叫他去买礼物。可是前天他把这笔钱输得精光。罗季昂说完这话，晃了晃又高又细的身子往安乐椅上扑通一坐，就哭了起来。

拉莉萨听了这话，浑身发冷。罗季昂抽抽搭搭地继续说下去：

"昨天我去找过科马罗夫斯基。他不肯和我谈这个问题，但是他说，除非你有这种意思……他说，虽然你和我们不来往，但是他还是很想你的……好妹妹……只要你说一句话就行……你可明白，这事儿多么丢人呀，我这个士官生多么丢脸呀？……你去找找他，这又不算什么，去求求他……你总不希望我用自己的血来洗刷自己的羞耻吧？"

“用血洗刷……士官生多么丢脸……”拉莉萨气愤地重复着他的一些话，激动地在房里来来回回地走着。“我不是士官生，我就没有什么脸，人家想要我怎样就怎样。你明白你是叫我干什么吗？他向你提出的是什么，你听懂了吗？我一年又一年，辛辛苦苦，好不容易过上松心的日子，可是你现在跑了来，什么都不管，为了你，要使我的一切化为泡影。滚你的吧。你自杀就自杀，请便吧。干我什么事？你究竟要多少？”

“六百九十多卢布，就说个整数吧，七百卢布。”罗季昂稍微踌躇了一下说。

“罗季昂！你真是疯啦！你知道你说的什么吗？你输了七百卢布？罗季昂！罗季昂！你可知道，像我这样一个平常人，辛辛苦苦干上多久，才能挣到这么多的钱？”

停顿了一会儿，她又用冷冷的、不相干的口气说：

“好吧。我试试看。明天你来。你把你要自杀的手枪带来。你把手枪给我。记住，要多带些子弹。”

她向科洛格里沃夫借到这笔钱。

七

拉莉萨在科洛格里沃夫家里做事，并没有影响她的学业。她中学毕业后，又上大学，在大学里成绩优异，到明年，一九一二年，她就要大学毕业了。

一九一一年春天，她的学生莉芭中学毕业了。莉芭已经有了未婚夫，是一位年轻的工程师，姓弗里津丹克，出身良好，家道富裕。父母都赞成莉芭的亲事，但是不赞成她这样年轻就结婚，劝她再等一等。因此家里常常闹纠纷。莉芭是父母的爱女，又娇惯又任性，常常和父母吵，又哭又跺脚。

在这样一个有钱的家庭里，又是把拉莉萨当作亲人看待的，没有人记得她为罗季昂欠下的债务，从来没有人提这回事儿。

如果拉莉萨没有那些瞒着人的经常开支的话，这笔债她早就还清了。

她经常瞒着巴沙，给他那被流放的父亲安季波夫寄钱，还要资助她那经常生病的、爱唠叨的母亲。此外，她为了暗地里减少巴沙本人的开支，常常瞒着他替他向房东太太付房租和饭钱。

巴沙比拉莉萨还要年轻点儿，他如醉如狂地爱着她，对她百依百从。他听从她的主意，实业学校毕业后，补习了拉丁文和希腊文，为的是到大学里学语文。拉莉萨盼望着，再过一年，等他们大学毕业后，就同巴沙结婚，然后到乌拉尔的某个外地城市里去做男子中学和女子中学的教师。

巴沙住的房间，是拉莉萨亲自给他找的，是从一位很老实的房东手里租到的，在卡麦尔格尔胡同的一幢新楼房里，这地方靠近大戏院。

一九一一年夏天，拉莉萨最后一次和科洛格里沃夫一家人到杜布良庄上去。她如醉如痴地喜欢这个地方，比主人自己更喜欢。科洛格里沃夫一家人都很清楚这一点，所以每到夏天来这里小住的时候，对待拉莉萨有一种默契。当他们下了车，那热烘烘、黑乎乎的火车渐渐远去，拉莉萨来到一望无际、静谧无声、到处是花香的原野上，激动得说不出话来的时候，趁着搬运夫从车站上往大车上装行李，身穿驿站坎肩和挽着袖子的红衬衫的杜布良庄的马车夫还在对已经上了马车的老夫妇报告过去一段时期的当地新闻，就让拉莉萨一个人徒步朝庄园的方向走一会儿。

拉莉萨顺着旅游者和朝圣者踏出的路基边的小路往前走，然后拐向草地上通向林中的小道。她在这儿站下来，眯起眼睛，深深地吸几口洋溢着花香的旷野空气。这空气比父亲还亲切，比情人还可爱，比书本更能醒人的头脑。拉莉萨顷刻间又发现了她生存的意义。她觉得，她到这里来，是为了研究大地的醉人的美，并且为这种美找出恰如其分的名称，如果她做不到这一点，那她出于对生活的爱，要生出后代，让后代人代替自己做到这一点。

这一年夏天，拉莉萨是拖着疲惫的身子来到这里的，因为她自己揽了不少事情，以至劳累过度。她心绪有点儿不佳。她现在疑心重了，这是她以前不曾有的。因为疑心重，她的心胸窄小了，而以前她是很有度量的，从来不是小心眼儿。

科洛格里沃夫一家没有让她走。一家人照旧对她十分亲热。但是自从莉芭长大成人以后，拉莉萨认为自己在这里是多余的了。给她薪水，她不愿接受。他们却硬要给她。其实她是十分需要钱的，然而以客人的身份挣工资是不合适的，实际上也是不可能的。

拉莉萨认为自己的处境很尴尬，很不痛快。她似乎觉得，大家都认为她是累赘，只是当面不表露罢了。她自己也感到自己成了累赘。她真想跑得远远的，离开科洛格里沃夫家，但是，她认为，在走以前，必须还清科洛格里沃夫家的钱，可是眼下她却无法弄到这样一笔钱。她觉得，因为罗季昂胡作非为输掉了人家的钱,她成了抵押品,因为懊恼和束手无策,她天天坐立不安。

她觉得,似乎各方面都有不客气的表现。如果科洛格里沃夫家的宾客对她表示殷勤,她就觉得这好像是哄小孩子,为的是容易打主意。如果不理睬她,那就说明不把她当人看,瞧不起她。

拉莉萨的疑心病,并不妨碍她参加在杜布良庄做客的各种各样人群的娱乐活动。她游泳,划船,夜里过河参加野餐,和大家一起放烟火,一起跳舞。她参加业余演戏,特别喜欢参加小毛瑟枪射击比赛,不过,她更喜欢用罗季昂的小手枪。她用手枪射击,几乎是百发百中,她开玩笑说,可惜她是女人,不能在决斗中显示她的本事。但是,她越是寻开心,她的心情越坏。她自己也不知道自己想怎样。

回到城市以后,这种情况更严重了。拉莉萨本来心情就不愉快,又加上常常和巴沙发生小小的口角(她小心提防着,避免同他大吵,因为她认为他是她最后的依靠)。巴沙近来产生了一种自以为是的态度。他说话时总带一种教训人的口气,使拉莉萨觉得又好笑又生气。

巴沙、莉芭、科洛格里沃夫一家、钱——这一切天天在拉莉萨的头脑里转悠。她感到活得厌烦。她的精神渐渐有些错乱。她真想抛开熟悉的、经历过的一切,重新开始过一种新的生活。就在这种心情驱使下,她在一九一一年圣诞节做出了一个不幸的决定。她决定马上离开科洛格里沃夫家,要想方设法独立生活,过独立生活需要的钱,她向科马罗夫斯基要。她以为,在过去种种事情之后,在她已经脱身好几年以后,他一定会像个男子汉大丈夫一样,不需任何解释,不附带任何肮脏的条件,无私地帮助她。

她抱着这个目的，于十二月二十七日晚上出门朝彼得罗夫大街走去，出门前，她把罗季昂的手枪装好子弹，放下保险机，放到暖手筒里，做好准备：如果科马罗夫斯基不给她，误解她的来意，或者对她进行侮辱，她就对他开枪。

她心慌意乱地在充满节日气氛的大街上走着，周围的一切她都没有注意。她想象中的那一枪已经在她的心中响了，不管那一枪打的是谁。她心中想着的就是那一枪。一路上她听到的就是那一枪，那一枪是射向科马罗夫斯基，射向自己，射向自己的命运，也是射向那树干上刻了靶子的杜布良庄草地上的老橡树的。

八

“别碰我的暖手筒！”当一个劲儿地表示惊讶的艾玛·艾尔涅斯托芙娜伸过手来，想帮助拉莉萨脱衣服的时候，拉莉萨对她说。科马罗夫斯基不在家。艾玛·艾尔涅斯托芙娜仍然劝拉莉萨进去，脱掉外衣。

“不行，我还有急事。他上哪儿去了？”

艾玛·艾尔涅斯托芙娜说，他参加圣诞晚会去了。拉莉萨拿着写好的地址，顺着阴暗而熟悉、旁边窗上带有花纹的楼梯跑下楼，朝“面粉城”里的斯文季茨基家走去。

直到这时候，又一次来到大街上，拉莉萨才仔细朝四下里打量了一番。这是冬天。是在城市里。已是黄昏时候。

天气冷得厉害。大街上覆盖着一层黑黑的厚冰，就像是打碎的啤酒瓶瓶底的玻璃。呼吸都感到疼。空气中到处是灰色的冰霜,像毛刷子一样往脸上直扎,就像她那冻硬了的毛皮围领上的白毛,扎得她痒酥酥的,而且往嘴里直戳。拉莉萨揣着一颗怦怦直跳的心在空旷的大街上走着。路边的茶馆和小吃铺的门口冒着热气。一团团冷雾中不时地出现冻得通红的行人的脸和毛上挂满冰凌的马头和狗头。一座座房子的窗户上都覆盖着厚厚的一层冰雪,就像是抹上了一层白石灰。在不透亮的窗户上,晃动着挂满彩灯的枞树的五颜六色的反光和欢乐的人们的身影,就好像里面的人在白色的幻灯幕布上放幻灯片,给街上的行人看。

来到卡麦尔格尔胡同,拉莉萨站住了。“我再也不行了,我撑持不住了,”她几乎说出声来,“我上去,把一切都告诉他。”她镇定了一下,想道,一面去推那道沉重的大门。

九

巴沙对着镜子打扮着,因为用劲,脸涨得红红的,用舌头抵着腮帮子,在扣衬衣硬领,拼命地把弯弯的领口扣往浆过的衬衣的扣眼里塞。他正准备出门。他还是那样纯真和不老练,当拉莉萨不敲门就进来,看到他的衣着不太整齐时,他感到有点儿不知所措。他马上就发现她的激动神情。她的腿微微发抖。她用腿向两边分着自己的衣服下摆,像蹚水过河那样走了进来。

“你怎么啦?出了什么事?”他跑过去迎住她,惊慌地问道。

“坐到我跟前来。坐下吧,是怎么样,就怎么样。别打扮了。我还有急事。我马上要走。别碰我的暖手筒。等一等。你转过脸去。”

他把脸转过去。拉莉萨穿的是英国式服装。她脱掉短上衣，挂到钉子上，把罗季昂的手枪从暖手筒里放到上衣口袋里。然后回到沙发上，说：

“现在你可以回过头来了。把蜡烛点上，把电灯关了。”

拉莉萨喜欢在幽暗的烛光中说话。巴沙经常为她准备着一包未开封的蜡烛。他把烛台上的蜡烛头拿下来，换上一根新的，放到窗台上，点着了。蜡烛火跳了两下，噼噼啪啪地向周围迸射了一阵火星，就像个箭头似的稳住了。屋子里充满了柔和的光线。接近烛火的窗玻璃的冰上，渐渐融化出一个黑黑的小圆圈儿。

“你听着，巴沙，”拉莉萨说，“我遇到了麻烦事。你要帮我摆脱这种困境。你别害怕，也不要问我，但是千万别以为咱们跟所有的人一样。不要老是那么悠闲自在。我时时刻刻可能有危险。如果你爱我，想叫我不死的话，就不要再拖延，咱们快点儿结婚吧。”

“这是我天天盼望的，”他打断她的话，“你快点儿定个日子吧，你想在哪一天，就在哪一天。不过，你还是对我说清楚，说明白，你是怎么啦，别叫我闷在葫芦里。”

但是拉莉萨慢慢把话题引开，不作正面回答。他们又谈了很久，谈的问题与拉莉萨的伤心事毫无关系。

十

这一年冬天，尤拉为了取得学校的金质奖章，在写一篇有关视网膜主要成分的学术论文。虽然尤拉学的是普通内科学,可是他对眼科很有研究。

他对视觉生理学的这种兴趣,反映出他的天性的另一些侧面:他的创造才能、他对于艺术形象的实质和逻辑观念的思维能力。

托尼娅和尤拉坐着出租雪橇去参加斯文季茨基家的圣诞晚会。他们俩在一起肩挨肩地过了六年,从童年的结束到少年的开始。他们彼此连最微小的地方也十分了解。他们有共同的习惯,他们之间有说简短的俏皮话的特殊方式,还有简单地哼哼鼻子回答的特殊方式。这会儿他们也是这样,在冷风中闭着嘴巴,不出声地交换简短的意见。各自想着心事。

尤拉想着,论文比赛时间快要到了,应当赶快把论文写好,然而他的思想被年终时候大街上纷乱的节日气象打乱了,他从这些事情又想到别的一些事情。

在米沙他们那个系里出版一份油印的学生刊物,米沙是刊物的主编。尤拉早就答应给他们写一篇评论勃洛克的文章。彼得堡和莫斯科的青年人都十分崇拜勃洛克,他和米沙尤其崇拜。

但是这些念头也没有在尤拉的脑海里停留多久。他们坐在雪橇上,把下巴埋到衣领里,不时地揉着冻得生疼的耳朵,各自想着不同的事情。但是有一点他们都想了。

不久前在安娜·伊万诺芙娜床前的那一幕,使他们两个人都变了。他们好像一下子成熟了,彼此都用新的目光相看了。

托尼娅这个多年的伙伴,这个不需开口就能理解的好朋友,原来是尤拉所能想象的最复杂、最难理解的东西,原来是个女人。尤拉拼命想象，可以想象到自己登上阿拉拉特山，想象到自己成为英雄、圣人、胜利者，随便什么都行，就是想象不出怎样做一个女人。

现在这项最困难、最了不起的任务由托尼娅那瘦削而软弱的肩膀担当起来了（从这时候起，尤拉忽然觉得托尼娅成了瘦弱的了，虽然她是个十分健康的姑娘）。他对她充满了热烈的同情和羞涩的惊羡，这便是爱情的开端。

托尼娅对尤拉的态度，也发生了相应的变化。

尤拉想，他们还是不应该从家里出来。可不要在他们离开家的时候，家里出什么事情。他又回想起来。当时他们已经穿好衣服，要出门了，听说安娜·伊万诺芙娜又有些不大好，就又走到她跟前，打算不出去了。安娜·伊万诺芙娜依然激烈地反对，一定要他们去参加圣诞晚会。尤拉和托尼娅走到窗幔后面很深的窗洞里去看看天气怎样。等他们从窗洞里走出来，两条窗幔贴到他们那第一次穿的新衣服上。轻柔的纱幔跟在托尼娅身后拖了好几步，就像结婚时新娘的披纱。大家都笑了，因为房里的人不约而同地都看出来，这非常像。

尤拉朝大街两边望着，他看到的情形，也就是不久前拉莉萨走过时看到的那一些。他们的雪橇拖出一阵很不和谐的哧哧声，在街心花园和林荫道的挂满冰雪的树下引起一阵阵长长的不和谐的回声。一个个结满冰凌、映照着灯光的窗户，像一个个层状的烟玉做成的贵重小匣子。窗户里面是莫斯科的圣诞节生活场面，圣诞枞树五光十色，宾客拥来挤去，玩捉迷藏，做化装游戏。

忽然尤拉想道，诗人勃洛克，就等于俄国的各个生活领域中、北方的城市生活中和新的文学中、现代城市的星空下和现代客厅里五光十色的枞树周围的圣诞节景象。他想，不需要写什么有关勃洛克的文章，只需要写写俄罗斯独特的自然风光，写写冰雪、狼群和黑郁郁的松林。

他们来到卡麦尔格尔胡同。尤拉注意到一个窗户的冰凌上化出来的一个黑黑的小孔。有一线烛光透过这个小孔射到大街上，那神气好像是有意在探看，仿佛烛火是在窥伺行人，在等待什么人。

“桌子上点着蜡烛呢。点着蜡烛……”尤拉在心中想道。他想出的只是一种未想好的模模糊糊的想法的开头，希望思想自动接续上，不要催促。思想却没有接续上。

十一

不知从什么时候起，斯文季茨基家的圣诞晚会就是这样安排的。到十点钟，等孩子们纷纷散了，再给青年人和成年人安排第二场晚会，一直玩到天亮。年纪大些的人通宵都在三面是墙的豪华的客厅里玩牌，客厅紧接着大厅，客厅和大厅之间隔着一道沉甸甸的厚实的帷幔，帷幔用老大的铜环吊着。黎明时候，大家一起吃晚餐。

“你们为什么来得这么晚?”斯文季茨基家的外甥乔治匆匆地问了他们一声，就从前厅里跑向里面去找舅舅和舅母。尤拉和托尼娅决定也跟他去和主人打招呼，在脱衣服的时候，顺便向大厅里望了望。

在围了几圈灯光的热气腾腾的圣诞枞树旁边，许多不跳舞的人走来走去，说着话儿，像一堵黑墙似的蠕动着，你踩我的脚，我踩你的脚，衣服摩擦得窸窣直响。

跳舞的人在大圈子里疯狂地转悠着。副检察官的儿子、贵族学校学生科卡·科尔纳科夫在指挥着他们转圈子、对舞或者拉成一条长线。他来来回回地跑着指挥，可着嗓门儿在大厅里到处喊："把圈子放大！把手拉起来！"于是大家都照他的话做了。"请弹一曲华尔兹！"他又朝钢琴伴奏者喊道。于是第一圈打头的男子带着自己的舞伴跳起三步舞，又跳两步舞，步子越来越慢，圈子越来越小，到后来在原地轻轻地踏着步子，跳的已经不是华尔兹，只是渐渐停下来的华尔兹的余波了。于是大家一齐鼓掌，并且纷纷请这脚步杂沓、叽叽喳喳、晃来晃去的一群男女吃冰激凌和清凉饮料。浑身发热的小伙子和姑娘们暂时停止了叫嚷和说笑，慌不及待地和贪婪地喝起了冷果汁和柠檬水，等到把杯子放到托盘上，马上就又叫嚷和说笑起来，那劲头儿比刚才增加了十倍，就像刚刚吞下了开心丸。

尤拉和托尼娅没有进大厅，径自进内室去见主人。

十二

在斯文季茨基家的内室里堆满了多余的东西，那是为了腾地方，从大厅和客厅里搬来的。这里是主人家的神奇的厨房和节日用品仓库。这里散发着油漆气味和胶水气味，堆放着一卷一卷的花纸和一盒一盒的装饰物和备用的圣诞节蜡烛。

斯文季茨基老夫妇正在给礼物编号，书写晚饭座位的号码和抽彩的彩票。乔治在帮他们的忙，但是他编号常常出错儿，所以他们气得直埋怨他。老夫妇见尤拉和托尼娅来了，高兴极了。两位老人家还拿他们当小孩子，也不和他们说客套话，就叫他们坐下来帮忙。

“费莉查塔·谢苗诺芙娜不知道，这种事儿应该早早地想到，不应该在客人已经来到的最热闹的时候做这种事儿。哎，帕拉斯克娃，你真是糊涂蛋，你怎么，乔治，又把号数编错了！刚才说过，把装糖果的盒子放在桌子上，把空盒子放在沙发上，可是你们又搞乱了，弄得乱七八糟。”

“安娜已经好些了，我真高兴。我和彼得还一直为她担心呢。”

“咦，亲爱的，你要明白，安娜倒是差些了，你总是颠三倒四的。”

尤拉和托尼娅有半个晚上和乔治以及两位老人家在一起，在他们家的圣诞晚会的幕后闲聊。

十三

他们和斯文季茨基老夫妇在一起的时候，拉莉萨一直在大厅里。虽然她穿的不是舞会的服装，虽然她在这里一个人也不认识，但是她还是时而像在梦里一样不自觉地跟着科卡·科尔纳科夫转圈子，时而无精打采地在大厅里走来走去。

拉莉萨已经有一两次犹豫不决地站在客厅门口，希望脸朝大厅坐着的科马罗夫斯基看到她。但是他看着自己的牌,拿在左手里的牌就像遮在面前的盾牌似的,不知是当真没有看见她,还是装作没有看见她。拉莉萨非常懊恼。这时候,有一个拉莉萨不认识的姑娘从大厅里走进客厅里。科马罗夫斯基用拉莉萨非常熟悉的那种目光看了姑娘一眼。受到青睐的姑娘对科马罗夫斯基笑了笑,脸一红,顿时满脸放出光来。拉莉萨一看见这情景,差点儿叫起来。一阵受辱感使她的血往脸上直涌,她的额头和脖子都红了。她想:“这是新的牺牲品。”拉莉萨好像在镜子里看见了自己和自己的过去。但是她还没有打消同科马罗夫斯基谈一谈的念头,她为了等待更合适的机会,强使自己镇定下来,又回到大厅里。

和科马罗夫斯基在一张桌子上打牌的还有另外三个人。坐在他旁边的一个牌友,是那个请拉莉萨跳过华尔兹舞的很神气的贵族学校学生的父亲。她在大厅里同他跳舞的时候,和他说过两三句话,她就知道那人是他的父亲。而那个穿黑衣服的黑头发高个子女人,一双滴溜溜乱转的眼睛,脖子挺得像蛇脖子一样,时而望望在大厅里指挥跳舞的儿子,时而转脸望望在客厅里打牌的丈夫,——那是科卡·科尔纳科夫的母亲。最后,她无意中得知,那个使拉莉萨产生过一番复杂的感触的姑娘是科卡的妹妹,这样看来,拉莉萨的想象是没有根据的。

“我姓科尔纳科夫,”科卡一开始就向拉莉萨自我介绍说。但是她当时没有听清。跳完最后一圈,他把她送回座位时,一面鞠躬,一面又重复说:“我姓科尔纳科夫。”这一次拉莉萨听清楚了。“科尔纳科夫,科尔纳科夫……”她寻思起来。有点儿耳熟。

有点儿不痛快的印象。后来她想起来了。科尔纳科夫是莫斯科法庭的副检察长。他指控过一群铁路工人,季维尔津也是那一次被判罪的。科洛格里沃夫根据拉莉萨的要求,曾经去找他求情,求他在这件案子上高抬贵手,但是他不肯答应。“原来是他！好哇,好哇,好哇,真有意思！科尔纳科夫呀,科尔纳科夫!”

十四

夜里一点钟左右。尤拉的耳朵里嗡嗡直响。休息片刻,在饭厅里吃过茶点之后,跳舞又开始了。枞树上的蜡烛快燃烧完了,但是已经没有人再换新的了。

尤拉心不在焉地站在大厅中间,看着托尼娅在同一个不认识的人跳舞。托尼娅在经过尤拉身边的时候,腿轻轻一动,向后扬了扬那长长的缎子长裙的不长的拖襟,就像鱼摆了一下长鳍,接着就消失在跳舞的人群里。

她跳得浑身发热。休息的时候,他们坐在饭厅里,托尼娅没有喝茶,而是吃橘子解渴。那非常好闻的橘子皮很容易剥,她一个一个地剥了不少。她不时地从宽宽的腰带上和套袖里掏出小小的、像一簇果树花儿似的麻纱手绢,擦擦嘴角上和黏黏的手指缝儿里的香汗。她笑着,快快活活地说着话儿,随手把手绢掖到腰带上或者束胸的皱边儿上。

这会儿托尼娅在和不认识的男子跳舞,在转弯处碰到皱着眉头站在一旁的尤拉的时候,她都要顺势调皮地捏一捏他的手,含情脉脉地朝他笑一笑。在有一次这样捏他的手的时候,她手里攥着的手绢留在了他的手里。他把手绢紧紧按在嘴上，闭上眼睛。那手绢散发着橘子皮和托尼娅的汗津津的手的混合气味，那气味使人心醉。这是尤拉生来从未体验过的一种新鲜感觉，这种感觉从上到下渗透他的全身。这种孩子般纯真的气味亲切动人，就像是在黑暗中说的悄悄话儿。尤拉站在那儿，用手把手绢捂在眼上和嘴上，闻着手绢的气味。忽然房里响了一枪。

所有的人都朝挂在大厅与客厅之间的帷幔转过头去。肃静了有一分钟。然后乱腾起来。大家都在乱跑乱叫。有一部分人跟着科卡·科尔纳科夫朝枪响的地方奔去。那边的人已经迎面走过来，说着可怕的话，哭着，你一句我一句地争论着。

“她会干这种事儿，她会干这种事儿。”科马罗夫斯基一遍又一遍失望地说。

“波里亚，你活着吗？波里亚，你还活着呀，”科尔纳科娃太太歇斯底里地喊着。“听说，德罗科夫医生今天也来了。可是他在哪儿呀？他在哪儿呀？唉，你们别拉我！这对你们是小事一桩，可是这对我，是要我的命。啊，我的倒霉的苦命人呀，这就是你揭发那些罪犯的报应呀！就是她，就是这个坏女人，贱货，我把你的眼睛挖出来！哼，现在她跑不了啦！您说什么，科马罗夫斯基先生？是打您的？她开枪是打您的？不，我不信。我很难受，科马罗夫斯基先生，您别这样，现在我可没有心思开玩笑。科卡，科科奇卡，瞧你说的是什么！是开枪打你爸爸呀……是呀……可是上帝有眼……科卡！科卡！”

人们从客厅里拥进大厅里。科尔纳科夫走在人群中间。他用一块干净的餐巾捂着微微擦伤的左胳膊上还在流血的伤口，大声说着笑话,让大家相信他一点事儿也没有。在另外一群人里,有几个人在旁边和从后面抓住拉莉萨的胳膊。

尤拉一看见她,惊呆了。就是她!而且又是在这样不平常的场合!又有这个头发斑白的人。但是现在尤拉认识他了。这是有名的律师科马罗夫斯基,他和父亲遗产的案子有关系。可以不打招呼,尤拉和他都装作彼此不认识。可是她呢……是她开枪的吗?是向副检察长开枪吗?大概是和政治有关。可怜。现在她要吃苦头了。她是多么高傲呀!可是瞧瞧这些人!扭着她的胳膊,拖她,就像是逮住了一个小偷。

但是他马上就明白,他看错了。拉莉萨的两腿直打哆嗦。抓着她的胳膊,为的是不让她跌倒。好不容易架着她走到最近的一把椅子前,她扑通一声就坐到椅子上。

尤拉本想跑到她跟前,把她救醒,但是又觉得最好还是先对未遂事件中的被害者表示一下关切。他走到科尔纳科夫跟前,说:

“现在需要看看伤势。我可以来看看。让我看看您的胳膊。噢,您福大命大,只擦破了一点儿皮,连包扎都用不着。不过可以擦点儿碘酒。就请费莉查塔·谢苗诺芙娜弄点儿碘酒来。”

斯文季茨卡娅太太和托尼娅很快地走到尤拉跟前,她们已经面无人色。她们叫他什么也不要管了,赶快去穿衣服,有人来叫他们了,家里出事儿了。尤拉往最坏处想了想,十分害怕,就丢开一切,跑去穿衣服。

十五

他们进了大门，不要命地跑进房里的时候，安娜·伊万诺芙娜已经离开人世了。她是在他们回来以前十分钟咽气的。她的死因是没有诊断出来的急性肺水肿所引起的长时间窒息。

最初一段时间，托尼娅大哭大喊，浑身抽搐，谁劝慰也无用。到第二天，她不哭叫了，耐心地听着父亲和尤拉对她说话，但是不能回答，只是点点头，因为她只要一张嘴，就控制不住自己，忍不住又哭叫起来，就像着了魔一样。

她一连几个小时地跪在母亲灵前，在祭奠的间歇时间里，她还要用长长的、好看的手臂把棺材的一角连同放棺材的台架的边儿和放在棺材上的花圈一起紧紧抱住。她对周围的什么人都不去管了。但是她的目光只要一碰到亲人的目光，就赶紧从地上起来，快步走出大厅，忍住哭喊，迅速跑上楼去，回到自己房里，倒在床上，把心中翻腾着的阵阵悲痛埋在枕头里。

尤拉因为悲痛，因为天天站着，睡眠又不足，因为低沉的挽歌声和日日夜夜明亮的烛光，因为这几天又害了伤风，他的头脑木木的，非常混乱，有时迷迷糊糊，有时悲伤得厉害。

十年前，母亲死的时候，尤拉还很小。他至今还记得他当时又悲痛又害怕，一个劲儿地痛哭。那时候，他不是主要的。那时候他甚至很难想象，他这样一个尤拉单独在世界上存在，会有什么意义和价值。那时候，主要的是周围的、外在的世界。一个像森林那样的、实实在在的、不能穿过的、无可置疑的最崇高的世界,从四面把尤拉围着,他和妈妈在这个森林里走迷了路,忽然妈妈不见了,在森林里就剩了他一个,所以他那样震动。这森林就是世上的一切:天空的白云、城里的招牌、消防队瞭望塔上的圆球,还有那骑马在圣母驾前飞奔、因为在圣母驾前不戴帽子而戴耳套的教堂侍役。这森林就是商场里的橱窗和高不可攀的夜空里的星星、上帝和神仙。

每当奶奶给他讲有趣的故事时,那高不可攀的青天就垂得低低的,来到他玩的房间里,天顶挨着奶妈裙子的下摆,变得那样近,那样听话,就像山沟里的核桃树那样,人们拉它的树枝,采它的核桃,它都乖乖的。青天好像掉进他小房间里的镀金水盆里,在火里和金里洗一个澡,就跟着奶妈到胡同里的小教堂里去,到那儿去参加早祷或者午祷。到了那儿,天上的星星就变成神灯,上帝就变成神父,所有的神灵也都各就各位,各有执掌。但是主要的还是现实的成年人的世界和城市,城市也和森林一样,四周围一片黑压压的。那时候,尤拉的孩子的心灵相信的是这一森林的神,相信这一森林的看林人。

现在的情形完全不同了。上了这十二年学,又是中学,又是大学,尤拉研究了经典和神学,读了许多传说和诗,像研究家谱一样研究了历史和自然科学。现在他什么也不怕了,不怕生,也不怕死,世上的一切、一切事物都是他能够理解的。他现在能够镇定地对待世上的一切,在祭奠安娜·伊万诺芙娜时他能控制住自己,和过去祭奠自己的母亲时不一样了。那时候他悲痛得昏迷过去,又害怕,又祈祷。现在他听着安魂祈祷就像听着直接发给他的有关他的通报。他听着这些祈祷的话,就像听他任何话一样,听的是明白表示出来的意思。他对待至高至尊的天和地的态度，就像对待伟大的前辈一样，和信奉上帝绝无共同之处。

十六

“神圣的主，至高无上的主，万寿无疆的主，保佑我们……”

他听着，迷迷糊糊地想：“这是干什么？是出殡。是出殡呢。应该醒了……”他在早晨五点多钟和衣躺到这张沙发上。大概他是发烧。现在家里人到处找他，谁也想不到他会在藏书室里睡觉，他在高抵天花板的书架后面的偏僻角落里，怎么都醒不过来。

“尤拉！尤拉！”管院子的马尔克尔就在附近什么地方喊他。开始出殡了，马尔克尔必须把花圈拿到外面去，可是他还找不到尤拉，而且他在堆满了花圈的卧室里出不去了，因为外面衣柜的门开着，把卧室的门抵住了，所以把马尔克尔堵在里面。

“马尔克尔！马尔克尔！尤拉！”有人在下面喊他们。马尔克尔一脚踹开房门，拿了几个花圈快步跑下楼去。

“神圣的主，至高无上的主，万寿无疆的主……”祈祷声在胡同里轻轻飘动着，回荡着，就好像有人用轻柔的鸵鸟毛在空中划了一下，一切都在摇晃着：那花圈和人，那戴饰缨的马头，神父手里那系在链子上的手提香炉，脚下白茫茫的大地。

“尤拉！天啊，可找到你了。请你醒一醒。”舒拉·什列津格尔终于找到了他，摇晃着他的肩膀说。“你怎么啦？出殡了。你跟我们一起去吗？”

“噢，我当然去。”

十七

安魂祈祷结束了。乞丐们密密地站成两行，冻得倒换着两只脚。灵车、拉花圈的大车、克柳格尔家的马车晃动了两下，就慢慢移动起来。泪流满面的舒拉·什列津格尔掀开被泪水打湿了的面纱，从教堂里走了出来，用探询的目光在长长的一排赶车的人当中扫了一下。她在他们当中找到抬灵柩的人，便点了点头，把他们叫过来，同他们一起进了教堂。越来越多的人从教堂里拥了出来。

"现在轮到安娜·伊万诺芙娜了。可怜呀，她这一去不能回头啦。"

"是啊，可怜呀，她这一辈子到头了。一个爱说爱动的人，现在去休息了。"

"您坐车还是步行？"

"两条腿都站麻了。咱们走一会儿再坐车吧。"

"您看见富弗科夫有多么难过吗？他望着死者，眼泪哗哗地往下流，直擤鼻涕，好像要把她吞下去。旁边就是死者的丈夫。"

"他对她眼馋了一辈子啦。"

这样说着话儿缓缓地朝城市另一端的坟地上走去。这一天天气在酷寒之后有些回暖。这一天没有一点风，寒气消退，很适宜于活动，好像是大自然专门为出殡安排的一个好日子。肮脏的积雪好像照亮了披着的黑纱，坟地里潮湿的松树一片黑郁郁的，好像白银中掺的黑银，全都肃穆无声，好像在默哀。

这坟地就是当年安葬尤拉的母亲的坟地。尤拉这几年还没有到母亲坟上来过。“好妈妈呀。”他老远地朝那边望了望，差不多还是用那些年的口气小声唤道。

人们在扫净了的几条小路上庄严地、井然有序地散了开来，弯来弯去的小路和他们那悲哀而缓慢的步调很不协调。亚历山大搀着托尼娅的手。克柳格尔夫妇跟在他们后面。托尼娅十分悲戚。

一排排的十字架顶上和粉红色的寺院墙上挂满了霜雪，毛茸茸的，像生了霉一样。在寺院的一个角落里，两面墙之间拉着几条绳子，上面晾着旧衣服，有袖子胀鼓鼓、沉甸甸的衬衫，有橙黄色的桌布，有没拧干的皱皱巴巴的床单。尤拉朝那儿看了看，看出那就是当年风雪狂啸的寺院空地，现在变了，盖起了新房子。

尤拉一个人走着，他走得快，走在其他人前面，有时站下来，等一等他们。为了回答死亡在这群慢慢在后面走着的人当中引起的空虚感，他就像一股打着旋儿往下钻的水一样，一个劲儿地要思考和幻想，要从事艺术，创造美。他从来没有像现在这样明白，艺术从来只有两项任务。一是坚持不懈地探讨死的问题，二是通过探讨死的问题以求生。真正的伟大艺术，就是那种叫作圣约翰的启示的东西和表现这种东西的东西。

尤拉热切地想象着，他要离开家和学校，躲到什么地方住一两天，写几首纪念安娜·伊万诺芙娜的诗，把他想到的东西全写进去，比如：在生活中见到的许多偶然的事情，死者的两三个可敬的特点，托尼娅穿丧服的形象，从坟地上回去时在路上见到的几个街头场面，当年风雪呼啸和他小时候哭过的地方晾着的旧衣服。

第四章　大势所趋

一

拉莉萨迷迷糊糊地躺在费莉查塔·谢苗诺芙娜的卧房里的床上。斯文季茨基老两口、德罗科夫医生和女仆在旁边小声说着话儿。

空荡荡的斯文季茨基家里一片黑暗,只有在一长排穿廊式房间中间的小客厅里,有一盏挂在墙上的油灯亮着,向又长又直的穿廊的前前后后投射着昏暗的光线。

科马罗夫斯基在这条穿廊里来来回回走着,走的步子恶狠狠的,矫健有力,好像不是在这里做客,而是在自己家里。他时而朝卧房里望望,想看看里面的情形,时而朝房子的另一头走去,走过挂满银色串珠的圣诞枞树,走到饭厅里,饭厅里的餐桌上摆满了未曾动过的酒菜,有时窗外大街上有马车经过,或者有小老鼠在桌子上的杯盘中间溜过,那绿色的酒杯都要发出轻轻的叮叮声。

科马罗夫斯基一肚子怒气。他的心情十分矛盾。这是多么丢脸,多么不成体统呀！他简直要疯了。他的地位有危险。这件事会破坏他的声誉。应当不惜任何代价,及时地防止和切断流言蜚语,如果这件事已经传播开去,那也要抓紧把流言扑灭。另外,他又感觉到,这个疯狂的、不顾死活的姑娘是多么迷人。一眼就可以看出,她与众不同。她身上总是有一种不同寻常的东西。但是,看样子,他是多么明显地,多么严重地摧残了她的一生呀！她拼命地挣扎,反抗,搏斗,是想改变自己的命运,重新掌握自己的命运。

从各方面来看,都应当帮助她,可以给她租一套房间,但是无论如何不能再碰她,而是要躲开去,离得远远的,连影子也别沾到她,要不然她这样一种性子,难保不干出什么事儿!

面前还要有多少麻烦事儿！这种事儿不是闹着玩儿的。法律是要过问的。就在夜里,出事之后还不到两个钟头,派出所的人就来了两趟,科马罗夫斯基出去对派出所所长做了解释,才把他们打发走了。

越往下,事情会越复杂。需要有证据,才能说明拉莉萨开枪要打的是他,而不是科尔纳科夫。但是事情还是不能到此就了结。拉莉萨的罪过只去掉了一半,她还会因为剩下的一半受到法庭审判。

当然,他要想方设法阻止这种事态的发生,如果真的起诉了,他就要想方设法弄到精神病医生的鉴定,证明拉莉萨在开枪的时候神志不清,失去自制力,以求免予判罪。

科马罗夫斯基想过这些念头,心情渐渐平静下来。天亮了,一缕缕亮光从这个房间钻进那个房间,钻到桌子底下和沙发底下，像贼，或者像当铺里的估价人。

科马罗夫斯基进卧室看了看，看到拉莉萨的情形没有好转。他离开斯文季茨基的家，来到他熟识的女律师鲁菲娜·奥尼西莫芙娜·沃伊特-沃伊特科夫斯卡娅家。她的丈夫因政治问题流亡国外，她家的房子有八个房间，自己住不了这么多，而且经济上有点儿拮据。她租出去两个房间。其中有一个最近空了，科马罗夫斯基就给拉莉萨租了下来。过了几个钟头，就把发着高烧、神志模糊不清的拉莉萨送了来。她害的是神经性的热病。

二

鲁菲娜·奥尼西莫芙娜是一个进步女子，没有任何偏见，凡是她认为"好的和积极向上的"东西，她都十分关切。

在她的五斗柜上放着有作者签名的《爱尔福特纲领》。墙上有一张照片，是她的丈夫，"我的好沃伊特"，在瑞士游公园时同普列汉诺夫合照的。他们两个人都穿着丝绸上衣，戴着巴拿马草帽。

鲁菲娜·奥尼西莫菲娜一看见这个有病的女房客，就不喜欢她。她认为拉莉萨是故意装病。她认为拉莉萨那一阵阵的呓语全是故意说的。她可以发誓，拉莉萨是在仿效关在监牢里的格丽珍。

鲁菲娜·奥尼西莫芙娜表现得格外活跃，以表示对拉莉萨的轻蔑。她弄得房门砰砰直响，大声哼着歌儿，像旋风一样在自己那些房间里走来走去，一天到晚让那些房间的门窗敞着透风。

她的房子是在阿尔巴特街的一座大楼的上层。这一层的所有窗户，从冬日太阳升上来的时候起，就面对着明亮的蓝天，蓝天宽宽的，就像发大水时候的河面。有半个冬天这一层的房间里充满春天要来时的气象，在这儿可以先听到春天的信息。

暖和的南风从小窗孔里吹进来，车站上的火车头大声吼叫着，病中的拉莉萨躺在床上，百无聊赖，常常回忆遥远的往事。

她常常想起七八年前难忘的童年时候他们从乌拉尔来到莫斯科的那第一个晚上。

他们坐着马车，经过一条条幽暗的胡同，穿过整个莫斯科，从车站来到旅馆里。越来越近又越来越远的路灯不断地把他们驼背的马车夫的身影投到一座座楼房的墙上。那身影越来越大，大到不可思议的程度，把马路和楼房都遮住，随即就消失了。一切又重新开始。

数不清的莫斯科的教堂的钟声在黑暗中在头顶上回荡着，有轨马车在地上叮当叮当地跑着，但是五光十色的橱窗和电灯也要把拉莉萨的耳朵闹聋了，仿佛橱窗和电灯像钟和车轮一样，也发着自己的声音。

旅馆房间的桌子上放着一个西瓜，是科马罗夫斯基迎接他们搬迁的礼物，那西瓜大得使她吃惊。拉莉萨觉得那西瓜是科马罗夫斯基的权势和财富的象征。当科马罗夫斯基用刀咔嚓一声，把墨绿色的大西瓜切成两半，露出又凉又甜的瓜瓤的时候，拉莉萨吓呆了，但是她不敢不吃。她勉强吃着粉红色的香甜的西瓜，因为激动，西瓜瓤子常常卡在喉咙里。

吃贵重东西和见到夜晚的莫斯科时的那种胆怯，后来再度出现，表现为她对科马罗夫斯基的畏怯，这就是造成后来的事情的主要原因。但是现在他完全变了。他毫无所求，不提到自己，甚至不露面。并且经常地保持着一定的距离，慷慨无私地帮助她。

科洛格里沃夫的来访，完全是另一回事儿。拉莉萨十分欢迎科洛格里沃夫。不是因为他高稚和庄重，而是因为他表现出来的生气和才思，他一来，他那光芒四射的眼睛，他那诙谐的谈笑，就使屋里显得充实，显得拥挤了。

他搓着两手，坐在拉莉萨的床前。有时叫他去彼得堡参加内阁会议，他同那些显赫的元老一谈起话来就是针锋相对，唇枪舌剑。可是现在躺在他面前的是不久前他的家庭成员，有点儿像他的女儿，同她在一起，就像同家里所有的人在一起一样，都是很随便地交换眼色和意见，这使他们亲密无间，成为一种特有的乐趣。彼此都知道这一点。他对待拉莉萨不可能像对待大人那样严厉和淡漠。他不知道怎样和拉莉萨说话，才能不使她难过，于是他就像对待小孩子一样，先笑了笑，说：

“我的天呀，你怎么干起这种事儿？谁要看这种热闹戏？”他停住了，看起了天花板上和糊墙纸上的湿印子。后来，带着责备的意味摇了摇头，又接着说下去：“在杜塞尔多夫举办了一个国际性的展览会，展出的有绘画、雕塑和园艺品。我准备去。哦，你这儿有点儿潮湿呀。你打算一直这样游荡下去吗？这儿并不是什么自在的地方呀。这个沃伊特太太，咱们不妨私下里说说，她可是个够讨厌的女人。我认识她。你搬走吧。你也躺够了。病好了就行了。该起床了。换个地方住住，去念念书，把大学念完。我有一个朋友，是个画家。他要上突厥斯坦去待两年。他的画室是用板壁隔的，实在说，这是一整套不大的住房。我想，他愿意把房子连同家具交给可靠的人看管。我去办办这件事，好不好？另外，还有一件事。我说的是老实话。我老早就想这样，这是我不做不行的……自从莉芭……这一点点儿钱，算是她结业的贺礼……不行，请收下，收下……不行，你别固执……请收下。”

尽管她不要，尽管她都哭了，甚至推来推去有点儿像打架，他临走时还是硬要她收下了那张一万卢布的支票。

拉莉萨病好以后，就搬到科洛格里沃夫称赞过的那所新居里。这地方离斯摩棱斯克市场很近。她住的房间是在一座古老的两层石头小楼的楼上。楼下是商人的仓库。楼房里还住着几个马车夫。院子里铺的是鹅卵石，经常到处是撒落的燕麦和散乱的干草。鸽子经常咕噜咕噜地在院子里跑来跑去。一小群一小群的鸽子在拉莉萨的窗下低低地飞着，有时候还会有一群老鼠顺着院子里的石头排水沟跑过。

三

巴沙非常苦恼。拉莉萨病很重的时候，不准他去看她。他该有什么样的感觉呢？拉莉萨想枪杀一个人，巴沙认为，那是跟她不相干的一个人，后来她却又得到这个人，这个枪杀未死的人的保护。而且这一切，都是发生在圣诞节夜里他们在烛光下的那次值得怀念的谈话之后！如果不是这个人的话，拉莉萨会被逮捕和审判的。他使她没有受处治。因为他，她依然留在大学里，安然无事。巴沙感到困惑不解。

等到拉莉萨病情好些了，她把巴沙叫了来。她对他说：

“我是个坏姑娘。你不了解我，等以后我再告诉你。我说话很困难，你看，泪水憋得我直打呛。你离开我吧，把我忘掉吧，我不值得你爱。”

接着就是极其悲切的场面，而且越说越伤心。因为当时拉莉萨还住在阿尔巴特街上，沃伊特太太一看见巴沙哭，就从走廊里跑回自己的房间，倒在沙发上，笑得肚子疼，还一面说：“哎哟哟，笑死我啦，笑死我啦！这真是，可以说，真够受呀……哈哈哈！真是多情种呀！哈哈哈！多情郎呀！”

为了使巴沙不再苦苦留恋，为了使他死心，使他不再痛苦下去，拉莉萨向巴沙声明，她今后和他一刀两断，因为她不爱他了。但是她在说这话的时候，哭得很伤心，使人无法相信她的话。巴沙怀疑她有各种各样重大的罪过，一点也不相信她的话，本来要诅咒她和痛恨她，可是又爱她爱得要命，甚至因为爱她而忌恨她的一些想法，忌恨她喝水的杯子和她枕的枕头。为了不至于发疯，必须果断地、很快地采取行动。他们不再拖延，考试还没有结束，就决定结婚。婚礼原定在复活节后第一周举行，后来却又根据拉莉萨的要求延期了。

他们的婚礼在圣灵降临节的第二天举行，这时候已经完全知道他们的毕业考试成绩合格了。主办婚礼的是拉莉萨同班毕业的同学杜霞·契普尔科的母亲柳德密拉·卡皮托诺芙娜。柳德密拉·卡皮托诺芙娜是个很漂亮的女人，高高的胸脯，低低的嗓门儿，唱歌唱得很好，门道儿特别多。她除了知道原有的一些迷信传说和谶语以外，还能当场随意编造很多新的。

在柳德密拉·卡皮托诺芙娜小声叨念着，给拉莉萨打扮着，准备上教堂举行婚礼的时候，城里十分闷热。教堂的金色圆顶和游玩场所小路上的新沙黄得耀眼。前一天砍下来过圣灵降临节的小白桦树上的叶子，已经落满灰尘，无精打采地在寺院的围墙边耷拉着，一个个卷成了喇叭形，就像用火烤过似的。热得透不过气来，阳光照得眼睛发花。好像四周围有几千对男女在举行婚礼，因为所有的姑娘都像新娘子一样，打扮得花枝招展，所有的年轻男子，也因为过节，都把头发擦得油光光的，穿着笔挺的黑色燕尾服。所有的人都很兴奋，都浑身发热。

拉莉萨一踏上红毡，她的另一个同学的母亲拉戈季娜就朝她的脚下撒了一把银角子，为的是将来发财。柳德密拉·卡皮托诺芙娜出于同样的用意，劝告她，等举行仪式的时候，不要伸出光光的手画十字，而是要用袖子边儿蒙着手画十字，后来她又叫拉莉萨把蜡烛举得高高的，这样她以后在家里就可以占上风，但是拉莉萨却宁愿为巴沙牺牲自己未来的一切，所以尽可能把蜡烛拿低些，谁知结果还是无用，因为不管她怎样往下拿，巴沙的蜡烛还是比她的低。

出了教堂，就直接回到已经成为新夫妇洞房的原来的画室里参加婚宴。客人们高呼："苦呀，苦呀！"另外一头的人就齐声响应："来个甜的！"于是新婚夫妇就不好意思地笑着，接起吻来。柳德密拉·卡皮托诺芙娜给他们唱了喜歌《小葡萄》，把叠句"上帝让你们相爱，为你们做主"唱了好几遍，又唱了一支歌："解开沉甸甸的大辫子，披散开金发。"

等大家都走了，只剩下他们俩的时候，巴沙因为突然这么静，反而觉得不自在起来。窗外的电灯杆子上有一盏电灯亮着，拉莉萨不管把窗帘怎么拉，一道窄窄的、像锯好的木条子似的光线，都要从合不拢的窗帘缝儿里射进来。这道明亮的光线使巴沙不得安宁，就好像有人在窥伺他们。巴沙惊愕地发现，他光想着灯光，竟忘记了自己，忘记了拉莉萨，忘记了他们的爱情。

在这个长得像没有尽头的夜晚，这一对刚毕业的大学生，如同学们说的，这"少年郎君"和"红颜少女"，到达了幸福的顶峰，也坠入了绝望的深渊。他的猜疑和她的坦白招认不断地相互交替。他在问，她每回答一次，他的心就往下一沉，就好像他在往深渊里坠。他的受伤的心跟不上新发现的事实。

他们一直谈到天亮。在巴沙的一生中，从来没有像这一夜里这样突然、这样明显的变化。早晨起来，他觉得自己成了另一个人，甚至有点儿惊讶，为什么别人还叫他原来的名字。

四

过了十天，朋友们就在他们的新房里为他们饯行。巴沙和拉莉萨两个人都毕业了，两个人成绩都是优秀，两个人都接到乌拉尔的同一个城市来的聘书，明天早晨就要动身上那里去。

又是喝酒，唱歌，说笑，但是这一次全是青年人，没有年长的。

在卧室和客人所在的大画室之间，有一面屏风，屏风后面放着拉莉萨的一个大网篮和中等网篮、一个手提箱和一个装餐具的箱子。角落里还放着几个口袋。行李很多。有一部分行李已经作为慢件托运了。差不多什么都收拾好了,但是还没有完全收拾好。箱子和网篮还没有装满,没有盖好。拉莉萨不时地想起什么东西,拿到屏风后面,放进网篮里,在里面放好。

拉莉萨到学校里去领证件回来,和管院子的人一起拿着包扎行李的草席和一大捆粗绳子走进来时,巴沙已经在家里陪客人了。拉莉萨把管院子的人打发走,便围着客人转了一圈,和一些人握手,和另外一些人接吻,然后走到屏风后面去换衣服。等她换过衣服走出来,大家一齐鼓掌,叫嚷,纷纷就座,闹哄起来,就像十天以前在婚宴上那样。最活跃的人忙着给大家斟酒,许多只手拿着叉子纷纷伸向桌子当中的面包和盛菜肴的盘子。大家高谈阔论,喝酒喝得咯咯直叫,你争我抢地说俏皮话。有几个人很快就有了醉意。

“我累死了。”和丈夫坐在一起的拉莉萨说,“该办的事情你都办好了吗?”

“办好了。”

“我还是觉得很痛快。我感到很幸福。你呢?”

“我也是。我很快活。不过,这事儿说起来话长。”

科马罗夫斯基例外地被允许和这一伙青年人一起参加了饯行宴会。在宴会即将结束的时候,他想说,两位年轻朋友一走,他就孤单了,他就会觉得莫斯科成了撒哈拉沙漠,但是他深深地动了感情,以至于抽搭起来,只好把被激动打断了的话又重复一遍。他请求安季波夫夫妇和他通信,并且,如果他忍受不住离别后的寂寞,请允许他到他们新的居住地尤梁津去看望他们。

“大可不必了,”拉莉萨大声而若无其事地,“而且,说什么通信、沙漠之类的话，也没有什么意思。至于说上那儿去看望，就更用不着。没有我们，您照样过日子，我们可不是那么要紧，不是吗，巴沙？您会找到别的年轻朋友的。”

拉莉萨完全忘记了她和谁说话以及说的是什么，她想起一件事情，连忙站起来，走到屏风后面的厨房里。她在那里把绞肉机拆开，把拆开的零件分别塞到餐具箱子的几个角上，又填上碎干草。她在塞绞肉机的时候差点儿被箱边的尖木片儿划破手。

她在干这件事的时候，忘记了家里还有客人，没有听见他们在说笑，直到屏风那边响起特别响亮的叫闹声，才想起了客人。于是拉莉萨心想，醉汉总是喜欢拼命表现自己的醉态，表现得越生硬、越明显，就越是醉得厉害。

这时候，外面有另外一种特别的声音从开着的窗户里传进来，引起她的注意。拉莉萨撩起窗帘，探头朝外面看去。

有一匹绊住腿的马在院子里一瘸一拐地蹦跳。那马不知是谁家的，大概是走错了路闯进院子里来的。天已经完全亮了，但是离出太阳还早。沉睡的、仿佛是空无人烟的城市沉浸在紫灰色的清晨的凉气中。拉莉萨闭上眼睛。不知为什么这种独特的、难得听到的绊了腿的马的蹦跳声把她带进了一种乡村的寂静与美妙境界。

门铃响起来。拉莉萨侧耳倾听。酒席桌上有人起来去开门。原来是娜加来了！拉莉萨跑上去迎住她。娜加一下火车就直接来了，她精神焕发，娇艳动人，好像浑身还带着杜布良庄上的铃兰花的香气。这两个好朋友站在一起，激动得说不出一句话来，只是大声叫着，搂抱着，搂得彼此都透不过气来。

娜加代表全家来向拉莉萨道喜，给她送行，并且带来了父母送的贵重礼物。她从手提包里拿出一个用纸包着的小盒子，打了开来，把盖子揭开，拿出一条光彩夺目的项链交给拉莉萨。

大家一齐惊叫和赞叹起来。有一个已经有点儿清醒的醉汉说：

“这是桃红滴玉。对，对，你们信不信，这是滴玉。玉石不比金刚石差。”

但是娜加说，这是蓝中带黄的蓝宝石。

拉莉萨让她在自己身边坐下来，给她斟了酒，把项链放在自己面前、目不转睛地看着。那项链在盒子里的紫色软垫上堆成一嘟噜，光彩闪烁，明亮耀眼，有时像汇合在一起的许多水滴，有时像一嘟噜小小的葡萄。

有些客人这时候清醒过来。这几个酒醒的人又和娜加碰杯对饮起来。很快就把娜加灌醉了。

全屋子的人很快就进入梦乡。大多数人为了第二天到车站去送行，就留下来过夜。有一半人早就胡乱躺在角落里打鼾了。拉莉萨不记得自己是怎样穿着衣服和已经睡着的伊拉·拉戈季娜躺到一起的。

拉莉萨因为耳边有人大声说话，惊醒过来。这是从外面来院子里找丢失的马的陌生人的说话声。拉莉萨睁开眼睛，觉得很惊异。她想：“这个巴沙怎么这样有精神，像根电线杆子一样站在屋子当中，不知道一个劲儿地在摸索什么。”这时候，她以为巴沙的那个人转过脸来朝着她，她才看出，这根本不是巴沙，而是一个可怕的麻脸大汉，脸上有一道伤疤，从鬓角直到下巴。于是她明白，这是来了贼，来了强盗，她想叫喊，可是喊不出声来。忽然她想起了项链，便悄悄地用胳膊肘支起身子，侧眼朝餐桌上看了看。

项链还在老地方，在面包屑和碎糖块中间，迟钝的窃贼没有发现混杂在残渣碎屑中的项链，只是在翻已经放好的衣服，在拉莉萨的网篮里乱翻。醉得迷迷糊糊、还没有完全清醒过来的拉莉萨看到自己整理好的东西被翻乱了，特别心疼。她气得又想叫喊，可还是张不开嘴，舌头也不能动弹。于是她用膝盖使劲朝睡在旁边的伊拉·拉戈季娜心口窝儿里捣了一下，伊拉·拉戈季娜疼得尖叫一声，这一下子拉莉萨也跟着她叫了起来。那个贼把偷得的一包东西掉在地上，就慌慌张张地从屋子里跑了出去。有几个男客人连忙爬起来，好不容易弄清是怎么一回事儿，便跑去追赶，可是那贼已经跑得不见影子了。

一阵骚乱，接着又是你一言我一语的议论，这样一来，所有的人都醒来了。拉莉萨的醉意一点儿也没有了。客人们说要再睡一会儿，拉莉萨却不叫他们再睡，很快给大家煮好了咖啡，等大家喝过了咖啡，就让大家先各自回家去，等他们上火车的时候，再到火车站去。

等大家都走了，便又忙活起来。拉莉萨十分灵活地在一件件行李之间转来转去，又塞枕头，又紧皮带，要求巴沙和管院子的女仆别插手，不要碍她的事。

一切都及时地收拾得妥妥当当。安季波夫夫妇按时上了车。火车慢悠悠地开动着，好像是在模仿挥帽为他们送行的帽子的动作。等到朋友们不再挥动帽子，老远地高呼了三声（大概是喊“乌拉！”）之后，火车就开快了。

五

一连三天都是坏天气。这是战争的第二年秋天。第一年的胜利之后，紧接着就是节节失利。集结在喀尔巴阡山的布鲁西洛夫的第八军，本来准备翻过山去进攻匈牙利的，但是也受到总退却的影响，开始往后撤。俄军已经完全撤出了在战争头几个月占领的加里西亚。

日瓦戈医生，也就是以前的尤拉，现在越来越多的人叫他尤利·安得列耶维奇了，他站在妇科医院产科部的走廊上，在病房的门口，因为刚刚把他的妻子托尼娅送进病房。他和妻子道过别，就在等待助产士，以便和她约定，如果有什么情况，她怎样通知他，以及他怎样向她打听妻子的健康状况。

他非常忙，他急着要上自己的医院去，在去医院之前还要顺路去看住在家里的两个病人，可是他却在这里白白地浪费宝贵的时间，看着阵阵秋风撩乱了的斜斜的雨丝，就像暴风雨打乱的田野上的庄稼。

天还没有完全黑下来。日瓦戈还看得见医院的后院、处女地上那些私人住宅的玻璃阳台、通向黑乎乎的医院门口的电车支线。

尽管风在怒吼，雨还是凄凄切切地下着，不紧也不慢，好像风的愤怒，正是雨的不着急惹出来的。阵阵狂风撕扯着缠绕在阳台上的野葡萄藤。狂风好像要把野葡萄连根拔起，吹到空中，掂量掂量，然后像摔一件烂衣服一样摔到地上。

一辆挂着两节拖车的卡车从阳台旁边开过来，来到医院门口。开始把车上的伤兵往医院里抬。

莫斯科的军事医院本来已经拥挤不堪，特别是在卢茨克战役以后，就开始把伤员放在楼梯平台上和走廊上了。莫斯科医院普遍拥挤的状况也开始出现在妇科医院里。

日瓦戈转过身来，背朝着窗户，疲倦得打起呵欠。他的脑子里空空的。忽然他想起来，在他工作的圣十字医院的外科部里前几天死了一个女病人。日瓦戈认为她的肝里有绦虫。别人都不同意他的诊断。今天要解剖。一解剖就会真相大白。但是他们医院的解剖师是个酒鬼。天知道他会搞出什么样的结果。

天很快黑了下来。窗外什么也看不清了。霎时间所有窗户里的电灯一下子都亮了起来。

产科主任穿过病房与走廊之间的小小外室，从托尼娅的病房里走了出来。他是个高大的医生，别人问他什么，他总是用眼睛望望天花板，耸耸肩膀。他做这些动作，就是用表情告诉你，不论科学的成就多么伟大，还是有一些不解之谜。

他从日瓦戈身边走过时，笑了笑，算是打招呼，并且用粗胳膊和肥厚的手做了几个游泳式的动作，那意思是说，要等，要耐心地等，便顺着走廊走过，到候诊室里抽烟去了。

这时候，产科主任的助手朝日瓦戈走来，她和不爱说话的产科主任完全不同，很喜欢说话。

“如果我是您的话，我就回家去了。明天我往圣十字医院给您打电话。今天不一定会生。我看，生产会很顺利，不需要动手术。不过，从另一方面看，骨盆小了点儿，胎位不大正常，没有阵痛,收缩不明显,这都使人有点儿担心。不过,现在下断语还早了点儿。一切都要看开始生产后的筋肉收缩情况。这是决定性的。”

第二天,他打电话来问,医院的门房走到电话机前接电话,叫他不要挂话筒,便到里面问去了,让他等了十多分钟之后,很粗暴、很不讲理地告诉他说:“叫我告诉你,你把太太送医院送得太早了,应当接回家去。”日瓦戈非常气愤,要求叫一个比较了解情况的人来接电话。一位护士来了,对他说:“情况可能有变化,请不要担心,还要耐心等一两天。”

到第三天,他听说夜里阵痛开始了,黎明时候羊膜破了,从早晨起,剧烈的阵痛就一直没有停止。

他不要命地跑到妇科医院,来到走廊里,就从无意中半开着的门缝儿里听到托尼娅撕心裂肺的叫喊声,就像是从火车轮子底下拖出来的压断了四肢的人的叫声。

他不能进去看她。他死死地咬着弯起来的手指头,走到窗前,窗外飘着斜斜的雨丝,跟昨天和前天一样。

一个护士从产房里走出来。里面传出新生婴儿的啼声。

“好了,好了。”日瓦戈高兴地自言自语说。

“是个儿子。是个男孩儿。母子都平安,恭喜,恭喜。”护士慢声说,“现在还不行。等会儿我们让您看看。您得好好地慰劳慰劳产妇。她受苦了。头胎嘛。生头胎总是很苦的。”

“好了,好了。”日瓦戈高兴了。他不明白护士说的是什么,不明白她为什么向他道喜,好像认为这事也有他的份儿,他不明白这事跟他有什么关系。父亲,儿子——这样不费劲儿就做了父亲,他认为不值得骄傲,像这样从天上掉下一个儿子,没有什么了不起的。这一切他都没有在意。要紧的是托尼娅,托尼娅曾经面临生命危险,终于安全渡过了这一关。

他有一个病人离妇科医院不远。他去看了看这个病人,半个钟头以后又回来。从走廊进外室和从外室进产房的两道门又都是半开着。他自己不知不觉地溜进了外室。

穿白外套的产科主任就像从地里钻出来似的,挓挲着两条胳膊出现在他的面前。

“哪儿去?”他为了不让产妇听见,气喘吁吁地小声阻止他说。“您怎么,疯啦?她刚刚生产,流了那么多血,正在做防感染处理,更别说心理上的震动了。您真是的!还是个医生呢。”

“难道我……哦,我只看一眼。就在这儿,从门缝儿里看看。”

“噢,这可以。就这样。不过您要给我小心!要注意!要是叫她看见了,那我可不依你,我可是不客气!”

在产房里,两个穿白外套的女子背着门站着,一个是助产士,一个是看护。看护的手上托着一个哇哇直哭的软软的小东西,小东西一伸一缩的,就像一块紫红色的橡皮。助产士正在往脐带上扎线,以便把孩子和胎衣分开。托尼娅躺在能支起的手术台上。她高高地躺着。日瓦戈因为激动,把什么事都估计过了头,所以他觉得她躺得有站着写字的斜面高写字台那样高。

托尼娅高高地躺着,比一般人躺得都高,周围冒着热气,就好像累得喘出来的气。她高高地躺在产房中间,就好像一艘船越过了死亡的海洋,满载着不知从哪儿迁来的新的居民来到生机蓬勃的大陆,刚刚下了锚,船上的人和货也刚刚下完,这船就停在港湾里。她就是刚刚载着一个这样的居民靠了岸,这会儿抛了锚在停着,因为卸光了载物好好地轻松轻松。那负荷过重的、劳累的缆索和复板也在休息,她还要恢复恢复昏迷的意识,回想回想她这艘船不久前在哪里,驶过了什么地方,是怎样靠岸的。

因为谁也不了解她停泊的国家的地理,所以不知道该用什么语言讲话。

日瓦戈回到自己的医院,大家争先恐后地向他道喜。他惊奇地想:"他们怎么知道得这样快!"

他来到住院医师办公室。大家把这里叫作小酒馆或污水坑,因为医院里住满了伤员,到处拥挤不堪,现在穿着套靴从外面进来就在这里脱衣服,从别的房间里拿来的东西也往这里乱丢,烟头和纸屑扔得到处都是。

肥胖的解剖师站在办公室的窗前,把手举着,正对着光线从眼镜上面仔细观察装在玻璃管里的一种浑浊的液体。

"恭喜!"他一面说,一面继续观察着,甚至对日瓦戈连看也没看一眼。

"谢谢。您真用心啊。"

"不值得谢。这不是我,是皮丘日金解剖的。不过大家都很佩服您。是有绦虫。都说您真有眼力!都在谈这件事呢。"

这时内科主任走了进来。他和他们两个打过招呼,就说:

"真不像话。这不是办公室,是穿堂院,乱七八糟!哦,日瓦戈,您说得对,是有绦虫!我们都错了。恭喜您。再就是,有一件不愉快的事。又重新检查了您的免役证。这一次留不住您了。前线太缺乏医疗人员。您要去闻闻火药味儿了。"

六

巴沙和拉莉萨在尤梁津的生活,比他们预料的还好。此地许多人一向对基莎尔一家的印象良好。这对于拉莉萨在新地方安家,减少了许多困难。

拉莉萨忙得不可开交。她要做家务事,他们有一个三岁的女孩子卡秋莎。他们家的红头发女佣玛尔富特卡不管多么勤劳,还是不能代替她。巴沙的一切事情她都要过问。她自己还在女子中学教书。她忙是忙,但是很幸福。这正是她向往的那种生活。

她非常喜欢尤梁津。这是她出生的城市。旁边就是雷瓦河,这条大河的中游和下游都通航;还有一条乌拉尔的铁路也经过这座城市。

在尤梁津,冬天要来的时候,船主们纷纷把自己的船从河里拖上来,用大车拉回城里,拉到自己的家里,让船在院子里露天过冬。尤梁津的一些人家里的底朝天的木船,就等于其他地方的南飞的雁群或者第一场雪。

安季波夫家租的房子的院子里就有这样一艘木船,上了白漆的船底朝着天。卡秋莎常常在船下面玩儿,就像在凉亭里一样。

拉莉萨很喜欢这偏僻地方的风习,喜欢此地那些方言很重、穿毡靴和灰法兰绒棉袄的知识分子以及他们的单纯。拉莉萨喜欢乡土气息,喜欢接近普通老百姓。

奇怪的是,巴沙这个莫斯科铁路工人的儿子却恰恰相反,他是一个习性难改的大城市人。他对尤梁津人的态度,比妻子要冷漠得多。他很看不惯他们的粗野和不文明。

到现在很晚才知道,他有非凡的才能,善于博闻强记。他以前部分地由于拉莉萨的帮助,已经读了很多书。来到偏僻的尤梁津这几年,他读的书更多,以至于他觉得拉莉萨都是个没有什么知识的人了。他比同校的教师们高出一头,他和他们谈不拢。在这战争时期流行在他们中间的官方的和有点儿陈腐的爱国主义,和他的表现比较复杂的爱国主义感情不是一回事儿。

巴沙在大学里学的是古典语文。他在中学里教的是拉丁文和古代史。但是他这个一向讲求实际的人,忽然又对数学、物理和精密科学热心起来。他靠自修,学完了大学里的这些课程。他希望,一有可能,就在州里参加这些科目的考试,取得一个数学方面的学位,便可以带着家眷迁往彼得堡。因为经常开夜车,他的健康受到了影响。他开始失眠了。

他同妻子的关系是很好的,但却不是非常单纯的。她对他体贴入微,处处关心。他对她说话处处谨慎。他时时提防,恐怕她把他的一些无意的话当成有意的暗指,比如,暗指她是贵族出身,他是劳动家庭出身,或者暗指她以前曾经失身。因为怕她多心,这样在他们之间倒是产生了虚假做作的成分。他们过分地互相敬重,反而使一切复杂化了。

有一天,他们家来了客人,有巴沙同校的几位老师,有拉莉萨的学校的女校长,有巴沙当过一次调停人的仲裁法庭的一位参与者,还有另外几个人。在巴沙眼里,他们都是十足的蠢货。拉莉萨对所有的人都那么殷勤,他感到吃惊,他不相信拉莉萨真的会喜欢他们。

等客人们走了，拉莉萨打开窗子透气，把房子里收拾了半天，又和玛尔富特卡一起把厨房里的餐具都洗了。后来，她看到卡秋莎的被子盖得好好的，巴沙也睡了，她很快就脱了衣服，把灯熄灭，就挨着丈夫躺下来，那动作就像一个孩子睡到妈妈身边一样自然。

但是巴沙只是装作睡着了，其实他没有睡着。近来他常常失眠，现在他又睡不着了。他知道，他还要这样醒着躺上三四个钟头。他想走一走，走累了好睡，也为了躲一躲客人留下的满屋子呛人的香烟气味，他轻轻地爬起来，戴上帽子，披上衣服，走了出去。

这是一个明亮而寒冷的秋夜。薄冰在巴沙脚下清脆地响着。满天星斗的夜空像酒精的火焰，用摇晃不定的蓝色折光照耀着黑黑的大地和地上一团团的冻泥巴。

他们家住的房子，在码头对面的城市的一角上，在街道的尽头。再过去就是田野。铁路从田野上穿过。铁路旁边有一个守望亭。有一条道路从铁路上穿过。

巴沙坐在底朝天的木船上，望了望星星。几年来他时常想到的念头，突然又袭上心头。他觉得，早晚要把这些念头想出个结果，那就不如今天想个结果出来吧。

"这样下去是不行的，"他想道，"这一切应当早就预料到，他现在想起来太迟了。她为什么让他像小孩子一样迷恋自己，而且想要他怎样就叫他怎样？在他们结婚前的那个冬天，她自己要他离开她时，他为什么没有决心离开她？难道他不明白，她爱的不是他，她爱的是她对他尽的一种高尚的义务、一种伟大的职责？

这种热情的、值得称道的责任心，和真正的家庭生活有什么共同之处呢？最糟糕的是，他至今仍然像过去那样热爱她。她依然美得迷人。也许，他这也不是爱，而是因为她的美和舍己为人精神而产生的一种迷惘和感激心情？哼，这种事儿你能弄得清吗？谁他妈的也弄不清。”

在这种情况下，究竟该怎么办呢？应当使拉莉萨和卡秋莎摆脱这种不像家庭的家庭生活。这甚至比自己摆脱更为重要。是的，但是如何使她们摆脱呢？离婚？跳水自杀？“哼，真没有出息！”他生自己的气了，“我永远也不会走这一步。所以哪怕只是想到这样的念头，也算是够没有出息的。”

他望了望星星，好像是征求他们的意见。星星不停地闪烁着，有密集的，有稀疏的，有大的，有小的，有蓝的，有色彩不停变化的。忽然星光渐渐暗了，院子和房子、木船以及坐在木船上的巴沙被一道奔驰而来的强烈亮光照亮了，就好像有一个人打着火把从田野上朝大门口跑来。原来是一列兵车喷吐着带火的黄烟，穿过交道口向西驰去。从去年起，这里日夜不停地奔驰着无数的兵车。

巴沙笑了，他站起身来，回去睡觉。他想找的答案找到了。

七

拉莉萨听到巴沙打的主意，愣住了，起初简直不相信自己的耳朵。她心想：“真是荒唐。他又在胡思乱想。不理他，过一阵子他自己就忘了。”

可是后来才知道,丈夫做准备已经有两个星期,兵役局已经批准,学校里已经找了代课教师,鄂木斯克军事学校也发来了入学通知。他动身的日期就要到了。

拉莉萨像乡下妇女一样,放声大哭起来,并且抓住巴沙的胳膊,跪在他的脚下。她哭喊道:“巴沙,好巴沙,你叫我和卡秋莎依靠谁呀?别干这种事,别干吧!现在还不晚。我去挽回。你还没有验过身体嘛。你心脏有问题嘛。怕丑吗?自己发疯,便拿家庭当牺牲,就不丑吗?要当志愿兵哩!你一辈子嘲笑罗季昂是个下流货,现在倒是学起他来!你也想挥舞指挥刀,去逞逞威风啦。巴沙,你怎么啦,我真不明白你是怎么一回事儿!你是胡闹,还是发了疯?你行行好,告诉我,看在基督面上,别说那些冠冕堂皇的话,说实在话,俄罗斯当真需要你去当兵吗?”

忽然她明白了,问题完全不在这里。她不善于思考详情细节,却抓住了主要的关键。她猜出,巴沙是误解了她对他的态度。他不珍视她这一辈子一直掺和在她对他的爱情中的母亲般的感情,他不理解,这样的爱情超过一般女性的爱。

她咬紧嘴唇,像挨了打一样,浑身抽搐着,一声不响,默默地吞着眼泪,开始为丈夫收拾行装。

他一走,她觉得整个城里都冷清了,甚至天上飞的乌鸦也少了。“太太,太太。”玛尔富特卡喊她,她也听不见。“妈妈,好妈妈。”卡秋莎一个劲地扯着她的袖子喊着。这是她一生中最重大的失败。她的最美好、最光辉的希望一下子完了。

她从来自西伯利亚的信里知道丈夫的一切。他很快就清醒了。他十分想念妻子和女儿。过了几个月,巴沙就提前毕业,成为一名准尉，并且同样突然地被派往作战部队服役。他十万火急地奔赴前线，远远地绕过尤梁津，在莫斯科也来不及同任何人见面。

开始收到他的前方来信。从来信中可以看出，他的精神比较饱满了，不像在鄂木斯克军校时那样忧愁了。巴沙很想好好地打几仗，以便立一个什么样的军功或者负一点轻伤，这样就可以请假回家看看妻子和女儿。打仗的机会很快就来了。军队在不久前进行了后来称之为“布鲁西洛夫大突破”的有名战役之后，便转入了进攻。巴沙的来信中断了。起初拉莉萨并不担心。她认为，巴莎不写信来，是因为战事不断地发展，天天行军打仗，不可能写信。

到秋天，进军停止了。部队进入战壕。但是依然收不到巴沙的任何信息。拉莉萨开始担心了。她到处去打听，起初是在尤梁津本地打听，后来写信到莫斯科去问，按巴沙那支部队原来的战地地址写信到前线去问。就像石沉大海，哪里都没有回信来。

拉莉萨和当地许多慈善的太太一样，战争一开始，就热心地在当地医院附设的军医院里帮忙。

现在她掌握了护理的基本知识，并且在医院里通过考试取得了护士的资格。

她以做护士为理由，向学校请了半年的假，把房子交给玛尔富特卡看管，自己抱着卡秋莎上了去莫斯科的火车。到了莫斯科，她把女儿交给莉芭。莉芭的丈夫弗里津丹克是德国侨民，和其他一些被捕的侨民一起被羁押在乌法。

拉莉萨知道靠书信寻找没有用处，便决定到不久前战斗过的地方去寻找。她怀着这样的目的，以护士的身份登上医疗队的火车，经过利斯基城，向匈牙利边境的麦佐－拉波尔奇进发。巴沙的最后一封信就是从那个地方发出的。

八

由十字会募捐装备起来的一列救护火车开抵前线的师部。这一列长长的火车由许多短短的货车车厢组成，只有一节客车车厢，里面坐的是前来向官兵赠送礼品的莫斯科的社会人士。其中有米沙·戈尔顿。他听说，他小时候的朋友日瓦戈就在这个师的医疗队里工作，这支医疗队就在附近一个村子里。

戈尔顿设法弄到在前线地区行动的许可证，拿着证件坐上一辆朝那个方向去的马车，就去拜访老朋友。

赶车的是个白俄罗斯人或者立陶宛人，俄语说得很差。又因为怕间谍，所以说起话来只能说一些老一套的冠冕堂皇的话。谈话要装得一本正经，谈也谈不起劲儿来。所以坐车人和赶车人一路上大部分时间都不开口。

师部里的人已经习惯用一百俄里为单位来调动军队和衡量距离，他们告诉他，好像那个村子很近，有二十或二十五俄里。实际上却在八十俄里之外。

一路上，在他们前去的方向的左边的那段地平线上，一直响着表示不欢迎的轰隆声。戈尔顿这一辈子从来没见过地震。但是他判断得很对，那沉闷的、在远处隐约可闻的敌方的炮声，最像地震或火山爆发时的轰隆声。等天黑下来，那边的天幕上冒起一股股闪闪跳动的红色火光，一直闪耀到天亮。

马车拉着戈尔顿经过一座座毁于战火的村庄。有些村庄里已经空无一人。还有一些村庄里，人们躲在很深的地窖里。这些村庄已经成了一堆一堆的瓦砾，瓦砾堆成排成排的，就像当初的房屋一样。这些毁于战火的村庄，一眼就能从这头看到那头，就像没有树木的旷野。在地面上慢慢蠕动着一些劫后余生的老奶奶，各人都在自己家的废墟上，在灰堆里挖着东西，还一个劲儿往什么地方藏，就好像别人看不见她们，就好像还有原来的墙遮着。她们用目光迎送着戈尔顿，好像在问：世上的人什么时候能清醒？什么时候能再过太平日子呀？

夜里他们碰上了侦察队。侦察队叫他们从大道上回去，再走一条弯弯的小路绕过这一片地方。赶车的不认识这条新路。他们瞎走了两个多钟头。黎明前有一个行路人把他们带到一个也叫那个名字的村子。在这个村子里没听说有什么医疗队。一打听，原来在这个地区有两个村子是同名的，那一个才是他们要找的。天亮以后，他们才找到那个村子。戈尔顿来到村口，闻到药房里散发出来的甘菊和碘酒气味的时候，他想，不在日瓦戈这里过夜了，只陪他待一天，到晚上就回到火车站，跟其他一些同伴住在一起。谁知情况一变化，他留在这里住了一个多礼拜。

九

这几天战线移动起来。前线上发生了突然的变化。在戈尔顿所到的地区的南面，我方的一个兵团，由于所属一些部队的胜利进攻,突破了敌人的加强阵地。先头部队一面发展着攻势,一面向敌人纵深突进。增援部队跟在后面,不断地扩展着突破口。他们渐渐落在后面,离开了先头部队。因此先头部队都做了俘虏。在这种情况下,安季波夫准尉因为自己手下的半个连投降了,他也做了俘虏。

关于他的情况,还有一些不同的说法。有人认为他已经牺牲,被泥土埋在炸弹坑里了。这种说法来自他的朋友、同团的少尉加里乌林。加里乌林说,在安季波夫率领士兵进攻的时候,他在观察点从望远镜里看见他好像牺牲了。

在加里乌林眼前是常见的部队进攻的场面。进攻部队要用几乎是跑步的快速度冲过两岸之间的一片秋天的田野,田野上长满了随风摇动的干蒿和一动不动地直竖着的刺蓟。进攻者必须靠自己的勇猛顽强把对方战壕里的奥地利人引出来拼刺刀,或者扔手榴弹消灭他们。田野好像永远跑不到头。大地在他们脚下直晃动,就好像是在晃晃不定的沼泽地上。起初安季波夫准尉跑在前头,后来夹在士兵中间,在头顶上挥舞着手枪,拼命张大了嘴喊着“乌拉”,虽然那喊声不论是他,不论周围跑着的士兵,都听不见。跑过一定的距离,进攻部队就卧倒在地上,然后又一齐爬起来,又高声呐喊着往前跑。每次都有一些被打中的人和大家一起倒下,但姿势不同,是像砍倒的大树那样,直挺挺地倒下,而且再也不起来了。

“炮弹打远了。请您打电话告诉炮兵连,”十分担心的加里乌林对站在旁边的一位炮兵军官说,“噢,不。他们把炮火转向纵深,做得对。”

这时候进攻的部队接近了敌军。炮火停止了。在突然来到的一片寂静中,站在观察点的几个人的心又快又激烈地跳了起来,就好像他们是安季波夫,已经率领士兵冲到奥地利人的战壕前,底下就该看看自己是否有高度的勇敢和机智了。就在这一刹那,前面接连爆炸了两颗德国人的十六英寸口径的炮弹,两股黑黑的硝烟夹着尘土冒起来,以后什么都看不见了。“完了!全完了!”加里乌林认为准尉和士兵们都牺牲了,他用发了白的嘴唇小声说。第三颗炮弹就落在观察点旁边。大家把身子弯得低低的,急忙跑了开去。

加里乌林原来和安季波夫睡在一个掩蔽所里。等到团里认定安季波夫已经牺牲,再也不能回来的时候,就让和他最熟悉的加里乌林保存他的遗物,以便将来交给他的妻子。在他的遗物中有很多张他妻子的照片。

加里乌林不久前还是从后备军士官生中提拔的一名准尉,原来是个机械师。他就是季维尔津家住的院子里的看院子人基马泽特金·加里乌林的儿子,很早以前做钳工学徒的时候,常常挨师傅胡多列耶夫的打,而现在提升为少尉,还是亏了这位过去常打他的师傅。

加里乌林升为准尉以后,不知为什么出乎意料地被派到偏僻而温暖地区的一支后方卫戍部队里。他在那里率领的是一队半残废的老兵,每天早晨有一些同样老弱的有经验的士兵带领这些半残废的老兵操练。此外,加里乌林还要检查他们是否在军需仓库旁边配置好岗哨。这是不用操心的日子,因为再没有别的任务了。后来有一批由老年预备兵组成的补充队伍,从莫斯科来到他的队伍里，其中竟有他十分熟悉的老师傅彼得·胡多列耶夫。

“啊，老朋友！”加里乌林阴沉地笑了笑，说。

“是的，长官。”胡多列耶夫行了一个军礼，回答说。

事情是不能这样简单地了结的。在出操时一发现他做错了动作，加里乌林就大声地把他训斥一顿。加里乌林又觉得这个老兵好像不是用正眼看他，而是斜眼望着一边，就又狠狠地打了两耳光，并且关了两天两夜禁闭，不给吃，也不给喝。

现在加里乌林的一行一动都带着报复和算老账的意味。可是在下级绝对服从上级的条件下，用这种方法来算账，纯粹是欺侮弱者，是不体面的。怎么办呢？两个人再在一起待下去是不行的。但是，一个军官除了把自己的士兵送交惩戒连以外，又有什么权力和用什么借口能把士兵从自己手下调出去呢？从另一方面想，加里乌林用什么法子请求把自己调走呢？他终于以卫戍工作无事可干为理由，请求调往前方。他自动上前方，给人以很好的印象，在不久前的一次战斗中，他又表现出色，证明他是一个很好的军官，因此很快就从准尉提升为少尉。

加里乌林在季维尔津家里的时候就认识安季波夫。在一九〇五年，巴沙·安季波夫在季维尔津家住了半年，那时候加里乌林（当时小名叫尤苏普卡）每逢节假日就常去找他玩儿。那时候他就在那里见过拉莉萨一两回。以后，他就不知道他们的消息了。等到安季波夫从尤梁津来到他们团里，加里乌林对这位老朋友的变化感到吃惊。他从一个像姑娘一样腼腆、爱笑、爱干净的顽皮孩子，变成了一个傲慢、博学、神经质的多愁善感的人。他聪明，勇敢，不爱说话，却爱讥笑人。有时候加里乌林望着他，简直就觉得在他那深沉得像黑洞洞的窗户似的目光中看到了另一个人,看到了他的牢牢扎了根的思想,或者看到他对女儿的思念,或者看到他的妻子的脸。安季波夫好像成了童话中的奇人。现在他不在了,留给加里乌林的只有安季波夫的书信和照片,还有他发生变化的奥秘。

拉莉萨的书信或早或晚总要来到加里乌林手里。他本来准备给她回信的。但正是十分紧张的时候。他又没有勇气照实地给她写信。他很希望使她有足够的思想准备,好接受这等待着她的打击。就这样,他把准备给她写的一封详详细细的长信一直拖了下来,直到他听说她已经做了护士,亲自上前方来了。但是还不知道,现在给她写信该写什么地址。

十

“怎么样?今天有马吗?”每逢日瓦戈医生回到他们住的加里西亚农舍里吃午饭,戈尔顿都要这样问他。

“还问什么马不马?往前不能去,往后也不能去,你还要上哪儿去?四周围已经一片混乱。谁也弄不清情况。在南面,我们在几处地方包抄或者击破了敌军,不过,听说,我们的几支零散部队在前进中陷入了重围。在北面,德国人跨过了一向被认为是该地区天然屏障的斯文达河。那是骑兵,人数有一个军。他们在破坏铁路和仓库,而且据我看,他们是要包围我们。你瞧,就是这种局面。可是你还要什么马。好啦,卡尔宾科,快点儿弄饭来吃,麻利点儿。今天咱们吃什么?噢,小牛腿呀。太棒啦!”

医疗队和诊疗所以及所属各单位都分住在这个奇迹般的保留下来的村子里。村子里一座座房屋都完好无损，一面面墙上朝西的多扇玻璃窗都亮闪闪的。

正是晴和的初秋，是温暖的金色秋天的最后几个晴朗的日子。白天里医生和军官们打开窗子，时不时地打打成群成群地在窗台和低矮的顶棚裱糊纸上爬的苍蝇，解开制服上衣，喝着热汤或者热茶，喝得浑身大汗；到夜里，就蹲在开着的炉门前，吹着烧不着的湿柴下面的奄奄一息的火炭，被烟呛得眯着眼睛，不住地骂不会生炉子的勤务兵。

这天夜里非常静。戈尔顿和日瓦戈面对面地躺在相对的两面墙边的长凳上。在他们之间有一张桌子，还有矮矮的、长长的、从这边墙直到那边墙的一个窗户。屋里烧得又热，烟气又大。他们打开窗户边上的两扇小窗子，把秋天夜里的凉气放了进来，凉气一吹，玻璃上蒙了一层水汽。

他们像往常一样闲聊着，这些天白天和黑夜他们都是这样。战线那边的天空依然红得像火一样，忽然在均匀的、时刻不停的隆隆声中，夹杂了几下更低、更清晰、更沉重的炮声，就好像是在远处擦着地板挪动沉甸甸的铁皮柜子。日瓦戈听到这种声音肃然动容，停止了谈话，沉默了一会儿之后，说："这是德国十六英寸口径的贝尔达重炮，重量有六十普特。"然后，他又想闲聊，却忘记了刚才聊的是什么。

"村子里这是一股什么气味？"戈尔顿问道，"我来第一天就闻到了。甜得腻人，非常难闻。就像是老鼠气味。"

"哦，我知道你说的是什么。那是大麻。这儿有很多大麻地。大麻会发出一股难闻的、很久不散的死尸气味。此外,在作战地区,要是有人死在大麻地里,很久没有人发现,就要腐烂。这地方常常可以闻到死尸气味,这是很自然的。又是贝尔达。你听见没有?”

在这些天里,他们无话不谈。戈尔顿知道了老朋友关于战争和时代精神的一些想法。日瓦戈告诉他,他听不惯那种互相残杀的血的逻辑,看不惯伤员们的那种惨状,特别是今天的战争技术,使幸存的残废者变成畸形的肉块,那种景象,实在惨不忍睹。

每天戈尔顿都要陪着日瓦戈上什么地方去,并且总会看到一点什么。当然,这样清闲地旁观别人是不是勇敢,别人怎样刚强地战胜死亡的恐怖,别人牺牲的是什么以及怎样冒险,他自己感到很不好意思。但是他觉得,对于这种事空自叹息而没有什么行动的话,同样也不是什么光彩的事。他认为,自己的行动应当适合所处的地位,要老老实实,要真诚坦然。

他到红十字会流动医疗队去了一下,流动医疗队就在他们西面靠近阵地的野外急救站工作。他亲身体验到,看到伤员们的惨状,能够晕厥过去。

他们来到一片大树林边上,树林有一半被炮火摧毁了。在人踩马踏、炮火打得乱糟糟的树棵子里,竖立着好几辆打坏的炮车。树上拴着一匹上了鞍的马。树林深处看林人的木屋的屋顶被掀掉了一半。急救站就在看林人的木屋里和两座很大的灰色帐篷里,帐篷就跨着木屋前的小路,搭在树林中心里。

“我不该带你到这儿来。”日瓦戈说,“这儿离前沿太近,只有一俄里半到两俄里,我们的几支炮兵连就在这树林后面。听见这是干什么吗？你别充好汉，我不相信。你的心现在掉到脚后跟上了，这是很自然的。情况随时都可能变化。炮弹可能会往这儿落。”

有一些年轻的士兵，大叉着穿了笨重皮靴的两腿，或仰或俯地躺在小路旁边的地上，他们浑身是灰土，疲惫不堪，军衣的胸前和背后都被汗湿透了。他们是一小支伤亡惨重的部队的幸存者。现在是叫他们从激战四天四夜的火线上下来，到后方进行短时间的休息。他们躺在地上，像石头一样，没有力气笑，也没有力气骂人，而且当几辆跑得很快的大车轰隆轰隆地来到林中路上时，谁也没有转头看一看。这是几辆没有弹簧的马车在飞奔，不要命地在狂跑，在往急救站运送伤员，到急救站进行急救，匆匆包扎一下，如果伤势严重，就动手术紧急抢救。这些伤员都是在半小时之前炮火停顿的短暂间隙里从阵地上抬下来的。伤员人数多得惊人，有一半人已经失去了知觉。

大车来到看林人的木屋门口，好几个救护兵拿着担架从屋里走了出来，开始把车上的伤员往下抬。有一个护士从下面掀着帐篷的边儿，探头朝外看着。现在不是她的班。她正闲着没事儿。帐篷后面有两个人在大声吵骂。他们的声音在空气清新的高高的林中显得特别响亮，但是却听不清他们吵的是什么。等到运伤员的大车一到，吵架的两个人就走上小路，朝木屋里走去。那是一个年轻的军官在向流动医疗队的一个医生发火，是想向他打听，原来停在这树林里的炮兵站搬到哪儿去了。医生一点也不知道，这事与他不相干。他请军官别缠着他，别大呼小叫，因为又送伤员来了，他还有事呢。可是军官不肯罢休，骂红十字会，骂炮兵部队，把什么都骂了个遍。日瓦戈走到医生跟前。他们握过手，就一起进了木屋。那个多少带点儿鞑靼口音的军官继续高声骂着，解下树上拴的那匹马，跳上马去，就顺着小路朝树林深处跑去。那个护士还在一个劲儿地朝外望着。

忽然她的脸吓得变了样子。

“你们干什么？你们疯啦？”她朝两个轻伤员叫道。两个轻伤员不用别人搀扶，就从两个担架中间朝木屋里走，于是她从帐篷里跑出来，朝他们奔去。

有一个担架上躺着一个伤员，伤得特别可怕，惨不忍睹。有一块爆炸的炮弹壳的底片，把他的脸炸得粉碎，把舌头和牙齿炸成血肉模糊的一团，弹片从炸开的一边腮上进去，陷入颌骨当中，然而却没有把他炸死。这个已经没有人形的人用细得不像人声的声音短促地、断断续续地呻吟着，使听到的人都觉得，他是在恳求，恳求快点儿把他打死，免得让他这样活活地受罪。

那个护士以为，那两个在担架旁边走的轻伤员是听了他的呻吟受不了，正准备徒手从他的腮里往外抠那块可怕的铁片。

“你们干什么？怎么能这样呀？这要让医生来做，要用专门的家什。要是需要的话，医生会做的。”

戈尔顿在心里说：“上帝呀，上帝呀，叫他死吧，要不然我就怀疑您老人家的存在了。”

过了一小会儿，在抬着担架上木屋的台阶的时候，这个伤员高叫了一声，浑身抽搐了两下，就断气了。

断气的这个伤员就是预备队的士兵基马泽特金，刚才那个在林中大喊大叫的军官是他的儿子加里乌林少尉，那位护士就是拉莉萨，戈尔顿和日瓦戈是旁观者，他们都来到一起，近在咫尺，有的彼此没有认出来，有的是从来彼此不认识，有的今后永远见不到了，有的要等下一次机会，下一次见面时才能互相认出来。

十一

在这一带地方，有一些村子奇迹般地保全下来。这些村子就好像在废墟的海洋中意外出现的一个安然无损的小岛。傍晚时候戈尔顿和日瓦戈乘马车回家。太阳快要落山了。在他们经过的一个村子里，有一个年轻的哥萨克在周围的人一片哄笑声中向上抛着一个铜币，强迫一个穿着长长的西服的白胡子犹太老头儿去接。老头儿老是接不住。那铜币不往他那可怜巴巴地挓挲着的手里落，却掉到泥里。老头儿弯下身去拾铜币，哥萨克趁势啪的一声，拍了一下他的屁股，站在周围的人一齐捧腹大笑。就这样来取乐。暂时还不是恶意的，但是谁也不能担保事情不会发生严重的转化。老头儿的老伴儿几次从对面的屋子里跑出来，哭叫着朝老头儿伸过手来，每次都又战战兢兢地跑回屋里。他的孙子、孙女们都在窗口望着爷爷，哭着。

赶车的觉得这很好玩儿，就让马放慢了步子，好叫两位坐车的先生开开心。但是日瓦戈把那个哥萨克叫过来，申斥了几句，叫他不要再捉弄人。那个哥萨克连忙回答说："是，是，长官。我们都是大老粗，我们是闹着玩儿。"

下一段路上，戈尔顿和日瓦戈都没有说话。

"这真是可怕。"日瓦戈在看见他们住的村子时，开口说。"真难想象,不幸的犹太人在这次战争中受多么大的苦难。战争偏偏就在他们的居住区打。他们除了受苦受难,除了遭受苛捐杂税的盘剥,除了穷困之外,还要遭受洗劫和凌辱,还要遭受指责,说他们没有足够的爱国心。如果他们在敌人统治下能享受到一切权利,而在我们这里只能受到迫害的话,哪儿会有什么爱国心呢?仇恨他们是没有道理的,仇恨的理由是站不住脚的。使人仇恨的,恰恰是应该同情的。那就是他们的贫困、人口密集,他们软弱,不能反抗暴力。莫名其妙。可悲的就在这儿。"

戈尔顿听了,一句话也没有说。

十二

现在他们又躺在矮矮的、长长的窗户的两边,又是夜里,他们又在闲聊了。

日瓦戈在对戈尔顿讲他在前线上看到皇上的情形。他讲得很生动。

那是在他上前线的第一个春天。他所在的部队司令部驻扎在喀尔巴阡山的一个大山谷里,从匈牙利川地进山谷的山口由这支部队把守着。

大山谷的底部有一个火车站。日瓦戈对戈尔顿描述那地方的景致,那山,那高大的枞树和松树,那挂在树上的一缕缕白云,还有那灰色和黑色的岩石峭壁,一面面峭壁夹杂在山林中,就好像浓密的毛皮上出现了一片片刮掉了毛的光皮。那是一个潮湿的、雾沉沉的四月的早晨,一片灰色,就像那岩石一样,四周围被高山锁住，因此十分沉闷。雾气腾腾。雾气在山谷之上缭绕，一股一股的雾气在往上升，火车头的烟气从车站上一股一股地往上冒，草地上的热气是灰色的，山是灰色的，山林是黑色的，云也是黑色的。

那几天皇上在巡视加里西亚。忽然得到消息，说皇上要来视察这支部队，皇上是这支部队的荣誉长官。

皇上随时可能到来。站台上已经摆好迎接圣驾的仪仗队。紧张地等了一两个钟头。然后有两列侍从车一前一后开了过来。过了不大一会儿，皇上的专列开到了。

皇上在尼古拉·尼古拉耶维奇大公陪同下，检阅了仪仗队。他小声致辞，表示问候，他说的每一个音节，都要引起一阵雷鸣般的欢呼声，就像是震动了摇晃着的水桶里的颠簸着的水。

腼腆地笑着的皇上，比起铸在硬币上和勋章上的那相貌，显得苍老些，没有那样的神采。他的脸很呆板，有点儿浮肿。他时不时地带着惭愧的神情侧眼看看尼古拉·尼古拉耶维奇大公，因为不知道在这种情况下自己该怎么办，大公恭敬地俯下身去对着他的耳朵，甚至不用说话，而是用眉毛或肩膀的动作，教他如何摆脱尴尬的局面。

在那个灰蒙蒙的、温暖的山里的早晨，日瓦戈觉得皇上很可怜，想到这样一个胆小、拘谨、腼腆的人竟是一个暴君，这样软弱的人竟掌握着生杀予夺的大权，就觉得不寒而栗。

“他应该发表一篇演说，比如，就像德皇威廉那样，‘我，我的剑和我的人民……’，或者这一类的话。不过，一定要说到人民，这是肯定的。可是，你要知道，他还保持着俄罗斯人的本色，可惜他还没有那样卑劣。因为俄罗斯人还不会那样装模作样。那是装模作样，不是吗？我还明白，在恺撒统治下的人民，比如什么高卢人、斯维夫人或者伊利里亚人，是什么样子的。打那以后，所谓人民，就成了空话，只是皇帝、国王和政客们演说时的辞藻：人民，我的人民……"他停顿一会儿之后，又说下去："现在前线上到处是记者。他们记录'见闻'，记录人民的警语，访问伤员，发表反映民心的新见解。这是另一种类型的达里[①]，是语言失禁的写作迷，写的东西都是臆想的。这是一种类型。还有另一种类型。发表零星言论、特写、侧记，怀疑，厌世。比如说，我就看到一个记者这样写道：'乏味的一天，像昨天一样。从早晨就下雨，到处是泥泞。我在窗口望着大路。大路上走着望不见头的俘虏。还有运送伤员的车辆。大炮在响着。又响了，今天和昨天一样，明天和今天一样，每天、每小时都是这样响法……'你可瞧瞧，这有多么敏锐，多么俏皮呀！不过，为什么要抱怨大炮呢？要求大炮换换花样——这是多么古怪的想法呀！为什么觉得大炮很单调，自己天天发表千篇一律的文章，就不觉得单调呢？为什么天天要像跳蚤一样，忙不迭地发表许多冠冕堂皇的仁爱的言论呢？记者为什么不明白，不是大炮，而是他自己应该换换新花样，不要重复陈词滥调，为什么不明白，小本子里记载的大量无意义的东西永远不会有什么意义，为什么不明白，任何事实，都有人自己添加的成分，都有人的一定的随意想象和一定的编造成分在内？"

"这话真对！"戈尔顿打断他的话，"现在我来说说，今天咱们看见那件事，我有什么想法。那个哥萨克作弄那个可怜的老头

①达里，俄国作家、语言学家。

儿，就像成千上万这类的事情一样，都是最普通的欺压人的事例，对这种事没什么道理好讲，应该打耳刮子，因为道理是明摆着的。但是关于犹太人的问题，那就要讲讲道理了，一讲道理，就会发现道理在另外一方面。不过，我对你说不出什么新东西。我的一些想法和你的想法一样，都是来自你的舅舅。你会问：民族是什么？要不要时时刻刻想着民族，而有的人并未想到民族，却以自己事业的壮美和成就带领民族在前进，给民族增光，使民族兴旺，这样的人是不是对民族贡献更大些？是这样，当然是这样。在耶稣时代，能谈什么民族呢？因为那不是普通的民族了，而是改变和同化的民族了，问题正是全在于变化，而不是信守旧的原则。就拿福音书来说吧。福音书对这个问题是怎么说的？首先，福音书不下断语，只是说些含含糊糊、似是而非的话。福音书是一篇天真而含糊的劝谕。福音书是说：你们想过幸福日子吗？希望精神快乐吗？于是大家都接受了劝谕，相传了千百年。福音书里说，在天国里没有希腊人和犹太人之分，这是不是只是想说，在上帝面前人人平等呢？不是的，这不需要福音书说了，因为在福音书之前希腊的哲学家、罗马的圣贤和旧约中的先知都说过了。不过福音书要说的是：在心里想出来的新的生活条件、新的社会形式中，即所谓天国中，没有民族之分，只有个人。所以你说，任何事实，如果不是人添加什么意义的话，就不会有意义。而基督教这个人的奥秘世界，正是应该添加到事实中的东西，这样就可以使人觉得事实有了意义。”他停顿了一会儿之后，又继续说下去：“咱们谈到过那些庸碌之士，他们从来没有从整体上谈过有关人生和世界的话，还有那些二流角色，他们的着眼点非常狭窄，他们天天谈的是一个什么民族，最好是弱小民族，弱小民族就会受苦受难，这样就可以大发宏论，百般赞美，就可以靠同情弱小而取得声名和地位。犹太人就是这种灾害的完完全全的受害者。民族意识使他们保持着僵死的观念，他们要保持自己的民族，若干世纪以来一直死死地保持着他们的民族，而在这若干世纪中，由于当年来自他们当中的一个人的影响，全世界已经摆脱了这种有害的束缚。这是多么惊人的事呀！这又怎么解释呀？这了不起的事，这摆脱庸俗束缚的见解，这从世俗中脱颖而出的人物，却出现在他们的土地上，用的是他们的语言，属于他们的民族。他们看见了，听见了，为什么却又错过了呢？他们为什么会无视这个如此高尚、如此伟大的人物？怎么能设想，和这样一个有影响的神奇人物在一起，他们会学不到他的精神？谁需要他们这种自愿的受苦受难，谁需要他们世世代代受嘲笑，谁需要那么多有灵魂有感情的无辜老人、妇女和儿童流血？为什么所有民族的主张尊重民族的作家不来写写这些东西？为什么犹太民族的有影响的作家只不过写写世界性灾难的表象，只不过发发俏皮的议论呢？为什么他们那些有影响的人物，尽管责任很重，压力很大，就像胀得要爆炸的蒸汽锅炉，却还是要抓住这支不知为什么奋斗也不知为什么挨打的队伍不肯放手？为什么那些人物不说：‘你们清醒清醒吧。够了。不能再这样下去了。不要再叫原来的民族了。不要再挤成一堆，分散开吧。跟大家住在一起。你们是世界上最早的、最好的基督教徒。你们不要做你们当中的坏人和弱者希望你们做的那种人。’”

十三

第二天,日瓦戈回来吃午饭的时候,说:

“你一个劲儿急着要走,叫你念咒念坏了,现在非走不可了。我可不能说‘一路平安’,因为敌人又攻过来,打得我们够呛,还能说什么平安?敌人是从西面压过来的,东面还有退路。命令所有的医疗单位都要转移。我们明天或者后天就要撤走。往哪儿去,还不知道。喂,卡尔宾科,戈尔顿先生的衣服呢?不用说,没有洗。老是这一套。大嫂,大嫂,问他是哪一个大嫂,他自己也不知道,蠢货。”

他没有去听勤务兵怎样嘟嘟哝哝地为自己辩解,也没有理会戈尔顿。戈尔顿正觉得很伤脑筋,因为已经把日瓦戈的衣服穿脏了,还要穿着日瓦戈的一件衣服走。日瓦戈又说:

“唉,咱们的行军生活,就像茨冈人流浪。我们刚来到这儿的时候,我觉得一切都不对劲儿:炉子不像炉子,顶棚这样低,又脏又闷。可是现在,就是打死我,我也想不起以前住的地方了。我望着这炉子的一角,望着瓷砖上的太阳和在炉壁上晃动的树影,就好像我在这儿住了一辈子了。”

他们不慌不忙地开始收拾东西。

夜里,轰隆声、叫喊声、枪炮声、奔跑声把他们闹醒了。村子被火光照得亮堂堂的。窗户上阴影乱晃。隔壁的房东一家人都醒了,动了起来。日瓦戈喊道:“卡尔宾科,到街上去问问,外面乱糟糟的,是什么事?”

很快就弄清了情况。日瓦戈匆匆穿好衣服，又到医疗队去问了问，证实情况是确实的。德国人在这一地区进行反扑。火线已经离村子很近，而且越来越近了。村子已经在射程之内。医疗队和各单位仓促撤退，不再等撤退的命令。一切要在天亮之前撤退完毕。

“你跟着第一队走，有一辆大马车就要出发了，但我叫他们等你一下。好，再见吧。我送你去，看看有没有座位。”

他们朝村子的另一头跑去，有一支部队正在那里整装待发。他们弯着身子，贴着墙跑，跑过一户户的人家。子弹在大街上呼啸着。在通向田野的两条道路的交叉口上，可以看见一颗颗爆炸的榴霰弹像张开的火伞。

“你怎么办？”戈尔顿一面跑着一面问。

“我等一会儿走。还要回去拿几样东西。我第二批走。”

他们在村边握手告别。大车队出发了，好几辆大车和一辆有座大马车互相撞了几下，就渐渐排成了一条线。日瓦戈向渐渐远去的朋友挥了挥手。一座烧起来的棚子的火光为他们照着亮。

日瓦戈尽量贴着墙，在墙的掩护下快步往回走。再过两户人家，就到他住的人家了，这时候一阵爆炸的气浪把他冲倒，一粒榴霰弹把他打伤。日瓦戈倒在街心里，浑身是血，失去了知觉。

十四

野战医院撤退到西部边境靠近铁路的一个小城里，离大本营很近。这是温暖的二月下旬。日瓦戈在军官病房里养伤，根据他的要求,在靠近他的病床的地方开了一个窗户。

吃午饭的时候快到了。伤员们各用各的办法打发饭前剩下的时间。他们听说,医院里新来了一个护士,今天就要第一次来他们这里上班。躺在日瓦戈对面的加里乌林正在看刚刚收到的《论坛》和《俄罗斯言论报》,看着因新闻检查留下的天窗,十分气愤。日瓦戈正在看在军邮局里积压了很久,现在一股脑儿送来的托尼娅的很多来信。风沙沙地吹动着信纸和报纸。传来轻轻的脚步声。日瓦戈抬起眼睛看去。走进来的是拉莉萨。

日瓦戈和加里乌林都认出她来了,虽然彼此都不知道对方认识她。她并不认识他们。她说:

"你们好。为什么开着窗子?你们不冷吗?"她说着,走到加里乌林跟前。

"您怎么样?"她一面问,一面抓住他的手,按他的脉搏,但是马上就把他的手放开,坐到他床边的椅子上,露出一副忧心忡忡的神情。

"真想不到在这里见面,拉莉萨·费多罗芙娜。"加里乌林说,"我原来和您的丈夫巴维尔·巴甫洛维奇在一个团里,我和他很熟识。我还保存着他的东西呢。"

"不可能,不可能,"她一连声地说,"这多么巧啊。您认识他吗?那您快告诉我,究竟是怎么一回事儿?他死了吗?进了黄土吗?一点也不要隐瞒,不要担心。反正我知道。"

加里乌林没有勇气把听来的消息告诉她。他决定对她撒个谎,让她放下心来。

"他被俘了,"他说,"他在进攻的时候带着自己的队伍拼命往前冲，孤军深入，被包围了。他只好缴械。”

但是拉莉萨不信加里乌林的话。这场意外得使人惊愕的谈话，使她十分激动。她控制不住涌上来的眼泪，又不愿在外人面前哭。她很快地站了起来，走出病房，到走廊里去镇定一下自己。

过了一会儿，她装得十分镇静地走了回来。她有意不朝加里乌林那边看，免得大哭起来。她径直走到日瓦戈的床前，漫不经心地、机械地说：

“您好。您怎么样？”

日瓦戈看到她的悲痛和泪水，想问问她，是怎么一回事，还想告诉她，过去他见过她两次，一次是她是中学生的时候，一次是她是大学生的时候，但是他想，这样有点儿像套近乎，她可能会误解。后来他忽然想起在棺材里的死去的安娜·伊万诺芙娜以及当时托尼娅的痛哭，就把要说的话咽了回去，只是说：

“谢谢您。我自己是医生，自己可以照料自己。您不必管我。”

“我哪儿得罪了他？”拉莉萨心里想着，很吃惊地看了看这个一点也没有什么了不起的、翘鼻子的陌生人。

好几天都是时阴时晴，天气变化不定，夜里刮着呼呼的、暖洋洋的风，风带着潮湿的泥土气味。

在这些日子里，时常从大本营里传来奇怪的消息，不时地从国内飞来令人担心的传闻。和彼得堡的电报联系常常中断。在各个角落里都谈起政治方面的事。

拉莉萨每天值班都要在早晨和傍晚查两次病房，同加里乌林，同日瓦戈，以及同其他病房的病人交谈几句无关紧要的话。

她心里想:“日瓦戈这人真怪,真好奇。人很年轻,却很不亲热。鼻子翘翘的,不能说很漂亮。不过,从好的方面来说,他很聪明,头脑灵活,挺招人喜欢。但是,这不是要紧的。要紧的是赶快结束这儿的工作,调到莫斯科去,可以离卡秋莎近些。到莫斯科要请求解除护士职务,回到尤梁津自己家里去,再去中学教书。巴沙的情况已经全清楚了,没有什么希望了,这样就再没有必要留在这里当战地女英雄了,这就是寻找了他一场。”

现在卡秋莎在家里怎么样呢?可怜的没有了父亲的孩子呀(于是她哭了起来)。最近这段时候,各方面的变化多么大、多么厉害呀。不久前,报效祖国、军人的英勇、崇高的社会义务感都是很神圣的。可是战争打输了,这是主要的灾难,就因为这个,所有其他的一切都失去了光彩,什么都不神圣了。

忽然,一切都变了,语调变了,空气变了,不知道该怎么想,不知道该听谁的了。就好像一个小孩子,一直被人牵着手走路,现在忽然放了手,说:“你自己学着走吧。”四周围一个人也没有,没有亲人,也没有可信赖的人。这时候真想信赖最主要的东西,信赖生命力,信赖美或真理,让这些东西,而不是让那些已经被打翻的人为的章法支配自己,让这些东西完全支配自己,超过以往在已经没落的、过惯了的和平日子里。但是拉莉萨及时地想起来,在她的情况下,卡秋莎就是她的目的和依靠。现在没有了巴沙,只有拉莉萨这个妈妈,所以要把全部力量用到卡秋莎这个可怜的没有父亲的孩子身上。

日瓦戈从来信中知道,戈尔顿和杜多罗夫不经他的允许就出版了他的作品,他的作品得到广泛的赞誉,很多人说他在文学上将有远大的前途。他们在来信中说，莫斯科现在很热闹，人心惶惶，贫苦人民的不满情绪日益高涨，现在正是重要变革的前夜，重大的政治事件就要到来。

这时候正是深夜。日瓦戈十分疲倦。他时睡时醒，他觉得自己没有睡，觉得自己精神紧张了一天，所以睡不着。睡意蒙眬的风在窗外困倦地喘着气，打着呵欠，翻来覆去。风好像在哭，在喃喃地说："托尼娅呀，小舒拉呀，我多么想你们呀，我多么想回家，想去工作呀！"伴随着风的低语，日瓦戈睡睡又醒醒，一会儿觉得幸福，一会儿觉得痛苦，一会儿急切盼望，一会儿惶惶不安，就像这时阴时晴的天气，就像这不安定的夜晚。

拉莉萨在想："他显得那样关心，还保存着可怜的巴沙的东西，可是我都没有问问他是什么人，是打哪儿来的，真不应该。"

第二天早晨查病房的时候，她为了补救自己的失礼，详细地询问了加里乌林的一切，并且不住地叹息起来：

"天啊！噢，布列斯特街二十八号，季维尔津家，还有一九〇五年冬天闹的革命！尤苏普卡？不。请原谅，尤苏普卡我不认识，也许是忘记了。不过，那一年，那个院子我可是记得！是真的，确实记得那个院子和那一年！啊，我记得多么真切呀！我还记得那时候在街上放枪呢！啊，小时候第一次见到什么事儿，印象真深啊！请原谅，请原谅，少尉先生，您怎么样？是的，是的，您已经对我说过了。谢谢您，噢，多么感谢您呀，少尉先生，您使我想起好多事，好多人呀！"

一整天她都在想着"那个院子"，一直在叹息着，几乎要把心里想的说出声来。

布列斯特街二十八号啊！现在又在打枪了，可是比那时候可怕多了！这不是“小孩子放枪”了！那时的小孩子现在都长大了，他们，还有那些院子，那些乡村里的普通人都在这里当兵了。变化多大呀！变化多大呀！

旁边几个病房里的一些能起床的伤员和病人，纷纷拄着棍子或拐杖，跑了进来，并且争先恐后地大声叫喊起来：

“特别重要的消息。彼得堡街上打起来啦。彼得堡城防军转到起义者方面。革命了！”

第五章　告别旧时代

一

这座小城叫麦柳泽耶夫城。坐落在黑土地带。一批批军队和车辆从城里经过，扬起一股股黑色的尘土，那一股股尘土像一群群蝗虫似的盘旋在一个个屋顶上。军队和车辆不停地朝两个方向开，有从战场上下来的，有开往战场的，简直说不清，战争是结束了，还是继续在打着。

每天像雨后的蘑菇一样，不断地出现一些新的职务。新的职务都要推选一些人来担任。被推选的有日瓦戈、加里乌林少尉和护士拉莉萨·安季波娃，还有和他们一伙儿的几个人，所有大城市的人都当选了，因为他们有学问，见多识广。

他们都在城里的自治机关担任职务，在军队和医疗卫生部门的下级机构担任委员，他们觉得这种职务上的变换很好玩儿，好像是在做换人的游戏。不过他们还是越来越不想做这种游戏，想回家，去干自己本来干的事情。

因为工作关系，日瓦戈和拉莉萨常常接触，很快就熟悉起来。

二

城里的黑色尘土一到下雨天就变成深咖啡色的烂泥，城里大多数街道都没有铺砌路面，因此泥泞不堪。

这座城不大。在城里的任何地方一转弯就可以来到暗淡的原野上，来到阴沉的天空下，这里是战争和革命的好战场。

日瓦戈在给妻子的信中写道：

军队里还是非常混乱。正在采取措施加强士兵的纪律和提高士气。我常常到驻扎在附近的部队里去。

还有，也许我以前对你提过，我现在和一位安季波娃在一起工作，她是莫斯科来的一位护士，是乌拉尔人。

你该记得，在你母亲去世的那个可怕的夜里，有一个姑娘在圣诞节晚会上对检察官开了一枪。后来大概她受过审讯。我记得，我那时候对你说过，我曾经在一个下等旅馆里见过这个女大学生，那时候她还是一个中学生，那是我和你爸爸在一个风雪交加的夜到那个旅馆里去的时候，现在不记得为什么事去的了，只记得好像是在武装暴动的时候。那个姑娘就是这个安季波娃。

好几次我都想回家。但这不是简单的事。主要的不是因为事情离不开，事情倒是完全可以交给别人，难就难在交通问题。火车有时候根本不开，有时候即使开了，也挤得要命，没法子上车。

不过，不能老是这样下去，所以有几个伤愈后准备复员的人，包括我、加里乌林和安季波娃，决定在下个星期无论如何离开这里，为了坐车方便，要在不同的日子各自单独走。

我随时可能突然回到家里。不过，我尽可能事先打个电报。

但是，他还是没有动身，又收到托尼娅的回信。

在这封泪痕斑斑、字迹模糊的信里，托尼娅叫丈夫不要回莫斯科，干脆跟着那个好得不得了的护士去乌拉尔吧，因为他一生和她有那么多的巧遇和缘分，是她托尼娅的平凡的一生无法相比的。

“你不用为小舒拉和他的将来担心，”托尼娅在信中写道。“你不必因为他而感到于心有愧。我保证用你小时候在我们家里见过的那些规矩把他教养成人。”

日瓦戈赶紧给她回信：

托尼娅，你疑神疑鬼，真是疯了！难道你不知道，或者不完全清楚，我正是因为天天想着你，因为对你和对家庭的一片忠心，才没有死去，才能在这可怕而残酷的战争的两年中逃脱了各种各样的灾难？不过，不必多说了。很快咱们就要见面了，又要像过去那样生活了，一切都会说清楚的。

不过，我收到你这样的回信，感到害怕的倒是在另一方面。如果我能引起你的多心的话，说明也许我平时确实有失谨慎，可能会引起那个女人误解，那我就有点对不起她了，我应当向她道歉。等她巡视附近几个村庄回来，我就向她道歉。自治机关过去只是在省里和县里才有,现在在更小的单位,在乡里也推行自治了。安季波娃是去帮助她的朋友工作,她的朋友就是在这种自治立法机关担任指导员。

有意思的是,我虽然和安季波娃住在一座楼房里,可是我至今还不知道她的房间在哪儿,而且我也不想知道。

三

从麦柳泽耶夫城往东和往西有两条大道。一条是土路,穿过树林,通向兹布希诺镇,这个镇是个粮食市场,行政上属麦柳泽耶夫城管辖,但是在各方面都超过了麦柳泽耶夫城。另一条是石子铺砌的大路,穿过到夏天就干了的水洼地,通向比留奇,比留奇是两条铁路的枢纽站,这两条铁路就在离麦柳泽耶夫城不远处交叉。

六月里,在兹布希诺镇成立了一个以兹布希诺的磨坊工人勃拉热伊科为首的独立的兹布希诺共和国,这个共和国维持了两个星期。

这个共和国依靠的是二一二步兵团的逃兵。这些逃兵是趁变乱时期携带武器离开阵地,经过比留奇来到兹布希诺镇上的。

这个共和国不承认临时政府,并且脱离了俄罗斯。勃拉热伊科是个分离派教徒,年轻时和托尔斯泰通过信。他宣布兹布希诺千年古国新生,宣布劳动和财产公有化,把乡公所改名为使徒府。

兹布希诺一向是怪事和传奇性故事的来源之地。兹布希诺坐落在密林中,在十六、十七世纪混乱时代的文献中多次被提到,后来四周围都是强人经常出没的地方。街头巷尾经常谈的是当地商人的富庶和土地的肥沃。这靠近前线地区的西部所特有的一些迷信传统、风俗习惯、特殊的方言,都是来自兹布希诺。

现在又出现了离奇的传说,说勃拉热伊科的主要辅佐者是个天生的聋哑人,灵感一上来就能说话,灵感一退就又不说话了。

到七月里,兹布希诺共和国就垮了。有一支忠于临时政府的部队攻进这个镇,把逃兵打了出去,逃兵们都退到比留奇去了。

比留奇的铁路外边接连好几俄里都是砍伐过的森林地区,这里到处是缠绕着草莓的树墩,还有一个个抽得乱七八糟的、没有运完的木柴垛,还有过去在这儿工作的季节伐木工住的棚子。逃兵们就在这里驻扎下来。

四

日瓦戈医生原来在里面养伤、后来在里面工作、现在正准备离开的这个野战医院,就在扎布林斯基伯爵夫人的别墅里,战争一开始伯爵夫人就把别墅捐出来收容伤兵。

这座两层楼的别墅占据着本城最好的一块地方。就在主要街道和中心广场的交接口上。中心广场即所谓练兵场,以前有时候在这里练兵,现在有时候晚上在这里开群众大会。

因为坐落在交道口上,从别墅里可以看到好几面的景物。除了主要街道和广场之外,还能看见旁边邻居家的院子,那是很穷苦、很土气的一户人家,和乡下农户没有任何区别。在别墅里还能看得见伯爵家古老的后花园。

这座别墅从来不是伯爵夫人单独的住所。她在本县还有一座很大的“逍遥田庄”。城里的房子只不过是她到城里办事时的落脚点，或者在夏天客人从四面八方到田庄里去时，这里作为集合的地方。

现在这房子做了野战医院，女主人已经在她经常住的彼得堡被捕了。

原来在别墅里的仆役只剩了两个好奇的女子。一个是现在已经出嫁的伯爵女儿的家庭女教师弗列莉小姐，一个是伯爵夫人原来的女厨师乌斯季尼娅。

白发红颜的老奶奶弗列莉小姐整天拖着鞋子，穿着肥大的旧褂子，邋邋遢遢，马马虎虎，在整个医院里走来走去，现在已经和医院里的人很熟了，就像当年和扎布林斯基一家人一样，常常用蹩脚的俄语讲一点儿什么，总是把俄语的字尾拖成法语的腔调。她摆着架势，挥舞着手臂，快要说完的时候总要放声哈哈大笑，到最后总是以一连串的咳嗽结束。

弗列莉小姐了解护士拉莉萨的底细。她以为，日瓦戈和拉莉萨应该相爱。她一向喜欢风流韵事，热心撮合，一见到他们两个在一起就十分高兴，意味深长地指指点点，挤眉弄眼。拉莉萨困惑不解，日瓦戈十分生气，但是弗列莉小姐像一切怪人一样，最看重自己的错误的判断，怎么也不离开他们。

乌斯季尼娅是一个更为好奇的女人。这个女人下粗上细，很像一只抱窝的母鸡。乌斯季尼娅非常冷静，非常理智，但是她却把这种精明和在迷信方面的丰富的想象力结合了起来。

乌斯季尼娅知道很多民间的谶语。每次出门，都要念避炉火咒,还要对着钥匙眼儿念避邪咒,不念咒决不出门。她是兹布希诺人,据说是一个农村巫师的女儿。

乌斯季尼娅可以终年不说话,但是一旦说起来,就没有完。谁也拦不住她。她爱打抱不平。

兹布希诺共和国垮台以后,麦柳泽耶夫执委会发动了反对无政府主义潮流的运动。这股潮流就是从兹布希诺镇上传来的。每天晚上,很多人都要自动地在广场上举行和平的群众大会,没有事儿的人都要汇集到这里来,就像过去常常聚集在救火队门外在露天里聊天那样。麦柳泽耶夫城文教部鼓励这种集会,并且派自己的或者从外地来的一些活动家到集会上去引导大家讨论。活动家们认为,最荒唐、最蛊惑人心的就是在兹布希诺盛传的那个很有影响的聋哑人的事,于是他们常常把话引到聋哑人方面,以进行揭露。但是麦柳泽耶夫城的小手工业者、士兵家属、原来贵族家的仆役们却都保持另外的看法。他们觉得传说中的聋哑人的事并不荒唐。他们都为他辩护。

在纷纷为聋哑人辩护的乱糟糟的叫嚷声中,常常可以听到乌斯季尼娅的声音。起初,她想站出来说话,但是女人毕竟脸皮薄,她不好意思站出来。可是她渐渐鼓足勇气,越来越大胆地顶撞起那些发言很不受麦柳泽耶夫人欢迎的活动家。就这样,不知不觉地,她成了会场上主要的发言人。

在别墅里,从开着的窗户里可以听见广场上连成一片的叫嚷声,在特别静的晚上,可以听见一些人发言的片段。在乌斯季尼娅说话的时候,弗列莉小姐常常跑进屋里来,叫在场的人好好地听,并且用她那蹩脚的俄语发音,很开心地模仿着:

“共和多……共和多……泽布希窝……浓子哑巴……”

弗列莉小姐暗暗为这个尖嘴快舌的女伴感到自豪。这两个女伴彼此非常亲热,可是也常常拌嘴。

五

日瓦戈渐渐准备离开了。他有时上门去找人辞行,有时上机关去办理必要的手续。

这时候,这支前线部队的新政委走马上任,在城里暂住下来。很多人纷纷传说,说他似乎还是一个孩子。

这时正在准备进行一次新的大规模攻势。正在千方百计地提高士气,整顿军队。建立了革命军事法庭,恢复了不久前废除的死刑。

在离开之前,日瓦戈必须要去卫戍司令部办理迁出手续,担任麦柳泽耶夫城卫戍司令的是一位军事长官,简称“县长官”。

卫戍司令部里通常拥挤不堪。嘈杂的人群在走廊和院子里容纳不下,还要占去门前的半条街。没法子挤到办公桌前。几百人闹闹哄哄地在说话,谁也听不清说的是什么。

这一天不是接待日。在空闲而寂静的办公室里,几个对公事越来越复杂感到很不满的文书,一声不响地写着,不时地带着讥讽的神情互相看上一眼。从司令办公室里传出愉快的说话声,就好像里面的人敞开怀,喝了一杯清凉饮料,来了精神。

加里乌林从里面走出来,一看见日瓦戈,他整个身体做了个好像要大跑的姿势,表示要日瓦戈也到里面去开开心。

日瓦戈反正是要去找司令签字，就进去了。他看到里面十分凌乱，处处显得很不协调。

小城里纷纷扬扬、热烈传说着的新政委没有去赴任，却待在这与部队各重要部门、与战略问题没有任何关系的办公室里，待在这文牍王国的长官面前，站在他们面前大发议论。

“这是我们的又一位名角儿。”卫戍司令向政委介绍日瓦戈说。政委并没有看他，依然在发着议论。卫戍司令改变了一下姿势，只是为了在日瓦戈递给他的证件上签字，然后很客气地用手指了指，请日瓦戈坐到办公室中间的一张带软垫的矮凳上。

在场的人只有日瓦戈一个人规规矩矩地坐着。其余的人坐得一个比一个随便，一个比一个怪。卫戍司令用胳膊支着头，毫不在乎地半躺在写字台旁边；副司令就像妇女骑马一样，盘着腿斜靠在对面的沙发扶手上；加里乌林倒骑在椅子上，用两条胳膊抱着椅背，把头放在椅背上；年轻的政委一会儿用两手一撑，坐到窗台上，一会儿从窗台上跳下来，像个陀螺一样，一会儿也不安静，一个劲儿地在活动着，迈着又快又小的步子在办公室里走来又走去。他不住嘴地说着，说的是比留奇的逃兵。

关于政委的传说没有错。这是一个身材修长而匀称、还很不成熟的小伙子，被崇高的理想燃烧着。据说，似乎他出身世家，父亲好像是参政员。他在二月里也是最先带领自己的连队冲进国家议会的一员。他姓金采或者金茨，别人在给日瓦戈介绍的时候，说得不太清楚。他的话是纯正的彼得堡口音，极其清楚，多少带点儿波罗的海地区的口音。

他穿着紧身的军上衣。大概他觉得自己还这样年轻，很不好意思,为了显得老成些,他有时故意板着脸,佝偻着腰。他把两手深深地插到裤子口袋里,高耸起佩戴着崭新肩章的两个肩膀,这样一来,他的样子的确显得很威武,从他的双肩到双脚,可以画成渐渐合拢的两条线。

“在铁路上,在离这儿几站路的地方,驻扎着一个哥萨克团。这个团是红军,是可靠的。把他们调来,把叛乱分子一包围,就解决了。兵团司令主张尽快解除他们的武装。”卫戍司令说。

“哥萨克?无论如何不行!”政委发起急来,“别忘了一九〇五年,别忘了革命以前的事!我们和你们的看法不同,你们这儿的将军们是自作聪明!”

“还什么都没有做呢。这一切只不过是计划,是一种设想。”

“有个协议:上级指挥人员不干预作战指挥。我不撤销调动哥萨克的计划。姑且就这样试试。不过,理智告诉我,我必须采取预防措施。他们那儿设营吗?”

“可以这样说。反正有营房,有工事。”

“很好。我想到他们那儿去一下。让我去看看那些可怕的林中强盗。尽管他们叛乱,尽管他们是逃兵,但他们都是老百姓,诸位,可不能忘记这一点。老百姓好比小孩子,应当了解他们,了解他们的心理,这就需要有特殊的办法。应该会拨动他们的最美好、最富有感情的心弦,这样他们才能琤琤响起来。我去挽救他们,和他们推心置腹地谈谈。你们将会看到,他们会老老实实回到他们放弃了的阵地上。你们想打赌吗?不相信吗?”

“这事儿可难说。不过,但愿如此!”

“我要对他们说:弟兄们,你们就看看我。我是个独生子,是家里的宝贝，什么也不缺，可是我牺牲了名誉、地位和父母的爱，为的是给你们争取自由，这种自由在世界上还没有哪一个民族享受过。我和很多像我这样的年轻人都这样做了，更别说那些老一辈的革命家们，别说那些服苦役的民粹主义者和民意主义者了。我们这是为了自己吗？难道我们需要这样吗？现在你们再也不是像过去那样的普通士兵，你们是世界上第一支革命军的战士啦。你们问问自己的良心，你们有没有辜负这一崇高的称号？就在祖国人民浴血奋战、努力挣脱像毒蛇一样缠在身上的敌人的时候，你们却让一伙狗屎不如的坏蛋迷惑住，不自觉地变成了匪帮，成了一帮无法无天、为所欲为、贪得无厌的坏蛋，这真像我们所说的，让猪到桌子底下去，猪却连腿都上了桌子。……我要感化他们，使他们知道害臊！”

“不行，不行，这很危险。”卫戍司令表示反对，并且偷偷地同副司令交换了一下眼色。

加里乌林劝政委打消这个很不明智的主意。他十分了解二一二团的那些亡命徒，因为他以前所在的那个团和二一二团属于同一个师。但是政委却不听他的。

日瓦戈一直想站起来要走。政委的天真幼稚，使他觉得很不自在。卫戍司令和副司令这两个爱讥笑人的、城府很深的家伙的老奸巨猾，也使人觉得不舒服。这种愚蠢和这种奸猾正好配对儿。这一切都是多余的、不必要的、莫名其妙的、不切实际的，所以谈起来没有完。

啊，有时候多么想不听这种毫无趣味、毫无意义的人类的高谈阔论，沉醉到似乎默默无语的大自然中，沉醉到不声不响的、艰苦的、长时间的顽强劳动中，沉醉到静静的、香甜的梦境中，沉醉到美妙的音乐和因为心灵充实而无言可说的、轻轻的心灵接触时的宁静境界中。

日瓦戈想起来，他还要向拉莉萨作一番解释，尽管这解释是不愉快的。他很高兴同她见面，尽管要有一番不愉快的解释。但是她未必已经回来。日瓦戈瞅准恰当的时机，立即站起身来，悄没声地走出了办公室。

六

原来她已经回来了。这是弗列莉小姐向日瓦戈报告的，她并且说，拉莉萨回来时很疲倦，匆匆吃过晚饭，就回自己的房里去了，叫别人不要去打搅她。弗列莉小姐又说："不过，您可以去。她大概还没有睡。""她的房间在哪儿？"日瓦戈问道，问得弗列莉小姐惊讶不已。原来，拉莉萨住在楼上走廊尽头的屋里，旁边是几个上了锁的房间，里面堆着扎布林斯基家在此地的全部用具，日瓦戈从来没有到那里去过。

这时天很快黑了下来。外面越来越黑了。房屋和栅栏在黑沉沉的暮色中模糊成一片。院心里的树把树枝伸到窗前来迎接灯光。这是一个又热又闷的夜晚。人动一动，都要出一身大汗。射到院子里的一缕缕灯光，像一道道肮脏的汗水似的流泻在一棵棵树干上。

日瓦戈上楼梯走到最后一级站住了。他想，登门去拜访一个跑累了的人，是很不合适的，很不知趣的。最好明天再谈。他在改变主意时常有的漫不经心状态中顺着走廊走到另一头。走廊尽头有一个窗户朝着邻居的院子。日瓦戈从窗户里探出头去。

夜晚到处有轻轻的、神秘的声音。在走廊里,不远处洗脸盆里的水在往下滴,均匀而带有拖音。窗外什么地方有人在悄声低语。在菜园边上,有人在往黄瓜畦里浇水,把水从这个桶倒到那个桶,在从井里汲水的时候,铁链子哗啦哗啦直响。

所有的花一下子都喷吐出香气,就好像大地在白天里昏昏沉睡,现在一闻到花香便清醒过来。伯爵家的古老的花园里,到处是枯树枝,所以很难通行。在花园里,一棵棵老椴树的花一直开到树顶,就像大楼房的一面高墙,散发出一片清香。

右面栅栏外面的大街上有叫喊声,有乒乒乓乓的开门、关门声,还有断断续续的歌声。

花园里的老鸹窝后面,出现了特别大的、深红色的月亮。起初那颜色像兹布希诺机器磨坊的砖房,后来变黄了,又像比留奇车站的水塔。

在窗下的邻居院子里,新鲜干草散发出一股茉莉花茶般的香气,和夜间各种各样好闻的气息掺和到一起。今天刚刚从很远的村子里牵来新买的一条牛。那牛被牵了一天,很累了,有点儿想念原来的牛群,不肯吃新主人拿给它吃的食儿,它和新主人还不熟。

“喏喏,别调皮,唷,别抵人,鬼东西,我抽你。”新主人在小声教训牛,但是牛一会儿气呼呼地把头摆来摆去,一会儿伸长脖子,很伤心、很抱屈地哞哞叫着,而在麦柳泽耶夫城里的一座座黑黑的棚子后面,星星在不停地闪烁着,星星向牛伸出一道道看不见的同情的线，就好像另外的世界也有牲口院子，那儿的牲口发来同情的信号。

周围的一切蓬蓬勃勃，洋溢着无限生机。一股赞美生命的心情，就像轻风，就像壮阔的波浪似的流泻开去，不择方向，在大地上、在城里到处流淌，穿过墙壁和栅栏，穿过木板和人体，叫所有遇到的东西都激动得打哆嗦。为了平息这种激动的心情，日瓦戈朝广场上走去，去听集会上的谈话。

七

月亮已经高高地挂在天上。地上到处洒满了浓得像泼洒的石灰似的月光。

广场周围有几幢公家的带圆柱的石头楼房，楼房门外一片片宽宽的阴影，就像是铺了许多黑毡。

大会在广场的对面。只要用心听，在这边可以听见那边说的是什么。可是日瓦戈被美妙的夜景吸引住了。他在救火队门前的长凳上坐下来，没有注意对面传来的说话声，却朝四下里观赏起来。

旁边有好几条通向广场的僻静的小胡同。可以看见胡同里那一座座破旧的、歪歪倒倒的房子。这些胡同里就像农村里那样肮脏。一道道长长的、用柳条编的篱笆，就像抛到池塘里的鱼篓，或者沉到水底的逮虾子的筐子。

一座座小房子那开着的窗子上的玻璃隐隐约约闪着亮光。在房屋中间的一处处花坛里，露出一丛丛带露水的、褐色头儿的玉米,那亮闪闪的穗儿和须子就像浇了油一样。弯弯的篱笆里面,一棵棵苍白而瘦削的锦葵朝远处望着,那样子就像一个个穿衬衣的乡下女子,在屋里闷热得受不了,就跑出来乘凉。

月光皎洁的夜晚是感人的,是使人倾倒的,就像仁慈心,就像远见卓识那样。忽然,这个寂静而美好的童话般境界里,闯入了一阵从容不迫的、高亢的声音,那嗓门儿是他熟悉的,好像是刚刚听见过的。那声音又好听又热情,带有劝说的语调。日瓦戈仔细听了听,马上就听出那讲话的是谁。那是政委金茨。是他在广场上讲话。

大概当地政府要求他用自己的威望支持他们,所以他慷慨激昂地在责备麦柳泽耶夫城的人,说他们不守秩序,说他们十分轻易地受到布尔什维克的坏影响。他认为,兹布希诺叛乱事件的真正罪魁祸首就是布尔什维克。他又像在卫戍司令部里那样,谈起凶残而强大的敌人,谈起祖国面临的考验。他讲到一半,有些人开始打岔了。

会场上交替地发出不要打断讲话的喊声和不赞成的叫嚷声。表示不赞成的人越来越多,叫嚷声越来越大。有一个陪同金茨的人,此时自动担当起大会主席的角色,他叫大家不要乱发言,要遵守秩序。有些人要求让人群中的一个妇女发言,另外一些人就发出嘘声,要求别捣乱。

有一个妇女穿过人群朝着暂作讲台的一个底朝天的大箱子走去。她并不想站到大箱子上,挤到跟前以后,就在旁边站了下来。大家都认识这个妇女。会场静了下来。这个妇女吸引了大家的注意力。这就是乌斯季尼娅。

“政委同志，您刚才说兹布希诺啦，后来又说什么眼睛啦，说什么，应该长眼睛，不应该受蒙蔽，可是，我听您说了半天，您就知道说什么布尔什维克、孟什维克，布尔什维克、孟什维克，别的您什么也不会说。要说不希望打仗，大家都要像兄弟一样，这是上帝的主张，不是孟什维克的主张。要说让大大小小的工厂都归穷人，这也不是布尔什维克的主张，这是大家的心愿。还有那个聋哑人的事，您不说我们早就厌了，听腻了。您老是惦记着他，实在话！他有什么地方得罪您来？一个哑巴，为什么不经许可，忽然说起话来？不得了，真是稀罕事儿！还有更稀罕的哩！比如《圣经》上说的那匹母驴[①]。驴子说：‘巴兰，巴兰，请你别上那边去，你会后悔的。’当然，巴兰没有听，他去了。就像您说的：‘哑巴嘛。’巴兰心想，怎么能听它的，它是母驴，是畜生嘛。他瞧不起畜生。后来他就懊悔了。后来的结局，大概你们是知道的。”

“后来怎样？”人群里有人问道。

“算了，”乌斯季尼娅回答说，“知道的事多，老得快。”

“不行。这可不行。你说说，后来怎么样？”那个问的人不肯罢休。

“怎么样，怎么样，缠起来没有完！后来他变成了盐柱子。”

“你乱扯，大嫂。那是罗丹。罗丹的老婆……”很多人叫了起来。大家都笑了起来。担当主席角色的人叫大家守秩序。日瓦戈便回去睡了。

①《圣经》故事：巴兰的驴子在不得已时就要说话。

八

第二天晚上，日瓦戈才和拉莉萨见面。他在餐事房里找到了她。在她面前放着一堆叠好的衬衣。她正在熨衣服。

餐事房在楼上的后面，面朝着花园。这里面平时放的是茶炊、从厨房里端来的一盘盘的菜肴、放在这里待洗的肮脏餐具。餐事房里保持着野战医院里的物资统计制度。可以根据清单检查餐具和衬衣，闲暇时候可以休息，大家约定时间会面。

面朝花园的一些窗子都开着。餐事房里有椴树花香味、像在古老公园里的干树枝那种和兰芹一般的苦味，还有熨斗里冒出来的淡淡的烟气，熨斗有两只，拉莉萨交替着使用，时而把这只、时而把那只放进通风管道里，让熨斗里的炭烧旺些。

“您昨天为什么不上我房里去？弗列莉小姐告诉我啦。不过，您不去算对了。我已经睡下，无法让您进去了。噢，您好。小心点儿，别弄脏了衣服。这儿撒了不少木炭。”

“看样子，您熨的是全医院的衬衣喽？”

“不，这里面有很多是我的。您老是开我的玩笑，说我永远不会离开这儿。这一回我来真的了。瞧，我在准备，收拾东西呢。等收拾好了，就走。我回乌拉尔，您回莫斯科。以后什么时候要是有人问您：‘尤利·安得列耶维奇，您没有听说过那个麦柳泽耶夫小城吗？’您会说：‘不大记得了。’‘安季波娃是什么人？‘我不知道。’”

“好，就算这样吧。您这次下乡印象如何？乡下情形怎么样?”

“三言两语是说不完的……这熨斗凉得好快呀!请您把那一只递给我。就在通风管道里。把这一只再放进管道里。好。谢谢……各个村子里的情形不一样。这要看村子里的人怎样。有些村子里的人勤劳、肯干,日子就过得不坏。有的村子里全是酒鬼,这样的村子里穷得精光。看起来都可怕。”

“瞎说。哪儿有什么酒鬼?您不了解。就是没有人了,男子汉都当兵去了。嗯,好了。新的、革命的地方自治搞得怎么样?”

“您说那不是酒鬼,您说得不对,我不同意您的说法。至于地方自治吗?自治问题够伤脑筋的。一些条例很不切实际,在乡里没有人配合工作。农民现在只是关心土地问题。我上逍遥田庄去过。那儿真美呀!您最好去看看。春天那儿遭了火,遭了抢劫。有的棚子烧毁了,果树烧成了焦炭,主房的正面有一部分被烟熏黑了。我没有去兹布希诺,没有来得及。不过,到处都在说,那个聋哑人是实有其人。很多人描述了他的外貌。说他是个年轻的、有学问的人。”

“昨天在广场上,乌斯季尼娅还为他说话呢。”

“我刚回来,就又从逍遥田庄拉来一大车无用的东西。咱们的东西已经够累赘的了!今天早晨,卫戍司令派人送来一张条子。他们急需要伯爵家的银茶具和水晶酒杯。说是只用一晚上就归还。我们才知道他们怎样归还哩!有一半东西别想弄回来。都说是借的,要归还。听说,要举行晚会。一个什么人来了。”

“噢,我猜到啦。前线新政委来了。我偶然见过他。现在想解决逃兵的问题,想把他们包围,让他们缴枪。政委还很嫩,很幼稚。此地有人提出要调用哥萨克,可是他想用眼泪感化他们。他说,老百姓是小孩子。他以为这都是小孩子闹着玩儿。加里乌林恳求说,请您别去惊动那些野兽,让我们自己对付吧,但是一个人一旦钻进了牛角尖,谁又能劝说得动呢?您听着。您把熨斗放一会儿,听我说说。不久这儿就会打成一塌糊涂。这是我们无法防止的。我希望您在这场乱仗以前离开这儿!"

"没事儿。您太夸大了。我是要走的。不过,不能说走就走。应当把我管的东西开出清单,移交一下,要不然好像我偷了什么。可是,移交给谁呢?这是一个问题。我管这些东西伤透了脑筋,可是只落得一身不是。我把伯爵家的财产登记为医院的,因为这是根据有关文件的精神。可是现在好像说我这样做是弄虚作假,为的是用这种办法为伯爵夫人保留财产。多么毒辣呀!"

"唉,您别管那些地毯和瓷器吧,让这些东西完蛋就完蛋好啦。犯不着为这些事伤脑筋。是的,是的,顶遗憾的是昨天我没有见到您。我真想和您聊聊呀!我真想把所有心底的秘密说给您听,回答所有难解释的问题!真的,不是开玩笑,我是想把什么都说一说。说说我的妻子、儿子,说说我的一生。真是见鬼,为什么一个成年男子和一个成年女人在一块儿聊一聊,马上就会有人怀疑有'私情'呢?哼!去他妈的吧,什么'私情''公情'!噢,您熨吧,熨吧,我是说,您熨衣服吧,不要管我,我说我的。我要说很久呢……您想想吧,现在是什么时候!这样的时候就叫咱们遇上了!这样的新奇事儿开天辟地以来只有这一回。您想想看:整个俄罗斯的屋顶掀掉了,咱们和所有的老百姓都在露天之下了。

没有人管咱们了。自由了！这是真正的自由，不是口头上的和希望中的自由，是意外的、自天而降的自由。是不曾料到的、不能理解的自由。所有的人都觉得自己不知多么高大了！您没有发现吗？就好像每个人都发现自己了不起，都有点儿憋不住了……噢，您熨嘛，我来说，您听着。您不是觉得没有味道吧？我给您换换熨斗……我看到了昨天晚上的集会。那场面真动人呀。整个俄罗斯都动起来了，憋不住了，动就动个彻底，说就说个痛快。而且，不光是人在说话。好像星星和树木也都凑到一块儿讨论起来，夜里的花草也在高谈阔论，一幢幢石头房子都在开大会。有点儿像福音书上说的那种情形了，不是吗？就像使徒行传那时候了……"

"您说星星和树木都开大会，这我理解。我知道您这是想说什么。我自己就有过这种感觉。"

"先是战争，接着就是革命。战争人为地使生活中断了，就好像可以把生活推迟一个时期似的。（多么荒唐呀！）革命不由自主地爆发了，就像憋了太久的一口气那样。每个人都活跃起来，新生了，所有的人都在变化，转变。可以说，每个人都遇到两种革命，一种是自身的，另一种是社会的。我认为，社会主义好比海洋，所有这些自身的革命都应当像溪流一样汇入海洋，汇入这生活的海洋、这特有的海洋。我说的生活的海洋，是在图画上可以看到的那种生活、那种能够发挥才能、发挥创造性的生活的海洋。但是现在人们要通过自身、通过实践来体验这种生活，而不是停留在书本上和抽象概念上了。"

日瓦戈的声音忽然哆嗦起来，说明他开始激动了。拉莉萨停了一会儿熨斗，郑重地、惊愕地看了看他。他有些慌乱，忘记了刚才说的是什么。短暂的停顿之后，他又说了起来。他没头没脑地胡乱说起来。他说：

“这些天来我多么想实实在在地生活，能有所贡献呀！多么想成为欢欣鼓舞的群众的一分子呀！可是在万众欢腾之中，我常常遇到您的神秘而忧郁的目光，那目光游移不定，好像是在遥远的地方、遥远的国度里。我多么希望我看到的不是这种目光，希望看到您脸上满意的表情，希望您满意自己的命运，丝毫无求于人。多么希望您的一位什么亲人，您的朋友或者丈夫（最好是一位军人），抓住我的手，要求我不要为您的命运担心，不必操心、过问您的事。那我就抽回我的手，再不问了……哦，我失言了！对不起，请原谅。”

他的声音又泄露了他的情感。他把手一摆，带着无法克制的尴尬心情站起身来，走到窗前。他背朝着房里，用手托着腮，胳膊肘撑在窗台上，用漫不经心的、视而不见的目光朝黑乎乎的花园里望着，希望镇静一下。

拉莉萨绕过搭在桌子上和另一面窗子边上的熨衣板，在日瓦戈背后几步远的房间当中站了下来。“啊，我就是怕这种事儿呀！”她像自言自语似的小声说，“多么不好的误会呀！尤利·安得列耶维奇，不能这样呀……哎呀，您瞧，您叫我闯祸了！”她大声叫着，跑到熨衣板跟前，忘在上面的熨斗下面的一件褂子烤煳了，冒出一股细细的、焦煳的烟气。

“尤利·安得列耶维奇，”她一面继续说着，当的一声把熨斗放在炉盖上。“尤利·安得列耶维奇，清醒清醒吧，您上弗列莉小姐那儿坐一会儿，喝杯茶，等您再回来，还像我已经看惯了的、我希望看到的样子。好吗，尤利·安得列耶维奇？我知道，这是您做得到的。就请您这样吧。”

后来他们之间再没有进行这样的表白。过了一个星期，拉莉萨就走了。

九

又过了些日子，日瓦戈也准备动身了。在他动身之前的那天夜里，麦柳泽耶夫城里又是狂风，又是暴雨。

狂风声和暴雨声交织在一起。暴雨时而垂直地向屋顶上倾泻，时而在变了方向的狂风的压力下顺着街道一下一下地往前冲，就好像靠着倾注的急流一步一步地夺取阵地。

雷声毫无停歇，一声接着一声，变成一种持续的、均匀的隆隆声。在一下接一下的闪电照耀下，可以看见朝深处跑去的大街和弯着腰朝同一方向跑的树木。

夜里，弗列莉小姐听到慌乱的敲门声，醒了过来。她惊骇地在床上坐起来，仔细听了听。敲门声没有停。

她想，难道整个医院里就没有人出去开门，难道她这个可怜的老婆子，只因为生来就老实，喜欢管事儿，就该她一个人为大家受罪？

扎布林斯基家是有钱人，是贵族，他们可以把事情交给别人。可是这医院，是他们自己的，是人民的呀。他们把医院扔给谁呢？比如说，看护兵都跑到哪儿去了呢？都跑了，头头儿、护士、医生都没有了。可是家里还有伤兵,还有两个没有腿的伤兵在楼上的手术室里,也就是以前的客厅里,还有满满一库房的东西在楼下,就在洗衣房旁边。乌斯季尼娅这鬼东西也不知道上谁家串门子去了。她看到雷雨要来了,就不回来啦。正好有理由在别人家里过夜。

好,谢天谢地,外面不敲了,没有声音了。大概是看到没有人开门,就走了,算了。在这样的风雨里来敲门,真是活见鬼。也许是乌斯季尼娅呢?不会的,她自己有钥匙嘛。我的天,多可怕呀,又敲起来了!

不管怎么说,这些人多么没有良心呀!就不说日瓦戈吧。他明天就要走了,心已经在路上或者已经在莫斯科了。可是加里乌林呢?他听到这敲门声,怎么能睡大觉或者平心静气地躺着,指望她这个衰弱、孤苦的老婆子爬起来,在这可怕的夜晚、可怕的国家去给一个不明来历的人开门呢?

还加里乌林呢!她忽然想起来:哪儿有什么加里乌林?不,她这样糊涂,只是因为没有完全清醒。加里乌林已经连影子都不见了,还说什么加里乌林?在车站上发生了那可怕的枪杀事件,把金茨打死,又把加里乌林从比留奇一直追到麦柳泽耶夫城,跟在后面用枪打他,还在城里到处搜他,那时候,不是她和日瓦戈把他藏起来,给他换了便服,又把四周围有哪几条路和哪些村庄给他说清楚,让他跑的吗?还加里乌林呢!

当时如果不是那些装甲兵,这座城就完了。一营装甲兵凑巧从城里路过,保护了城里的人,制伏了那些坏蛋。

雷雨渐渐小了,渐渐远去了。雷声越来越稀,越来越低沉,已经是在很远处了。雨时断时续,可是雨水不停地从树上和排水管里哗哗地往下流着。无声的闪电的反光频频地溜进弗列莉小姐的卧房,照出她的身影,并且还要多少停一会儿,好像是要寻找什么东西。

停了很久的敲门声忽然又响起来。那人一定是有什么急事,所以拼命地敲,一个劲儿地敲。风又刮起来。大雨又下起来。

"来啦!"弗列莉小姐不知对谁喊道。她听到自己的声音都有些害怕。

忽然她心中出现了一种猜测。她溜下床来,拖上鞋子,披上衣服,就跑去叫日瓦戈,免得一个人这样害怕。但是他也听到了敲门声,端着蜡烛迎了过来。他们两人都有同样的推测。

"日瓦戈! 日瓦戈! 有人在外面敲门呢,我怕一个人去开门,"她用法语喊道,然后又用俄语说,"我看,这不是拉莉萨,就是加里乌林。"

日瓦戈也是被敲门声惊醒的。他想,这一定是自己人,或者是加里乌林,在路上又遇到了什么障碍,又跑回来躲藏;或者是拉莉萨,在路上遇到了什么困难,又转了回来。

来到门口,日瓦戈让弗列莉小姐端着蜡烛,自己掏出钥匙开了门锁。一阵狂风把门撞开,把蜡烛吹灭,并且浇了他们一身冰凉的雨水。

"是谁? 是谁? 有人没有?"弗列莉小姐和日瓦戈在黑暗中争先恐后地喊着,但是没有人回答他们。忽然他们又听到原来的敲击声,那声音在另一个地方,在黑洞洞的过道里,或者,那是敲打面朝花园的窗子。

“大概，这是风吹的，”日瓦戈说，“不过，为了放心起见，您还是摸黑到里面去看看，我还在这儿等一下子，免得不是其他原因，而是真的有人来，和我们错过了。”

弗列莉小姐便到房子里面去了，日瓦戈就走出门去，站到门口房檐下。他的眼睛在黑暗中习惯了以后，看出了渐渐出现的曙光。

麦柳泽耶夫城的上空，发了疯的黑云就像在逃跑似的，急急匆匆地奔驰着。一片片的黑云飞得那样低，几乎要碰到朝同一方向弯着腰的树木了，就好像那是一把把弯弯的扫帚，正在扫黑黑的天空。大雨冲打着房子的板墙，灰色的板墙变成了黑的。

“怎么样?”日瓦戈向走回来的弗列莉小姐问道。

“您说得对。没有人。”她说了说她在房子里查看的情形。餐事房里的窗户玻璃被椴树枝子敲碎了，房里的地上一大片一大片的水洼，原来拉莉萨住的房里也是这样，到处是水，简直成了海洋。“护窗吹开了，护窗就撞打起窗框。您明白了吗？就是这么一回事儿。”

他们又说了几句，就把门闩上，各自回去睡了，两个人都觉得遗憾的是，忙活了半天，原来是一场虚惊。

他们原来以为，把大门一开，他们很熟悉的那个女子就要浑身湿漉漉地走进门来，趁她抖搂身上的雨水，他们就问她回来的原因。然后她走进房里，换上衣服，到厨房里借着炉灶的余热暖暖身子，就把自己遇到的种种劫难说给他们听，把头发梳一梳，就笑了。

他们想象得那样真切，以至于等他们把门闩上以后，他们这种想象的印迹还留在外面的屋角后面，就是说，他们觉得那女子的模模糊糊的身影依然在拐角处隐隐约约晃动着。

十

大家都认为比留奇的报务员科里亚·弗罗连科在车站的士兵哗变中负有间接的罪责。

科里亚是麦柳泽耶夫城一个有名的钟表匠的儿子。在城里大家从小就熟悉他。他小时候常常上逍遥田庄一个仆役家去住，常常在弗列莉照看下和伯爵家两个女儿一块儿玩。他和弗列莉小姐很熟。所以他多少懂了一些法语。

城里人常常看到科里亚在任何天气都穿得很少，不戴帽子，穿帆布单鞋，骑着自行车。他常常放开把手，挺着身子，两手交叉放在胸前，在马路上和在城里到处跑，两眼望着电线和杆子，检查线路情况。

城里有些人家靠铁路上的电话支线可以和比留奇车站通电话。电话支线由车站电话室里的科里亚掌管。

他的工作忙得不可开交：铁路上的电报、电话，有时候站长波瓦里欣离开一阵子，他还要管列车进出站和调车的信号，因为信号装置都安装在电话室里。

科里亚必须同时注意几种装置的变化，因此养成了特殊的说话习惯，说的话含含糊糊，断断续续，充满了待解的谜。当他不愿意回答什么人，或者不愿意多说话的时候，他就用这种方法说话。据说，在出乱子的那一天，他就是过分地使用了这种方法。

加里乌林从城里打来电话,他不理睬,因此加里乌林的一片好心白费了。也许就因为这样,科里亚违反本意地使后来的事件得到了不幸的结局。

加里乌林要求把在车站上或车站附近的政委找来接电话,为的是要告诉他,他加里乌林马上就要来解救他,要他等他一会儿,在他到来之前,不要动声色。科里亚却不肯替加里乌林去找金茨,借口是,他这里的线路正忙着给向比留奇开来的一列火车发信号,现在他还让这列装载着调来的哥萨克朝比留奇开的火车停在附近的会让站上呢。

等到这列火车终于开到时,科里亚却又不高兴起来。

火车头慢慢地爬到站台上黑乎乎的敞棚底下,恰恰就在电话室的大窗户前面停了下来。科里亚猛地拉开绣有铁路标记的沉甸甸的深蓝色呢子窗帘。在石头窗台上有一个装水的长颈大玻璃瓶,老大的托盘里还有一个粗糙的厚玻璃杯。科里亚倒了一杯水,几大口喝完了,又朝窗外看了看。

司机发现了科里亚,就在司机室里很亲热地朝他点了点头。“哼,坏透了,鬼东西!”科里亚恨恨地想道。他又朝司机伸了伸舌头,抡了抡拳头。司机不仅理解了科里亚的意思,而且还耸了耸肩膀,朝着后面的车厢转了转头,那意思是说:“有什么办法呀?你来试试看。惯性嘛。”科里亚又用表情回答他:“反正你没有好心肠!”

开始把马从车厢里往外牵。马硬撑着不肯走。马蹄走在木跳板上的低沉的咚咚声,换成马蹄铁碰击站台石板的叮当声。终于把老想直竖起来的马牵过了几道铁轨。

轨道尽头处，是停在生锈的、周围长满荒草的铁轨上的两节报废的车厢。几辆取暖货车的木车厢被雨水冲掉了油漆，因为虫蛀和受潮，木板都腐烂了，现在又躺在这儿，和车厢那边一堆堆的原木材、白桦木上长的多孔蘑菇、天空一朵朵的白云为伍了。

在树林边上，一声口令，哥萨克们都上了马，赶去解救。

他们把二一二团的叛兵包围起来。骑兵在树林里总是比在光秃的地方显得高大些、魁伟些。逃兵们虽然在工事里都有枪，可是他们见了哥萨克都很害怕。哥萨克们抽出了马刀。

金茨从骑兵拉开的散兵线里跳到木柴堆上，对被包围的叛兵发表讲话。

他又像以往那样，谈起军人的职责、祖国的意义和其他许多崇高的东西。这些概念在这儿没有受到欢迎。在场的人非常多。这些人在战争中历尽了困苦和艰险，厌倦了，心肠冷酷了。金茨说的话，他们早就听烦了。四个月来，右面来的捧场，左面来的奉承，使这一伙人益发骄横了。这一伙人都是普通老百姓，他们听说讲话人的姓不是俄罗斯的姓，又听到他那波罗的海一带的口音，就十分反感了。

金茨感觉到自己说得太啰唆，很不满意自己，不过他想，这样他们更容易听懂。可是听众并不对此表示感激，而是表示冷淡和厌烦。他越来越生气，因此他决定对这些人说话用强硬的口气，并且使用威吓的办法，这是他早就准备好的。他没有听见已经响起来的一片咕哝声，仍然威吓乱兵们说，革命军事法庭不是吃白饭的，如果不交出武器，不交出罪魁祸首，就要判死罪。金茨说，如果他们不听劝告的话，就是下贱的叛贼、不可救药的坏蛋、十恶不赦的匪徒。这些人听不惯这种腔调。

几百人一齐吼叫起来。“别说这一套。够了。算啦。”大家都是用粗喉咙低嗓门儿喊的,而且几乎都没有恶意。但是又响起了几个充满了仇恨的、声嘶力竭的尖嗓门儿。大家都留心听起来。几个尖嗓门儿喊道:

“伙计们,他骂我们,你们听见没有?还像过去一样呢!还要摆军官臭架子!我们是叛贼吗?那你是什么人,长官先生?咱们凭什么要和他磨蹭?你们没看见吗,他是德国人,是奸细!喂,你这位贵族,把证件拿出来!你们这些来镇压我们的,你们张什么嘴?来吧,把我们捆起来,把我们吃了吧!”

但是就连哥萨克们也越来越不喜欢金茨那番很不中听的话了。“都是坏蛋,都下贱。就他是高贵的啦!”哥萨克们小声嘟哝说。他们开始把刀插进鞘里,开头是个别的人,后来人数越来越多了。一个一个地下了马。等到下马的人相当多了,他们便乱纷纷地朝空地中央的二一二团逃兵走去。两方面的人渐渐混到一起,亲切地交谈起来。

“您应该悄悄离开这儿,”有的哥萨克军官很担心地对金茨说,“您的汽车在交叉路口。我们派人去叫汽车开近些。您赶快走吧。”

金茨走是走了,但是因为他觉得悄悄走有失尊严,所以他不是悄悄地,而是大模大样地朝车站走去。他十分激动,因为自尊心,他强迫自己走得十分从容,显得一点也不着急。

已经离车站很近了。森林就靠近车站。走到森林边上,已经看见铁路线了,他第一次回头看了看。他后面跟着许多握枪的士兵。“他们要干什么?”金茨想着,加快了脚步。

跟在他后面的士兵也加快了脚步。他和追赶者之间的距离没有变化。前面就是两列报废的车厢。金茨绕过车厢,就跑了起来。运送哥萨克的那一列火车开到车库里去了。线路上没有车辆。金茨跑步跨过了线路。

他飞跑着跳上高高的站台。这时候,追赶他的士兵从报废的车厢后面跑了出来。波瓦里欣和科里亚对金茨喊了两声,并且打手势叫他到车站里面去,他们好保护他。

但是,又是世家子弟的自尊心、高人一等的心情、愿作牺牲的心情和不切实际的心情,使他不愿意进站里去躲避。他拼命压制心脏的猛烈跳动。他想,应该对他们大喊:“弟兄们,清醒清醒吧,我是什么奸细?”他想,应该说几句攻心的、能够使他们清醒的话,才能够使他们悬崖勒马。

近几个月来,他的干大事的感觉和心灵在呐喊的感觉无形中和讲坛、和木板讲台联系起来,跳上讲坛就可以向群众发出号召,发表慷慨激昂的演说。

车站门口,车站大钟下面,有一个灭火水桶。水桶盖得严严实实的。金茨跳到水桶上,朝着越来越近的士兵声嘶力竭地、上气不接下气地喊了几句攻心的话。他离敞着的车站大门只有两步远,一转身就能跑进去,可是他来了劲儿,一心想讲讲话,士兵们一看见他这股发了疯似的大胆劲儿,全呆住了,站在原地不动了。他们都把枪放了下来。

但是金茨站到桶盖边儿上,把桶盖弄翻了。他的一条腿掉进水里,另一条腿耷拉在桶外。他像骑马一样骑到桶沿上。

士兵们看到他的狼狈相，一齐哈哈大笑起来，有一个人从前面一枪打在他的脖子上，一下子就把他打死了，其余的人又一齐上前用刺刀乱捅他的尸首。

十一

弗列莉小姐打电话给科里亚，叫他给日瓦戈医生在火车里弄一个好座位，并且吓唬他说，如果办不好，就揭他的老底。

科里亚像往常一样，一面回答弗列莉小姐，一面通过电话和别的人说话，而且在他的话里还夹杂着一些数字，可见他还通过电话向另外一个地方发送密码电报。

“普斯科夫，执委会，听见吗？哪些人叛乱吗？什么人指使吗？您是怎么啦，弗列莉小姐？瞎说，胡扯。算了吧，请把话筒放下，您别打搅我。普斯科夫，执委会，普斯科夫。三六逗号零零一五。啊呀，真该死，带子怎么断了？嗯？嗯？我听不清。又是您吗，弗列莉小姐？我实实在在告诉您，不行，我办不到。您找找波瓦里欣吧。瞎说，胡扯。三六……唉，真见鬼……算了吧，别打搅我，小姐。”

可是弗列莉小姐说：

“你别蒙混我，什么普斯科夫，普斯科夫，我把你看透了，你明天不给医生在火车里找个座位，我可饶不了你这个小坏蛋！”

十二

日瓦戈走的那天，十分闷热。又像两天前那样，要下大雨了。

在吐得到处是葵花子壳儿的车站集镇上，一座座白石灰土坯房和一群群的鹅，在阴云密布的黑黑的天空的逼视下，吓得益发白了。

车站旁边有一大片林中空地，远远地朝两边伸展开去。这儿的青草被踩得乱糟糟的，这儿日日夜夜都有等车的人群，往往一等就是几个星期，前往各种方向的都有。

在人群里有一些身穿灰色粗呢外衣的老头子，他们在灼人的阳光下从这一堆人里走到那一堆人里，到处打听消息。有些十四五岁的半大小伙子，用胳膊肘支着身子，一声不响地侧身躺着，手里拿着扯光了叶子的树条子，好像是在放牲口。他们的光屁股小弟弟或小妹妹在附近撩着小褂，来来回回地跑着。他们的母亲伸直紧紧并在一起的两腿，坐在地上，把吃奶的孩子抱在扎得歪歪扭扭的褐色上衣的怀里。

"就像羊群听到炮声，一齐跑散开了。真够瞧的！"站长波瓦里欣一面带着日瓦戈曲曲弯弯地绕过横七竖八躺在站里和站外的人体，一面很厌恶地说。"这草地上一下子就没有人了！又看见这土地是什么样子了。他们都高兴了！这许多人拥在这儿，有四个月没看见地面，忘记地面是什么样子了……他就是倒在这儿的。真是怪事，我在战争中见过各种各样可怕的事，见惯了。可是这一次我实在不忍看！主要是没有道理。为什么呀？他有什么对不起他们的？那些人真没有人性！听说，他是个独生儿子呢……现在朝右拐，往这儿，到我的办公室里来。这次车您别想坐了，挤得要死。我把您安排到另一次车上，安排到区间交通车上。这是我们自己安排的，马上就开始编组了。不过您在开车以前千万别露风声，对谁也不能说。如果说出去，那就不得了啦。夜里您可以在苏希尼奇换车。”

十三

等到保密的这次列车编组好了，从车库里倒着向车站开过来，草地上还是有许多人，并且一齐朝着慢慢倒着开来的火车拥过来。人们乱纷纷地从小土包上下来，跑到路基上。许多人你拥我挤，爬到缓冲器上和踏板上，还有一些人从窗户里爬进车厢，或者爬到车厢顶上。火车还在倒开着，转眼间就挤满了人，等开到站台上，火车就挤得无法再挤，上上下下都塞满人了。

日瓦戈不知怎样被挤到了车门口平台上，后来又不知怎样被挤进车厢过道里。

整个一路上他都在过道里，坐在自己的行李上，一直坐到苏希尼奇。

阴云早就散了。在洒满火辣辣的阳光的田野上，到处是呜呜的叫声，那叫声没有歇息，压倒了火车行驶的声音。

站在窗边的乘客，遮住了其他人的光线。他们长长的、重重叠叠的影子落在车底板上、座位上、靠背上。这些影子在车厢里挤不下，又从对面窗子里挤了出去。这些影子便和整个奔驰的火车的影子一起，在另一面斜坡上连蹦带跳地跑着。

周围的人有的说话，有的唱歌，有的吵嘴，有的在打牌。每到一个车站，除了车里面的嘈杂以外，还有抢着要上车的人群在外面的吵闹声。嗡嗡的人声就像海潮的声音。就像在海上一样，在停车中间有时会忽然出现一阵无法理解的寂静。这时候能听见在火车旁边的站台上奔跑的脚步声、在行李车旁的奔跑和争吵声、送行人在远处的说话声、低沉的鸡叫声和车站花坛里树叶的沙沙声。

这时候，有一股熟悉的香气扑进窗子，仿佛是来找日瓦戈的，好像是在路上来的电报，或者是从麦柳泽耶夫城来的问候。这股香气来自旁边什么地方，来自高处，田野上的花和花坛里的花都没有这样高，这香气特别清幽，特别芬芳。

因为十分拥挤，日瓦戈无法到窗前去。但他就是不去看，也能在想象中看见这些椴树。这些椴树大概就长在铁路边上，心安理得地把茂密的树枝伸到车厢的顶上，那密密的树叶上落满车站上的灰尘，夹杂着密密麻麻、星星点点、闪闪有光的蜡黄色小花儿。

一路上到处都是这样。到处都有闹闹哄哄的人群。到处都有开花的椴树。

这种到处弥漫的香气，就好像一心要跑到朝北行驶的这列火车前面，仿佛这是一个传遍了所有的铁路支线、车站、扳道房的消息，火车上的人到哪里都能遇到，似乎这消息已经到处传遍了，证实了。

十四

夜里，一位热心的搬运工领着日瓦戈跨过一条条没有灯光的线路，让他从后面走进一列火车的二等车厢，这列火车是刚刚开到的加班车。

搬运工刚刚用检查工的钥匙开了后面的门，把日瓦戈的行李扔到车门口，一个乘务员马上就来撵他们下车，搬运工正要和他争吵，他却一见到日瓦戈恳求就心软了，朝后退去，不知跑到什么地方去了。

这列秘密运行的火车有特殊任务，开得非常快，每次停的时间都很短，还有武装保卫。车厢里的人非常少。

日瓦戈走进的单间里十分明亮，小桌上点着一支淌了油的蜡烛，烛火被窗孔里钻进来的气流吹得不停地摇曳着。

这蜡烛是这个单间里原来唯一的一位乘客的。这是一个头发浅黄的小伙子，从他那长长的胳膊和腿来看，大概他的个头儿是很高的。胳膊和腿的弯曲处不停地晃悠着，就好像是可折叠物体的零件上的螺丝没有拧紧。这个年轻人坐在窗前的沙发上，身子很随便地向后仰着。他看到日瓦戈进来，很客气地欠了欠身子，并且由半躺着的姿势变成了比较有礼貌的坐的姿势。

在他坐的沙发底下有一团东西，好像是一团破烂的花条子布。忽然那一团破布的头儿动了起来，从沙发底下急急忙忙地爬出一条耷拉着耳朵的猎狗。猎狗把日瓦戈上上下下打量了一遍，又闻了一遍，就在单间里跑来跑去，那爪子都带有弹性，就像它的高个子主人那动来动去的腿一样。很快它就听从主人的吩咐匆匆钻到沙发底下,又像一团破布了。

这时候日瓦戈才发现挂在单间里钩子上的双筒猎枪、皮子弹盒、装满了猎物的猎袋。

年轻人原来是个猎人。

他特别喜欢说话,很快就带着亲热的笑容和日瓦戈聊了起来。在说话的时候,他看着日瓦戈的嘴。

这个年轻人的嗓门儿很高,很不好听,高得有点儿像尖尖的女人嗓门儿。还有一点很奇怪:从各方面看来,他是个俄罗斯人,然而他却把有些字音发得非常古怪。他把这些音发得有点儿像法语或德语的发音。发这些音不仅要费很大的劲儿,而且还要尽量尖起嗓门儿,把这些音发得比其他音都高。几乎是他一开口,日瓦戈听了他的发音就愣住了。

有时候,他似乎比较留心自己的时候,他尽量克服这种不正确的发音,但只要一马虎,就又发得不正确了。

“他是怎么一回事儿?”日瓦戈想道,“这种毛病在书上看到过,好像是有点儿熟悉。我是个医生,应该知道这种病,可就是想不起来了。这是一种神经上的毛病,这种病引起发音不正常。可是这样尖声尖气十分可笑,使人没法子憋住笑。没法子和他说话。我最好还是爬到上铺上去躺着吧。”

日瓦戈就这样做了。等他在上铺躺下来,年轻人说,要不要把蜡烛熄灭,也许蜡烛妨碍日瓦戈睡觉。日瓦戈说好,并说谢谢。年轻人把蜡烛熄了。单间里一片黑暗。

单间里的窗子只放下来一半。

“咱们是不是把窗子关上?”日瓦戈问道,“您不怕贼吗?”

年轻人没有回答。日瓦戈又高声问了一遍,可是年轻人还是没有反应。

于是日瓦戈划着火柴,想看看年轻人是怎么了,是不是出去了,还是睡着了,虽然在这样短的时间睡着是不可能的。

可是年轻人还睁着眼睛坐在原来的地方呢,看到日瓦戈从上面探下身子,还笑了笑。

火柴灭了,日瓦戈又划着一根,在火柴的亮光下,日瓦戈又重复了一遍原来的问题。

“随您的便吧,”年轻猎人立即回答说,“我是没有什么可偷的。不过,最好不要关。太闷啦。”

“真是怪事!”日瓦戈在心里想,“真古怪,看样子,他是习惯在明亮处说话。他现在说得多清楚呀,一点外路人口音也没有!真弄不清是怎么一回事儿!”

十五

日瓦戈因为一个星期以来经历了不少事情,因为临行前激动不安,又加上收拾行李,早晨上火车又那样拥挤,所以感到疲乏得不得了。他以为,在这样舒服的铺位上一躺下来,马上就会睡着的。事实却不然。因为疲劳过度,他却失眠了。到黎明时候他才睡着。

在长长的几个钟头里,在他脑子里翻腾的思潮不论多么凌乱,实在说,都可以归结为两大股,或者两个线团,这两个线团有时缠得紧紧的，有时抖搂开。

有一股思潮想的是托尼娅、家庭和原来十分安定的生活，那种生活充满了诗意，是亲切的、纯洁的。日瓦戈在为这种生活担心，希望完整无缺地保留这种生活，他躺在飞驰的夜间快车里，急不可耐地要回到这离开了两年多的生活中去。

这一股思潮中也包括对革命的忠诚和赞美。这是中产阶级心目中的那种革命，是一九〇五年那些崇拜勃洛克的青年学生们所说的那种革命。

在这股亲切而习惯的思潮中，也包括那些新鲜东西的苗头，那些迹象和预兆，那都是在战前，在一九一二年和一九一四年间，在俄国的思想中、俄国的艺术中、俄国的命运中，在整个社会的命运和他日瓦戈的个人命运中，已经露了头的。

经过了战争之后，多么希望回头想想这些征兆，希望这些征兆重新出现并且发展下去，这种心情就像久别之后急于回家一样。

新鲜东西也是第二股思潮所想的内容，但这种新鲜东西是另外的、完全不同的！这不是在自己心目中已经习惯了的、从旧东西中产生的那种新东西，而是不由人意、不可遏止、像迅雷一样突然的、来自现实的新东西。

战争、战争的血腥气和战争的恐怖、战争的惨无人道和野蛮，都是这样的新东西。战争的考验和战争教给人们的处世秘诀，是这样的新东西。经历了战争的偏僻城镇和人，是这样的新东西。还有革命，不是一九〇五年大学生们想象的那种革命，而是现在的、从战争中诞生的、流血的、在所不惜的、由有经验的革命家布尔什维克领导的士兵革命，也是这样的新东西。

护士拉莉萨因为战争出来漂泊，过动乱不宁的生活，毫无怨尤，很少说话，硬是不肯表露自己的痛苦，而且几乎以不表示怨尤为美，这也是新鲜的。日瓦戈实心实意地尽量克制自己，不去爱她，不像他这一生对待所有的人那样，更不像对家里人和亲近的人那样，这也是新鲜的。

火车全速奔驰着。迎面的风吹进半开着的窗子，吹得日瓦戈的头发扑扑抖动，头发上落了不少灰土。夜里停车的时候和白天停车时一样，到处有闹闹哄哄的人群和沙沙响的椴树。

有时候有大车轧轧地从黑暗处来到车站。人的说话声、车轮轧轧声和树的沙沙声混到了一起。

这时候似乎明白了，为什么这些树木在夜里沙沙地摇动着树枝，凑到一块儿，它们摆动着睡意蒙眬的、懒洋洋的树叶子，就像转动着结结巴巴的舌头一样，彼此悄悄说的是什么。这也就是日瓦戈在上铺翻来翻去时所想的，那就是俄罗斯风云变幻的消息、革命的消息、革命面临困难和成败关键时刻的消息以及革命受到一定的局限的消息。

十六

第二天，日瓦戈醒得很晚。已经是十一点多了。“马尔基斯，马尔基斯！”年轻的猎人在小声呼唤他那转来转去的狗。日瓦戈觉得奇怪的是，在这个单间里还是只有他们两个人，没有另外的人坐进来。现在来到的一些车站名字是他从小就熟悉的。火车过了卡卢加省以后，就进入了莫斯科省。

日瓦戈匆匆洗过脸、漱过口以后，就回到单间里，好奇的年轻人提议吃早饭，他就坐下来一块儿吃。现在日瓦戈可以好好地看看他了。

这人与众不同的特点，是他特别爱说话，特别爱动。他爱说话，主要的不是要交流思想，交换意见，主要的是说话本身，是把话说出来，把声音发出来。他在说话的时候，在沙发上直蹦，就好像被弹簧弹的，还要高兴得飞快地搓着两手，无缘无故地放声大笑，有时这样还是不能充分表达出他的高兴，他就用手狠狠拍着自己的膝盖，直到笑出泪来。

他一说话，声音又像昨天那样奇怪。他的话极其不连贯。他一会儿自己表白，虽然谁也没有问他什么；一会儿自己无缘无故地提出问题，却不等回答，又谈起别的。

他说了一大堆自己的事，说得又离奇又没有头绪。大概他有点儿胡诌。他毫无疑问是想凭着极端化的观点和标新立异来博取别人的好感。

这一切使人想起早就熟悉的事情。十九世纪的虚无主义者和稍晚一些的陀思妥耶夫斯基作品中的某些人物，都是用这种激进主义的腔调说话的，还有不久前他们的直接继承者，也就是俄罗斯外地的知识界，也是这样的，因为在两京已经过时、已经不时髦的东西，在边远的地方还保留着，所以往往这些地方比两京更激进些。

年轻猎人说，他是一位革命家的侄儿，可是他的父母却相反，如他所说的，是老顽固分子、死硬派。他们在靠近前线的一个地方有很大的一片地产。年轻猎人就是在那儿长大的。他的父母和他的叔叔一辈子互相作对，但是他不记仇，而且现在靠他的影响，他们避免了很多不愉快的事情。

这个爱说话的年轻人说，他自己在思想信仰方面很像叔叔，他在各方面都是极端主义者，激进派，不论在人生问题、政治问题和艺术问题上，都是这样。"又有点儿像佩坚卡·维尔霍文斯基[1]了，不是像他的'左倾'，而是像他的夸夸其谈，不着边际。"日瓦戈想道，"马上他就要说自己是未来派了。"果然，他谈起了未来派。"他马上又要谈体育活动。"日瓦戈又在心里提前猜想道，"要谈良马或者溜冰场，或者法国式角斗了。"果然，他的话又转到了体育方面。

年轻猎人说，他常常在家乡的土地上打猎，并且夸口说，他是一个神枪手，如果不是身体有毛病而不能当兵的话，他在战场上也会是一个百发百中的狙击手。

他看到日瓦戈疑问的目光，叫了起来：

"怎么？难道您一点没有发觉？我以为您猜到我的缺陷了呢。"

他从口袋里掏出两张卡片递给日瓦戈。一张是他的名片。他是复姓。他的姓名是马克西姆·阿里斯塔尔霍维奇·克林佐夫-波戈列夫希赫，或者单姓波戈列夫希赫，他要求就叫他波戈列夫希赫，这是对他的叔叔表示尊敬，因为他的叔叔就用单姓。

另一张卡片是一张方格表，上面画着各种姿势的手和各种方式交叉的手指头。这是聋哑人的手语。这一下子全明白了。

①佩坚卡·维尔霍文斯基，陀思妥耶夫斯基小说中的人物。

波戈列夫希赫是加尔特曼或奥斯特罗格拉茨基聋哑学校的有奇异天才的学生,也就是说,是一个聋哑人,他不靠听觉,而是靠眼睛,凭着难以置信的敏感,观察教师的喉头肌肉活动,从而学会了说话,并且能用同样的方式理解交谈者的话。

日瓦戈在心里把他从哪儿来和在哪儿打猎对照了一下,于是问道:

“原谅我冒昧,请您告诉我,您和兹布希诺共和国,和这个共和国的建立,有没有什么关系?”

“您怎么知道的……请问……您认识勃拉热伊科吗?……有关系,有关系!当然有关系。”波戈列夫希赫哈哈大笑,不住地摇晃着身子,用劲拍着自己的膝盖,像连珠炮似的说了起来。他又添枝加叶地编造起来。

波戈列夫希赫说,勃拉热伊科是他所凭借的力量,兹布希诺是施展他的抱负的重点。日瓦戈很难听懂他的叙述。他的思想有一半是无政府主义的空想,有一半纯粹是猎人的胡诌。

波戈列夫希赫以圣人那种沉着的语调预言,近期内将有严重的动乱。日瓦戈在心里也认为,这可能是无法避免的,但是他听到这个不讨人欢喜的年轻人用这种权威的沉着语调发表预言,觉得十分生气。

“等一等,等一等,”日瓦戈很不大胆地反驳说,“这一切可能会这样。不过,我看,不能给外来的敌人以可乘之机,不能让敌人趁我们的混乱进行冒险的尝试。应当让国家休养生息,在一场革命之后,要喘一口气,然后再走下一步。应当有一个比较安定和太平的时期。”

“这是一种天真的想法。”波戈列夫希赫说，“您所说的混乱，和您称道、喜欢的太平景象一样，都是一种正常的现象。这种混乱与破坏，乃是一项更加宏伟的建设性计划的必要的和先决性的部分。社会的破坏还很不够。应该破坏得彻底，到那时候真正革命的政权才能按照完全不同的原则把社会重新建立起来。”

日瓦戈觉得很不舒服。他走出去，来到过道里。

火车飞快地在莫斯科郊区奔驰着。不时地有白桦树林和密密麻麻的别墅迎着车窗奔来，又擦着车窗飞过去。一座座没有天棚的小车站迎面驰来，站台上站满了住别墅的男男女女，那些人在火车掀起的烟尘里远远地朝一旁飞驰着，转动着，就像是坐着旋转木马。火车汽笛一声接一声地响着，那长长的、像大喇叭一样的林中回声不住地打着呛，把汽笛声传得远远的。

这些天来他第一次清楚地意识到，他现在是在哪里，他是在往哪里去，再过一两个钟头迎接他的将是什么。

三年的变化、奔波、战争、革命、动乱、枪炮声、牺牲的场面、死亡的场面、炸毁的桥梁、破坏、大火——这一切忽然变成一大片毫无意义的空白。离别很久之后第一件真正有意义的事，是他在火车里离家越来越近了，他的家还完好无恙，还在这个世界上存在着，家里的每一样东西都是可亲可爱的。所谓人生，所谓感受，冒险家所追求的，艺术所表现的——就是回到亲人身边，回到自己家里，重新生存下去。

树林没有了。火车从绿树丛中来到开阔的地方。林中空地渐渐从谷地里升上来，成为一块宽阔的高地，渐渐向远处扩展开去。林中空地上到处是一垄垄翠绿色的土豆。林中空地的高处，土豆的那一头的地上，有很多温床的玻璃框子。林中空地对面，飞驰的火车尾巴后面，半空里有一大片乌云。阳光从乌云缝儿里钻出来，像车轮辐条似的散了开去，射在温床的玻璃上，那玻璃反射出耀眼的光芒。

忽然从乌云里落起斜斜的、在阳光中闪闪发亮的晴天雨来。雨点急匆匆地落着，紧紧追随着飞驰的火车的车轮撞击铁轨和螺栓晃荡的速度，好像是在追赶火车，或者怕落在火车后面。

日瓦戈还没有来得及转移注意力，就从山后面露出救主大教堂，过了一会儿，全城的教堂圆顶、房顶、一座座楼房、一座座烟囱就出现在眼前了。

“莫斯科到了，”他说着，朝单间里走去，“该准备下车了。”

波戈列夫希赫跳起来，在猎袋里翻了翻，挑出一只大些的野鸭。

“请收下，”他说，“做个纪念吧。我和您相处这一天，感到十分愉快。”

日瓦戈不管怎样推却，都没有用。“那好吧，”他只好说，“我收下，就算是您送给我妻子的礼物。”

“给妻子！给妻子！给妻子的礼物。”波戈列夫希赫高兴得一再重复说，就好像是第一次听到“妻子”这个字眼儿，并且哈哈大笑，笑得浑身直打哆嗦。那猎狗也从沙发底下钻出来，跟他一起欢蹦起来。

火车渐渐驶向站台。车厢里暗下来，就像黑夜一样。聋哑人用一份铅印呼吁书的纸片把野鸭包好，递给日瓦戈。

第六章　在莫斯科过的一个冬天

一

在路上，因为坐在狭小的单间里不动，就觉得好像只是火车在走动，时间是不动的，觉得好像依然是中午。

但是当马车拉着日瓦戈和他的行李好不容易慢慢地从斯摩棱斯克广场上拥挤的人群中挤出来时，已经是黄昏时候了。

也许当时情况就是那样，也许后来几年的观感变成了日瓦戈当时的印象，反正后来他回忆起来，就觉得当时许多人拥挤在市场上只是出于习惯，没有什么原因，因为空空的小铺的遮阳棚都没有撑起来，甚至门都上了锁，在肮脏的广场上没有东西卖，连广场上的垃圾和废物都没有人打扫了。

他似乎还觉得，当时他已经看到人行道上拥挤着不少穿得很体面的老头子和老奶奶，用哀怨的目光望着过路人，一声不响地向过路人兜售东西，有缎花、有带口哨和玻璃盖子的圆咖啡壶、有黑纱夜礼服、有已经撤销的一些部门的制服，这些东西谁也不买，谁也不要。

似乎大家买卖的都已经是更为迫切需要的东西:硬邦邦的黑面包头儿、已经有点儿溶化的糖块、连同包装纸切开的半两重的半包马哈烟。在市场上最行销的是一些不常见的破烂货,买的人越来越多,价钱不断地提高。

马车拐进靠近广场的一条小胡同。背后的太阳快要落山了,夕阳的光辉射在日瓦戈的背上。前面有两匹马拉着空空的运货大车轰隆轰隆地走着,蹚起一股股灰尘,灰尘在夕阳的光辉里泛着古铜色。

他坐的马车终于赶到挡道的运货大车前面,马车就跑得快些了。日瓦戈感到惊讶的是,在马路上和人行道上到处是从墙上和栅栏上撕下来的旧报纸和旧海报。风吹着这些纸片朝一个方向跑,迎风而行的车马和行人则用马蹄、车轮和脚带着这些东西朝另一方向去。

过了几个街口,很快就在两条胡同交叉口上出现了自己的家。马车停了下来。

当日瓦戈走下马车,走到大门口按门铃的时候,他的呼吸急促,心怦怦跳了起来。没有人来开门。他又按了一次。还是没有任何反应,他着急了,就一下接一下地按了起来,于是他看到旁边的小门打了开来,托尼娅手扶着门站在那里。起初两个人都因为太突然,呆呆地愣住了,也没有听见彼此的叫声。但是因为在托尼娅手里的敞开的门有些像敞开的怀抱,这才提醒了他们,他们像发了疯似的互相扑过去拥抱起来。过了一会儿,他们争先恐后地同时说起话来。

“顶要紧的是:都好吗?”

“好,好,你放心。都好好儿的。我在信里对你说了些傻话。请原谅。不过这些事以后再谈吧。你怎么不来个电报呀? 马上叫马尔克尔把你的东西拿进来。我看,不是叶戈罗芙娜来开门,你有点儿担心吧? 叶戈罗芙娜在乡下呢。”

“你瘦了。可是多么年轻、多么漂亮呀! 我马上去把马车夫打发走。”

“叶戈罗芙娜运面粉去了。其余的用人都辞退了。现在只有一个新来的纽莎,你不认识,是个小姑娘,照看舒拉的,再就没有别的人了。大家都知道你要回来了,戈尔顿、杜多罗夫和其余的人都在盼着呢。”

“舒拉怎么样?”

“还好。他刚刚睡醒。等你洗洗澡,换过衣服,再去看他吧。”

“爸爸在家吗?”

“在信里不是告诉你了吗? 他从早到晚都在区议会里。他是议会主席。不用说有多忙了。你付过车钱了吗? 马尔克尔! 马尔克尔!”

他们跟网篮和手提箱一起,在人行道当中,把路拦住,行人都绕着他们走,上上下下地打量着他们,望着渐渐远去的马车和大开着的大门,希望看看下文怎样。

这时候身穿印花布衬衫、外套坎肩、手里拿着管院人帽子的马尔克尔已经从大门口朝年轻的东家夫妇跑来,一面跑一面喊:

“老天爷,这不是小尤拉吗? 就是的! 好小子,就是他! 尤利·安得列耶维奇,我们天天为你祈祷,天天盼着你,你没有忘了我们,这一下子可回来啦!喂,你们干什么?嗯?有什么好看的?”他责怪起看热闹的人,“先生们,走吧。别把眼睛瞪破了!”

“你好,马尔克尔,咱们来拥抱拥抱吧。你这怪人,把帽子戴上嘛。情况怎么样,还好吗?老婆和孩子们怎么样?”

“他们还好,都壮实。谢谢了。情况嘛,你在前方流血流汗,瞧,我们在这儿也不自在。到处又脏又乱,鬼也感到恶心,乱七八糟,真没有办法!街道没有人打扫,房屋没有人修,房顶没有人油漆,肚子里空空的,像大斋节一样,一点儿油腥也见不到。”

“马尔克尔,我要当着尤利·安得列耶维奇的面说你了。尤拉,他总是这个样子。我听不惯他说这种糊涂话。他大概是想叫你听了高兴,拼命这样说的。不过,他自己心里也是这样。算了吧,算了吧,马尔克尔,不用辩白了。马尔克尔,你是个糊涂人。该学聪明点儿了。毕竟你是在懂道理的人家里嘛。”

等到马尔克尔把东西提进过道里,关上大门,他又亲切地小声说:

“听见没有,安托尼娜·亚历山大罗芙娜还生气哩。她总是这样。说,马尔克尔呀,你真是黑良心,黑得像烟囱里的黑烟子。她说,现在就是小孩子,就是小猫小狗,也懂得道理。那是当然,没什么好说的,不过,尤拉呀,信不信由你,那些有学问的人,将来的共济会会员,他们的心思深得很,他们读了埋在石头底下一百四十年的书,尤拉呀,现在我觉得,他们把我们卖啦,卖得一钱不值,半文不值,连马哈烟也换不到一口。你瞧,安托尼娜·亚历山大罗芙娜简直不叫我说话,瞧,又在摆手了。”

“怎么能不摆手？好啦，你把东西放在地上，去吧，谢谢你，马尔克尔。要是有事，尤利·安得列耶维奇再叫你。”

二

“他唠叨起来就没有完。你别理他，别睬他。他纯粹是个傻瓜。当着人的面净是胡说八道，心里有一股莫名其妙的怨气。自己也不知道该恨谁，可怜虫。”

“你这是过奖了！我看，他不过是一个酒鬼，所以喜欢唠叨，别的没有什么。”

“他不喝酒的时候，也是这个样子。算了，不说他了，去他的吧。我只怕舒拉又睡不着。听说铁路上流行伤寒……你身上没有虱子吧？”

“我想，没有。我在火车上很舒服，就像在战前那样。不过还是多少洗一洗，马马虎虎洗一洗。洗一洗放心些。你上哪儿去？为什么不从客厅里走？现在你们从另一道楼梯上楼吗？”

“噢，是的！你还一点儿不知道呢。我和爸爸想了想，把楼下交给了农业科学院。要不然到冬天自己没有足够的木柴烧炉子。再说楼上也够住的。我们已经让给了他们。他们暂时还没有来接收。这儿将是他们的研究室、标本室、种子收藏室。就怕招老鼠。总是粮食嘛。但是目前这些房子都还很整洁。现在这都叫作居住面积了。往这儿来，这儿来。你真呆！从黑楼梯转着上楼嘛。明白了吗？跟我来，我带你上楼。”

“你们把一些房间让出去，这样做很好。我所在的军医院，也驻在有钱人的住宅里。无数的套房，镶木地板。一棵棵桶栽棕榈到夜里在床头挓挲着手指头，就像幽灵一样。有些久经战火的伤兵有时会吓得在睡梦中叫起来。当然，那都不是十分正常的，是神经受到震伤的。只好把棕榈搬出去。我是想说，过去有钱人过的日子是有点儿不大正常。多余的东西太多了。多余的家具，多余的房间，多余的柔情，多余的废话。你们让出房间，这太好了。不过还少了点儿，应该多让出一些。"

"你这包儿里鼓鼓囊囊的是什么？鸭嘴，还有鸭头。多好呀！野鸭子哩！从哪儿弄来的？我简直不相信自己的眼睛啦！如今这年头这可是了不起的宝贝！"

"这是在火车上有人送的。这事儿说起来话长，以后再说吧。你看怎么办，解开放到厨房里吗？"

"是的，当然。这就叫纽莎来收拾收拾。很多人都说到冬天将会有各种各样可怕的事情，寒冷，饥饿。"

"是的，到处都在这样说。刚才我在火车上望着窗外想过。有什么比家庭平安和工作更要紧的呢？其余的事都不是我们管得了的。是的，看样子，很多人将会有灾难临头。有些人想到南方，到高加索去躲难，想跑远些。这不是我这个人干的事。男子汉、大丈夫应当咬紧牙关，和自己的国家同甘苦、共患难。依我看，这道理是很明显的。你们是另一回事。我希望你们躲一躲灾难，最好是到比较安全的地方去，比如说，到芬兰去。不过，像咱们这样在每一级楼梯上都要站上半个钟头的话，恐怕咱们一辈子也到不了楼上啦。"

"你等一等。听我说。有一个消息。一个多好的消息呀！可是我都忘了说啦。尼古拉·尼古拉耶维奇回来啦。”

“哪一个尼古拉·尼古拉耶维奇?”

“尼古拉舅舅呀。”

“托尼娅！这不可能！他怎么会来的?”

“是的,一点不假。他是从瑞士回来的。绕道伦敦,又经过芬兰。”

“托尼娅！你不是开玩笑吧？你们看见他了吗？他在哪儿？能不能马上把他找来?”

“看你多性急！他这会儿在城外一个什么人的别墅里。他说后天一定回来。他完全变了,你见了会失望的。他回来的路上,在彼得堡停了很久,完全布尔什维克化了。爸爸和他争论得嗓子都哑了。噢,真的,咱们为什么每一步都要站这么久？走吧。就是说,你也听说今后没有什么好日子过,要有困难、危险,不知会有什么事情发生喽?”

“我也是这样想。不过,没有什么。咱们能熬过去。不是所有的人都要完蛋。咱们可以看看人家怎么样。”

“听说,今后会没有木柴,没有水,没有电。要废除货币。要停止运输。瞧,咱们又站住了。走吧。你听我说。都说阿尔巴特街有一家小店里卖的扁平的铁炉子很好。烧报纸就能煮饭。别人把地址告诉我了。趁大家还没有抢着买,应该去买一个。”

“对,要去买。托尼娅,你真聪明！可是尼古拉舅舅呀,舅舅！真没想到！我真想不出是怎么一回事儿!”

“我有这样一个计划。在楼上留出一部分房间,咱们和爸爸、舒拉、纽莎住,比如说,留下两间到三间,一定要连着的,就在这层楼的一头，其余的都给他们。要隔起来，另开一个门。买一个那样的铁炉子放在当中的房间里，把烟囱安在小窗孔里，洗东西、煮饭、吃饭、会客都在这里面，这样可以节省木柴，说不定可以把冬天打发过去。”

“不然怎么办呢？当然能打发过去。毫无疑问。你这个点子想得很好。有两下子。你知道吗？咱们来庆祝你的计划通过。把我带回来的鸭子烧一烧，把尼古拉舅舅找来庆贺咱们搬迁。”

“好极了。我叫米沙·戈尔顿弄点儿酒精来喝。他在一个什么实验室里，能弄得到。现在你来看看。这就是我说的那个房间。我就选定这一间。你赞成吗？你把手提箱放在地上，再下去拿网篮。除了舅舅和戈尔顿以外，还可以把杜多罗夫和舒拉·什列津格尔请来。你没意见吧？你没有忘记咱们的盥洗室在哪儿吧？你到那儿去洗一洗，往身上洒点儿消毒药水。我去看看舒拉，叫纽莎到厨房里去，等我弄好了，再来叫你。”

三

他回到莫斯科，头号的新鲜事是他的儿子。舒拉一生下来，他就应征入伍了。他怎么能熟悉儿子呢？

有一天，日瓦戈已经编进了军队，在出发前到医院里去看托尼娅。当时正赶上给婴儿喂奶的时间。医生不让他进去。

他坐在外厅里等候。这时候，远处的婴儿走廊里响起十来个婴儿的一片哭声，从这儿一拐角就是产妇们睡的产科病房，看护们为了不叫襁褓中的婴儿受凉，每个人在腋下夹着两个，就像夹着两大包刚买的东西似的，急匆匆地送给产妇去喂奶。

“哇，哇！”婴儿们都用一种调子哭着，几乎都不带感情，好像是在尽责任，只有一个声音与众不同。那个婴儿也是在“哇哇”地哭，也没有难受的意味，但似乎不是在尽责任，而是有意表示不高兴合唱，故意带点儿低音。

日瓦戈为了对岳父表示敬意，当时就已经决定给儿子取名为亚历山大[①]。不知为什么他那时候以为，那样哭的是他的儿子，因为那是一种有特征的哭，已经显示出将来的性格和一生的命运，那是一种带有抒情音调的哭，当时日瓦戈就觉得，这种哭显示出亚历山大这个名字的本色。

日瓦戈没有猜错。后来弄清楚，那样哭的确实是舒拉。那就是他了解到的儿子的第一点。

后来他对儿子的了解是通过托尼娅在信中给他寄的一些照片。照片上是一个讨人喜欢的、漂亮的胖小厮，大大的脑袋，微微噘着的小嘴，两腿弯弯地站在铺开的被子上，两条胳膊还向上举着，就好像在跳盘腿舞。那时候他才一周岁，正在学走路，现在满两岁了，该学会说话了。

日瓦戈提起地上的手提箱，解开皮带，把提箱放在窗前的牌桌上。以前这个房间是做什么用的？日瓦戈认不出来了。看样子，托尼娅已经把这里的家具搬了出去，或者把墙壁重新粉刷过了。

日瓦戈打开手提箱，想找出刮胡子的家什。窗子对面恰好是一座高高的钟楼，钟楼的柱子中间出现了一轮皎洁的满月。等到

①亚历山大是大名，其小名是舒拉、萨沙、萨申卡等。

月光射进手提箱里，洒在放在上面的衬衣、书和刮胡子家什上，这房间不知为什么一下子就显得不同了，于是日瓦戈认出了这个房间。

这是腾出来的原来安娜·伊万诺芙娜的储藏室。过去她把坏桌子、坏椅子、用不着的旧公文都堆放在这里。这儿有她的家族文献资料，这儿还有几个大柜子，是夏天盛放冬季用品的。安娜·伊万诺芙娜在世的时候，这个房间的几个角落里的东西都堆得抵着天花板，平时都不让孩子们进去。但是每逢过年过节，亲友的孩子们成群地拥来，让他们在整个楼上到处跑、到处玩的时候，把这个房间也开了，他们就在里面做游戏，在桌子底下藏人，用木炭画胡子，化装玩儿。

日瓦戈回忆着这些事，站了一会儿，然后，到楼下前厅里去拿放在那里的网篮。

在楼下厨房里的纽莎是个怯生生、羞答答的姑娘，正蹲在灶前，在铺开的一张报纸上拔鸭毛。她一看见提着网篮的日瓦戈，脸一下子红得像罂粟花一样，急忙站了起来，一面掸着粘在围裙上的鸭毛，问了一声好，就要来帮着提网篮。但是日瓦戈谢绝了，说自己提得动。

他刚刚走进安娜·伊万诺芙娜的储藏室，妻子就在隔壁或者另一个房间里叫他：

“行了，尤拉，来吧！”

他便去看舒拉。

现在舒拉的房间就是当年他和托尼娅的书房。小床上的舒拉没有照片上那样好看，不过十分像祖母，简直是祖母的翻版，比她死后保存下来的所有相片都像。

“这是爸爸，这是你爸爸，对爸爸招招手。”托尼娅说着，把小床上的栏格子放下来，好让爸爸亲他和抱他。

舒拉让这个满脸胡子的陌生男子来到跟前，大概这个陌生人使他感到可怕，使他厌恶，所以等陌生人俯下身来，他猛地站起来，抓住妈妈的衣襟，狠狠地打了陌生人一耳光。他自己被自己的勇猛行动吓坏了，所以他立即扑到妈妈的怀里，把脸埋到衣服里，放声大哭起来。

“哎，哎，”托尼娅数落他说，“不能这样，舒拉。爸爸会说舒拉不是个好孩子，说舒拉是个坏孩子。快去吻爸爸，叫爸爸看看舒拉多么会吻爸爸。别哭，不能哭，傻孩子，你哭什么呀？”

“随他去吧，托尼娅，”日瓦戈说，“别折腾他了，你自己也不要多心。我知道你想的是什么糊涂念头。你觉得这不是无缘无故的，这是不祥的兆头。这都是小事情。这是很自然的。这孩子从来没见过我嘛。到明天见惯了，就亲热起来了。”

但是，他从房里走出来的时候，也是垂头丧气的，怀着一种不祥的预感。

四

在后来的几天里，他发现自己是那样的孤独。他不怪任何人。显然，他自己希望孤独，也就孤独起来。

朋友们都出奇地消沉了，失去了各人的特色。自己的思想境界、自己的见解都没有了。在他的记忆中，他们的思想、性格都鲜明得多。看样子,是他以前把他们看得过高了。

过去认为富人靠穷人的血汗寻欢作乐,花天酒地,是天经地义的事,那时候,多么容易把这种寻欢作乐,把多数人还在忍受而少数人享受的这种游手好闲的权利当作体面和风雅呀!

但是,一旦下层人起来,上等人的特权被取消的时候,他们又是多么快地失去了自己的特色,多么不怜惜地丢掉了独有的思考,就好像谁也不曾有过似的!

现在和日瓦戈亲近的只有一些不说空话、不高谈阔论的人了,只有妻子和岳父,再就是两三个同事以及一些普通的工作人员、朴实的劳动者。

有野鸭和酒精的宴会,在他回来的第二天或第三天如期举行,这时候他和被请的人已经不是第一次见面,他们在这以前已经见过面了。

一只肥鸭在当时已经挨饿的时期是一种了不起的美味,但是光有肥鸭没有足够的面包,就使宴会显得不够丰盛,所以甚至使人有点儿懊恼。

戈尔顿用带毛玻璃塞的药瓶带来一瓶酒精。酒精是背袋贩子们最喜欢交换的东西。托尼娅一直把酒瓶拿在手里,根据需要,一次一次地往酒精里掺水,多少不定,有时掺很多,有时很少。因为掺水有多有少因而浓淡不同的酒,竟比烈性酒和有一定度数的酒还厉害得多。这也使人够受的。

最不痛快的是,他们的宴会脱离了当时的条件。不能设想,在这条巷子里对面的几户人家在此时此刻会这样吃喝。窗外是无声无息、黑沉沉的、饥饿的莫斯科。商店里都是空的,至于像野鸭和酒这样的东西，连想也别想。

原来，只有生活和周围人的生活一样，不显得特殊的时候，才是真正的生活，原来，独享的幸福不是幸福。所以，这似乎是城里独有的野鸭和酒精，也就完全不是野鸭和酒精了。这是最使人难受的。

客人们也使人产生不愉快的想法。戈尔顿也够呛，他今天心事重重，说起话来又没劲儿，又前言不搭后语。他是日瓦戈的好朋友。在中学里的时候，他是人人喜欢的。

但是现在他不讨人喜欢了，他的精神面貌发生了不能令人满意的变化。他强打精神，硬装成一个快活人，一个劲儿地在说自以为很俏皮的话，常常说“有趣”和“好玩儿”，这不是他常用的字眼儿，因为他从来不把人生看作娱乐。

在杜多罗夫到来之前，他讲了他以为很可笑的杜多罗夫结婚的事，那件事是朋友们之间盛传着的。日瓦戈不知道那件事。

原来，杜多罗夫结婚一年左右，后来就和妻子离婚了。这件事的不怎么有趣的趣味就在下文。

杜多罗夫被错误地征去当了兵。在弄清楚是误会之前，在他当兵的时候，他常常因为太马虎，因为在大街上不向长官行军礼而受处分，被罚值勤。等到把他从军队里放出来以后，他在很长时间里一看见军官就不由地把手往上举，眼睛里冒金星，好像到处都有肩章在闪光。

在这段时间里，他干什么事情都不对头，出了不少差错和纰漏。就在这时候他好像是在伏尔加河的一个码头上认识了两个姑娘，是亲姊妹，也是在那儿等船的。因为四周围有很多军人来来往往,因为他当兵时不行军礼吃过亏,所以精神很不集中,没有看仔细,就糊里糊涂迷上了那个妹妹,并且迫不及待地向她求爱。"好玩儿吧,不是吗?"戈尔顿问道。但是他还没有说出故事的结局,门外响起故事主人公的声音。英诺肯季·杜多罗夫走了进来。

杜多罗夫发生了截然相反的变化。他原来是个很不稳重、很轻狂的人,现在变成了一个严肃持重的学者。

他在中学的时候,曾因为参与准备政治逃亡而被开除,他试着上过几个艺术学校,但最后他还是上了大学文科。他是在战争时期大学毕业的,比原来的同班同学要晚些。他主讲两门课程,即俄国史和世界史。在俄国史方面,他写过一本关于伊凡大帝土地政策的书;在世界史方面,他写过一本研究路易·安斯的书。

他现在谈起什么问题都客客气气,声音低低的,就像害了伤风一样,若有所思地望着一点,眼睛不抬也不垂,就像在讲课一样。

在宴会快结束的时候,舒拉·什列津格尔突然冲了进来,大家本来已经够兴奋了,这时争先恐后地嚷了起来。杜多罗夫、他和日瓦戈在学生时代就互相称呼"您"的,这时他一连几次问道:

"您看过《战争与和平》和《脊柱长笛》吗?"

日瓦戈早就告诉他说,他正想着呢,但是因为大家的吵嚷声,杜多罗夫没有听见,所以过了一小会儿,他又问道:

"您看过《脊柱长笛》和《人》吗?"

"我已经回答过您了,英诺肯季。只怪您没有听见。好,就依您的,我再说一遍。我一直很喜欢马雅可夫斯基。他是陀思妥耶夫斯基的延续。或者可以说,他的诗就是陀思妥耶夫斯基的叛逆性的年轻人物,如伊波利特、拉斯柯尔尼科夫或者《少年》的主人公,就是他们的诗。多么有气魄的作品呀！一言以蔽之,是不妥协的和锋利的！最主要的是,这一切都是大胆泼辣地投向社会和进一步投向广大世界的!"

不过,在晚会上,大家注意的中心人物还是尼古拉舅舅。托尼娅说他在人家的别墅里,是弄错了。日瓦戈回来的那一天,他已经回到城里来了。日瓦戈已经见过他两三次,已经和他长谈过,共同慨叹过、共同欢笑过了。

他们第一次见面是在一个灰暗的、阴雨的晚上。蒙蒙的细雨飘洒着。日瓦戈到旅馆里去找尼古拉舅舅。这时候住旅馆已经是必须经过市政部门的特许的。但是尼古拉·尼古拉耶维奇是有名的人物。他还有不少老熟人。

这个旅馆很像是一座没有人管理的疯人院,又空闲,又凌乱,楼梯上和走廊里都很少有人打扫。

凌乱的房间的大窗户外面,是一个很大的广场。在那些动乱的日子里,广场上空旷无人,显得很可怕,好像这是在夜晚的梦里出现的,不是眼前实有的,不是在旅馆的窗前。

这是一次使人惊讶的、难忘的、有意义的会面！他童年的偶像,年轻时代思想的导师,实实在在的、活生生的舅舅又站在他面前了。

尼古拉·尼古拉耶维奇的头发白了不少。肥大的西服在他身上显得很合身。在他这样的年纪来说,他显得还是很年轻、很潇洒的。

当然,尼古拉.·尼古拉耶维奇在风起云涌的年代里显得苍白了。他与周围的大事相比大为减色了。但是日瓦戈却未想到用这个尺度来衡量他。

尼古拉·尼古拉耶维奇谈到政治问题时异常平静、异常冷淡,用的是开玩笑的语调,这使日瓦戈感到十分惊异。他这种镇静在今天的俄罗斯几乎是不可能存在的。就这一点来说,他还保持着原来的本色。这一点异常显眼,显得很落后,很古板。

啊,他们初次见面时可没有想到这些,可不是因为这些,他们才那样亲热地拥抱、流泪,激动得喘不过气来,初见面时又快又急的谈话常常因此停顿一下子。

两个有血缘关系的、喜欢创作的人见面了。虽然他们想起了过去,种种往事涌上心头,他们分别以来的许多事情一齐浮现在眼前,但是一谈到最主要的事,一谈到具有创作气质的人所熟悉的东西,别的一切就不存在了,就只剩下这些东西了。他们之间便没有舅甥之分,没有年龄的差别,只有爱好、炽情、气质的相近了。

近十年来,尼古拉·尼古拉耶维奇没有机会在这样志同道合的情况下谈创作的魅力和创作使命的实质,从来没有谈得像现在这样痛快。从日瓦戈这方面来说,他也从来没听到过这样精辟、这样透彻、这样引人入胜的见解。

两个人不住地叫着,在房间里跑着,因为双方的见解吻合而兴奋得直抓脑袋,或者因为证明了彼此十分了解而感动得走到窗前,一言不发地用手指头敲起玻璃。

这是他们第一次见面的情形。但是后来日瓦戈有几次在公众场合见到尼古拉·尼古拉耶维奇,他在众人面前很不一样,完全成了另一个人。

他觉得自己是在莫斯科做客,并且不想改变这种感觉。既然这样,他是否认为彼得堡或者别的什么地方是他的家呢,那也无法知道。他因为自己在政治问题上能说会道,在公众场合是一个引人注目的角色,而感到沾沾自喜。也许他以为,在莫斯科也会出现像巴黎国民公会之前的那种罗兰夫人的政治沙龙。

他常常去拜访住在莫斯科僻静的小胡同里的一些好客的女友,很亲热地嘲笑她们和她们的丈夫们的动摇不定、落后和坐井观天的老习惯。他夸耀说自己现在看了很多报纸,那口气就像过去的人说自己读了离经叛道的书和神秘教派的经文一样。

据说,他在瑞士还有一个年轻的新恋人,还有未了的事和未完稿的书,据说他只是想回到祖国的革命旋涡里浸一浸身子,然后,如果能平安无事地游出旋涡的话,他还要重新回到阿尔卑斯山里去,就在那儿隐居了。

他支持布尔什维克,常常提到两个左派社会革命党人的名字,认为他们是他的同道者,一个是笔名为米罗什卡·波莫尔的新闻记者,一个是女政论家西里维娅·科捷莉。

日瓦戈的岳父亚历山大·格罗麦科常常唠唠叨叨地责备他:

“尼古拉·尼古拉耶维奇,你和他们搞到一块儿,真够呛!你那个米罗什卡,够瞧的!还有你那个什么莉季娅·波科莉……”

“是西里维娅·科捷莉。”尼古拉,尼古拉耶维奇给他纠正说。

“哼,反正都一样,波科莉或者波普莉,姓名无关紧要。

“不过,对不起,她还是姓科捷莉。”尼古拉·尼古拉耶维奇又耐心地给他纠正说。他又对亚历山大·格罗麦科发表起议论：

“咱们有什么好争论的？这道理无须多说。这是基本常识。千百年来广大的人民群众过的是非人的生活。可以看看任何一本历史教科书。不管叫什么名称，封建主义还是农奴制，资本主义还是工厂工业，反正这种制度的不正常和不合理早就表现出来，早就酝酿着一场革命，只有革命能够使人民走向光明，使一切能得到合理的解决。您要知道，对旧制度修修补补是没有用的，必须连根铲除。也许这会导致整个楼房倒塌。那又怎样呢？因为这可怕，难道就不会出现这种事吗？这只是时间问题。这有什么好争论的？”

“唉，谈的不是这个嘛。难道我说的是这个？我是怎么说的？”亚历山大·格罗麦科生气了，他们的争论更激烈了。“你那些波普莉和米罗什卡们都是没有良心的人，他们说的是一套，做的是另一套。再就是，他们说的话哪有什么逻辑性？前后都不符合。噢，等一等，我马上去找来让您看看。”

于是他找起一本刊载着一篇自相矛盾的文章的杂志，轰隆轰隆地把书桌的抽屉关起又抽开，这样轰隆轰隆地忙活了一阵子，又激发了他的口才。

亚历山大·格罗麦科最喜欢在他说话的时候有什么事情打岔儿，好掩饰他的口讷，掩饰他的“哎哎”和“嗯嗯”。他说话最带劲儿的时候，是他寻找什么东西的时候，比如在昏暗的前室里找到一只套鞋却找不到另一只套鞋的时候，或者把毛巾搭在肩上站在浴室门口的时候，或者在饭桌上传递沉甸甸的菜盘的时候，或者在给客人斟酒的时候。

日瓦戈很喜欢听岳父说话。他很喜欢这种软软的、像唱歌一样拖长了声调的传统的莫斯科方言。

亚历山大·格罗麦科那长着修剪得整整齐齐的小胡子的上嘴唇比下嘴唇微微突出些。他胸前领带的蝴蝶结也微微上翘着。上嘴唇和蝴蝶结一齐往上翘,使他显得有点儿天真、好玩儿,有点儿孩子气。

那天深夜里,客人快要散的时候,舒拉·什列津格尔才来。她是开过一次会议后直接来的,她穿着短上衣,戴着鸭舌帽,迈着矫健有力的步子走了进来,一面和大家一一地握着手,一面数落起来。

"你好,托尼娅。你好,萨涅奇卡。你们可是真不像话。到处都听说尤拉回来了,全莫斯科都知道了,可是你们却把我蒙在鼓里。你们真见鬼。真不该这样对待我。大家盼望的人在哪儿?让开,叫我过去。看你们把他围得那么严实。噢,你好呀!了不起,了不起。你的书我看了。我一点不懂,但我知道你写得好。这是一下子就能看出来的。您好,尼古拉·尼古拉耶维奇。我马上还要找你,尤拉。咱们还有不少话,还有一些特别的话要谈谈。你们好,年轻人。哦,你也在这儿吗,戈戈奇卡?您是鹅,鹅才嘎嘎嘎,您想吃了吗,哒哒哒?"

最后的叫喊是对格罗麦科家的远亲戈戈奇卡的,这人崇拜一切强者,他因为愚蠢可笑诨号"小鲨鱼",又因为又高又细诨号"绦虫"。

"你们在这儿又吃又喝呀?我马上来和你们比赛比赛。噢,诸位,诸位。你们什么也不知道,什么也看不见!世界上变化多大呀！真了不起呀！你们到真正的下层群众的大会上看看，看看那些真正的工人和士兵，而不是书本上说的工人和士兵。你们到那儿试试看，看你们敢说什么把战争进行到底！他们会给你们一点颜色瞧瞧！我刚才听一个水兵讲过了！尤拉，你听了会发疯的！他讲得多带劲儿！多么有道理呀！”

大家打断了舒拉·什列津格尔的话。大家一齐嚷嚷，各嚷各的。她坐到日瓦戈身边，抓住他的手，把脸凑到他耳朵边，为的是让他在乱嚷嚷声中能听清她的话，她用不高也不低、像对着话筒那样的声音叫道：

“你跟我出去走走吧，尤拉。我让你看看人民大众。你应该像童话中的那个安捷伊一样，时时刻刻不要离开大地。你瞪什么眼睛？你好像觉得我有点儿古怪吧？尤拉，难道你不知道，我是一匹老战马、老革命家了？我蹲过拘留所，在街垒里打过仗。当然啦！你以为怎样？啊，我们还不了解人民大众呀！我刚刚从那儿来，从他们当中来。我在给他们建立图书馆。

她已经喝了一些酒，已经有了醉意。但是日瓦戈的头也发晕了。他没有发现，舒拉·什列津格尔已经到了屋子的另一个角上，而他还在这个角的桌子边上。他站着，连自己也意想不到地讲起话来。他讲了一阵子，大家才安静下来。

“诸位……我想……米沙！戈戈奇卡！别嚷嚷！……但是，托尼娅，他们不听，有什么办法呢？诸位，让我说两句话。史无前例的大事就要来临了。在这样的大事未来临之前，我要说说对各位的希望。等这样的大事来到的时候，我们可不要彼此失去信任，不要丧失良心。戈戈奇卡，您等会儿再喊‘乌拉’。我还没说完呢。那边的人别说话，仔细听着……战争打到第三年，大家就看出来，前方和后方的界线早晚会消失，血海的波澜会触及每一个人，任何人想苟且偷安，想躲避，都躲不开这股潮流。这股潮流就是革命。在革命过程中，就像我们在战争中一样，你们会觉得，生命停止了，一切个人的东西都没有了，世界上除了杀人与死人，再不会有什么了。可是，如果我们能活下去，能够看到有关这一时期的记载的话，等我们读了这些记载，会感到，我们在这五年或十年所经历的，比其他民族在整整一百年里经历的还要多……我不知道，人民会自己起来，团结一致地向前进，还是这一切会以人民的名义出现。对于这样大的事，不能要求那种戏剧的信服性。就这样我也信服。对于伟大的事件寻根究底是没有意义的。毫无必要。这就像家庭中的争吵，一吵起来，就互相揪头发，摔碟子摔碗，弄不清是谁先动手的。就像宇宙一样，都是真正伟大的事件，没有什么人带头。这革命一下子就爆发了，就好像存在已久，现在一下子冒出来了……我也在想，俄罗斯注定要成为人类有史以来第一个社会主义国家。等这一切成为事实，将使我们惊愕得老半天回不过神来，等我们回过神来，已经失去的记忆有一半再也回不来了。我们将会忘记什么发生在什么前面，并且不再去寻找革命的原因。新建立起来的制度和刚刚出现的种种习惯和头上的云雾会把我们团团包围住。四周围都是这样。再不会有别的。”

他又说了一些什么话，这时候他的酒也完全醒了。但是他还是听不清周围说的是什么，回答起来总是驴唇不对马嘴。他看出大家都很喜欢他，但是他还是无法驱除自己的伤感心情，因此觉得很不自在。所以他说：

“谢谢，谢谢。我看出你们喜欢我。我不配。不过用不着这样着急、这样过早地喜欢我，就好像怕以后无法更喜欢了。”

大家都认为他这是有意地说俏皮话，一齐哈哈大笑，拍起巴掌来，然而他因为有一种面临不幸的感觉，觉得虽然自己有一片好心，自己能得到幸福，却无力掌握未来，而感到有些茫然。

客人们纷纷散去。每个人都因为疲倦拉长了脸。嘴一张一合地打着呵欠，很像是跑累了的马。

有人在临走的时候拉开窗帘，打开窗子。出现了黄黄的曙光，潮湿的天空布满斑斓的、灰黄色的云彩。“看样子，我们在闲扯的时候，下过大雨。”有一个人说。“我来的时候就淋到雨了，好不容易才跑到的。”舒拉·什列津格尔接话说。

在空荡荡、并且依然黑沉沉的胡同里，树上的雨水滴滴答答地往下落着，浑身湿透的麻雀不住地啁啾叫着。

一阵雷声响过，就好像有人在天上犁了一道垄沟，接着就无声无息了。后来又响了四声迟到的沉雷，那声音就像是秋天从刨松了的土垄里滚出几颗老大的土豆。

雷声响过，烟气腾腾的房间里就空了。忽然，就像电变成了电池一样，生活的组成部分，水和空气、幸福的愿望、大地和天空，都变成实在的了。

散去的客人在胡同里嚷嚷着。他们继续在外面大声地讨论着什么，就像刚才在房间里争论那样。他们的声音渐渐远去，渐渐小了，到最后听不见了。

“很晚了，”日瓦戈说，“咱们睡吧。在世界上所有的人当中，我只爱你和爸爸。”

五

八月过去，九月又快完了。九月也是要过去的。冬天快要来临了，而在人类世界里，那种像冬天的萧条一样的情况，人们纷纷传说着的、无法避免的情况，也快要来临了。

应当准备御寒的东西，应当储备食品和木柴了。但是，在唯物主义取得胜利的日子里，物质变成了概念，食品和木柴变成了粮食问题和燃料问题。

城市里的人都束手无策，就好像小孩子遇到了不可知的东西，这种东西一路上横扫一切原有的习惯，只留下空空的一片，虽然它本身也是城市里产生的，是城里人创造的。

到处都感到失望，到处都在空谈。日常生活还像跛子一样，挣扎着往前走，还瘸着腿按照老习惯慢慢朝什么地方去。但是日瓦戈认为生活本来就是这样。他不会看不到生活的缺陷。他认为自己和自己周围的一些人都要完了。面前的考验也许就是死亡。他剩下的屈指可数的日子眼看着越来越少了。

如果不是有许多生活琐事，如果不是天天操心和忙碌的话，他会发疯的。老婆，孩子，外出挣钱，填补了他生活的空虚；最迫切、最现实的是天天要花销，要工作，要出诊。

他知道，他在伟大的未来面前是微不足道的，他害怕未来，又喜欢未来，并且以此为荣耀，他常常像告别时那样用恋恋不舍的、热情的眼睛望着白云和树木，望着街上的行人，望着正忍受着艰难困苦的这座俄罗斯的大城，为了使这一切好起来，他愿意牺牲自己，可是他无能为力。

他在老马厩胡同口上俄国医学会的药房旁边穿过阿尔巴特街的时候，常常在街心里观看天空和街上的行人。

他又回到自己原来的医院工作了。虽然圣十字会已经解散了，这座医院依旧叫作圣十字医院。因为还没有给医院想出合适的名字。

医院里的人已经开始分化。他觉得那些温和派分子太落后，温和派觉得他是危险人物，而那些政治上进步很快的人则认为他还不够红。他既不算落后，又不算进步，跟不上这一派，也靠不上那一派。

在医院里，除了他的正常工作以外，院长还让他兼管全部统计工作。各种各样的调查表、统计表他都要看，各种各样的明细表他都要填。死亡率、发病率、工作人员的财产状况、他们的思想觉悟和参加选举的比例、需要的燃料、粮食和药品，这一切都是上级统计部门需要的，都要做出回答。

日瓦戈干这些事都在住院医师办公室窗前那张旧办公桌上。各种格式的表册一叠一叠地堆在他面前，被他推到一旁。有时候，除了填写定期的医务日志之外，他还在这里抽时间写写自己的《人生游戏》，写写伤感的日记或者当时的大事记，这里面有散文，有诗，各种各样的形式都有，总的是慨叹有一半人失去了自己的本色，不知道该扮演什么角色。

白粉墙的明亮的住院医师办公室里洒满了金秋的淡黄色阳光，只有在圣母升天节以后的日子里才会有这样的阳光。这时候每天早晨都降薄霜，寒鸦和喜鹊纷纷往染红了的、色彩鲜艳的、落了不少叶子的树林里飞。蓝天在这些日子里上升到最高的高度，在天和地之间，有一股深蓝色的凉气穿过透明的气流从北方涌来。世界上的一切，不管是什么，都看得更清楚，听得更清楚了。远处传来的声音更响亮了，又清晰，又容易分辨。天空清扫得异常干净，就好像能干净一辈子，而且还能管以后很多年似的。这样的空旷，如果不是时间很短，如果不是在短促的秋日里早来的黄昏已经临近，是叫人受不了的。

这样的阳光、这早落的秋日的太阳的光辉照耀着住院医师办公室，这阳光格外明媚，像玻璃，像水，又像熟透的白苹果。

日瓦戈坐在桌前，用笔蘸着墨水，沉思着，写着。有几只鸟儿静静地从办公室的大窗户跟前飞过，把无声的影子投进房里，投在日瓦戈那写字的手上、堆满表册的桌子上、地板上和墙上，又无声无息地消失了。

"枫树落叶了。"走进来的解剖员说。他原来是个很结实的男子，现在瘦得皮肉耷拉下来了。"风吹雨打都没有事，早霜一下，就受不住了！"

日瓦戈抬起头来。原来那从窗前悄悄飞过的不是鸟儿，而是火红的枫叶。那枫叶在空气中轻飘飘地飞了开去，落到枫树旁边的草坪上，像一颗颗橙黄色的星星。

"窗户封了没有？"解剖员问道。

"没有。"日瓦戈说过，又继续写起来。

"为什么没有封？到时候了。"

日瓦戈没有回答。他聚精会神地在写着。

“可惜塔拉秀克不在。”解剖员又说，“他才能干呢，会修靴子，也会修表。什么都会做。世界上什么东西他都能弄得到。该封窗户了。自己动手吧。”

“没有油灰呀。”

“可以自己调制。配方是这样的……”于是解剖员讲解起怎样用亚麻仁油和石灰粉调制油灰。“不过，随您吧。我不打搅您了。”

他走到另一面窗户跟前，摆弄起他的玻璃瓶和标本。天色渐渐黑了。过了一会儿，他说：

“您这样伤眼睛。太黑了，又没有电。咱们回家吧。”

“我还要再待一会儿。再等二十分钟。”

“他老婆在医院当看护呢。”

“谁的老婆？”

“塔拉秀克的。”

“我知道。”

“可是塔拉秀克本人却不知道上哪儿去了。他在各地到处跑。夏天回家来看过两次。也到医院里来过。现在他在乡下什么地方，在创建新生活。像他这样的布尔什维克战士，您可以在大街上和火车里见到。您想知道底细吗？比如说，想知道塔拉秀克的底细吗？那您就听着。他样样事都很能干。没有他不能干的事。不论干起什么事，都能干得很漂亮。他打起仗来也是这样。他打仗也像干手艺活儿一样，十分用心钻研，结果成了一个神枪手。不论在战壕里，不论做暗哨，眼尖，手准，弹无虚发。他得的军功章不是因为勇敢，而是因为百发百中的枪法。是啊，他干一行爱一行,他也爱上了打仗。他看到,武器就是力量,有武器就有办法。他很想成为有力量的强者。有武器的人就不是一般的人了。在古时候,这种人往往会由神枪手变成土匪。现在别想叫他放下枪,不信您试试看。忽然遇到有人喊:'掉转枪口。'于是他掉转了枪口。整个故事就是这样。这就是马克思主义。"

"不过,真正的马克思主义来自生活本身。您以为怎样?"

解剖员走到自己的窗子跟前,摆弄了一会儿试管。然后问道:

"那个修炉匠怎么样?"

"谢谢您的介绍。他是个挺有意思的人。我们谈黑格尔和本尼迪托·克罗彻,谈了有一个钟头。"

"当然啦!他是海德堡大学的哲学博士呢。炉子怎么样?"

"别提了。"

"漏烟吗?"

"还是不行。"

"烟囱安得不对。应当砌在炉子里,他可能是装在小窗孔里了。"

"他是砌在炉子里的。不过还是漏烟。"

"那就是没有找到通气管,只砌了一条通气槽子。要不然就是通气口有问题。唉,可惜塔拉秀克不在呀!不过您忍一忍吧。莫斯科不是一天建立起来的。生炉子也不是件容易事。应当学一学。木柴准备足了吗?"

"到哪儿去弄木柴呀?"

"我替您去找教堂里那个看门的。他是偷木柴的专家。把栅栏一拆，就是木柴了。不过我要提醒你，要事先讲好价钱。他很会漫天要价。要不然就去找那个卖臭虫药的老婆子。”

他们走进门房里，穿好外衣，走了出来。

“为什么要找卖臭虫药的？”日瓦戈说，“我们家里又没有臭虫。”

“哪儿是说臭虫？我说东，您倒说起西来。不是说臭虫，说的是木柴。那个老婆子什么生意都做。收买房屋，把木墙拆了当柴卖。她手里的东西多着呢。您当心点儿，别跌倒了，黑咕隆咚的。过去，我蒙上眼睛都能够在这些地方走。每一块石头我都是熟悉的。我完全是在这儿长大的。可是等到大家开始拆栅栏，我就是睁着眼睛也认不出来了，就像是到了陌生的城市。所以，许多东西裸露出来，太难看了！灌木丛中一幢幢古色古香的房屋，花园里的圆桌，快要腐烂的长凳，全都露在外面了。前几天我从一个荒凉的院子旁边经过，那个院子就在三条胡同的岔口上。我一看，有一个老得不能再老的老婆子用拐棍在刨地呢。我说：‘老大娘，上帝保佑你。你是在挖蚯蚓，想拿来钓鱼吧？’我自然是开玩笑的。可是她正正经经地回答说：‘才不是呢，我是在找蘑菇。’真的，现在城里和树林里一样了，到处是烂树叶子气味、蘑菇气味。”

“我知道那个地方。那是在谢列布良胡同和莫尔查诺夫胡同之间，不是吗？我从那儿路过，总是碰到意外的事情。有时碰到二十年没见的什么人，有时看到没见过的东西。听说，有人躲在那儿抢劫。不奇怪嘛。那是个四通八达的地方。条条路都通向斯摩棱斯克的贼窝。把东西一抢，把衣服一剥，就溜得无影无踪了。”

“这路灯多暗呀。怪不得叫作鬼火。当心脚底下。”

六

确实,日瓦戈在那个地方碰到过各种各样的意外事。深秋时候,十月革命之前不久,在一个又冷又黑的晚上,他在那里碰到一个人昏迷不醒地横躺在人行道上。那人挓挲着两条胳膊,头靠在一个石墩上,两条腿耷拉在马路上。有时断断续续地、低低地哼几声。日瓦戈想使他苏醒过来,大声问他话,他含含糊糊地嘟哝了几声,就又失去了知觉,过了一阵子才清醒过来。他的头被打破了,浑身都是血,但是日瓦戈匆匆检查了一下,他的头盖骨还没有打破。那人无疑是在遭抢劫时被打的。“公文包,公文包。”他小声嘟哝了两三遍。

日瓦戈到附近的阿拉巴特街上的药房里打了个电话,把调到圣十字医院的一个老马车夫叫来,把那个陌生人拉到了医院。

受害者原来是一位重要的政治活动家。日瓦戈治好了他的伤,后来有许多年经常得到他的保护,在那处处受到怀疑和不信任的年月里,避免了很多嫌疑。

七

一个星期天,日瓦戈空闲无事。他不用去上班。这时候他们一家已经按照托尼娅的设想,住在三个房间里过冬。

这一天又冷、风又大，阴云低垂，黑沉沉的。

从清早就生炉子。烟气腾腾。木柴很潮湿，纽莎怎么都生不好，一点不会生炉子的托尼娅却一个劲儿地给纽莎出无用的坏主意。日瓦戈看到这情形，知道该怎么办，就想插手，但是托尼娅抱住他的肩膀，把他推了出来，说：

“你干你的事吧。没有你帮忙，就够头疼的了，你偏偏要来凑热闹。你要知道，你越帮越忙，等于往火上浇油。”

“噢，托尼娅，就是要浇油，这办法太妙啦！炉子一下子就生旺了。糟糕的是，我既没有看见油，又没有看见火。”

“现在不是说俏皮话的时候。你要知道，有时候没有心思听俏皮话。”

生炉子没生好，破坏了星期天的计划。本来指望在天黑以前把一切必要的事都做好，到晚上就没有事了，可是现在这都落空了。午饭推迟了，有的想用热水洗洗头，还有一些别的打算，都办不到了。

很快就冒起浓烟，呛得人气都不能喘。强劲的风把烟倒吹回房里。房里一团团的黑烟，就像是童话里说的丛林中的鬼怪。

日瓦戈叫大家都到另外两个房间里去，并且打开小气窗。他把炉子里的木柴抽出来一半，在剩下的木柴中间留出一道空隙，好往里放引火的刨花和桦树皮。

新鲜空气从小气窗里冲了进来。窗帘晃晃悠悠地向上飘去。书桌上有几张纸被吹落在地上。风吹得远处的一扇门砰砰地响了两声，就像猫追赶老鼠一样，赶着最后剩下的一些烟团在各个角落里乱转悠。

已经点着的木柴冒出火焰,噼噼啪啪地响了起来。炉子里冒出火来。铁炉膛里的火团鲜红鲜红的,就像结核病人的两个腮尖子。房里的烟气渐渐稀薄了,后来完全消失了。

房间里渐渐明亮了。不久前封起来的窗子上凝结起水珠儿。窗子是日瓦戈按照解剖员的主意用油灰封起来的。油灰还散发着一股股热烘烘的油脂气味。在炉子旁边烘烤着的劈得细细的木柴也发出一股股的气味,有枞树皮那种呛喉咙的焦煳气味,也有潮湿的新鲜山杨木那种像香水一样的芳香气味。

这时候,尼古拉·尼古拉耶维奇就像往小气窗里直冲的风那样,急急匆匆地闯进房里来,报告说:

"外面打起来啦。支持临时政府的士官生和拥护布尔什维克的城防军士兵发生了战斗。几乎到处都在打,许多地方都暴动起来了。我来的一路上遇到两次危险,一次是在德米特罗夫大街拐角的地方,还有一次是在尼基塔门附近。简直走不过来,只好绕道走过来。尤拉,快点儿! 把衣服穿上,咱们出去看看。应该看看。这是历史。一生难得见一次。"

但是他一谈起来,就谈了有两个钟头,后来就坐下来吃午饭,等他准备回家,正要拉着日瓦戈往外走,戈尔顿又闯进门来。他也是像尼古拉·尼古拉耶维奇那样急急匆匆跑来的,也带来了同样的消息。

但是在这段时间里,事态又有了新的发展。有不少新的情况。戈尔顿说,双方的火力都加强了,有不少行人被流弹打死。据他说,城里的交通已经中断。他好不容易来到他们的胡同里,随后回去的路就被切断了。

尼古拉·尼古拉耶维奇不信他的话，走出去看了看，可是一会儿就回来了。他说，从胡同里出不去了，子弹在胡同里嗖嗖直响，打得拐角上的瓦片和石灰乱飞。外面一个人也没有，交通已经断了。

这几天，舒拉害了感冒。

“我说过一百次，叫你们不要让孩子离火炉太近。”日瓦戈很生气地说，“烤得太热，比挨冻要坏一百倍。”

舒拉喉咙疼，又发高烧。他有一个特点是莫名其妙地异常害怕恶心和呕吐，他时时刻刻觉得好像就要恶心和呕吐。

日瓦戈想用喉镜给他检查喉咙，他推着爸爸的手，直闭嘴，直叫喊，憋得透不过气来。不论怎么哄，怎么吓唬，都没有用。忽然舒拉不小心美美地打了一个大呵欠，日瓦戈抓住机会，用闪电般的动作把一只小调羹伸进儿子的嘴里，压住他的舌头，才看清了舒拉那红红的咽喉和红肿的、化了脓的扁桃体。日瓦戈一看到，心里慌了。

又过了一会儿，日瓦戈用同样的办法从舒拉嘴里取了涂片。亚历山大·格罗麦科自己有显微镜。日瓦戈拿出显微镜，自己凑合着进行了观察。幸好不是白喉。

但是到第三天夜里，舒拉的喉炎变成了喘鸣性喉痉挛。体温升高，呼吸困难。日瓦戈无法解除孩子的痛苦，对可怜的孩子看都不敢看。托尼娅觉得这孩子不行了。两个人轮流抱着他在房间里走，这样孩子才觉得轻快些。

应该弄些牛奶、矿泉水或者苏打水来喂他喝。但这时正是巷战最激烈的时候。枪声和炮声一刻也不停。即使日瓦戈冒着生命危险冲到战斗地带以外,也买不到这些东西,只要局势没有完全稳定下来,城里就不会有人做生意。

但是有一点已经清楚了。到处都传来消息,说是工人已经取得了优势。还有一小股一小股的士官生在负隅顽抗,他们彼此之间的联络已经被切断,并且已经同指挥部失去了联系。

西夫采夫区属于由多罗戈米洛夫区向城中心进攻的士兵的作战范围。参加过俄德战争的许多士兵和工人小伙子,在街垒里蹲了好几天,已经和附近一些居民熟识了,有些居民在门口探头朝外看,或者走到街上来,士兵和工人们已经很亲热地跟他们开起玩笑。这一地区的交通渐渐恢复了。

在日瓦戈家里待了三天三夜的戈尔顿和尼古拉·尼古拉耶维奇,这时候摆脱了三天的被困状态,回家了。日瓦戈很高兴在舒拉生病的困难日子里有他们在这里,托尼娅也不怪他们在全城混乱的时候又给家里增添的一些麻烦。但是两位客人为了感谢主人的殷勤招待,都认为有义务和主人多说说话儿,三天来他们天南海北,东扯西拉,说了无数的废话,弄得日瓦戈疲惫不堪。所以他们走了,日瓦戈倒是感到庆幸。

八

听说,他们平平安安地回到了家里,虽然同时听说,关于全城已经安定下来的一些说法并不符合事实。很多地方的军事行动还没有停止,有些地区还不能通过,日瓦戈还是不能上自己的医院去,他已经很想念医院了,住院医师办公室的办公桌抽屉里还有他的日记和读书笔记。

只是在个别地区内,有些人每天早晨出来,到不远的地方去买面包,一见到有人手里拿着牛奶,就一齐拥上来问,牛奶是在哪里买的。

有时候全城的枪炮声又重新大响起来,大街上又没有行人了。大家都在猜测,双方可能是在进行谈判,谈判进程的顺利和不顺利,都在炮火的时松时紧中反映出来。

旧历十月下旬的一天,晚上十点钟左右,日瓦戈在大街上快步走着,去拜访住在附近的一位同事。这一带平时是很热闹的地方,此刻却空空荡荡。几乎没看到行人。

日瓦戈走得很快。飘着稀稀的雪花,风很大,而且越来越大,日瓦戈眼看着稀稀的雪花渐渐变成暴风雪。

日瓦戈从这条胡同拐进那条胡同,已经忘记自己拐了几次,这时候一团一团的大雪忽然扑了下来,暴风雪真的来了,这样的暴风雪在旷野里会呼啸着在大地上飞驰,然而在城市里却像迷了路似的,在狭窄的街道上团团乱转。

在精神世界和物质世界,在近处和远处,在地上和空中,出现了类似的情形。在有些地方,被击溃的抵抗的一方的最后的枪声零零落落地响着。远处有些地方,被浇灭的大火的微弱的余火像冒泡一样一下一下地蹦跳着。暴风雪也一阵一阵地打着旋儿,在湿漉漉的的马路上和人行道上,在日瓦戈的脚下旋起一阵一阵的雪雾。

在一个十字路口,一个报童腋下夹着一大沓刚刚印出来的报纸,高喊着“最新消息”,从他身边跑过。

“不用找钱了。”日瓦戈说。那报童好不容易从粘在一起的报纸里揭出一张，递给日瓦戈，转眼间他就消失在暴风雪里，就像出现时那样突兀。

日瓦戈走到离他两步远的路灯跟前，想粗粗地看看报上的大标题。

这是一张只印了一面的号外，上面刊登着来自彼得堡的关于成立人民委员苏维埃和在俄罗斯建立苏维埃政权并且实行无产阶级专政的政府公告。再往下是新政权颁布的第一批法令，还有用电报和电话传来的各种各样的消息。

风雪吹打着日瓦戈的眼睛，灰白色的、沙沙响的雪粒子渐渐盖住报上的文字。然而，并不是风雪使他读不下去。此时此刻的伟大和重要，使他十分激动，他一时回不过神来。

他要想办法把政府公告看一遍，就朝四下里打量起来，想找个光线亮的、能避风雪的地方。原来他又来到那个神秘的交叉路口，他就站在谢列布良胡同和莫尔查诺夫胡同的拐角上，旁边就是一座高高的五层大楼，大楼有玻璃门，大门入口处十分宽敞，还有比较明亮的电灯。

日瓦戈走进去，走到前厅的电灯底下，仔细看起报上的文字。

在他的头顶上响起脚步声。有人朝楼下走来，不时地停下步子，好像有些犹豫不决。果然，下楼的人忽然改变了主意，转身朝楼上跑去。楼上不知什么地方有开门声，同时响起两个人的声音，那声音嗡嗡的，很不清晰，无法分清那声音是男人的还是女人的。一会儿那门关了起来，原来下楼的人便朝楼下跑来，不像刚才那样犹豫了。

日瓦戈埋头在看报,眼睛垂在报纸上。他不想抬眼睛去看不相干的人。但是那人跑下来之后,忽然在半路上站住了。日瓦戈这才抬起头来,看了看下来的人。

站在他面前的是一个十七八岁的半大小伙子,像西伯利亚人那样,穿着毛朝外的鹿皮袄,戴着同样的皮帽,一张黑黑的脸,两只小小的、吉尔吉斯型的眼睛。这张脸流露出一种贵族神气,那灵活的目光,那掩藏不住的敏锐感,好像是来自远方,通常只有混血儿才会有。

那小伙子明显地误解了,不知道把日瓦戈当成了什么人。他茫然失措地望着日瓦戈,好像知道这是什么人,只是不敢开口。日瓦戈为了避免误会,打量了他一眼,并且摆出一副冷冷的、凛然不可接近的神情。

小伙子弄糊涂了,一句话也没说,就朝门口走去。到了门口,又回头望了一下,就拉开沉甸甸、直晃动的大门,又砰的一声把门一带,走了出去。

过了十来分钟,日瓦戈也走了出来。他已经忘记了那个半大小伙子,也忘记了他想去拜访的同事。他一心想着读到的消息,朝家里走去。在路上,他又一心注意起另一种情况,这在平时是不值得注意的小事,在那些日子里却是有头等重要意义的。

在离家不远的地方,他在黑暗中碰到堆在马路边上和人行道上的一大堆木板和原木。在这条胡同里有一个机关,看样子,他们是在郊区拆了木头房子,拉来当柴烧。木料在院子里放不下,就把一部分木料堆在街上。这一大堆木料由武装的哨兵看守着,那个哨兵在院子里走来走去,有时走出来到胡同里看看。

日瓦戈毫不犹豫，瞅准了哨兵回到院子里、一阵狂风吹着特别浓的一大片雪雾在空中团团直转的机会，从路灯照不到的、有阴影的一边走到木料堆跟前，慢慢摇晃了几下，从最下面抽出一根沉甸甸的、不太长的粗木头。他好不容易把木头抽出来以后，扛在肩上，就不觉得这木头重了（扛自己的东西，再多也不重），于是他顺着没有灯光的墙根悄悄地把木头扛回家里。

家里的木柴快烧完了，这木头来得正是时候。他把木头锯成一截一截的，又劈了开来，劈了一大堆碎木柴。他蹲下来，往炉子里添柴。他一声不响地蹲在叮当直响、直颤动的炉门前。亚历山大·格罗麦科把安乐椅推到炉子跟前，坐下来烤火。日瓦戈从上衣旁边的口袋里掏出报纸，递给岳父，说：

“您看到没有？看看吧。好好地看看。”

日瓦戈依然蹲着没有起来，一面用小火钩拨弄着炉子里的木柴，一面大声地自言自语：

“多么了不起的手术！巧妙的一刀，一下子就把多少年发臭的烂疮切除了！痛痛快快，干脆利索，一下子就把千百年来人们顶礼膜拜、奉若神明的不合理制度判了死刑。这种无所畏惧、讲求彻底的精神，是我们固有的民族精神。这是来自普希金那种毫无杂念的光明磊落和托尔斯泰那种一丝不苟的精神。”

“普希金？你说什么？等一等。等我看完了。我不能同时又看报又听你说话。”岳父打断日瓦戈的话，以为日瓦戈的自言自语是对他说的。

“最了不起的是什么呢？如果要一个人建立新世界，开创新纪元，他一定会要求首先给他清出相应的地基。他会等待着旧的世纪先结束，他在动手建立新世界之前，先要左顾右盼，要求这个条件，那个条件……可是现在你瞧，一下子就行了！这是前所未有的事，这是历史的奇迹，这新的发现一下子就闯入正常生活之流的深处，全不管生活的流向。这一切不是从头开始，而是从中间开始，不用事先选定吉日良辰，而是碰到什么日子算什么日子，就在电车在城里来来回回跑得最紧张的时候开始。这就是最了不起的。只有最伟大的事业才这样不讲求方式和时间。”

九

冬天来到了，冬天正像大家预言的那样。这个冬天还不像以后接着到来的两个冬天那样可怕，但是已经有些相似了，也是一个黑暗、饥饿、寒冷的冬天。这时候原有的一切已经摧毁，一切生活的基础都在重建，都在拼命挣扎，不挣扎就生活不下去。

这样可怕的冬天一连就是三个，一个接着一个，有许多事情，现在觉得似乎是发生在一九一七年末和一九一八年初的，事实上其中有些可能不是发生在那时候，而是在后来。这三个接连而来的冬天混在一起，很难一个一个地分清了。

旧的生活现实和刚刚建立的制度还没有合辙。两者之间还没有像一年之后内战时期那种强烈的敌对，但是也没有什么联系。这是单独存在的两个方面，彼此相对，却谁也压不倒谁。

在房产部门、各种组织、机关、居民管理机构，到处都在进行领导成员的选举。各种机构的成分都在变化。到处都派了政委，政委有无限的权力，雷厉风行，都穿着黑色皮夹克，佩带着手枪，具有使人害怕的手段，很少刮脸，睡觉更是稀罕。

他们很熟悉小市民、小额公债券持有者、贫苦的庸人的特性，一点也不可怜他们，同他们说话的时候总带着刻薄的冷笑，就像同逮住的小偷说话一样。

这些政委按照纲领的精神，掌管着一切，于是一个个新成立的单位，一个个联合的机构，都渐渐成了布尔什维克的。

圣十字医院现在叫作第二革命医院了。医院里发生了变化。有一部分工作人员被解职了，有很多人认为在这里工作不合算，自动离开了。这都是一些高薪的医生，有些新的技术，十分走红，而且又能说会道。他们离职本来是为了私利，却把自己的动机说成是为了表示抗议，显示自己的骨气，并且瞧不起留下来的人，差不多同他们断绝了往来。在留下来的人当中就有日瓦戈。

夜里，在日瓦戈和托尼娅之间常常有这一类的对话：

"星期三别忘了到医学会的地窖里去弄上了冻的土豆。到时候我告诉你，我什么时候能抽空去帮助你。有两口袋呢。需要两个人抬上雪橇，用雪橇拉回来。"

"好的。尤拉，到时候来得及的。你快点儿睡吧。已经不早了。反正事情是做不完的。你该休息了。"

"现在正流行传染病。大家的体质都很差，抵抗力都很弱。你和爸爸的气色都很不好看。应该想想办法。可是，有什么办法呢？咱们都很不注意自己的身体。今后应当多加注意。你要听我的话。你没有睡着吧？"

"没有。"

"我不担心我自己，我的身体结实着呢，不过，万一我病倒了，你别糊涂，别把我留在家里。马上送我进医院。”

“你这是怎么啦，尤拉！上帝会保佑你。干吗要说不吉利的话？”

“你记住，再没有忠实可靠的人，再没有朋友了。更没有知心的人了。假如发生什么事，能信得过的只有皮丘日金。当然，这是说如果他不出什么事的话。你没有睡着吗？”

“没有。”

“那些家伙自己去找能挣钱的好差事，却成了有骨气，有刚性。见了面，连握手都很勉强。他们问：‘您在给他们干吗？’我听了很生气，就说：‘我在干呢。请不要见怪：我们穷，我感到光荣；那些使我们穷、对我们很尊重的人，我对他们很尊敬。’”

十

在很长一个时期里，大多数人的日常食物是小米粥和鲱鱼头做的汤。油煎的鲱鱼身子就算是第二道菜。吃黑麦也不用磨，吃小麦就吃麦粒儿。用黑麦和小麦煮饭吃。

有一位熟识的教授夫人教托尼娅用荷兰炉烤面包，卖出一部分，赚了钱就可以用来像过去那样烧瓷砖壁炉。那样就可以不烧这受罪的铁炉子，铁炉子又漏烟，火力又不大，又不保暖。

托尼娅的面包烤得很好，可是卖面包没有赚到什么钱。只好放弃没有实现的计划，又生起倒霉的铁炉子。日瓦戈家的生活越来越穷苦。

有一天早晨，日瓦戈上班去了。家里只剩下两根劈柴了。托尼娅穿起小皮袄,她因为身体瘦弱,即使在暖和的天气,穿这样的小皮袄都要冻得打战。她穿起小皮袄,就出门去“打主意”。

她在附近几条胡同里转悠了一个半小时。有时候郊区的农民会带着蔬菜和土豆到这些地方来。需要把他们抓住,不能放过。大家都在拦截卖东西的农民。

不久她发现了她寻找的目标。一个身穿粗呢上衣的强壮小伙子跟着托尼娅,赶着一架轻得像玩具一样的雪橇,转弯抹角,小心翼翼地进了格罗麦科家的院子。

在树条子编的雪橇架子上,草席底下,有不大的一堆白桦木柴棍儿,那柴棍儿不比过去照相馆里的老式花圃栏杆粗。托尼娅心里知道,虽然这叫白桦木,其实是最差的烧柴,刚刚砍下来,根本烧不着。但是没有挑选的余地,没有什么好说的。

年轻农民分五六次把木柴给她抱到楼上,交换的是托尼娅的一个带镜子的小衣柜,农民准备给他媳妇用的。他把小衣柜搬下去,放到雪橇上。顺便谈了谈,下一次要带土豆来,他说他要换门口那一架钢琴。

日瓦戈回来以后,没有议论妻子做的交易。其实,把衣柜劈了当柴烧,更好烧些,也更合算些,但是他们不忍心那样做。

“桌上有个便条,你看见吗?”妻子问道。

“是院长的条子吗?已经对我说过了,我知道。是要我出诊的。我一定要去。我歇一会儿,就去。不过,相当远。在凯旋门那里呢。我有地址。”

“要给的诊费倒是很稀奇的。你看见吗?你还是看一看。要给一瓶德国白兰地或一双丝袜作诊费。拿这些东西来引诱人。

这会是什么人呢？这是一种使人很不舒服的口气，完全不了解我们目前的生活。一定是个暴发户。”

“是的，那是个采办员。”

有些小业主，国家政权在消灭了私人买卖之后，在经济紧张的时候对他们有些放松，和他们订立供应各种物资的协定和合同，这些人和一些承租者、代理者一样，都叫采办员。

这里面不包括那些已经垮掉的原来的富商大贾和大企业主。他们已经一蹶不振了。那些靠战争和革命发了财的小商小贩、一些没有根底的外来户，都成了这一类人。

日瓦戈喝了一杯加了糖精和少许牛奶的白开水，就去看病人。

人行道和马路都被很深的积雪埋住。积雪从这边一排房屋到那边一排房屋，把街道盖得严严的。有些地方的积雪一直抵到第一层楼的窗户。宽宽的大街上一声不响地缓缓移动着稀疏的人影，有的是扛着、有的是用雪橇拉着少量的粮食。几乎看不见行人。

有些店铺还保留着原来的招牌。这些有名无实的供销店和消费合作社都已经空空荡荡，全都关着门，窗户已经封了，或者钉死了。

这些店铺所以关了门，不仅是因为没有货，还因为，各方面的改造，包括商业方面的改造，还只是在大致地进行着，对于这些关了门的店铺，就像对小业主一样，还一点没有触动。

十一

日瓦戈去的人家,原来在布列斯特街的尽头,在特维尔门附近。

这是一座古老的营房式砖瓦楼房,里面有院子,楼房的后墙外面,有三层木回廊。

这一天住户们正在开一个事先确定的群众大会,并有区苏维埃的一位女代表参加,忽然有一个军事检查组闯进来检查无执照枪支和非法物品。检查组的负责人请女代表不要离开,保证说,搜查时间不会很长,搜查过的住户可以渐渐出来,中断的大会很快就可以接着开了。

日瓦戈来到大门口的时候,搜查快完了,正轮到要搜查他要去的那一家。一个背枪的士兵站在楼梯口上,不准日瓦戈上去。但是检查组负责人听到他们争吵,走了过来。他叫士兵不要拦阻医生,答应等医生看过了病人,再搜查这一家。

日瓦戈看到这一家的主人是一个很有礼貌的年轻人,黑红色的脸膛,一双忧郁的黑眼睛。他因为很多原因心里十分激动:妻子的病、面临的搜查、他对医学和医生的超出一般的尊敬。

他为了让医生节省时间和精力,尽量把话说得简短些,但正是这种急切心情,使他的话更长了,而且前言不搭后语。

房间里摆满了各种各样豪华的东西和廉价的东西,看样子是匆匆买进来的,为的是把天天在贬值的货币变成稳定的资财。除了乱放着的一些成套的家具之外,还有不少零散的东西,因为缺少另外一部分,配不成套。

这一家的主人认为,他的妻子是因为受惊,神经方面出了毛病。他拐了很多弯子才说出来,有人向他们卖一只旧钟,是一只带音乐的自鸣钟,那钟已经坏了,早就不走了,所以卖得十分便宜。他们买这只钟,只是因为这是代表钟表技术的一件文物,是一件稀罕东西(他说到这里,便领着医生到旁边房间里去看了看那只钟)。甚至连想都没有想到把钟修一修。谁知这只几年没有上发条的钟忽然自己走了起来,走了一阵子,放了一段很复杂的小步舞曲,然后又停了。年轻人说:“我的内人吓坏了,她认为这是给她敲的丧钟响了,所以她现在病了,老是说胡话,不吃,也不喝,连人都不认识了。”

“所以您就认为这是神经受了刺激吗?”日瓦戈带着怀疑的口气问道,“您领我去看看病人吧。”

他们走进旁边的房间。房间里有一盏细瓷吊灯,宽宽的双人床两边各有一个红木小柜。一个身材瘦小、张着两只黑黑的大眼睛的女子躺在床边,把被子拉到下巴以上。一看见他们走进来,她从被窝里抽出手来,摆了摆手,叫他们出去,她那肥大的睡衣袖子从胳膊上滑到胳肢窝里。她没有认出丈夫,就好像房间里没有人一样,她小声唱起一支悲怆的歌曲的开头的一段,唱得那样伤心,以至于哭了起来,还像小孩子一样抽抽搭搭的,说要回家。日瓦戈不管从哪一边靠近她,她都拒绝检查,每一次她都转身背对着他。

“必须给她检查检查,”日瓦戈说,“不过,不用再检查,也清楚了。这是斑疹伤寒,而且病情很重。她一定很难受。我看,最好让她住医院。住在家里要方便些，但主要的不是方便，而是经常的治疗，尤其在发病的头几个星期这是必不可少的。您能找到雪橇，至少是拉货的雪橇，把她送到医院去吗？当然，首先要把她包裹好。我马上给您开一张入院单。”

“行。我设法去找。不过等一等。难道这真是伤寒吗？多么可怕呀！”

“很遗憾。”

“如果我让她去了，我真怕失去她呀。您不能来家里给她治，尽可能多来几趟吗？我愿意好好地酬谢您，要什么都行。”

“我已经对您说过了嘛。最要紧的是经常观察和治疗。您就听我的吧。我给您出的是好主意。您无论如何要弄雪橇来，我这就给她开一张入院单。最好是到你们的居民委员会去开。入院单需要加盖居民委员会的公章，还需要一些别的手续。”

十二

住户们经过了讯问和搜查之后，一个个裹着围巾、穿着厚厚的皮袄回到没有生火的地下室里，这里原来是鸡蛋仓库的一个房间，现在是居民委员会办公室。

办公室的一头，有一张办公桌和几把椅子。几把椅子当然不够那么多人坐，为了弥补座位的不够，把空鸡蛋箱子翻过来，在周围放了长长的好几排，当凳子坐。在这个房间的另一头，堆着很多空鸡蛋箱子，一直堆到顶棚。墙角上堆着一大堆刨花，因为和碎蛋中流出的蛋黄掺和在一起，冻成了一团一团的。老鼠在刨花堆里沙沙地钻来钻去，有时候跑出来，跑到光光的石头地面上，一会儿又钻进刨花里。

每次老鼠出来，一个爱咋呼的、肥胖的女人都要吱吱哇哇地跳到一个鸡蛋箱子上。她挓挲着手指头，娇里娇气地提着衣服下摆的角儿，一双穿着时髦的高筒女靴的脚跺得像敲鼓一样，故意用喝醉了酒似的嘶哑嗓门儿叫喊道：

“奥尔加，奥尔加，你这儿这么多老鼠呀！滚开，讨厌的东西！哎呀呀呀，它听懂了，该死的！它生气了。哎呀呀呀，要爬到箱子上来啦！可别钻到我的裙子里呀。我怕呀，我怕呀！你们把脸转过去，男子汉先生们。对不起，我忘了，现在不叫先生，叫公民同志了。”

咋呼的女人穿着一件敞开了怀的羊羔皮短大衣。她那双重的下巴、肥得发圆的胸脯和紧紧裹在丝绸女褂里的肚子像一团晃动的糨糊似的颤动着。看样子，她当年曾经是三等商人和店员社会的一位交际花。现在她那一双像猪眼般肥肿的眼皮已经很难张开了。过去有一个情敌想用硫酸烧坏她的脸，但是硫酸没有洒到脸上，只有两三滴溅在左腮上，所以左边嘴角上留下两个浅浅的斑点，因为斑点很不明显，反而增加了几分魅力。

“别咋呼，赫拉普金娜。简直叫人没办法工作。”被选为大会主席的区苏维埃女代表说。

这里的许多老住户很早就熟悉这位女代表，女代表也早就熟悉他们。她在开会之前，就和法季玛大婶非正式地小声谈了一阵子。法季玛大婶是这里管院子的，过去她和丈夫以及几个孩子都住在肮脏的地下室里，现在她和一个女儿搬到了二楼两个明亮的房间里。

“法季玛，情况怎么样？”大会主席问道。

法季玛抱怨说，她一个人实在照管不了这么大、有这么多人的房子，没有人帮忙，虽然分配过各户轮流打扫院子和街道，可是谁也不打扫。

“别发愁，法季玛。我们要杀杀他们的气焰，你放心吧。这算什么居民委员会？这像话吗？犯罪分子藏在这里，可疑的人住在这里也不登记。我们要把这样的委员会解散，另选新的。我要推举你当居民委员会主任，你要好好地干。”

法季玛大婶要求主席不要推举她，但是主席不听她的。主席用眼睛在房间里扫了扫，看到人差不多已经到齐了，就要求大家安静，宣布开会，说了几句开场白。她批评了原来的居民委员会不起作用之后，就提议推举候选人进行改选，又谈起了别的一些问题。谈过这些事之后，她又顺便说：

“是这么回事儿，同志们。咱们说干脆的吧。你们这座房子很大，很适合做公共宿舍。常常有各地的代表来开会，没有地方给他们住。有一个决议，要把这座房子交给区苏维埃做招待所，就叫季维尔津招待所，季维尔津同志在流放以前在这座房子里住过，这是大家都知道的事。大家没有意见吧？现在再谈谈腾房子的事。不是马上要腾出来，你们还有一年的时间。凡是劳动人民，我们都给安排住房；至于非劳动人民，我们要事先告诉他们，要他们自己找房子住，我们给他们十二个月的时间。”

“我们这儿谁是非劳动人民？我们这儿没有非劳动人民！全是劳动人民。”到处都叫喊起来。有一个人扯着嗓门儿喊：“这是大俄罗斯主义！现在各民族一律平等了。我知道，你们这是在干什么！”

“不要一齐嚷嚷！我简直不知道该回答谁。什么民族不民族？瓦尔迪尔金同志，这和民族有什么关系？比如说，赫拉普金娜也是俄罗斯族，可是我们也要叫她搬出去。”

“哼，搬出去！看看你怎么叫我搬出去！你这万人压的沙发床！”赫拉普金娜又喊出了她在吵架的时候给女代表起的毫无实际内容的绰号。

“你这毒蛇！你这泼妇！真不要脸！”法季玛大婶气愤地说。

“你别插嘴，法季玛。我可以对付她。赫拉普金娜，你住嘴。对你客气，你就得意忘形啦。你给我住嘴，要不然我马上送你进公安局，就不用说你私自酿酒和聚赌了。”

吵成了一团。谁也听不见谁的。这时候日瓦戈走了进来。他请门口一个人告诉他，谁是居民委员会的负责人。那个人把两手握成喇叭形，一个字一个字地大声喊道；

“加……里……乌……林……娜！上这儿来。有人找你。”

日瓦戈简直不相信自己的耳朵。走过来的是一个有些驼背的很瘦的管院子女人。日瓦戈看到这位母亲和他的儿子那样像，感到十分吃惊。但是他没有流露出来。他说：“你们这里有一个妇女害了伤寒(他说出她的姓名)。需要多加注意，防止传染。此外，还要把病人送进医院。我要给她开一张入院单，需要居民委员会证明一下。您看怎么办？”

加里乌林娜把这理解成主要是送病人，而不是开证明。就说：“到区苏维埃去找杰米娜同志派雪橇。杰米娜同志是个好人，我一说，她就会派雪橇来。医生同志，你放心，我们会把病人送去的。”

“噢，我说的不是这个。我说的是找个地方，开个证明。不过，如果有雪橇更好……请问，您是奥西普·基马泽特季诺维奇·加里乌林中尉的母亲吧？我和他在前方一块儿待过。”

加里乌林娜浑身哆嗦了两下，脸色白了。她抓住他的手，说：

“咱们上外面去。到院子里谈谈。”

刚刚走出门，她就急忙说道：

“小声点儿，可别叫人听见。别害我。尤苏普卡走错了路。你想想，尤苏普卡是什么人？尤苏普卡原来是学徒，是工人。他会明白，现在普通老百姓都比他强得多，这是瞎子都能看见的，还有什么好说的。我不知道你是怎么想的，也许你没有什么，尤苏普卡可是有罪的。老天爷也不会饶恕。尤苏普卡他爹当兵死了，被炸死了，死得好惨，连脸、连胳膊和腿都没有剩下。”

她难受得说不下去了。摆了摆手，一直等到一阵激动过去，然后又说下去：

“咱们走吧。我这就去给你要雪橇。我知道你是谁。他回来两天了，他说到你。他说，你认识基莎尔家的拉莉萨。那是个好姑娘。我记得，她过去常上我们这儿来。她现在是什么样子，我可不知道。难道一个人能完全变成另一个人吗？尤苏普卡可是倒霉呀。咱们走吧，要雪橇去。杰米娜同志会给的。你知道杰米娜同志是谁吗？就是奥丽亚·杰米娜，过去在拉莉萨的妈妈的裁缝店里当裁缝的，就是她。她也在这儿住过，就住在这个院子里的。咱们走吧。”

十三

天已经完全黑了下来。四周围一片黑漆漆的。只有杰米娜的手电筒的白白的光圈儿在他们面前五六步远处跳动着,从一个雪堆跳到另一个雪堆,与其说是照路,不如说是越照越叫人摸不清路。周围一片漆黑,已经走过了那座房子,那儿有很多人认识她,她小时候就在那儿住过。据说,她后来的丈夫安季波夫小时候也在那儿住过。

杰米娜用开玩笑的口气对日瓦戈说:

"医生同志,等会儿您一个人走,不用手电筒能行吗?嗯?要是不行的话,我把手电筒给您。真的。噢,我们小时候常在一块儿,我才喜欢她呢,爱她爱得发了疯。那时候她家开成衣店。我在那儿当学徒。今年我还和她见过面。她从莫斯科路过。我对她说,你真傻,上哪儿去呀?留下来吧。咱们可以住在一块儿,工作有的是。她哪儿听呀!不愿意呢。只好随她了。她嫁给巴沙是凭理智,不是凭感情,所以从那时候就麻木了。她走了。"

"您以为她怎样?"

"小心点儿。这地方好滑呀。我说过多少次,叫他们不要在门前泼脏水,一点儿也没有用。我以为她怎样吗?我能以为怎样呢?我没有工夫去想。我就住在这儿。她的哥哥是个军人,好像被枪毙了,我没有告诉她。她的母亲,也就是我原来的东家,我正在想办法,大概能把她救出来。好啦,我到了,再见吧。"

他们就分手了。杰米娜的手电筒的那道白光射进狭窄的石头楼梯过道，擦着肮脏的墙壁向前跑去，日瓦戈四周围就一片黑了。右边是花园-凯旋大街，左边是花园-马车大街。在黑漆漆的雪地里，向黑漆漆的远处望去，两条大街已经不像大街，而是密林般的石头楼房中间的两条林中通道，就像在乌拉尔或西伯利亚的原始丛林中那样。

回到家里，家里是明亮的，温暖的。

“怎么这样晚才回来？”托尼娅问道。不等他回答，她又接着说：

“你不在家的时候，咱们家出了一件挺可笑的事。真够奇怪的。我忘记告诉你了。昨天爸爸把闹钟弄坏了，很伤脑筋。这是家里唯一的钟呀。他自己修，摆弄过来，摆弄过去，怎么也修不好。街口上那个钟表匠要价太高，要三磅面包。怎么办呢？爸爸垂头丧气。谁知，一个钟头以前忽然丁零丁零响起来。闹起来了！一下子就又走起来了！”

“这是我害伤寒的时候到了。”日瓦戈开玩笑说。于是他对家里人讲了那个病人和音乐自鸣钟的故事。

十四

然而他害伤寒那是很久以后的事。在害伤寒以前的一段时间里，日瓦戈一家穷困到了极点。一家人饿得奄奄待毙。日瓦戈去找他当年救过的那个遭到抢劫的党的活动家。那位活动家尽可能给他一些帮助。但是，国内战争已经开始了。那位活动家常常去外地工作。此外，活动家有自己的看法，他认为当时的困难是正常的,不肯表露出自己也在挨饿。

日瓦戈试着去找了一下特维尔门附近的那个采办人。但是已经有好几个月过去了,那人已经不知去向,连他那已经痊愈的妻子也没有影子了。这里的住户都变了。杰米娜已经上前线去了,日瓦戈找原来的居委会负责人加里乌林娜,也没有找到。

有一天,他凭购物证买到一批官价的木柴,要把这些木柴从温达瓦车站运回来。他跟着车夫和拉着这批意外财富的瘦马,顺着长长的梅山大街往前走。忽然他发现,梅山大街不再像梅山大街了,大街摇晃起来,要从脚底下飘走了。他明白他就会怎样,糟了。他明白他这是害了伤寒。他倒下去,车夫把他抱了起来。他不知道车夫是怎样把他放到木柴上,把他送回家的。

十五

在两个星期中,他不是说胡话,就是昏睡。他梦见,托尼娅把两条花园大街放在他的写字台上,左边是花园-马车大街,右边是花园-凯旋大街,并且把他那热烘烘的、明亮的橙黄色台灯推到大街跟前。两条大街上都亮了。可以写字了。于是他写了起来。

他非常带劲儿、非常顺利地写着,写的是他一直想写、早就应该写出来、然而一直没有写成、现在终于自己涌出来的东西。只是有时候,一个半大小伙子来打搅他,就是那个长着一双吉尔吉斯型的小眼睛、穿着西伯利亚人或者乌拉尔人穿的那种鹿皮袄的半大小伙子。

很明显，这个半大小伙子就是他的灵魂，或者干脆是他的死神。但是，他能帮助他写一篇长诗，他怎么会是他的死神呢？难道死有好处，难道死神可以帮助人吗？

他写的不是关于复活的诗，也不是写的死亡，而是写的在两者之间度过的一些日子。他写的长诗叫《暴动》。

他一直想写出，在三天过程中，暴风雨如何席卷了黑色的、纷乱的大地，暴风雨如何一阵一阵地扑来，袭击永恒的爱的化身，就好像一阵一阵的海潮冲击着海岸，掩埋着海岸。他要写一写，那三天里，黑压压的人间暴风雨怎样怒吼，怎样扑来，又怎样退去。

有两行有韵的诗一直在他心中回响着：

我们欢迎，我们欢迎。
应该苏醒，应该苏醒。

对人间暴风雨表示欢迎的有苦难，有瓦解，有崩溃，有死亡，但同时也有春天，有新生，有生命。应该苏醒，就是应该醒来，应该站起来，应该过新的生活。

十六

他的病情渐渐好起来。起初他像个呆子似的，不去管事物之间的联系，任凭别人怎样。他什么也不记得，对什么都淡淡的。托尼娅用奶油白面包喂他，给他喝加了糖的茶和咖啡。他忘记了，这些东西在目前是不可能有的，他很喜欢吃这些好吃的东西，就像喜欢诗歌和故事一样，觉得这都是在养病的时候理所当然应该享受的。但是等他一开始恢复思考能力，就问托尼娅：

“你这是从哪儿弄来的？”

“都是格兰尼亚弄来的。”

“哪一个格兰尼亚？”

“格兰尼亚·日瓦戈。”

“格兰尼亚·日瓦戈？”

“是的，是你的鄂木斯克的弟弟格兰尼亚。你那同父异母的弟弟。在你昏迷不醒的时候，他天天来看我们。”

“是穿鹿皮袄的吗？”

“是的，是的。这么说，你在昏迷的时候能认出他吗？你在一座楼房的楼梯口碰见过他，这我知道，他对我说过。他知道那就是你，就想和你说话，可是你那种神气简直把他吓坏了！他对你十分崇拜，你的诗他读过很多。这些东西都是他想尽办法弄来的。有大米，有葡萄干，有糖。现在他已经回家去了。他叫我们去呢。他挺奇怪，挺神秘。依我看，他和政府有一种很密切的关系。他说，应当离开大城市，到什么地方去住上一两年，到乡下去住住。我和他商量到克柳格尔家那地方去。他非常赞成。到那儿去，可以自己种菜，烧柴也很方便。不能这样乖乖地等死。”

这一年的四月里，日瓦戈全家到了遥远的乌拉尔，来到尤梁津城附近原来的庄园瓦雷金诺。

第七章　旅途中

一

时间已是三月末，这是一年开始后还寒乍暖的日子，是谎报的春讯，因为几天一过，又是严寒了。年年如此。

格罗麦科家正忙着收拾，准备动身。在众多的住户看来，他们这是忙着大扫除，迎接复活节。现在这座楼房里住的人，已经比街上的麻雀都要多了。

日瓦戈不赞成到外地去。他也没有干涉家里人收拾。因为他认为外出是不可能的，到关键时候这个打算自然会落空。但是出门的准备工作一直在顺利地进行着，而且快要完成了。现在是要认真地商量商量了。

在专门举行的家庭会上，他向妻子和岳父再一次表示了他的疑虑。最后他说：

“这么说，你们认为我的看法不对，所以咱们还是要走，是吗？”

托尼娅发言了：

“你说，再熬上一两年，等新的土地法颁布了，就可以在莫斯科郊区分到一块地做菜园。可是在这以前怎么熬，你却没有说。其实这一点是最要紧的，是我最希望听到的。”

“纯粹是做梦。”亚历山大·格罗麦科支持女儿的意见。

“好吧，我认输了。”日瓦戈同意了，“我不想去，是因为对情况一点也不了解。咱们闭着眼睛瞎跑，不知道那里的情况究竟怎样。瓦雷金诺庄的三个人当中，妈妈和姥姥两个已经去世，姥爷克柳格尔即使活着，也被扣起来作人质了。在战争的最后一年，他为了遮人耳目，对森林和工厂做了一些手脚，卖给了一个子虚乌有的人或者银行，或者转到了一个什么人名下。这些事咱们了解吗？现在这些地产在谁手里，我不是说属于谁，不管是属于谁，可是谁在经管呢？木材在砍伐吗？工厂还开工吗？现在那地方是谁当权？或者说，等我们到那里，又是谁当权？……你们把全部希望都寄托在米库利增身上，我常常听到你们说起他。不过，有谁告诉你们，说这位老管家还在人世并且仍然住在瓦雷金诺庄上呢？而且，我们也只是因为姥爷在称呼他的姓时发音很别扭，我们才记住了他的姓，除此之外，我们又了解他什么呢？……不过，还有什么好争的？你们决定走。我当然一起走。现在就是要弄清该办什么手续。没什么好拖的了。”

二

日瓦戈到雅罗斯拉夫车站去打听情况。

候车大厅里的栏杆挡住了旅客的洪流，石头地面上躺着不少穿灰色军大衣的人。他们翻来翻去，咳嗽、吐痰，说起话来，声音又特别大，根本不管大厅屋顶反射过来的声音有多么响。

他们大多数都害过斑疹伤寒。因为医院里病人太多，所以危险期一过，第二天就叫他们出院。日瓦戈是个医生，常常碰到这种情况，但他不知道这种不幸的人有这样多，不知道车站竟成了他们的栖身之所。

“您要去弄一张出差证明。”一个围着白围裙的搬运工对他说，“每天都要来看看。现在火车很少，要碰运气。自然还得要……（他用大拇指搓了搓食指和中指）……一点面粉或者别的什么。不打点打点，就别想走。还有，这玩意儿（他弹了弹自己的喉咙）……最管用。”

三

在这前后，亚历山大·格罗麦科好几次被邀去参加最高国民经济委员会的咨询会议，日瓦戈也去给一位患重病的政府委员看过病。他们得到的是当时最好的报酬——最先成立的内部供应商店的两张配给证。

这个商店就在西蒙诺夫修道院旁边的卫戍部队仓库里。日瓦戈和岳父穿过修道院和军营的两个院子，跨进没有门槛的一道石拱门，进入越往前地势越低的、很深的地下室。地下室的宽阔的尽头处是长长的打横的柜台，柜台后面有一个从容而安详的管理员，他时不时地到仓库里去取货物，称过了，就发给来人，用铅笔把发过的东西从单子上一一地划去。

来领东西的人不多。管理员对教授和医生匆匆扫了一眼，对他们说："你们的口袋。"当他们看到管理员开始往他们递过去的大大小小的空枕头套里装面粉、小米、通心粉、砂糖、牛油、肥皂、火柴的时候，他们惊愕得眼睛都直了。到末了还给他们每个人一个纸包，后来他们回到家拆开一看，原来是高加索干酪。

他们连忙把这些大包小包塞进两条大麻袋，免得在这儿碍眼，惹得对他们这样慷慨的管理员讨厌。

他们走出地下室，心里美滋滋的，并不是因为他们即将享受到的口腹之乐，而是意识到自己不是白活在世上，等他们回到家，听到年轻的主妇托尼娅的夸奖和感谢，也会感到当之无愧了。

四

当日瓦戈和岳父奔波于各个机关，申请外出证明和保留房屋居住权时，托尼娅正在家里收拾要带的东西。

她在自家住的三个房间里来来回回地走着，考虑着，每一样小东西都要拿在手里掂量掂量，然后才决定是否要打在包里带走。

随身要用的行李并不多，所带的其余的东西是准备在路上和到达目的地后用来交换东西的。

春天的空气往敞开的气窗里直钻，空气中夹杂着新烤的面包的香喷喷的气味。院子里公鸡在高唱，孩子们在玩耍叫嚷。屋子里的空气愈清新，从箱子里取出来的冬装上的樟脑气味就愈显得浓烈。

哪些东西该带，哪些东西该留下，都有一套道理，这是早些时候离开的一些人得到的经验，他们的意见在留下来的一些亲友中广泛地流传着。

这些经验已经变成简短而明确的指示，十分清晰地在托尼娅的脑子里回响着：她觉得窗外的麻雀声和孩子们的叫闹声中仿佛也夹杂着这些重要意见，仿佛外面有一个神秘的声音在对她做指示。

“这些衣料，”她心中有个声音说，“最好还是裁开，不然到路上查出来，太危险。如果缝成衣服的样子，就更保险了。总之，料子、布匹都可以带，衣服也可以带，最好是外衣，比较新一点的。破旧东西少带，重东西不能带。要用的东西随身携带，不要用提箱或网篮。非带不可的东西不能太多，要打成包袱，让妇女和孩子提着。盐和烟草是最有用的东西，不过要冒很大的危险。带钞票要带克伦斯基票子。最要紧的是文件。等等。”

五

他们动身的前一天，来了一场暴风雪。风卷着一阵阵团团乱转的雪雾飞向半空里，又像白色的旋风似的回到地面，飞到黑沉沉的大街深处，给大街盖上一层银毡。

家里的一切都整理好了。几间屋子和留在屋子里的东西请一对上了年纪的夫妇照看。他们是叶戈罗芙娜在莫斯科的亲戚。托尼娅是去年冬天认识他们的，她曾经托他们用旧衣服和家具换木柴和土豆。

不能依靠马尔克尔。他拿民警队当作政治俱乐部,他虽然没有向民警队控诉以前的东家虐待他,但是后来却指责他们这么多年来一直使他蒙昧无知,有意不让他知道人类世界是从猴子演变来的。

托尼娅领着叶戈罗芙娜的这两位亲戚,领着这位原来的店员和他的妻子,最后一次看了看各个房间,告诉他们,哪一把钥匙开哪一把锁,什么东西放在什么地方,橱柜的门怎样开关,抽屉怎样拉开和推上,该教的都教了教,该讲的都讲了讲。

屋里的桌椅都挪到墙边上,窗帘也取下了,要带走的一些包裹堆放在一旁。因为屋里的保暖设施已经拆除,风雪从没有窗帘的窗户里长驱直入,闯进空荡荡的屋子。这风雪勾起每个人的回忆。日瓦戈回忆起自己的童年和母亲的死,托尼娅和亚历山大·格罗麦科想起了安娜·伊万诺芙娜的去世和安葬的情景。他们都觉得这是他们在这房子里度过的最后一夜,以后再也不会回来了。这一点他们都想错了,但是正因为都有这种错误的想法,所以都不愿意说出来,怕彼此伤心难过,每个人都默默地回顾着在这所房子里度过的日子,强忍着夺眶欲出的泪水。

然而这并没有使托尼娅在外人面前失去高雅的风度。她一直在同负责照管房屋的妇女说话,一再强调他们对她的帮助何等重要。为了表示感恩戴德,她不时地跑到旁边的房间里,取来一样东西送给这位妇女,有时是一条头巾,有时是一件女褂,有时是一段印花布或者薄纱。所有的衣料都是黑底白方格或者白圆点的,就像在这临别的夜晚从没有窗帘的空荡荡的窗户里看到的风雪的大街，大街黑沉沉的，也有一块块的白方格和一个个的圆点儿。

六

天一亮，他们就动身上车站。这时候这所房子的住户们还没有起身。有一个爱管事的妇女跑去敲各家的门，大声叫喊："注意，同志们！快来送行呀！麻利点儿，麻利点儿！格罗麦科一家人要走啦！"

人们都拥到前厅和旁边的楼梯口来送别（正门现在一年到头封着），在台阶上站成半圆形，好像要拍集体照似的。

他们打着呵欠，伛偻着身子，免得那披在肩上的单薄得使人冻得发抖的大衣从身上滑下来，那匆匆地套上肥大的毡靴的两只光脚冻得不住地跺着。

马尔克尔竟在这没有酒的时候有办法喝得烂醉如泥。他软软地瘫倒在栏杆上，几乎要把栏杆压断。他说要帮他们把行李送到车站，他们谢绝他的帮助，他很不高兴。好不容易才摆脱了他的纠缠。

外面还很黑。风已经停了，雪下得比前一天还大。鹅毛大雪懒洋洋地飘落着，临近地面时仿佛还要停顿一下子，好像是在考虑，是不是往地上落。

等他们走出胡同，来到阿尔巴特大街上，天色就多少亮一些了。密密麻麻的大雪像是给大街挂起了一道垂地的白色帷幕，那流苏似的底边在行人的脚下不住地晃动，不住地打转转儿，因此行人不觉得自己在走动,觉得是在原地踏步。

他们在大街上没有看到一个人。也没有人从西夫采夫街上走过来。不久,从他们后面来了一辆没有乘客的马车,车夫浑身是雪,就像在面缸里滚过似的;马也是一身白雪,车夫开了个极其便宜、在当时不值分文的价钱,就让他们带着东西上了车。只有日瓦戈不愿坐车,他把手里的东西放到车上,径自朝车站走去。

七

托尼娅和父亲到了车站,就站进木栏杆外面一条望不见头尾的队伍中。现在不是在月台上车,而是要跑到离月台有半俄里的扬旗处上车了。因为人手不足,通向月台的线路无人清扫,大半个车站都结了冰,到处是垃圾,火车无法开进来。

舒拉跟着纽莎,没有和母亲、外公在一起。他们在入口处的敞棚底下随便溜达着,只是有时候朝里面看看,看看是不是该和大人一起排队了。他们身上有一股浓烈的煤油气味,是因为怕长虱子,传染伤寒,所以在他们的手腕、脚腕和脖子上抹了不少煤油。

托尼娅一看见丈夫走来,就招手叫他,但不等他走到跟前,老远就大声告诉他到哪个窗口去办手续。日瓦戈便朝那个窗口走去。

"让我看看,给你盖的是什么戳子。"等日瓦戈回到她跟前,她就说道。日瓦戈就把一叠证件递过来。

"这是代表乘车优待证。"她后面的一个人隔着她的肩膀看了

看证件上的戳子,说道。她前面的一个人是个万事通,在任何情况下都弄得清世上的章法,所以解释得更为详细:

“凭这个戳子可以坐分等车厢,也就是客车车厢,当然,这是说,如果有客车车厢的话。”

排队的人全部参加了讨论。很多声音议论起来:

“你去找分等车厢吧。想得太美了。现在能坐到货车缓冲器上,就算福分不浅了。”

“您别听他们瞎说,您是出差的。您还是听我给您说说。现在分类列车都取消了,只有混合列车,又是军用车,又是囚犯车,又是装牲口的,又是装人的。舌头是肉做的,随便说什么都可以,可不能把人家说糊涂了,要讲清楚,让人家明白。”

“你倒讲清楚了,就数你聪明。他们有优待证,这只是事情的一半。你先瞧瞧他们的样子,再说话吧。凭他们这种样子能坐代表车厢吗?代表车厢里都是水兵。他们的眼睛特别尖,他们还挎着手枪。一眼就能看出,这是有产阶级,而且还是医生,是以前的老爷。水兵一枪就把他干掉,就像打死一只苍蝇。”

如果不是出现了新情况,对日瓦戈及其一家的关切不知会发展到何种地步。

人们早就在望着车站的宽大的厚厚玻璃窗外的远处。长长的、伸向远处的站台天棚,将线路上落雪的景象推得很远很远。远远望去,那雪花仿佛一动不动地停在空中,就像投进水里喂鱼的面包屑那样,缓缓地下落。

早就有些人三五成群地或一个一个地朝那边走去。他们人数不多的时候,他们的身影在晃晃不定的雪网里很不清楚,人们只当他们是在线路上值勤的铁路工作人员。可是现在跑过去一大群。在他们跑去的方向,冒起了机车的浓烟。

“把门开了,这些浑蛋!”队伍里一些人喊起来。人群骚动起来,朝门口拥去。后面的人开始挤压前面的人。

“瞧,这是怎么搞的！这里把我们拦住,那边不排队就能绕进去！车都要挤满了,可是叫我们像羊群一样站在这儿！把门开了,他妈的,咱们把门砸开,伙计们！使劲撞,用劲!”

“你们这些糊涂蛋,干吗要眼红那些人?”那位万事通发言了,“那些人是从彼得格勒抓来,送去强制劳动的。本来是送他们去北边的沃洛格达,现在又改送他们去东部前线。不是自由的,是有人押着。是去挖战壕的。”

八

他们在路上已经有三天了,但是离开莫斯科没有多远。一路所见仍是一派冬天景象:铁轨、田野、树林、一座座乡村的屋顶,都覆盖着皑皑白雪。

日瓦戈一家的运气不错,在车厢的左角上弄到了几个上铺,靠着一个暗淡的椭圆形窗子,一家人就可以在一起,不必分开了。

托尼娅是第一次乘坐货车车厢。在莫斯科上车时,日瓦戈抱着她和纽莎的腿,把她们推了上去。后来她们适应了,自己也能爬上爬下了。

起初,托尼娅觉得这车厢简直是装上轮子的牲口棚。她认为,只要一震动,这棚子就会散架。但是三天来,尽管这些车厢在车速变化和转弯时前冲后撞和左右摇晃，车轮像上足了发条的玩具鼓一样叮当直响，然而火车却平安无事地运行着，托尼娅担心的事并没有出现。

这列火车很长，挂了二十三节车厢（日瓦戈一家在第十四节），停靠小站时，只有前面或中间、或后面的一部分车厢能靠上短短的月台。

前面的几节是军用车厢，中间是一般旅客，最后面是送去强制劳动的人员。

后面这一类的乘客有五百人，他们的年龄、头衔、职业各不相同。

这些人一共占了八节车厢。这里什么样的人都有。有衣着讲究的富有的彼得堡的交易所经纪人和律师，也有被划为剥削阶级的马车夫、地板打蜡工、浴室搓背工、买卖破烂儿的鞑靼人、被遣散的精神病院的病人、小贩和僧侣。

那些有钱的经纪人和律师，不穿外套，围着烧得火红的炉子，坐在竖放着的锯得短短的木头上，争先恐后地讲着什么事情，哈哈大笑着。他们都有门路。他们都不发愁。有势力的亲戚正在家里为他们打点。最多不过花几个钱。

另外那些人，有的穿着皮靴和敞开的长衣，有的穿着长衬衫，束着皮带，光着脚；有的留胡子，有的没留胡子。他们站在窒闷的车厢门口，抓着门框或者车厢上边的木框，忧凄地凝望着铁路两旁的村庄的居民，他们都不说话。这些人没有什么门路，没有什么好指望的。

八节车厢还是容纳不下这些人，有一部分便上了中间的普通车厢。第十四节车厢里也有一些这样的人。

九

每当火车开进一个车站时，躺在上面的托尼娅便很别扭地抬一抬身子，因为车厢顶很低，无法把腰伸直。她把头探下去，从门缝里往外张望，看看这地方有没有什么东西可以交换，值不值得下车去走走。

又快到站了。火车一减速，她从瞌睡中醒来。道岔很多，火车在一个个的道岔上直颤，这表明是个大站，停车时间很长。

她弓着腰坐起来，揉了揉眼睛，理了理头发，把手伸进一个包袱里掏了掏，抽出一条绣着公鸡、小伙子、车轮和车轭的毛巾。

这时日瓦戈也醒了，他先从铺上跳了下来，然后扶着妻子爬下来。

扳道房和路灯从开着的车厢门外闪过，接着是车站上的树木，树枝被积雪压得弯弯的，就好像捧着盐和面包在迎接火车。车还未停下，水兵们便抢先跳下火车，踏上还没有人踩过的雪地，并且争先恐后地朝车站建筑物的后面跑去，常常有一些女贩子躲在那样的地方出卖一些禁止买卖的食品。

水兵们一跑起来，那黑制服和肥大的喇叭裤不住地抖动，帽子的飘带迎风飞舞，因此很像是冲锋和飞行，前面的人纷纷让路，就像遇到飞速前进的滑雪运动员或滑冰运动员一样。

车站外面挨着墙站着一排来自附近一些村子的妇女，她们你躲我藏，表情紧张，就像在算命时那样。她们出售的有黄瓜、奶渣、红烧牛肉和荞麦奶渣饼。奶渣饼用棉垫子盖着，天虽然冷，但奶渣饼仍然热乎乎、香喷喷的。裹着头巾的大姑娘和小媳妇们，听到水兵们的一些酸溜溜的话，羞得双颊绯红，同时她们又怕水兵怕得要命，因为那些打击投机倒把和取缔自由买卖的工作队大都是由水兵组成的。

她们紧张的时间并不长。列车渐渐停下来，别的一些旅客也来买东西了。买卖热闹起来了。

托尼娅在这些妇女们身边走着，她把毛巾搭在肩上，仿佛是要到车站后面去用雪水洗脸似的。有几个妇女问她："喂，喂，城里大嫂，你这条毛巾要换什么？"

但是托尼娅没有停下来，和丈夫一起继续往前走。

妇女行列的末尾站着一个扎着黑底红花头巾的妇女。她一看到托尼娅的绣花手巾，眼睛顿时一亮。她四下里看了看，看到没有什么危险，便快步走到托尼娅跟前，掀了掀盖东西的一块布，又快又急切地说：

"你看这个。稀罕东西吧？不想要吗？别拿不定主意了，不然别人就换去了。拿你的毛巾换这一半。"

托尼娅没有听懂后面的话，不知道"这一半"指的是什么，就又问了一遍。

那妇女说的一半，是半只兔子。她手里拿的是从头到尾竖着切成两半的一只烤野兔。她又说了一遍："我用半只兔子换你那条毛巾。这还有什么好看的？这可不是狗肉。我家男人是打猎的。是兔子，一点不假。"

交易成功了。双方都觉得，自己占了大便宜，对方吃了大亏。托尼娅觉得捞了穷苦妇女的便宜，感到十分惭愧。那个妇女却对这笔交易感到十分满意，赶紧招呼了一声已经做完生意的女伴，一同离开这是非之地，顺着雪地上踩出来的小路，朝家里走去。

这时候人群里乱腾起来。一个老奶奶叫嚷道：

"老总，你上哪儿去？怎么不给钱呀？你这没良心的，什么时候给我钱来？啊，你这个贪嘴的馋鬼，叫你给钱，你连头也不回。站住，你听见没有，同志先生，你站住，不得了啦！抢东西啦！抢了东西就跑！就是他，就是他，抓住他！"

"哪一个？"

"就是那个光脸的，那不是，还在笑呢。"

"是那个撕破了袖子的吗？"

"就是的，就是的。抓住他，这个坏蛋！"

"是那个袖子上打补丁的吗？"

"就是的，就是的。哎呀呀，抢人啦！"

"出了什么事？"

"有人买了这个老奶奶的馅饼和牛奶，塞饱了肚子，扭头就走，也不给钱，所以老奶奶哭叫起来。"

"这可不行。要把他抓住。"

"你去抓抓看。他又是手枪，又是子弹。他还要抓你呢。"

十

第十四节车厢里来了几个被押去强制劳动的人。看押他们的士兵叫沃罗纽克。因为种种原因，他们之中比较惹人注目的有三个人。那就是：前彼得格勒管酒店的出纳员普罗霍尔·哈里托诺维奇·普里图利耶夫，车上的人都称他“管钱的”；五金店学徒瓦夏·勃雷金，一个十六岁的少年；头发花白的革命合作主义者科斯托耶德-阿穆尔斯基，他在沙皇时代服过各种各样的苦役，现在在新时代又轮到他了。

这些人本来互不相识，后来凑到了一起，在路上才慢慢认识了。在车上交谈起来，才知道出纳员普里图利耶夫和五金店学徒瓦夏·勃雷金原来是同乡，都是维亚特卡人，而且，再过不久，火车就要从他们的地区开过了。

普里图利耶夫是马尔梅日城里的人，矮墩墩的，留着平头，一脸麻子，相貌十分丑陋。一件灰色上装紧紧绷在身上，就像一个胖女人的上衣，两个胳肢窝里因为出汗发了黑。他像发了呆似的一声不响，一个劲儿地想着心思，一面在抠他那长满黑斑的手背上的瘊子，那些瘊子都开始溃烂了。

一年以前的秋天，他在涅瓦大街上走，走到利捷伊街的拐角上，碰上了巡逻队。巡逻队要他出示证件。他带的是一张四类供应证，这种证是发给非劳动者的，凭这种证买不到任何东西。因为他带的是这种证件，就把他扣了起来，和其他许多因为同样原因被扣的人一起进了兵营。起初准备把这批人送到沃洛格达去，就像早些时候送到阿尔汉格尔斯克前线去挖战壕的那批人一样，可是半路上又把他们押回莫斯科，送往东部战线。

普里图利耶夫的老婆住在卢加，因为战前他在去彼得堡之前曾经在卢加工作过。老婆听说丈夫遭难，连忙去沃洛格达寻找，想把他从劳动营里搭救出来。但是她和他们走岔了。她白跑了一趟。一切打算都落了空。

普里图利耶夫在彼得堡有个姘头，叫佩拉格娅·尼洛芙娜·佳古诺娃。他在涅瓦大街街口被查问时，他刚刚和她分手，正准备朝另一个方向去办事，而且他在利捷伊街的行人丛中还能远远地看见她那即将隐去的背影。

佳古诺娃是个又胖又高大的女人，一双娇嫩的手，一条老粗的辫子，她不时地深深叹着气甩辫子，时而甩到左胸，时而甩到右胸。她是自愿上车来陪普里图利耶夫的。

令人不解的是，为什么女人们偏偏喜欢普里图利耶夫这个丑八怪，她们看上的究竟是他的什么。除了佳古诺娃以外，普里图利耶夫还有一个姘头坐在靠近火车头的另一节车厢里，她叫奥格雷兹柯娃，是一个瘦瘦的金发姑娘。佳古诺娃给她取了不少侮辱性的外号，如“翻鼻子”“喷嘴子”等。

这两个情敌互相恨得咬牙切齿，彼此见不得面。奥格雷兹柯娃从来不到这节车厢里来。不知道她有什么办法同自己的心上人约会。也许，她只是趁旅客们一齐下车帮助装柴装煤的时候看他几眼，就感到满意了。

十一

瓦夏的经历完全不同。父亲在战争中被打死了，母亲就让他上彼得堡去跟舅舅当学徒。

瓦夏的舅舅在阿普拉克斯商场开一个五金店。去年冬天，苏维埃叫他去问话。他看错了门,走进隔壁一间屋子。碰巧这是劳役征集委员会办公室。屋里有许多人。等到被召集的人达到一定的数量,就会有红军战士走进来把他们围住,然后就把他们带到谢苗诺夫兵营过夜,第二天一早就把他们押往车站,押进开往沃洛格达的火车。

这样一大批居民被扣的消息,在城里传了开来。第二天,许多家属来到车站和亲人告别。瓦夏和舅母也来了。

在车站上,舅舅请求哨兵让他到外面去和妻子说说话儿。当时的哨兵就是现在十四号车厢里押解劳役的这个沃罗纽克。沃罗纽克提出,必须有可靠的保证,才能放他出来。舅舅和舅母提出让外甥留下作人质。沃罗纽克同意了。于是叫瓦夏进来,把舅舅放了出去。可是舅舅和舅母一去就没有再回来。

瓦夏根本没想到会受骗,等到发现自己上了当,就大哭起来。他倒在沃罗纽克的脚下,哀求他放他,但是一点用处也没有。沃罗纽克不肯放他,并不是因为心肠狠毒,是因为局势不安定,法纪很严。如果他负责看押的人数与名单上的数字不符,他就会掉脑袋。瓦夏就这样进入了强劳大军。

合作主义者科斯托耶德-阿穆尔斯基不论是在沙皇时期还是在今天,都受到所有犯人的尊敬,同他们的关系很亲密。他多次请押解队长过问瓦夏的事。队长承认这确实是一个严重的误会,不过他说,因为手续问题,在路上无法纠正这一失误,他希望到了地方再解决。

瓦夏是一个眉清目秀的俊美小伙子,就像画上的御前侍从和天使。他格外纯洁和真挚。他喜欢坐在大人身边,两只手抱着膝盖，仰着头听大人说话或讲故事。这时候，从他那面部肌肉的活动，从他那强忍住夺眶欲出的泪水或强憋住大笑的样子，就可以猜出故事的内容。他那敏感的脸就像一面镜子，可以十分真切地反映出所谈的东西。

十二

合作主义者科斯托耶德在日瓦戈一家人这里做客，正在吧嗒吧嗒地啃日瓦戈请他吃的一只兔子前腿。他怕穿堂风，怕伤风感冒。“风好大呀！怎么来的这样大的风？”他一面说，一面移动，想换个地方坐。终于他坐到了一块没有风的地方，说了一句：“现在好了。”他啃完兔子腿，舔了舔手指头，又用手帕擦了擦，谢过了主人，又说：

“风是从窗缝里吹进来的，一定要堵上。现在还是再来继续咱们的争论吧。大夫，您说得不对。烤兔子的确是美味，不过，由此得出结论说农村日子很好过，恕我直言，您这是太武断了，至少是太简单化了。”

“啊，对不起，”日瓦戈反驳说，“您看看这些车站。树没砍掉，围墙也完好。再看看这些市场！看看这些妇女！挺得意嘛！说明有的地方日子过得还不错。有些人挺高兴的。并不是人人都过不下去。这很能说明问题。”

“如果真是这样就好了。但实际上并不是这么回事儿。您怎么会有这样的看法呢？您可以到离铁路一百俄里的地方去看看。到处都有农民起义。您会问：反对谁？既反对白军，又反对红军，谁掌权，就反对谁。您一定会说，是呀，农民一向就是反对任何制度的，他们也不知道自己究竟要什么呀。对不起，您先别以为自己有了理。他们要什么，他们比我们更清楚。不过，他们要的，完全不是我们所要的。他们被革命唤醒了以后，他们以为世世代代的梦想会成为现实：他们可以独自生活，没有人管他们的村子，他们可以用自己的双手劳动，不依靠任何人，也不对任何人承担义务。可是，他们身上那副旧政权的枷锁被砸碎了，却又换上了一副新的、革命的超国家枷锁，而且比以前锁得更紧。所以农村里乱腾起来，到处不得安宁。可是您还说农民的日子很好过。老兄，您什么也不了解，而且据我看，您也不想了解。”

“是的，我确实不想了解。您说对了。不过，您等一等。我为什么都要了解，要为这些事伤脑筋呢？因为时代并不考虑我的意见，而是迫使我接受它的意见。所以我又何必那样认真。您说我的话与现实不符。现在在俄罗斯哪里有什么现实不现实。依我看，现实早已被吓跑了。我希望相信农村好了起来，而且越来越好。但如果事实不是如此，那我有什么办法呢？我靠什么活下去，该听信谁的呢？可是我还是要活下去呀，我是有妻子老小的人呀。”

日瓦戈摆了摆手，让岳父和科斯托耶德继续辩论下去，自己朝铺沿上挪了挪身子，低下头，朝下面望着。

普里图利耶夫、沃罗纽克、佳古诺娃和瓦夏正在下面一块儿聊天。家乡快到了，普里图利耶夫讲起了家乡的交通情况，到哪个车站下车，怎么走好，步行还是骑马。瓦夏一听到他提到一些熟悉的村庄，就跳起来，眼睛放出光来，兴奋地重复着这些村庄的名字，就好像那是神话中的世界。

“你们在旱滩下车吗？”瓦夏激动得上气不接下气地问道，“当然啦！那是我们的车站！我们就在那儿下车！然后再往布伊村走，是不是？”

“下车后再走布伊村。”

“我就是说朝布伊村走。走布伊村。怎么会不知道！那是我们拐弯的地方。从那儿朝我们那儿去，一直朝右拐，再朝右拐，就到我们的维列坚尼基村了。哈里托内奇大叔，上你们那儿去，好像是过了河向左拐，是吗？您知道别尔加河吗？当然会知道！那是我们的河。上我们村子就一直顺着河岸走。我们的村子，我们的维列坚尼基村就在别尔加河上，在河边高地上。就在高崖上！河岸才陡哩！我们叫作长柜台。站在上面朝下看，真是可怕，好险呀！真怕摔下去。我可不是瞎说。我们那儿的人凿石头，做磨盘。我妈妈就住在维尔斯坚尼克。还有两个妹妹，一个叫阿莲卡，一个叫阿莉什卡。我妈妈皮拉格娅·尼洛芙娜，人家叫她巴拉莎大婶，长得又白又年轻，就和您一样。沃罗纽克大叔！沃罗纽克大叔！我求求您……沃罗纽克大叔！”

“干吗？你怎么像布谷鸟一样，一个劲儿地咕咕叫‘沃罗纽克大叔，沃罗纽克大叔’？我不是大叔，还是大婶？你想怎样，你要我干什么？你要我放你走？你说什么？你走了，那我还能活吗？”

佳古诺娃心不在焉地朝一边，朝远处望着，一声不响。她抚摩着瓦夏的头，拨弄着他那淡褐色的头发，想着心思。她有时歪歪头，看他一眼，微微一笑，示意叫他不要这样傻里傻气，不要当着众人的面和沃罗纽克谈这种事。那意思是说：放心吧，到了时候，自然会解决的。

十三

当他们离开俄罗斯中部地区驶往东部时，意外的事接二连三地发生。火车进入土匪猖獗的地带和刚刚平定了叛乱的地区。

火车时常在旷野上停下来，巡逻队上车检查证件和行李。

有一天夜里，火车在一个地方停了很久。没有巡逻队上车，没有什么人被盘查。日瓦戈想打听一下是不是出了什么事，就跳下了车。

外面一片漆黑。显然不应该在这里停车，道路两旁是枞树，看不见车站。有些早就跳下车的旅客正在火车旁边徘徊着，他们说，什么事也没出，是司机自己停的车，说是这一带很不安全，除非先由轨道车先去检查一番，否则他不肯再往前开了。旅客代表已经去和司机商量，必要时塞点钱给他。听说水兵也去了。可能会管用的。

在这些人向日瓦戈说明原委的时候，机车两旁的雪地上还是明亮的，因为烟囱里和机车锅炉里还一下一下地朝外冒火，就像篝火一样。突然冒出一个老大的火舌，把一片雪地照得异常明亮，使人看清了机车，还看到了从机车旁边跑过的几个黑影。

跑在最前面的好像是司机。他跑到机车后头，往上一跳，跨过缓冲器，就不见了。在后面追赶的几个水兵也学他的样子，跑到机车后头，往上一跳，在空中一闪，也不见了。

日瓦戈见到这情景，就同几个好奇的旅客一起朝机车走去。

他们在机车前面的一片开阔地上看到这样的场面:司机站在路轨旁的雪地里,积雪一直埋到他的腰部;水兵们也在齐腰深的雪里站成半圆形,把司机围在当中,就像猎人围捕野兽一样。

司机叫喊着:

“谢谢你们这些海燕!我算是看到你们了!拿手枪对着自己的工人弟兄!只因为我说不能再往前开。旅客同志们,你们可以作证,这是什么地方呀!谁都能大模大样地到这儿来,把螺丝拧下来。这他妈的干我什么事?我是为你们着想,怕你们出事,不是为我自己。我是一片好心,换来这样的报应。来吧,你们开枪吧,英雄好汉们!旅客同志们,你们可以证明,我不是要跑。”

站在路基上的人群里响起各种各样的声音。有些人惊慌地叫喊着:

“你这是怎么啦?……别瞎说……没有的事……他们哪儿会呢?他们不过是……吓唬吓唬你……”

还有一些人高声给他打气:

“别怕他们,加夫利尔卡!要挺住,你是开车的!”

有一个水兵头一个从深雪里走出来。这是个棕黄色头发的大个子,他的脑袋特别大,因而一张脸显得非常平。他心平气和地转身朝着旅客们,慢条斯理地说了几句话。他像沃罗纽克一样,说话带有乌克兰口音。那种安详的语气,在这非同寻常的夜晚的气氛里,显得异常可笑。

“对不起,大家嚷嚷什么呀?风这么大,当心不要着凉。回车厢去吧,可别冻坏了!”

等到旅客们渐渐散去,各自朝车厢走去时,大个子水兵走到

还在生气的司机面前,说:

“别生气了,司机同志。快从雪坑里爬出来。咱们走吧。”

十四

因为担心火车会在积雪没人清扫的轨道上出轨,所以开得越来越慢,第二天,火车停在一块没有人烟的空地方。起初人们没有看出这是烧毁的一个车站。后来在烧焦的站房正面墙上看到几个大字:下凯尔麦斯站。

不仅是车站保留着火烧的遗迹。车站后面有一个村庄,覆盖着大雪,空荡荡的,看样子也是和车站一起被烧毁的。

村口有一座房子烧光了,旁边一座房子塌下一个角,横梁都掉了下来。街上到处是雪橇残架、坍倒的院墙、生锈的铁片、缺脚少腿的桌椅板凳、零碎东西。雪地上撒满了炭屑、烟黑,有的地方草木被烧光了,污水结成了黑色的冰,里面还有烧焦的木头,这是大火和灭火留下的记录。

村子里和车站上的人并没有完全绝迹。有时还能看到几个人。

“整个村子都烧了吗?”列车长看到站长从断垣残壁后面走出来,就跳上站台,很关切地问道。

“您好。恭喜你们平安来到。是都烧了,而且还不只是烧。”

“我不懂您的意思。”

“最好是不懂。”

“难道是斯特列尔尼科夫干的?”

“就是他。”

“你们怎么得罪了他?”

“不是我们,我们铁路一点没有得罪他。是村子里的人。我们跟着倒了霉。您看见那边的村子吗? 怪那个村子。那是下凯尔麦斯村,是涅姆达河口乡的。都是他们惹的祸。”

“他们怎么啦?”

“所有的死罪几乎都犯了。解散本村的贫农委员会,这是一;拒不执行供应红军马匹的命令,请注意,这儿住的是鞑靼人,人人爱马如命,这是二;还有,抗拒动员令,这是三。您瞧吧。”

“是这样啊。全明白了。就为这事遭到炮轰的?”

“就是的。”

“是装甲车打的?”

“是的。”

“太惨了。实在遗憾。不过,这不是咱们管得了的事。”

“再说,这事儿已经过去了。不过,我也没有什么可使您高兴的消息。你们在这里停一两天吧。”

“别开玩笑。我这次不是来玩儿的,是送补充队上前线。我一向是不能耽搁的。”

“哪里是开玩笑? 您该看到,雪把路塞住了。这个路段下了一个星期的大雪,把线路全埋住了。没有人清扫。村子里有一半人都逃了。剩下的人什么也干不了。”

“唉,真要命! 完啦,完啦! 现在该怎么办呢?”

“想办法打扫打扫,你们就可以走了。”

“雪很深吗?”

“还不能说很深。有的地方深些。雪是斜着下来的，都积在路基上。最伤脑筋的是两站中间那一段。有一条三公里长的深沟。那一段清扫起来最费劲，雪实在太厚了。再过去就不算什么了，那边是森林地带，把风雪挡住了。深沟这边也没有什么，地势很开阔，雪不很深，都被风吹跑了。”

“唉，真他妈的要命！糟透了！我把车上的人都动员起来，叫他们帮忙。”

“我也是这样想。”

“不过，就不要惊动水兵和红军了。车上有很多强劳工，再加上普通乘客，差不多有七百人。”

“足够了。等把锹弄来，咱们就动手。锹不够，我们已经派人到附近村子里去借。没问题。”

“这种事儿可真是够呛！您看，咱们能行吗？”

“当然行。俗话说，人多力量大，可以推倒城墙。这不过是一段铁路，一条干线。没什么问题！”

十五

扫雪扫了三个昼夜。日瓦戈一家，包括纽莎在内，都积极参加了。这是他们旅途中最美好的日子。

这地方有些闭塞，有些神秘。民风又像普希金笔下的普加乔夫那样的豪勇剽悍，又像阿克萨科夫所写的那样落后和野蛮。

这一片废墟和剩下的少数居民的沉默不语，更使这地方显得神秘。这少数居民都吓怕了，处处躲着火车上下来的旅客，又因为怕告密，彼此也不说话。

大家分工轮流进行清扫，不是各类的人同时干活。现场设置了守卫。

全线的清扫工作同时进行，在各个地段组织了好几个队。各地段之间都留着一些雪堆不动，作为彼此的界线。只是到了最后，等到各地段都清扫完毕时，才把这些雪堆清除。

天气晴朗而寒冷。整个白天人们都在车外度过。只有晚上睡觉才回到车上。因为人多工具少，换班换得很勤，并不疲劳。干活儿不累，干活儿就是愉快的。

日瓦戈一家清扫的那地方，地势开阔，风景如画。铁路以东，地势先是渐渐低下去，然后又像波浪一样渐渐高起来，一直伸展到天边。

旁边的山上有一座孤零零的房子，四周围无遮无拦。周围是花园，夏天里一定是花团锦簇，绿树掩映，然而现在只剩下挂满霜雪的稀疏的枝条，遮掩不住房屋了。

大雪一盖，地上的一切都平了，圆了。但是还能看得出大雪没有埋平的斜坡上的几道深沟，可以想见，到了春天就会有一条小溪顺着弯弯曲曲的狭沟朝路基下面的涵洞里流去。然而现在小溪却被大雪盖住，就像一个婴儿连头盖上了厚厚的鸭绒被。

这孤零零的房子里是谁住过？是不是县或乡土地委员会没收的空房？是不是没人经管？原来在里面住的人现在在哪里，境况怎么样？是逃到国外去了？是被农民打死了？还是因为一向开明，成了县里有文化的专家？如果他们至今还留在县里，是不是斯特列尔尼科夫宽大了他们？还是他们已经和富农们一起被镇压了?

山上的房子引起人好奇,却又戚然不语。但是这时候谁也没提这些问题,谁也不回答这些问题。太阳照在雪地上,反射出强烈的白光,刺得人的眼睛无法睁开。铁锹朝雪面上一插,切下的雪块有多么整齐!一锹下去,迸起的雪粒子像银光闪闪的碎宝石。日瓦戈不由地想起遥远的童年时代。小尤拉戴着金边浅色风帽,穿着扣得紧紧的翻毛黑羊皮袄,也用这光彩夺目的白雪堆尖尖的或方方的雪堆,堆奶油大蛋糕、城堡和城壕。是啊,那时候生活在世上多么有味道,周围的一切多么美好,多么香甜!

不过,这三天的户外生活也给他一种吃饱的感觉。而且这不是没有原因的。每天晚上,参加清扫的人都能领到一块刚出炉的新鲜面包。这面包不知是从哪里运来的,不知是根据什么规定发的。面包四周油光光的,边上都裂开了,下面的壳子也烤得很好,还粘着细碎的炭屑。

十六

人们爱上了这个变成废墟的车站,就好像攀登雪山时,住进临时宿营地,就舍不得走一样。车站的位置、外形和断垣残壁都深深留在人们的脑海里。

每当太阳西坠时,他们便回到车站。这时候太阳还在电报员值班室窗前的老桦树后面慢慢移动着,好像是在留恋自己的过去。

值班室的外墙已经坍倒在屋子里,屋顶也塌了,但是窗子却完好无损，窗子对面有一个屋角也没有倒下来。那一角的一切都还保留着：咖啡色的糊墙纸、圆通风孔的瓷砖火炉，通风孔上还有拴着细链子的铜盖，墙上还挂着一个黑木框，上面是室内什物清单。

太阳落山时，还和遭劫前一样，阳光照得瓷砖炉面亮闪闪的，照得糊墙纸泛出咖啡色的光泽，在夕阳照射下，桦树枝的影子还像以前那样挂在墙壁上，就像女人的披巾。

站房的另一头，还留着一扇接待室的门，门已经钉死了，上面贴着一张通告，从通告内容来看，这是在二月革命之初或之前不久贴出的：

> 由于药品和包扎材料紧缺，请伤病乘客暂勿求诊。故将此门封闭。特此通告。
>
> 涅姆达河口主治医师启

等到各个地段的积雪铲除完毕，平整的、像箭一样伸向远方的轨道就露了出来。铁路两旁堆起的雪堆像一座座小山一样，路旁的两排松树就像是给雪山镶的黑条子。

放眼望去，轨道上到处都是一群群持锹的人。他们第一次看到所有的人都在一起，看到有这么多人，第一次感到吃惊。

十七

虽然天色已晚，很快就要黑下来，但是听说，再过几个钟头，火车就要开了。日瓦戈和妻子在开车之前，再一次去欣赏已经清扫出来的铁路的雄姿。路轨上已经一个人也没有了。他们站了一会儿,望了望远方,说了几句话,就转身朝车厢里走。

在回车厢的路上,他们听到两个吵架的女人的恶狠狠的、伤心的叫喊声。他们立刻听出这是奥格雷兹柯娃和佳古诺娃。这两个女人也跟日瓦戈夫妇一样,从车头往车尾走,不过她们走的是对面,靠车站那一边,日瓦戈夫妇走的是靠近树林这一边。长长的列车在他们中间,把他们隔了开来。两个女人不是走在日瓦戈夫妇前面,就是落在后面,几乎没有接近过。

两个女人都十分激动。不过有时显得已经没有力气了。她们的声音一会儿高得像叫喊,一会儿低得像耳语,从声音来判断,大概是步履已经很不平稳,常常跌倒在雪地上,或者两腿已经发软了。看样子,是佳古诺娃在追赶奥格雷兹柯娃,有时赶上了,也许是抡起了拳头。佳古诺娃在破口大骂,骂的话不堪入耳,这些话出自一位仪态万方、声音甜美的太太之口,显得比男人的谩骂要难听和粗野一百倍。

"哼,你这个婊子,你这个烂货,"佳古诺娃骂道,"不论到哪里,你都扭来扭去,吊膀子!你这母狗,抓到我那个蠢货你还不过瘾,还要打那个小孩子的主意,摇尾巴,勾引小孩子。"

"这么说,你是瓦夏的老婆啦?"

"你才想当他的老婆哩,贱货!我叫你试试看,我饶不了你!"

"哎哟哟,打人啦!你这疯狗,把手放开!你想把我怎么样?"

"我叫你死,你这娼妇,癞狗,不要脸的东西!"

“随你说好了。我就算是狗和猫，这没有什么。你是贵夫人。你是在阴沟里出生，在门洞里长大，怀了个老鼠，生了个刺猬……来人哪！来人哪！这个泼妇要杀我啦！救救一个姑娘，帮帮一个孤儿吧……”

“咱们走快点儿。我真怕听这些，真讨厌。”托尼娅催促丈夫说，“不会有好结果的。”

十八

四周围的一切全变了，地方变了，天气也变了。平原已经过去，火车已经进入山区，行驶在丘陵和山冈中间。这些日子一直在刮着的北风也停了。暖洋洋的气流从南方吹来。

山坡上是一片接一片的树林。当铁路穿过树林时，火车先是渐渐往上爬，到了树林中央，就缓缓地往下溜。火车呼哧呼哧地往树林里爬，在树林里艰难地前进着，就像是一个看林子的老汉领着一帮旅游者往前走，旅游者东张西望，什么都要看看。

但是这里还没有什么可看的。树林里很安静、很寂寞，依然是冬天的景象。只是偶尔有树木沙沙地响一阵子，想抖落下部树枝上的积雪，就好像要摘去项圈或解开领口那样。

日瓦戈忽然像吃了瞌睡药似的。这几天他一直躺在上铺上，睡一阵，醒一阵，想想心事，听听四周围的声音。不过眼下还没有什么可听的。

十九

日瓦戈在酣睡时,春风正融化着厚厚的积雪。他们离开莫斯科那天就开始下,后来下了一路,他们在涅姆达河口站清扫了三天,在几千俄里国土上积成厚厚的一层的大雪开始融化了。

起初,积雪从内部慢慢地融化,悄悄的,不动声色。等到这宏伟的工程完成一半时,便再也无法保密了。奇迹出现了。积雪移动起来,水从下面奔流而出,哗哗地响起来。无法通行的森林打起了精神。林中的一切都醒来了。

水可以无拘无束地流动了。水从悬崖上直泻而下,积成池塘,又渐渐流散开去。密林中很快就到处是水声和雾气。一条条流水在林中曲曲弯弯地奔流着,有时被积雪拦住去路,就钻到雪底下,遇到平坦的地方,就潺潺流过,到了悬崖边上,就奔泻而下,溅起晶莹的水花儿。大地开怀畅饮,已经无法再喝了。那高耸入云的千年老松用它们的根在尽情地喝,喝得老松脚下旋起一团团淡褐色泡沫,就像喝酒人嘴上的啤酒泡沫。

春风把青天也熏醉了。青天醉得迷迷糊糊的,蒙起一片片的云彩。树林上空飘浮着一片片灰毡似的阴云,阴云的边儿垂得低低的。散发着泥土芳香和汗水气味的温暖的春雨从阴云里倾泻下来,冲洗着大地上结了一层黑黑的冰壳子的最后的雪块。

日瓦戈醒了。他探过身子,靠在打开的车窗上,用胳膊肘支着头,倾听起来。

二十

离矿区越来越近，村落越来越密，车站越来越多，两站间的距离越来越短。上下车的旅客也多起来。在一些中间小站，上下车的人特别多。很多短途旅客上车后也不找地方安顿下来，不躺下来睡觉，如果是在夜间，就在车门口找块地方蹲一蹲，小声说着话儿，谈论着只有他们才了解的当地的一些事情，到下一站就下车。

从最近三天来上下车的一些乘客的谈话中，日瓦戈断定北方的白军占了优势，已经占领了尤梁津或者正准备进攻尤梁津。此外，如果他没有听错的话，那支白军的司令官正是他在麦柳泽耶夫军医院时的同伴、他的好朋友加里乌林，除非另外有一个同姓的。

日瓦戈没有对家里人说起这件事，因为这样的传闻还没有证实，免得叫家里人白白地担心。

二十一

日瓦戈入夜后不久便醒来，他心中隐隐充满了幸福感，这种感觉异常强烈，因而使他惊醒了。火车停在一个小站上。车站笼罩在白夜的透明的夜色中。这种透明的夜色显得清幽而壮阔，表明这地方是宽敞、广阔的，说明车站是在视野十分开阔的高地上。

站台上有几个人影小声说着话儿，轻轻地从车厢外面走过。这也使日瓦戈十分感动。他认为脚步和声音这样轻悄，是照顾夜间在火车里睡觉的旅客,就像战前那样。

日瓦戈错了。这里也和别处一样,人声鼎沸,脚步杂沓。不过附近有一处瀑布。瀑布那清爽的气息和奔泻的气势,扩大了白夜的界限,使日瓦戈在梦中产生了幸福感。那奔腾不息的瀑布声淹没了车站上一切声音,因而使人产生了寂静无声的错觉。

日瓦戈不知道这里有瀑布,然而沉醉在此地的清新空气里,不觉又进入了梦乡。

下铺有两个人在说话儿。其中一个人问:

"怎么样,他们现在老实了吗?不那么神气了吧?"

"你是说那些小店主?"

"是啊,是说那些开粮店的家伙。"

"把他们制伏了。听话得很。先来个杀鸡给猴看。其余的人就乖了。都缴了军税。"

"一个乡缴了多少?"

"四万。"

"瞎说!"

"我瞎说干什么?."

"四万顶什么用?"

"是四万俄担。"

"你们干得漂亮,有两下子。真有两下子!"

"四万俄担精粉呀。"

"这不算什么。这地方最肥。正是买卖面粉的时候。现在顺着雷瓦河往上去,一直到尤梁津,一个村接一个村,到处是码头、粮食收购站。舍尔斯托比托夫兄弟,佩列卡奇科夫父子,到处是批发商。”

“小声点儿，别把人吵醒了。”

“好。”

他说过这话，打了一个呵欠。另一个说：

“躺下睡一会儿吧，怎么样？好像要开车了。”

这时，后面响起老大的轰隆声，越来越响，盖过奔腾的瀑布声；一列老式的特别快车长鸣一声，顺着另一条线路开过来，擦着这一列一动不动的火车疾驰而过，那列车上的灯光最后闪了几下，就在前方消失得无影无踪了。

下铺的两个人又说起话来。

“唉，这一下子糟了。咱们还有得等呢。”

“不会很快就开的。”

“可能是斯特列尔尼科夫的特别装甲列车。”

“可能就是他。”

“他对付反革命，够狠的。”

“他这是去进攻加列耶夫。”

“哪一个加列耶夫？”

“哥萨克司令加列耶夫。听说，他和捷克人守在尤梁津。这个老饭桶就是不肯放弃码头。就是这个加列耶夫。”

“我没听说过。”

“也可能是加里列耶夫亲王。我想起来啦。”

“没有这样一位亲王。恐怕是阿里·库尔班。你弄错了。”

“也许是库尔班。”

“那就是另一回事儿了。”

在这一片大水中间有一条狭长的陆地，上面有两棵树，两棵树朝上又朝下，好像悬挂在半空里。

“大雁！一群大雁！”亚历山大·格罗麦科正朝那边望着，忽然叫了起来。

“在哪儿？”

“在岛那边。不要往那边看。往右面，再往右面一点。唉，糟糕，飞走了，吓走了。”

“噢，是的，我看见了。我要和您谈一件事，爸爸。还是下次再谈吧……我看，车上那两个强劳工和两个女人跑得好。我想，她们谁也没有害谁，平平安安。跑了就是跑了。”

二十四

北方的白夜结束了。山、树林和悬崖都变得清清楚楚，但仿佛都不像真的，好像都是画里的。

树林刚刚发绿。有几丛野樱桃已经开花。树林在险峻的山脚下，在不远处不很大的一块也很险峻的地方。

不远处就是瀑布。但是在这边看不见，只有在树林那边，在悬崖边上才能看得见。瓦夏十分疲乏，无法走过去领略那惊心动魄和欢快奔泻的滋味了。

瀑布在这一带是庞然大物，没有什么东西可以与之匹敌。瀑布之所以可怕，就在于它这种独一无二的地位，因此它变成了一种具有生命和意识的东西，变成了童话里那种接受当地的奉献、把四周围洗劫一空的龙或蛇。

夜晚，你带给我一张印有政府首批通知的报纸。你该记得，那口气是何等坚决。那种直言无隐的气魄实在令人敬佩。但是这些东西只是在创始人的头脑里是完全纯正的，而且只是在公布的第一天是这样。到了第二天，这种政策的伪善性就显露无遗了。我能对你说什么呢？这种哲学和我是格格不入的。这个政权是和咱们作对的。对于这种做法，也没有人征求我的意见。但是他们信任我，所以我的行动，即使是被迫而为，那也是应该做的。托尼娅问，是不是会误了种蔬菜的季节，下种是不是晚了。怎么回答她呢？我不熟悉这里的土壤，也不熟悉这里的气候。夏天太短。种东西能不能成熟？不过，咱们跑这么远，就是为了种菜吗？现在看来，那句俏皮话‘跑七俄里去喝一口汤’已经不算俏皮了，因为咱们跑了有三四千俄里呀。说实在的，咱们跑这么远，是另有目的的。咱们来，是想按照现在的方式苟且偷安，想一起挥霍掉外公的森林、机器和财物。不是恢复他的家业，而是消耗他的家业，同大家一起把千万资财挥霍掉，为的是一起过穷日子，而且一定要像大家一样，用一种极其荒唐的现代混乱方式去这样做。这就像赤身裸体和灭绝文化一样野蛮。是的，俄国私有制的历史已经结束了。至于我们格罗麦科一家人，在上一代已经和贪财嗜欲绝缘了。”

二十七

车厢里又闷又热，简直没有办法睡觉。枕头都被汗水浸透了，日瓦戈的头泡在汗水里。

他小心翼翼地从铺上爬了下来，为了不把别人弄醒，轻轻地把车门拉开一道缝。

一股潮气朝他脸上扑来，黏糊糊的，就好像下地窖时一头撞在蜘蛛网上。他心想："这是雾。起雾了。今天一定会很热。怪不得呼吸这样困难，胸口闷得难受。"

日瓦戈在车门口站了一会儿，凝神听了听四周围的声音。

火车停靠的是一个大枢纽站。除了寂静和浓雾以外，四周围是空旷和荒凉的，这列车好像已经被人忘记了。列车仿佛停在最偏僻的地方，仿佛列车和车站没有什么联系，如果这地方发生地震，大地将车站吞没，列车上也没有人知道。

远处传来两种很微弱的声音。

从后面他们来的地方，传来一种有节奏的噼啪声，好像有人在那里洗衣服，又好像风吹着一面湿漉漉的旗子不住地在拍打旗杆。

前面传来的是隐隐约约的隆隆声，上过战场的日瓦戈一听到这种声音，不由地浑身一震，竖起了耳朵。

"这是远程的大炮。"他听到那平稳而低沉的隆隆声，在心里判断说。

"原来是这样。快到前线了。"日瓦戈心里想着，摇了摇头，就从车上跳了下来。

他往前走了几步。再过去两节车厢，火车断了。车头没有了，车头把前面几节车厢拖走了。

"怪不得他们昨天那样神气，"日瓦戈心想，"看样子他们已经感觉出来，马上要把他们送去打仗了。"

他绕过车尾,想跨过铁路往车站去。这时一名带枪的哨兵突然从车后闪了出来。小声喝道:

“上哪儿去?通行证!”

“这是什么站?”

“什么站也不是。你是什么人?”

“我是莫斯科的医生。带着全家乘这趟车。这是我的身份证。”

“身份证管屁用。我总不能在黑咕隆咚的地方看你的身份证,和眼睛过不去。你瞧这么大的雾。用不着看证件,老远就能看出你是个什么样的医生。你这种医生还会开十二英吋的大炮。我真应该把你敲了,不过饶你一回吧。趁早向后转。”

“不知道把我看成什么人了。”日瓦戈想。犯不着去和一个哨兵争吵。还是趁早走开好些,省得麻烦。于是他转身往回走。

他背后的炮声停了。那是东方。那边的太阳已经在浓浓的雾气中升起来,不时地从一片片游动的雾气中露出它那模糊的面庞,就好像在浴室的蒸汽中不时闪现的裸体人影。

日瓦戈又顺着车厢往车尾走,过了车尾,又继续往前走。越往前走,双脚在松松的沙地上陷得越深。

均匀的拍击声越来越近。地势慢慢低下去。他又走了几步,便在一个模模糊糊的东西面前停下来,那东西在浓雾中显得特别大。他又走了一步,浓雾中出现了几条拖在岸上的木船的船头。他原来是站在一条大河的岸边,河水懒洋洋地拍打着几条渔船和岸边的码头。

“谁让你在这儿东张西望?”另一个哨兵从岸边走过来问道。

“这是什么河？”日瓦戈不由地问了一句，虽然刚才有过经验，他实在不愿意再问什么了。

哨兵没有回答，却把哨子放进嘴里，不过他还没有吹，刚才那个哨兵就来到跟前了。他本来想吹哨子叫那个哨兵的，那个哨兵却尾随着日瓦戈来了。他们谈了起来。

“没有什么可考虑的。马看蹄走鸟看飞。‘这是什么站？这是什么河？’他这是想打马虎眼，分散注意力。你看，怎么办，是干脆把他拉到河滩上，还是送到前面火车上？”

“我看，把他送到火车上去吧。看看首长怎么说……把你的身份证拿来！”第二个哨兵喝了一声，把日瓦戈递过去的一叠证件一把抓过去。

“把他看住，老乡。”他不知对谁说了一声，就和第一个哨兵朝车站走去。

这时，躺在沙滩上的一个人，看样子是个渔夫，咳了一声，走过来问明情况，然后说：

“他们要带你去见头子，算你走运。你也许能保住性命。你也别怪他们，这是他们的职责。现在是老百姓当家。也许会渐渐好起来。目前可说不上。他们是弄错了人。他们一直在搜捕一个人。以为那个人就是你。他们以为，就是这家伙，是工人政权的死对头，这一下子可逮住了。弄错了。万一有事，你就要求见头子，可别听从这些人摆布。这些人没有好心，难对付，可要当心。他们杀你就像踩死一只蚂蚁。他们要是叫你走，你可别跟着走。你就说：‘我要见你们的头头。’”

日瓦戈从渔夫嘴里知道，这条河是有名的通航河流雷瓦河，临河的车站叫拉斯维尔耶，是尤梁津的水产区。他听说，在上游两三俄里的尤梁津一直在进行争夺战，现在红军大概已经把白军打退。渔夫还告诉他，拉斯维尔耶也发生过叛乱，现在已经镇压下去，四周围所以这样安静，是因为车站附近一带的居民已经全部跑光了，这里正在实行戒严。停在线路上的几列火车，是军事机关在里面办公，其中有一列是边区军事委员斯特列尔尼科夫的专车，日瓦戈的证件就是送到那里去的。

过了一阵子，就有另外一个哨兵从那列车上来传唤日瓦戈。他和原来两个哨兵不同的是，他的枪是在地上拖着或者倒换着在地上挪动，就好像架着一个喝醉的朋友往前走，如果不是他，喝醉的朋友就会倒在地上的。他领着日瓦戈到火车上去见军事委员。

二十八

这个哨兵向门口站岗的报了口令，把日瓦戈带进一节车厢。这节车厢与旁边一节车厢有通道相连，通道是用皮革做成的。他们一走进车厢，里面的笑声和走动声戛然停止了。

哨兵领着日瓦戈穿过窄窄的通道，来到中间一个宽敞的单间里。里面又安静又整洁。在这个清洁而舒适的单间里工作的一些人穿得又整齐、又讲究。原来在日瓦戈的想象中，在这个地区显赫一时的这位非党军事要员的官邸完全不是这种样子。

不过，他的活动中心大概不在这里，而是在前面，在靠近作战地区的前线司令部；这里只是他的私人住处，是他的私人办公处，这里有他的一张行军床。

所以这里十分安静，就像在海滨热水浴室的走廊里，那走廊里铺了软木和地毯，工作人员穿了软底鞋在上面走，一点声音也没有。

中间的单间原来是餐厅，铺着地毯，现在已成为临时办公室，里面有几张办公桌。

“等一下子。”靠近门口坐着的一位年轻军人说。他说过这句话，办公室里所有的人都认为可以把来人丢在一旁，不用再理会了。还是那位年轻军官漫不经心地把头一摆，把哨兵打发走。于是哨兵拖着枪走了出去，枪托子碰得走廊上的铁框子叮当直响。

日瓦戈一进门，老远就看见自己的证件。证件放在最远处一张桌子的边上。那张桌子后面坐着一位年纪大些的军人，那气派很像一位旧时代的上校。他是一位军事统计人员。他一面小声念叨着，一面查阅资料、看军事地图、核对、校正、剪贴。他扫视了一遍单间里的几个窗子，一个一个都看过了，然后说：“今天会很热的。”他这个结论似乎是在察看了所有的窗子之后才做出来的，光看一个窗子还不行。

一位军事技师正在几张桌子之间的地板上爬着，检修已经坏了的电线。等他爬到那位年轻军官的桌子下面，年轻军官连忙站起来，免得碍他的事。旁边是一位身穿草绿色男制服的女打字员，正在很吃力地用一架坏打字机打字。滑架一下子在边上卡住了。年轻军官跑到她身后，弯下身子帮她找毛病。那位军事技师也爬到打字员跟前，从下面查看扳手和传动装置。有上校气派的那位军官也站起身，走了过来。全都围着打字机忙活起来。

日瓦戈看到这情景，渐渐放下心来。这些人比他自己更清楚他的命运，如果准备处死他的话，不可能当着他的面无思无虑地一齐去忙活这样的小事。

“可是，谁知道他们是怎么回事？”日瓦戈想道，“他们怎么会这样不在乎？周围在放炮，在死人，他们却在谈天气，预测天气热不热，却不管打仗打得激烈不激烈。也许他们是见惯了，什么都不觉得了吧？”

他因为无事可做，就站在原地方，望着对面的窗子，望着窗外的景物。

二十九

列车的这一面，可以看到一部分线路，再过去是坐落在山冈上的拉斯维尔耶车站，车站所在的这个地区就叫拉斯维尔耶区。

从线路到车站架着没有上油漆的木阶梯，木阶梯中间有三个平台。

线路的尽头已成为废机车堆放场。这里没有煤水车。火车头上的烟囱像大酒杯或皮靴筒。车头停在报废的车厢中间，烟囱对着烟囱。

这废机车堆放场和城郊的坟地、线路上的烂铁、郊区那一个个生了锈的屋顶和一块块生了锈的招牌，在早晨的阳光晒热了的白色天空下构成一幅凄凉、破败的景象。

日瓦戈在莫斯科时竟忘记了在城市里有许许多多的招牌，忘记了那些招牌把商店正面很大的一部分都遮住了。这里的招牌却使他回想起这些情景。半数的招牌大小都和火车差不多。这些招牌低低地挂在倾斜的平房的窗户上，这样一来，那低矮的房子就不见了，就好像乡下孩子的头上戴了父亲的大帽子，帽子把脸都遮住了。

这时候，雾已经消散了。只是在东边的远处，在左面的天空里，还漂浮着一大片残雾。不过，那片残雾也动起来了，像舞台上的幕布似的拉开了。

在离拉斯维尔耶三四俄里的地方，在比这个地区更高的一座山冈上，有一座很大的城市，不知是地区首府还是省城。阳光给这座城市镀上一层金黄，远远看去，那里的一切都十分单调。整个城市一层一层地贴在山坡上，就像粗俗油画上的圣地阿丰山或者贫民修道院，房子挨着房子，街道挨着街道，冈头上有一座大教堂。

“尤梁津！”日瓦戈激动地想道，“安娜·伊万诺芙娜在世时常常说起这地方，护士拉莉萨也常常提到的！这地方我已经听熟了，却没想到在这种情况下第一次见到它！”

这时，埋头修理打字机的几个军人的注意力被窗外的动静吸引过去。日瓦戈也随着他们朝窗外看去。

几个红军押着几个俘虏或者犯人顺着木阶梯朝车站走去，其中有一个头部受伤的中学生。伤口已经包扎过了，但是绷带里的血不住地往外渗。他不时地用手去擦，擦得那黑黑的、汗涔涔的脸上到处都是血。

中学生走在最后面，左右是两个红军士兵。他那英俊的脸上的刚强表情，特别引人注意。这样年纪轻轻就参加了叛乱，又使人感到可惜。他和两个押送他的士兵的反常举动也特别引人注目。他们一直在做不应该做的动作。

中学生的帽子时不时地从缠了绷带的头上往下滑。他却不肯把帽子摘下来拿在手里,而是不住地往上扶,把帽子戴紧些,不怕把伤口弄疼,两个士兵也常常自动地帮他往上戴。

这种违反常情的荒谬做法象征着一点什么。日瓦戈感觉出这种做法有很深长的意义,真想跑出去,也跑到木阶梯上去,把已经冲到喉咙眼儿里、即将冲口而出的话告诉这个中学生。他要对中学生、对车上所有的人大声呼喊:拘于形式是没有出路的,摆脱形式才有出路。

日瓦戈把目光从窗口移过来。刚刚迈着矫健的步子走进来的斯特列尔尼科夫正站在这个单间的中央。

日瓦戈是个医生,见过的人不可胜数,为什么偏偏没有见过这个人呢?为什么他们过去无缘相会?为什么他们过去处处错过呢?

不知为什么他立刻意识到,这个人是意志的完美体现。他完全是他自己希望成为的一个人,他的外表、他的心灵,都自认为是完美无缺的。他那大小合度、轮廓优美的头,那矫捷的步伐,那一双长腿和也许很脏、但又似乎很亮的高筒靴,那一身也许有点皱、但似乎又像刚刚熨过、似乎笔挺的灰呢子军便服,都是完美无缺的。

这是率真自然的天性的流露,绝无矫揉造作之态,这样的人在人世间任何情况下都驾驭自如。

这个人必然富有某种才华,但不一定是出类拔萃的才华。他这种才华表现在他的一行一动中,可能只是一种模仿的本领。当时人人都喜欢模仿。模仿著名的历史人物。模仿在前线或在城市动乱中英勇善战的人物。模仿那些声名显赫的人物和出人头地的伙伴。总之,互相模仿。

他出自礼貌,并没有因为见到陌生人而表现出惊讶或拘谨。相反,他对待大家的态度极其随便,就好像也把日瓦戈当成他们之中的一员。他说:

“向大家报喜。咱们把他们赶跑了。这好像是在玩打仗游戏,而不是真正打仗,因为他们和咱们一样,也是俄国人,就是他们太糊涂,而且不肯改,咱们只好用武力把他们的糊涂思想打掉。他们的司令是我的朋友。和我相比,他的出身更是无产阶级了。我们在一个院子里长大。这一辈子他对我帮助很多,我很感激他。可是我高兴的是,我把他赶过了河,也许更远些。古里扬,快把电话线接好。总不能光靠传令兵和电报过日子。天太热了,你们没觉得吗?我好歹睡了一个半钟头。噢,是的。……”他忽然想起来,便转过身来朝着日瓦戈。被扣的人还站在这里呢,就是因为这件小事把他唤醒的。

“这个人吗?”斯特列尔尼科夫用探问的目光把日瓦戈上上下下打量了一遍,心里想道,“一点也不像。这些笨蛋!”他笑起来,对日瓦戈说:

“对不起,同志。他们把您当成另外一个人了。我的哨兵弄错了。您可以走啦。这位同志的劳动手册在哪儿?噢,您的证件在这儿。对不起,让我顺便看看。日瓦戈……日瓦戈……日瓦戈医生……莫斯科的……咱们走,到我房间里坐一会儿。这儿是秘书处。我在旁边一个车厢里。请。我不会耽误您太多时间。”

三十

这个人到底是谁呢？一个党外的人，谁也不了解，因为他是莫斯科人，大学一毕业就上外地去教书，一参加战争就做了俘虏，在敌方待了很久，长期没有音信，被认为已经死去了，这样一个人竟能升到这样的位子，而且站住了脚，实在是一件怪事。

他小时候在进步的铁路工人季维尔津家住过。是季维尔津推荐他，并且为他担保的。那些负责任免干部的领导人就信任他了。在热情高涨、观点异常极端化的日子里，斯特列尔尼科夫那十分激进的革命性也表现出来了，表现得真诚而狂热，而且这种狂热不是学别人的，是他特有的，不是偶然的，是生活教给他的。

斯特列尔尼科夫没有辜负上级对他的信任。

最近一个时期，他平定了涅姆达河口村和下凯尔麦斯村的叛乱，镇压了古巴索夫的农民武装抗拒征粮队的事件和大熊河河滩站抢劫第十四步兵团给养列车的事件。他还解决了图尔卡图城的士兵谋反并且携带武器向白军投诚的事件，又解决了契尔金乌斯码头的部队叛乱、杀害忠于苏维埃政权的指挥官的事件。

在所有这些事件中，他都是以迅雷不及掩耳的行动开过去，分析、判断、采取行动，又快、又准、又狠。

他巡视各地，刹住了这一地区开小差的风气。他检查了各地征兵机构，顿时一切都变了样子。红军的征兵工作顺利开展起来。征兵委员会的工作放开了手脚。

前些天，白军从北面攻了过来，局势十分严重，上级又把战略和战役上的重任交给了斯特列尔尼科夫。他一接受任务，局面很快就改观了。

斯特列尔尼科夫知道，有人给他取了一个外号——拉斯特列尔尼科夫[①]。他听了毫不在乎，一点也不害怕。

他出生于莫斯科，父亲是工人，因为参加一九〇五年的革命而被捕。当时他由于年幼，未参加革命运动。后来他上了大学，因为出身贫寒的学生更珍惜学习的机会，所以比富家子弟更为勤奋。当时那些出身富裕的学生掀起的风潮，他没有参加。大学毕业时，他已掌握了渊博的知识。除了所学的文史专业知识外，他还自学了数学。

依照法律，他可以免征，但是他自动报名入伍，上了前线。他被俘时是一名准尉。一九一七年底，他听说俄国发生了革命，便逃回祖国。

他有两个特点、两种愿望。

他思维异常清晰，异常精确。他富有正义感，精神极其高洁，感情炽热而深厚。

他想做一个有所开拓的学者，然而他却光有才力，而无足够的魄力，不能用意外的发现去推翻严谨而无益的空泛的预见。

他想做些好事，然而他却只有原则性，而缺乏心灵的无原则性，心灵是不管一般情况，只看个别情况的，心灵之所以伟大，就因为做小事情。

斯特列尔尼科夫从小就向往崇高和光明磊落的境界。他认

①俄文斯特列尔尼科夫的含义是“射手”，拉斯特列尔尼科夫的含义是“刽子手”。

为人生是个大竞技场。人们只有认真遵守规则,才能在竞争中达到完美的境地。

当他发现情况并非如此时,他并没有想到,是他错了,是他把世上的一切看得太简单了。他把自己的失望心情埋得深深的,幻想着有朝一日自己要成为生活和糟蹋生活的一些不正当做法之间的裁判,他要维护生活,为生活报仇。

失望使他变得残酷了。革命把他武装起来了。

三十一

"日瓦戈,日瓦戈,"斯特列尔尼科夫带着日瓦戈走进自己的车厢以后,依然在反复念叨着,"好像是商号的名字,或者是一家贵族的姓氏。嗯,莫斯科的医生,去瓦雷金诺。奇怪。忽然要离开莫斯科,去这样偏僻的地方。"

"就是这个意思。去找个安静的地方。到偏僻地方去,到没有人知道的地方去。"

"太富有诗意了。瓦雷金诺吗?这些地方我可是十分熟悉。以前那里是克柳格尔家的工厂。您也许是他家的亲戚?是想做继承人吧?"

"何必这样挖苦人?什么继承人不继承人?不过,我的妻子确实是……"

"您瞧,我说得不错吧。是不是想念白军啦?不过,我叫你们失望了。你们来晚了。这地方的白军已经叫我打跑了。"

"您还要挖苦人吗?"

“再说,您是一个医生,而且是军医。现在是战争时期。这正是我该管的事。您是开小差的吧?绿色分子也躲在森林里。他们也找安静的地方。您去的理由呢?”

“我两次受伤,已经获准免役了。”

“那您就拿出教育人民委员部或卫生人民委员部的证明,证明您是‘真正的苏维埃人’,是‘同情者’,证明您‘奉公守法’吧。阁下,现在世界上已经到了最后审判的时代,是《启示录》中说的仗剑使者和飞兽的天下,而不是富有同情心和奉公守法的医生的天下。不过,我已经说过,您可以走了,我不想改口。但是,只有这一次。我预感到,咱们还会再见面的,到那时候就另当别论了。请保重吧。”

威胁与挑战并没有使日瓦戈感到不安。他说:

“您对我的看法,我都能理解。在您来说,您的想法是合理的。不过,您想和我争论的问题,正是我在思想上和我想象中的责难者争论了一辈子的问题,而且应该说,可以得出某种结论了。不过,这种事三言两语是说不清的。如果我真的可以走的话,请允许我不作什么解释就走吧;如果不行,就请处置吧。我不想作什么辩解。”

他们的谈话被电话铃声打断。电话线修好了。

“谢谢了,古里扬。”斯特列尔尼科夫拿起话筒,吹了几下,说起话来。“请派一个人,把日瓦戈同志送走。免得再发生什么误会。给我要拉斯维尔耶,接契卡运输部。”

日瓦戈走后,斯特列尔尼科夫往车站打了一个电话:

“你们弄来一个小孩子,就是那个把帽子拉到耳朵上、头上扎着绷带的。不像话！就是的。如果需要，给他检查治疗一下。对，要好好保护，你要给我负责。他要吃饭，就给他开一份饭。就这样。现在咱们谈谈事情。我在说话呢，我还没说完。啊，见鬼，怎么又冒出一个声音？古里扬！古里扬！他们把电话掐断了。”

“也许这是我以前的学生呢。”他心里想着，把打电话的事暂时丢开了。“现在长大了，跟我们作起对来。”斯特列尔尼科夫在心里估算着自己教书、打仗和被俘的时间，看看这年数同这孩子的年龄是否吻合。然后他朝车窗外面望去。整个尤梁津城出现在地平线上。他想找到城边靠河的那个区，那是他的家住过的地方。万一他的妻子和女儿现在还住在那里呢？去看看他们多好啊！马上去，这就去！是应该去，但是能行吗？那完全是另外一种生活呀。要想再过那种已经中断了的生活，还必须先结束这种另外的生活。这一天会来的，会来的。是的。不过，要到什么时候，什么时候呀？

第二部

第八章　到　达

一

日瓦戈一家乘的火车到这里以后，还停在站台后侧，前面停的是另外几列火车。一路上似乎同莫斯科一直没有断的联系，到这个早晨才中断，才结束。

从这里开始展现了另一个环境，另一个天地；它另有一个中心。

这一带人彼此的关系比首都的居民更为密切。尤梁津至拉斯维尔耶这一段线路附近的闲杂人员虽然已被迁走并由红军封锁着，但当地郊区的乘客却能神不知鬼不觉地钻进车站，用现在的说法就叫“混进来”。车厢里塞得满满的，过道上也挤满了人；有的在车厢外来回走动，有的在车厢门口的路基上站着。

这些人彼此都认识，老远就你一言我一语地交谈起来，赶上去打招呼。他们的穿戴、谈吐和京城里不同，饮食、习惯也都不一样。

真想知道：他们何以为生，有哪些精神和物质的要求，如何应付生活的艰难，如何逃避法律的追究？

日瓦戈很快就找到了生动的答案。

二

日瓦戈医生在哨兵的陪送下朝车厢走回去。这位哨兵有时拖着枪走，有时拿它当手杖。

天气闷热，阳光炙烤着铁轨和车厢顶。被石油染黑了的大地泛出黄色的光泽，就像镀了金似的。

哨兵的枪托在沙土地上划过，留下长长的印子，有时还碰到枕木，发出叭叭的声音。他说：

“天放晴啦。可以下种了，种燕麦、小麦或是黍子，正是时候。种荞麦太早。我们家乡到阿库琳娜节[1]才种荞麦。我是唐波夫省的莫尔善斯克人，不是本地人。嗳，医生同志！要不是打内战，不是该死的反革命，这个时候我怎么会跑到人家这个地方来混日子？这内战把我们弄得乱七八糟，都是它干的好事！”

三

“谢谢，我自己能行。”日瓦戈看到车厢里的人都探出身子，伸手搀他上车，连忙推辞说。他腾身一跳，跳上了车，站稳之后，就同妻子拥抱在一起。

---

①6月13日为阿库琳娜节。

“你可回来啦。谢天谢地！”托尼娅低声说，“不过，你平安无事，这已经不是新闻了。”

“怎么不是新闻？”

“我们都知道了。”

“怎么知道的？”

“哨兵们说的。如果我们什么也不知道，怎么受得了？我和爸爸差点都急疯了。现在瞧他睡得多香，怎么也叫不醒，刚才那么紧张，现在躺下就睡着了，像喝醉似的，就是推也推不醒。新上来了几位乘客，我来给你介绍介绍。不过你得先听听人家在说什么——车厢里的全体乘客都祝贺你平安归来……这就是他！”她忽然换了口气，扭过头，把丈夫介绍给旁边一位刚上来的乘客。这位乘客被挤在车厢当中。

“萨姆杰维亚托夫。”新乘客自我介绍说。只见他在众人的头顶上方举起了一顶软帽子，一面说，一面挤过人群朝日瓦戈走来。

“萨姆杰维亚托夫，”日瓦戈思忖道，“这使人想起了俄罗斯古老的民谣中的人物：大胡子，带褶的外套，漂亮的腰带。不过这一位倒像艺术业余爱好者协会中的人：斑白的鬓发，八字胡，山羊须。”

“怎么样，斯特列尔尼科夫把您吓得够呛吧？您说实话。”

“有什么好吓的？我们的谈话很认真。不管怎样，他是一个有魄力、有影响的人。”

“那当然。我对他略知一二。他不是我们这地方的，是你们莫斯科人。这和我们这里的一些新名堂一样，都是从你们首都来的。我们自己怎么也想不出来。”

“这位是安菲姆·叶菲莫维奇[1]，尤拉，他无所不知，无所不晓。关于你和你父亲他都听说过，还认识我外祖父——什么人他都认识。来，认识一下。”托尼娅毫无表情地又随口问了一句：“这里有一位当教员的安季波娃，您一定认识吧？”萨姆杰维亚托夫也含糊地回答了一句：“您问安季波娃干什么了。”日瓦戈听到他们的谈话，但没有接腔。托尼娅接着说：

“安菲姆·叶菲莫维奇是布尔什维克。你可要当心，尤拉。跟他说话要谨慎。”

“不会吧？真想不到。看样子倒有点艺术家风度。”

“我父亲开过客店，有七辆三套车跑生意。我念过大学，的确是个社会民主党。”

“尤拉，你听听安菲姆·叶菲莫维奇说的。我顺便说一句，您可别见怪，您的名和父名说起来真别扭。哎，尤拉，你听我说。咱们真走运：不叫咱们去尤梁津了，因为市里大火，桥也毁了，火车无法通行。只好开到另一条线路上去，这正是我们要去的那条通托尔菲亚站的线路。真是太妙了！我们省得提着行李从这个站跑到那个站。不过要兜半天才能开到那条主线路上去，要绕好久。这都是安菲姆·叶菲莫维奇告诉我的。”

四

托尼娅的话果然不错。他们这列火车一会儿倒换车厢，一会

①安菲姆·叶菲莫维奇，即萨姆杰维亚托夫的名和父称，这样称呼，表示尊敬。

儿又挂新的车厢，不停地在一条堵塞的线路上来回开动。这条线路上另有几列火车挡住去路，这列火车好久都开不出去。

远处的尤梁津市有一半被斜坡遮住了，地平线上有时只露出部分屋顶、工厂的烟囱尖和钟楼上的十字。郊区有一个地方的火还在燃烧。风把浓烟吹散开去。青烟在天空扩散着，就像迎风飘舞的马鬃。

日瓦戈同萨姆杰维亚托夫坐在车门口，腿耷拉在车外。萨姆杰维亚托夫不停地用手指点着远方，向日瓦戈解释什么事。有时火车开动的隆隆声震耳欲聋，叫人什么都听不清。日瓦戈就再问一遍。萨姆杰维亚托夫把脸凑过去，对着他的耳朵使劲叫喊，把刚才的话重复一遍。

"被烧的地方是巨人电影院。里面驻扎过士官生，不过他们早已投降了。总之，战斗还没结束。您看见钟楼上的那些小黑点了吧，那是我们的人，他们正在收拾捷克人。"

"我什么也看不见。您的眼力怎么这样好？"

"这里在烧的是手工作坊区霍赫里基，旁边是科洛杰耶夫商业区。我们的客店就在那里，所以我才这样关心。火还不算大，没烧到市中心。"

"您再说一遍，我听不见。"

"我是说：市中心，中心、教堂、图书馆。我们这个姓，萨姆杰维亚托夫，是圣多纳托的俄罗斯读法。我们好像是杰米多夫地方的人。"

"我还是一点也听不清。"

"我说萨姆杰维亚托夫就是圣多纳托，不过读得走了样，我们好像是杰米多夫人。杰米多夫的圣多纳托公爵家。这可能是瞎吹,只是家族里的传说。哦,这地方叫下斯皮里金。有别墅,有很多好玩的地方。不过这名字很怪,您说是不是?”

他们眼前是一片辽阔的田野,铁路线纵横交错。一根根的电线杆大步流星地直奔天际。铺着石块的宽宽的大路曲曲弯弯伸展开去,要和铁路线比一比雄姿。它时而在地平线上隐没,时而像弧线一样出现一下子,又重新消失。

“这是我们这里有名的驿道,横贯整个西伯利亚。苦役犯的歌里唱的就是它。现在是游击队的据点。总的说来我们这里还不错,你们会习惯的。城里的奇闻怪事你们一定很爱听。比方说,给水站设在十字路口,那里是妇女们的冬季露天俱乐部。”

“我们不住城里,要去瓦雷金诺。”

“我知道。您太太对我说过了。反正差不多,有事你们总要进城。我一眼就看出她是谁。眼睛、鼻子、前额和她外祖父克柳格尔简直一模一样。这一带的人都记得他。”

田野两头是高大的红墙圆形油库,高耸的柱子上挂着广告牌。有一块广告牌两次撞入日瓦戈的眼帘,上面写的是:

莫罗、维特钦金公司

播种机　脱粒机

“这家公司很不错,他们生产的农业机械质量很高。”

“我听不见,您说什么?”

“我说的是这家公司,公司,明白吗?它生产农业机械,是一家股份公司,我父亲还是股东呢。”

“您刚才说他是开客店的呀！”

“客店是客店，这也不妨碍他当股东呀。他很有眼光，向赚钱的企业投资。巨人电影院也有他的股份。”

“看来，您很以此为荣喽？”

“以我父亲的精明为荣吗？那当然！”

“那你们的社会民主党怎么看？”

“这同社会民主党有什么关系？为什么一个人如果信奉马克思主义，他就应当毫无主见，听命于人？马克思主义是一门研究实际的积极科学，是一门历史哲学。”

“马克思主义怎么是科学？同一位交往不深的人争论这个问题至少是一种不够慎重的态度。这倒也算了。科学要有些分量。马克思主义是否具有客观性？每个人都想通过经验来检验自己的言行，而当权者为了宣扬自己绝对正确，却千方百计地回避真理。政治什么也不能告诉我。我不喜欢那些不辨真伪的人。”

萨姆杰维亚托夫认为日瓦戈的话是一个爱说俏皮话的怪人说的怪话。他只是不时地笑笑，没有反驳。

这时，列车还在不停地调动。每当列车开到扬旗下的道岔时，一位腰里挂着牛奶罐的上了年纪的女扳道工就把手里的绒线倒换一下手，俯身把扳道器扳好，让火车又退回来。火车慢慢后退时，她又直起身子，朝列车挥挥拳头。

萨姆杰维亚托夫以为她这是冲他来的。“她这是挥给谁看？”他思忖着，“有点儿面熟，会不会是东采娃？很像她。嗳，我想到哪里去了？未必会是她。格拉莎没这样老。可这跟我有什么关系？俄罗斯母亲的大地上正在发生剧变，铁路上杂乱无章，她的日子不好过，怪可怜的；她怪罪于我，所以才朝我挥舞拳头。唉，去她的，犯不着为她烦神！”

这位女扳道工终于挥了挥旗子，朝司机喊了一声，让列车通过，朝前面的旷野驶去。当第十四节车厢驶过她身边时，她朝坐在车门口这两个很不顺眼的说闲话的家伙伸了伸舌头。萨姆杰维亚托夫又沉思起来。

五

当燃烧着的城市郊区、油库、电线杆和广告牌一一闪过并在远方消失，现出另一番景色，出现了一片片小树林、一座座山冈和蜿蜒于山冈之间的大路时，萨姆杰维亚托夫说：

“我们回到自己的位子上去吧，我马上就要下车了，你们再过一站也要下了。当心别坐过头。”

“这一带您大概很熟悉吧？”

“周围百俄里之内闭着眼睛也摸得到，因为我当了二十年的律师，常出门办案。”

“现在还干吗？”

“那当然。”

“眼下有什么案子？”

“什么案子都有。没结案的买卖纠纷和手续，违反合同的案子，事情多得要命。”

“这类关系难道没废除吗？”

“名义上是废除了，可是事实上还是有好多互相矛盾的东西存在。企业要国有化，要向市苏维埃提供燃料，向省国民经济会议提供马车，可是同时人人都还要过日子。理论同实际脱节，这是目前这个过渡时期的特点。现在需要一批会动脑筋、精明强干、具有像我这种性格的人。仁义道德，拿了再说。正像我父亲常说的，偶尔动两下手也不算什么。现在全省有一半人靠我过日子。为了木材的事我会到你们那里去。不用说，要去只有骑马，但马只有一匹，而且又瘸，否则我怎么会坐在这破车上晃荡！真不像话，像老牛拉破车，还叫什么火车！我到瓦雷金诺去，你们可能有用得着我的时候。我对你们家米库利增那些人非常了解。”

“您知道我们这次来有什么目的和打算？”

“大致可以看得出来一点，我能想象得出。叶落归根，想自食其力嘛。”

“怎么？您好像不大赞成，是不是？”

“你们这种愿望太天真，有点田园诗的味道。不过这有什么不好？愿上帝保佑。但我不相信。这是乌托邦，老脑筋。”

“米库利增会对我们怎么样？”

“不让你们进门，把你们轰走，而且他有理由这样做。本来就够他受的了，倒霉的事没个完：工厂关门，工人散伙，生活都没着落，吃的也没有，可你们又来了，说实话，真不该来。万一他把你们都杀了，我也会替他说话。”

“嗬，您虽然是布尔什维克，但也承认这不是生活，而是一场破天荒的荒唐梦。”

“当然，不过这是历史的必然，乃是必经之路。”

“为什么是历史的必然?”

“您是个孩子还是故作天真?难道您是从月球上掉下来的?那些寄生虫一贯骑在忍饥挨饿的劳动人民头上,弄得他们死不死活不活,向来如此。还有其他形式的人身侮辱和欺压!人民对此感到愤怒,他们向往正义,探索真理——这不是很容易理解的吗?您是否以为通过杜马,实行议会制已经发生彻底的变化,因而就无须采取专政制度了?”

“我们就是辩论一辈子也谈不到一块,因为我们谈的是两码事。我拥护革命,可现在我认为使用暴力则一事无成。应当以善引导向善,但现在的问题不在这里。我们还是回过头来谈米库利增吧。如果他会这样待我们,那我们何必去呢?应该向后转。”

“真荒唐。首先,难道天下只有米库利增一家?其次,米库利增心眼极好,好得出奇。他吵吵一阵之后心便会软下来。倾囊相助,毫不吝啬。”接着,萨姆杰维亚托夫便讲了下面的故事。

六

“二十五年前,米库利增从彼得堡来到这里,当时他是工学院的学生,被列入警方的黑名单。米库利增给克柳格尔当了管家,结了婚。我们这儿的东采夫家有四姊妹,比契诃夫多一个:阿格里平娜、叶芙多基娅、格拉菲拉和谢拉菲玛,父名都是谢维琳诺芙娜。尤梁津的男学生都追求她们。人们把她们的父名念走了样,念成谢维梁卡[1]。米库利增同大姑娘结了婚。不久两口子便生了

[1]谢维梁卡,意为“北方姑娘”。

个儿子。当爸爸的因为崇尚自由，便糊里糊涂给孩子取了个少见的名字利维里，小名叫利夫卡。这个利维里从小就淘气，但绝顶聪明。战争爆发那年利夫卡十五岁，他把出生证上的年龄改了一下，便当上了志愿兵上了前线。阿格里平娜·谢维琳诺芙娜本来就羸弱多病，她经受不住这个打击，一病不起，在去年冬天革命前夕便死去了……战争结束后利维里回到家乡。现在他是什么人？是获得三枚十字勋章的英雄准尉，是在前线被发展入党的布尔什维克党代表。您听说过林中兄弟的事吗？"

"没有。"

"既然如此，那就没必要说了。要说的话，效果会打个对折。你们再看大路也没有什么意思了。这条路的名气为什么这样大？眼下这是游击队的路。游击队里都是些什么人？是内战的中坚分子。参加游击队的有两方面的力量：一是担任革命领导的政治组织，另一方面是在战败后拒绝服从旧政权的下层士兵。这两股力量结合在一起便形成游击队。成分很复杂，基本上是中农。此外，各种人物都有，有贫农，有被逐出教门的僧侣，还有同老子作对的富农子弟，有无政府主义的崇奉者，有四处流浪的乞丐，有因为追逐女性被中学开除的大龄青年，有指望能获得自由和返回祖国的奥、德战俘。这支有数千名战士的人民军队中，有一支部队被称为'林中兄弟'，这支队伍就由列斯内赫同志指挥，列斯内赫就是利夫卡，利维里·阿维尔基耶维奇，也就是阿维尔基·斯捷潘诺维奇·米库利增的儿子。"

"有这种事？"

"就有这种事。我接着说下去。妻子死后，老米库利增续了弦。新妻子叫叶莲娜·普罗克洛芙娜。她还在中学念书时就与他成了亲。她生性天真，但还故作天真，虽然很年轻，但还有意打扮得更为年轻。成天喋喋不休，叽叽喳喳，装成一个天真无邪的傻丫头，林中的百灵鸟。一见到您，就出题目考你：'苏沃罗夫是哪年生的？''三角形相等有哪些条件？'当你答不出来而面红耳赤时，她便手舞足蹈。再过几个小时您就会亲眼见到她了，看看我说得对不对。米库利增自己则另有所好：爱抽烟，喜欢用斯拉夫古词语。他可以施展身手的地方是大海，因为在大学里他学的是造船，这从他的外表和习惯也可以看得出来。天天刮脸，烟斗不离嘴，说话懒洋洋、慢腾腾的，很客气。由于抽烟斗，下巴老是显得往外凸，一双灰眼睛冷冰冰的。哎，我差点忘记讲件小事：他是社会革命党，是参加立宪会议的地方代表呢。"

"这可不是小事啊。那他们父子俩不就成了针锋相对的政敌了吗？"

"说起来是如此。实际上林中兄弟并不同瓦雷金诺为敌。我还是再往下说吧。东采夫家另外几个女儿，也就是阿维尔基·斯捷潘诺维奇的姨妹，至今还住在尤梁津，还未出嫁。时代变了，姑娘也变了。姊妹中最大的叶芙多基娅·谢维琳诺芙娜在市阅览室当图书管理员。这位秀丽的黑发小姐十分害羞，动不动就羞得满脸通红。阅览室里静得像真空似的。她得了慢性鼻炎，一打喷嚏就是二十多下，就因这个她羞得恨不能找个地缝钻进去。有什么办法？神经太脆弱了。老二，格拉菲拉·谢维琳诺芙娜，是姊妹中最出色的。泼辣，肯干，什么力气活都肯干。人们都众口一词地说林中游击队队长列斯内赫很像她。有人看到她在缝纫组干活，有人看到她当织袜工，一眨眼她又成了理发师。您是否注意到尤梁津那个女扳道工朝我们挥拳头？我以为格拉菲拉到铁路上当守卫了呢。不过那个扳道工太老了，大概不是她。最小的谢拉菲玛是家里的扫帚星，总是给家里找麻烦。她书读得多，很有学问。她钻研哲学，喜欢写诗。革命爆发以来，人们情绪高涨，到处游行，开大会，演讲。在这些活动的影响下，她的精神竟有点失常，成了宗教狂。两个姐姐出门上班时，便把她锁在家里，可她却跳出窗子，跑到大街上，把人们招呼在一起，宣讲基督再世与世界末日。咳，我只顾说话了。我快到站啦。你们还要过一站。收拾收拾东西吧。"

萨姆杰维亚托夫下车后，托尼娅说：

"我不知道你有什么想法，据我看，这个人是上帝给我们安排的。我觉得他在我们的生活中会起很大的作用。"

"非常可能，托尼娅。不过我担心人家会认出你来，因为你很像你外祖父，而且这里的人都还记得他老人家。比方说斯特列尔尼科夫吧，我刚提到瓦雷金诺，他便挖苦说：'瓦雷金诺？那里不是有克柳格尔的工厂吗？你莫非是他的亲戚？继承人？'我担心我们在这里比在莫斯科惹人注目，可我们是为了不受人注意才离开莫斯科的。不过现在已经没有别的办法了。俗话说：头都丢了，还担心什么头发。不过最好还是别抛头露面，别和人家往来。我总有一种不祥的预感。好吧，把他们叫醒，把东西收拾好，扎紧些，准备下车。"

七

托尼娅站在托尔弗亚车站的月台上，一再数着家里几个人和行李，看看是否有什么东西忘在车上。她觉得脚下是踩得结结实实的站台沙土地，但是怕坐过站的心情却没有消逝，尽管她看到火车动也不动地停在面前，但耳中还响着轰隆轰隆的车轮声。眼睛、耳朵和头脑都还未恢复常态。

没下车的旅伴和她道别，她都没注意到他们，她也未发觉火车已经开走，只是当她看到那空荡荡的铁轨外的蓝天和碧野时，她才发现火车开走了。

车站是砖石结构。入口处两旁是两张长凳。莫斯科来的这几位旅客是在托尔弗亚车站下车的唯一的一批旅客。他们放下行李，便在一张长凳上坐下来。

他们对车站上的平静、空旷和整洁深感惊讶。周围看不到拥挤的人群，听不见谩骂声，他们觉得有点不习惯。这偏僻地区的生活赶不上历史的潮流，落在后面了。还要有一段时间，才能学到首都的野蛮风气。

车站掩映在一片白桦林中。每当火车开进车站时，车厢内的光线便暗下来。月台上那微微摆动的树梢投下的阴影在人们的臂上、脸上，在清洁潮湿的黄沙月台上，在地上和屋顶上来回晃动。树丛中婉转的鸟鸣同月台上的清新气氛十分和谐。那纯洁无邪而又丰满酣畅的声音传遍整个树林，从树林里飞出来。树林中有两条路横贯而过：一条公路，一条铁路，都被长裙般低垂着的茂密的枝叶遮掩着。

托尼娅忽然耳目一新。鸟的啼鸣,树林的清幽,四周的寂静立即在她心中引起反应。她本来想说这样的话:“我不相信我们会平安抵达。你知道,那位斯特列尔尼科夫可能是对你表示宽宏大量,把你放了,可是他可以往这里拍个电报,下令把我们扣起来。亲爱的,我不相信他们会有这样的气度。一切不过是做做样子。”但她看到眼前的美景,说出的却是另外一句:“美极了!”此外她再也没说什么。泪水夺眶而出。她大声哭了起来。

老站长听见她的哭声,便从房子里走出来。他迈着碎步走到长凳旁,举手碰了碰红顶帽檐,彬彬有礼地问道:

“是不是给夫人弄点镇静剂来,我们车站药房里有。”

“没什么,谢谢,过一会儿就好了。”

“出门在外,麻烦事多,老是提心吊胆,这种情况多得很。再说天又热,像到了非洲,在我们这个纬度区是很少见的。再加上尤梁津的事。”

“我们来的时候在火车上看到了城里的大火。”

“如果我没猜错的话,你们是从俄罗斯来的吧。”

“是从白石头城来的。”

“莫斯科来的?那这位夫人精神不正常就没什么奇怪了。听说那里已经成了一片废墟啦?”

“那是言过其实。不过我们什么都看到了。这是我女儿,这是我女婿,那是他们的孩子。这是我们家的小保姆纽莎。”

“您好,您好,非常高兴。情况我多少知道一点。安菲姆·叶菲莫维奇·萨姆杰维亚托夫从萨克马站打了个电话给我,说日瓦戈医生一家从莫斯科来，请鼎力相助。您大概就是日瓦戈医生吧？”

“不，这位是日瓦戈医生，我女婿；我的行当是农业，农学家，格罗麦科教授。”

“对不起，我弄错人了，请原谅。认识您非常高兴。”

“您认识萨姆杰维亚托夫？”

“怎么会不认识他这个魔法师！他是我们的希望，我们全靠他吃饭。要不是他，我们早就完了。他让我鼎力相助，我说一定照办。我已下了保证。所以，如果你们需要，我可以弄匹马或者什么的。你们准备去哪里？

“去瓦雷金诺。离这里远吗？”

“瓦雷金诺？怪不得我一直在琢磨您女儿像谁呢。你们要去瓦雷金诺！全明白啦。这条路还是我和伊凡·艾尔涅斯托维奇建造的呢！我马上去张罗，弄马，找车夫，弄辆车子。多纳特！多纳特！你先把这些东西送到候车室去，我们还要谈一会儿。马怎么办？你到茶馆跑一趟，问问能不能弄匹马？好像今天一早我在茶馆看到瓦克赫，问问看，说不定他还没走。你说要送四位客人去瓦雷金诺，是刚来的，没有什么行李。你快去。夫人，我向您提个长辈的忠告。我是有意没问您同伊万·艾尔涅斯托维奇是什么亲戚关系，在这一点上您要多加小心，不要把什么事都倒给人家听。时代变了，这可是非同小可。”

日瓦戈一家人听他提到瓦克赫，不禁交换了个眼色。他们还记得安娜·伊万诺芙娜在世时讲过给自己打了一副铁心肠的怪铁匠的故事以及当地一些荒唐的传说。

八

给他们拉车的是一匹刚下过驹的牝马，车夫是个老头，银须白发，一副招风耳朵。他浑身上下都是白的，只是原因不同而已：脚上那双新树皮鞋还没穿脏，裤子和衬衫因穿得时间太久而褪色变白了。

那匹小马驹浑身乌黑，一头鬈曲的鬃毛，踢着四条还没长结实的腿，活像个雕刻出来的玩具，紧跟在白牝马后面。

大车驶过坑坑洼洼的路面时颠簸得厉害，车上的人紧紧抓住旁边的木栏，免得摔下去，但他们的心十分平静；他们正在驶向目的地，梦想即将成为现实。这一天风和日丽，就连傍晚前的这段时光也慷慨大方，放慢了步子，久久不肯离开人间。

大车时而穿过树林，时而驶过原野，在树林里碰上树根时颠簸得厉害，他们便弯下腰，愁眉苦脸地紧紧靠在一起，等到驶入旷野，精神顿时振作起来，仿佛抛掉一顶大帽子，这时才挺直腰，坐得舒舒服服，欣赏起左右的景致来。

这一带是山区。山的形状各自不同。那雄伟高傲的身影将远方抹成黑压压的一片，默默地打量着旅人。那欢快的绯红色落日余晖在田野上移动着，跟随着他们，安慰和鼓励着他们。

一切都使他们欣喜，也使他们惊讶，然而最使他们喜欢和惊讶的是那个古怪的老车夫。他滔滔不绝地闲扯，他用的词语有残存的古俄语，有鞑靼语，有当地的方言，夹杂着他自己创造的令人费解的一些词儿。

每当小马驹赶不上时，牝马便停下来等它。马驹扬起四蹄，像波浪一样一起一伏地追赶上来，然后笨拙地迈着长腿从一旁走到大车跟前，伸长脖子低头到车辕下去吃奶。

“我还是不明白。”托尼娅对丈夫大声说。车颠得她上下牙齿在打架，她只好一个字一个字慢慢地说，唯恐车子突然一颠把舌尖咬掉。“这会不会是妈妈讲过的那个瓦克赫？你准还记得那些各种各样稀奇古怪的事儿。这个铁匠有一回被人家把肠子打出来了，于是他便给自己打了一副铁的。总之，这个铁匠瓦克赫的肚皮是铁打的。我知道这只是童话，但这究竟是不是讲他？莫非他就是那个铁匠？”

“当然不是。第一，你自己也说这是童话，是民间故事。第二，这故事也是妈妈小时候听来的，据她自己说，已经有一百多年了。你干什么大声嚷嚷，老头听见会生气的。”

“他什么也听不见，他耳背。即使听见也不懂，他有些呆头呆脑。”

“喂，费奥多尔·涅费迪奇！”老头不知为什么竟用对男子的尊称来催赶这匹牝马，虽然他比车上的乘客还清楚这是匹牝马。“这天热得真要命！简直是亚伯拉罕子孙钻进了波斯火炉！该死的东西！听见没有，混账东西！”

突然他唱起歌来，这是从前这里工厂里的工人编的：

再见吧，账房主管，
再见吧，坑道和矿场，
池塘里的水我已经喝够，

老板的面包我已经吃厌。
天鹅在岸边游玩，
划得流水打着圈圈。
我不是因喝了酒才摇摇晃晃，
是因为瓦尼亚被送去打仗。
玛莎，我样样能干，
玛莎，我不是笨蛋。
我要到谢里亚巴城，
去给先捷丘里哈做工。

“哎，你这忘恩负义的东西！你们看它那一身烂肉！骗子！你抽它，可它却不好好走。哎，费奥多尔·涅费迪奇，你到底什么时候才肯好好走？这座林子叫泰加林，一眼望不到边。里面有农民军，快，快！那边是林中兄弟。哎，费奥多尔·涅费迪奇，你怎么又不走啦，这鬼东西！”

他猛地一回头，盯着托尼娅说：

“你以为我看不出你是谁吗，少夫人！你的头脑太简单啦，夫人。你要我死，我也能认出你来！认出来啦！我真不相信我的眼睛。活像格里戈夫(他把克柳格尔叫成格里戈夫)！你不是他的外孙女吗？我还不知道格里戈夫！我给他干了一辈子，见得可多啦。什么活都干过，什么工都当过！干过矿坑里的支架工、伐木工，还当过马夫。唷，走呀，又不动了，腿折啦！真是怪物。是在跟你说话，没听见吗？你问瓦克赫是谁，是不是那个铁匠？哎，你呀，夫人，眼睛挺大，脑袋瓜可不灵。你说的那个瓦克赫·波斯塔诺戈夫有个绰号，叫铁肚子波斯塔诺戈夫，他五十多年前就进了棺材，入了土。我姓麦霍宁，名字一样，是同名，可姓就不一样了。像倒是像，不过不是那一个。”

老头用他特有的语言一一讲述了他们早已从萨姆杰维亚托夫那里听到的米库利增一家的情况。他把男的叫米库利奇，把女的叫米库利奇娜，把米库利增现在的女人叫填房，在谈到他的“前妻”时，说她是个甜女人，是天使。当他讲到游击队队长利维里时，他才知道利维里的英名还没传到莫斯科，莫斯科从来还没听到过林中兄弟的活动。对此瓦克赫将信将疑。

“没听说过？不知道有森林同志？怪事。那莫斯科人的耳朵是管什么用的？”

天慢慢暗下来。车上人的身影愈来愈长。他们正在一片空旷的田野上前进。到处可以看到一丛丛的滨藜、飞帘、柳兰；那细长的茎干上端开着一簇簇的小花。野花野草的下部被斜阳照得亮闪闪的，宛若布置在田野上的稀稀拉拉的岗哨，昂着头在执行警戒任务。

在远方平原的尽头处，是一片隆起的高地，像墙一般横卧在大路上。高地脚下大概是一片谷地或大河。正如天空砌上了一道围墙，而大路正通向围墙的大门。

陡坡的上方出现了一幢狭长的白色平房。

“看到坡顶上的塔楼吗？”瓦克赫问，“那是米库利奇和米库利奇娜住的地方，下面有条峡谷，叫舒季马谷。”

那边接连响了两枪，四周传来一声声回响。

“怎么回事？别是游击队吧，老大爷？枪是不是朝我们开的?”

“上帝保佑。哪里是什么游击队,那是斯捷潘内奇在舒季马谷开枪吓唬狼呢。”

九

他们同主人首次见面是在管家的院子里。开头的场面十分尴尬,大家沉默不语,后来又乱哄哄地嚷成一团。

叶莲娜·普罗克洛芙娜傍晚去林中散步刚回来。同她那秀发一样,金黄的落日余晖紧随着她射进树林,从这棵树移到另一棵树。她穿着一身薄薄的夏装,走得满脸通红,不停地用手帕擦脸。草帽挂在她背后摆动着,松紧带套在她的脖子上。

她丈夫也回家了,正提着枪朝她迎面走来。他刚从峡谷里爬上来,正准备擦枪,因为他发现在退弹时枪筒有点毛病。

这时,瓦克赫突然神气十足地赶着大车顺着石头路隆隆地进了院子,送来了这批不速之客。

亚历山大·格罗麦科和其他几个人一起下了车,他一会儿把帽子摘下,一会儿又戴上,结结巴巴地先作了一番说明。

主人夫妇不知所措,呆了好一会儿。他们真的发了呆,不是装出来的。几位来客也真的发了窘,脸上火辣辣的。这种狼狈景象不仅瓦克赫、纽莎和舒拉心里清楚,就连那匹马和小马驹、金黄色的阳光和在叶莲娜·普罗克洛芙娜四周飞来飞去,落在她脸上或脖子上的蚊子也感到了。

“我不明白,”米库利增终于打破了沉寂,“不明白,什么也不明白，而且永远弄不明白。我们南方有白军还是有粮食？你们为什么偏偏看上了我们这地方？你们何苦跑到这里来？”

“我很想知道，你们是否考虑过这给阿维尔基·斯捷潘诺维奇增加多大的负担？”

“叶莲娜，你别管。不过，就是这么回事。她说得很对。你们考虑过没有，这对我是个多大的负担？”

“这从何谈起！你们没弄清楚我们的来意。这是件微不足道的小事。我们决不会打扰你们和你们的安宁，只要在破旧的空房子里找个角落就行，再找一块没人要的荒地种点菜，没人的时候到树林里去弄车柴火。难道这还算过分，能给你们增加负担吗？”

“不错。不过天下大得很，怎么会想到我们身上？这份荣誉为什么偏偏要我们领受，不找旁人？”

“我们听说过您，估计您也听说过我们。我们对您不是外人，所以才没去投奔别人。”

“噢，这是因为克柳格尔，因为你们是他的亲属。这是什么时候，你们竟然敢承认和他的关系？”

米库利增长得五官端正，留着背头。他的步子稳健。夏天穿一件斜领衬衫，扎一条带流苏的腰带。像他这种打扮的人，在古时候像江湖好汉，在现代像那种指手画脚，耽于幻想的老牌大学生。

米库利增在青年时代曾投身解放运动，投身革命。他唯一担心的是不能目睹革命的胜利，同时也怕革命由于色彩温和而达不到他那些充满血腥气的激进愿望。革命来了，激烈的程度远远超过他最大胆的设想，而他这位天生热爱工人的坚定战士、“斯维亚托戈尔英雄"工厂委员会与工人监督机构最早的创建人却没捞到一官半职,待在这空荡荡的庄子上;工人早已逃散,有一部分工人投奔了孟什维克。这种荒唐事和这些不请自来的克柳格尔的后人,简直是对他命运的讽刺,是故意作弄他,叫他无法忍受。

"不,这实在荒唐,莫名其妙。你们知道不知道这对我是多么危险。叫我如何是好?我准是疯了。我不明白,什么也不明白,永远也搞不明白。"

"我倒想问问,你们知不知道,你们不来,我们就已经坐在火山上了?"

"别急,叶莲娜。我内人说得对,你们不来,我们已经够受了。我们像狗一样生活,像疯子一样生活。两头受气,毫无办法。一头说我儿子是红军,是人民宠爱的布尔什维克;一头问,怎么会选我当立宪会议代表。我是两头不讨好,走投无路。现在你们又来了。因为你们,我被他们枪毙还算便宜的。"

"您这是怎么啦!冷静冷静!上帝保佑!"

过了一阵子,米库利增气消了,变得和善起来。他说:

"好吧,在院子里嚷嚷够了,算啦。到屋里谈。我看不到以后会有什么转机,不过我看到现在是漆黑一团,那就走着瞧吧。我们到底不是土耳其大兵,不是异教徒,不会把你们赶到森林里喂老熊。叶莲娜,我看最好让他们先住在书房旁边的小房间里,以后再商量长远之计。我看可以在园子里安排个地方。请进屋吧,请。瓦克赫,帮帮忙,把东西搬进来。"

瓦克赫一面搬,一面叹息说:

"圣母啊!他们和那些朝圣的人差不多,光是几个包袱,连个箱子也没有!”

十

夜里凉了。他们洗了脸,托尼娅和纽莎在给他们安排的房间里收拾床铺。舒拉不自觉地看惯了大人们在他牙牙学语时表现出的欣喜脸色,因此,为了讨大人们欢心,往往说得非常起劲。然而现在他却闷闷不乐,因为今天他的努力没见效果,没人听他说话;另外,小马驹没牵进屋,也使他失望。当大人不许他嚷叫时,他竟放声大哭起来,怕父母把他这个不听话的坏孩子送回儿童商店,因为他以为他是一出世就被父母从那里买来的。他大声痛哭,表示他真诚的恐惧心情。然而他这可爱的荒唐做法毫不起作用。他看到大人们在别人家里感到十分拘束,比往常更为忙碌,都在一声不响地忙自己的事,觉得很难受,照保姆的说法是“发蔫了”。后来喂他吃了饭,好不容易打发他上床睡了。等他睡下之后,米库利增家的乌斯季尼娅把纽莎带到她的屋里吃晚饭,并对她讲了这房子里的好多秘密。托尼娅和父亲、丈夫被米库利增夫妇请去喝晚茶。

亚历山大·格罗麦科和日瓦戈跟主人打了个招呼,出去呼吸一下新鲜空气。

“好多星星啊!”亚历山大·格罗麦科说。

夜色很浓,丈人和女婿两人虽然只相距几步,但谁也看不见谁。他们身后屋角旁窗户里的灯光照进峡沟。灯光中可以隐约看出湿冷的灌木丛、树木以及其他模模糊糊的影子。灯光照不到他们，所以周围是一片漆黑。

“明天一早就去看看他给我们安排的地方，如果能住人，马上就动手修。等我们把住的地方收拾好，土地也就解冻了。我们马上抓紧时间整田做畦。我好像听到他说要给我们土豆种。我没听错吧？”

“他说过，说过，还答应给别的种子。这是我亲耳听到的。他给我们的那块地方，在来的路上经过园子时我们看到过。你知道是什么地方？是正房后面的小屋子。四周种的是荨麻。小屋是木头搭的，不过正房是砖瓦房。在车上我指给你们看过，还记得吗？要做畦就在那里做。我看那里从前是种花的，从远处看的确很像。也说不定我看错了。小路不要去动它，绕过去。那块地的肥料大概上得很足，一定很不错。”

“明天看看，我还不清楚。那地方肯定是杂草丛生，土都板结了，硬得跟石头一样。庄园一般都有菜园子。说不定土地保留下来了，只是没种东西。这些情况明天就知道了。早晨这里大概会结薄冰，因为夜里很冷。我们已经到了，可真是福星高照！值得我们互相庆贺。这里很好，我很喜欢。”

“人也还不错，尤其是男的，女的有点装腔作势。她对自己的某些地方似乎不很满意，所以故意唠唠叨叨，说起来没有完，似乎是一心想分散别人的注意力，不让别人去看她，免得使人产生恶感。至于她忘记摘帽子，让它荡在背后，也并不是因为粗心大意。这样做对她的确很相宜。”

“咱们还是回屋子吧，出来时间太久不大好。”

餐厅里亮着灯，吊灯下的桌子上放着茶炊。男女主人和托尼娅正围坐着慢慢喝茶。丈人和女婿在去餐厅的路上穿过漆黑的总管书房。

书房有一扇满墙玻璃窗,倚窗望去便是一条冲沟。天还没黑的时候,日瓦戈已经注意到窗外冲沟那边的平原。瓦克赫的车就从那里驶过。窗前放着一张和墙一样长的绘图桌,桌子中央放着一支猎枪,左右没有别东西,所以桌子更显得宽大。

此时,当日瓦戈走过书房时,他又怀着羡慕的心情注意到这视野广阔的窗户、宽大的绘图桌和宽敞精致的房间。所以当他和丈人进入餐厅,走到茶几前面时,他最先对主人表示赞叹的就是这件事。

“你们这地方太美了。还有那么好的书房。这样的书房能给人提神,干起工作来会越干越有劲。”

“你用杯子还是用茶碗?喜欢淡还是浓?”

“尤拉,你瞧,这是阿维尔基·斯捷潘诺维奇的少爷小时候做的一架小电影。多么了不起!”

“到现在他还是稚气未消,不够老成,别看他从科木奇手中为苏维埃政权夺回一个又一个地区。”

“您说什么?”

“科木奇。”

“这是什么?”

“这是西伯利亚政府的军队,主张重建立宪会议政权。”

“我们天天听到有人夸赞令郎。您确实可以感到自豪。”

“这些乌拉尔风景立体照片也都是他用自制的镜头拍摄的。”

“是放糖精的甜饼吧?妙极了!”

“哪里，这个穷地方哪里有糖精？想也别想！是纯糖。我刚才不是从糖缸里给你加糖来吗？您没注意？”

“我刚才在看照片，没注意。这茶大概是真茶吧？”

“那当然。是花茶。”

“哪里买的？”

“变出来的呀！有个熟人，他是当今的一位活动家，是省经委的官方代表，很左。他把我们的木头运进城，靠关系送给我们荞麦、牛油、面粉。西维尔卡（她这样称呼丈夫阿维尔基），你把面包盘子递给我。我想问一下，格里鲍耶多夫是哪年死的？”

“他好像是生于一七九五年，至于哪年遇害的我记不清了。”

“再来点茶吧。”

“谢谢，不用了。”

“还有件事要请教一下，奈梅亨和约[1]是哪年签订的？哪几个国家参加？”

“叶莲娜，别折磨人家啦。人家坐了一天车，让人家休息休息吧！”

“现在还有件事我想知道，放大镜有几种，映象在什么情况下是实的、反的、正的或虚的？”

“您从哪里学来这么多物理学知识！”

“在尤梁津上学时，我们有位了不起的数学老师。他在男女两校上课。他的课讲得条理分明，清清楚楚！简直像神人！不论多难的东西，他都能讲得深入浅出。他姓安季波夫。他夫人也是

---

①1672年至1678年，法、英、瑞士先后同荷兰、神圣罗马帝国、西班牙、丹麦同盟发生战争，分别于1678年至1679年间在奈梅亨签订和约。

位教师。女学生为他神魂颠倒,都爱上了他。后来他志愿入伍,再也没回来,被打死了。有人说我们的天神和凶煞斯特列尔尼科夫政委就是安季波夫再世。这当然是无稽之谈,再说也不可能。不过有谁搞得清?什么事都可能发生。再来一碗。”

第九章　瓦雷金诺

一

到了冬天，日瓦戈空闲一些，便开始写杂记。他写道：

多美的夏天，多好的夏天！
绚丽多姿，气象万千！
我要问：这是谁的赐予，
难道无因无缘？

从早到晚为自己、为家里干活，盖房子，耕地谋食，以宇宙创造者为榜样，和鲁滨孙一样开创自己的天地，学习生身母亲的样子，养育一代一代的后人，这是如何幸福！

当你的双手干着繁重粗笨的活儿，当你完成给自己提出的能够胜任的任务而感到欢乐，当你在燥热的天空下连续六小时劈柴翻地时，你的头脑里闪现过多少念头。这些念头、揣测与联想不写在纸上而任其自生自灭，说起来也不算损失，而是一种收获。你这位城里的隐士只知用浓咖啡或烟草刺激麻木的神经与想象力，可你不知道最有效的麻醉剂乃是自然的需要与健壮的体魄。

我不再多说了，不去宣传托尔斯泰的平民化和躬亲耕作思想，我并不想在农业问题上修正社会主义，我只不过要判明事实，不是要把我们偶然的经历看成是一种制度。我们这个例子不能说明问题，不能根据它作什么结论。我们的经济生活来源很复杂，只有不大的一部分如蔬菜和土豆是自己种出来的，其余的则要靠别的来路。

我们对土地的利用是非法的，往往自作主张，违反国家政权的规定。我们砍伐林木，尽管这林木是国家财产——从前是克柳格尔的财产——这仍然是一种盗窃行为。我们受到米库利增的庇护，因为他也这样生活，我们之所以能这样做都因为远离城市，那里对我们这些活动目前还一无所知。

我已不再行医，而且绝口不提我是个医生，免得束缚自己的手脚。不过总有些人听说瓦雷金诺有个医生，情愿跑三十多俄里来找我看病。有的带只鸡，有的带着蛋或牛油等食品。我虽然一再拒绝酬谢，但总无法推辞，因为他们以为不收诊费的治疗就不会奏效。总之，看病多少给我增加点收入，不过我和米库利增主要是依靠萨姆杰维亚托夫。

我怎么也弄不明白萨姆杰维亚托夫这个人身上竟有那么多的矛盾。他真心拥护革命，应该受到尤梁津市苏维埃给予他的信任。他有全权征用和外运瓦雷金诺的木材，对米库利增和我可以连招呼都不打，而我们也全不在意。从另一方面说，他如果想盗窃国库，他可以放手大胆地干，要多少就拿多少，也不会有人说一个不字。没有人和他分赃，也不需要对谁行贿。那他为什么偏要关心我们，帮助米库利增一家并维护这个地区所有的人呢？比如说，他就维护车站站长。萨姆杰维亚托夫每次来总带点什么东西。不论是对陀思妥耶夫斯基的《群魔》或是对《共产党宣言》的分析都十分引人入胜。我觉得，如果他不是有意使自己的生活过得这般多姿多彩，他恐怕早就愁闷死了。

二

过了一段时间日瓦戈又写道：

我们在正房后面两间木屋里住下来，这原是在安娜•伊万诺芙娜小时候克柳格尔拨给裁缝、账房和上了年岁已经不干活的老保姆等高级奴仆住的下房。

这地方已经破旧不堪。我们很快就修好了。在行家的指点下，我们改砌了两个房间共用的炉子，把烟道也改盘了一下，这一来房间里更暖和了。

这一带由于草木丛生，原来的面目已经无法辨认。现在正是冬天，到处是一派萧条景象，即使有活的生命也掩盖不住死寂的气氛，以往的痕迹经白雪覆盖，显得更加清楚。

也是我们走运，今年的秋季温暖干燥。土豆早在雨季和严寒到来之前就都挖了出来。除了还米库利增之外，我们还剩下二十袋。这些土豆都存放在大地窖里,上面盖着干草和破旧被褥。托尼娅腌的两桶黄瓜和两桶酸白菜也都放在地窖里。那些鲜白菜一对对地结在一起晾起来,胡萝卜埋在干沙土里。萝卜、甜菜、大头菜的收获也不错,豌豆、大豆存在房子阁楼上。柴屋里的柴火足够烧到开春。我很喜欢冬天地窖里那温暖的气息:每当冬日拂晓之前,你提着一盏微弱得随时会熄灭的马灯,一打开地窖门,一股夹杂着菜根、泥土和雪的温暖气息便扑鼻而来。

你从柴屋出来时天还没亮,吱呀一声把门带上,这时你说不定会忽然打了喷嚏,接着你脚下的雪便发出咯吱咯吱的声音;远处盖着雪的卷心菜田里窜出几只野兔,匆匆飞奔而去,雪地上留下它们左蹦右跳的爪印。附近传来了狗的吠叫声,一声接着一声,要叫上好一会工夫。最后一遍鸡叫也已过去,用不着再叫了。天就要亮了。

除了野兔的爪印外,一望无际的雪原上还可以看到山猫的爪印,一个个小坑儿,整整齐齐像用线穿起来似的。山猫走路和家猫一样,一步一个爪印,据说一夜之间可以跑好多里。

捕捉山猫用捕猫夹子。不过倒霉的往往不是猫,而是可怜的灰兔。当人们把它们拉出来时,都已冻得硬邦邦的,一半埋在雪里。

刚来的头一个春天和夏天,我们过得很艰苦,累得筋疲力尽。如今,冬天晚上我们可以休息了。我们围灯而坐——这要感谢萨姆杰维亚托夫,因为煤油是他供给的。女的缝衣服或是织毛线,我或亚历山大·亚历山大罗维奇朗读书报。房间里炉火熊熊。我早就是一个公认的炉工,所以我得要注意及时关风门,免得浪费热量。碰到烧不透的木块,我就钳出来,小跑着把冒烟的木块往门外雪地上远远扔去。它像火把一样迸着火星飞过,把黑暗的花园里沉睡的几块白色方形草地照得亮闪闪的,到末了哧的一声,熄灭在雪堆里。

我们一遍又一遍地读《战争与和平》、《叶甫根尼·奥涅金》以及司汤达的《红与黑》、狄更斯的《双城记》和克雷斯特的短篇小说俄译本。

三

快到春天时,日瓦戈写道:

我觉得托尼娅怀孕了,我把这事告诉她,她不相信,但我是相信的。在明显的征象出现之前,我所观察到的隐隐约约的早期征象往往不会有什么差错。

她的脸色慢慢发生变化,这倒不是说她变丑了。她以前十分注意外表,而现在却无法控制。支配她的是她腹中将要独立存在的未来。她的面容失去了控制,肌体上也发生了变化:

脸色变黯,皮肤变粗,眼神也不像她希望的那样了;仿佛她对这一切都采取了听之任之的态度。

我和托尼娅从未彼此疏远过。这一年虽然艰苦,却使我们更加亲密。我注意到她干活儿非常麻利,又结实,又耐劳。她在安排工作时考虑得非常周密,在变换工作时能尽量节约时间。

我一向以为怀孕都是无可指责的,这条定理反映了一种普遍的母性观念,圣母也不例外。

每一个待产的妇女都有一种孤独、被遗弃的感觉。在这关键时刻,男人无所事事,仿佛这与他毫无关系,仿佛一切都是天上掉下来的。

女人自己生儿育女,自己带着儿女躲到一个不起眼的角落。这里她可以放心大胆地安放襁褓,自己默默地温柔地哺育抚养儿女。

有人对圣母说:"向你的儿子和神用心祈祷吧。"她有这样一段祷告:"我灵以上帝我的救主为乐。因为他顾念他使女的卑微。从今以后,万代要称我有福。"她这里讲的是她的儿子,儿子将使她荣耀("那有权能的为我成就了大事"),他是她的光荣。所有的女人都可以这样说。她的孩子就是她的神。伟人的母亲应该熟悉这种感情。但所有的母亲都是伟人的母亲。如果生活欺骗了她们,那并不是她们的过错。

四

我们一遍又一遍反复阅读《叶甫根尼·奥涅金》和其他的诗。昨天,萨姆杰维亚托夫来了,带来许多礼物,有可口的食品和灯油。我们讨论了艺术问题,谈了好久。

我早就认为,艺术不是一个门类的名称,也不是囊括无数概念及其派生现象的一个领域的名称,相反,它只是一种有限的加以集中的东西,标志着艺术作品的基础,代表着作品中所运用的力量和探讨的真理。我从来不认为艺术是一种对象或形式的一个方面,而是内容的神秘而隐蔽的部分。这一点我十分清楚,我的体会很深,但怎样来表达和说明这种意思呢?

作品可以通过题目、论点、主题、人物来表达思想,但主要则是通过作品的艺术性来表达。《罪与罚》的艺术性较之拉斯科尔尼科夫的罪行更能震撼人心。

原始的艺术,埃及、希腊和我们的艺术,几千年来几乎没有变化,是对生活的一种思考和见解,在内容广度方面,这种见解是一个整体,不能断章取义,但如果这种见解——哪怕是一星半点——能够成为成分复杂的作品的内容,那么它就会压倒所有其他的成分而成为作品的本质、灵魂和基础。

五

今天有点伤风,咳嗽,可能还稍微有点热度;整天呼吸不畅,觉得喉咙里有团东西卡住。情况不大妙。这是动脉在作怪,是可怜的母亲传给我的毛病——她终身患有心脏病——的早期征兆。这是真的吗?这么早?果真如此的话,我将不久于人世了。

屋里有淡淡的焦炭味，一股熨烫衣服的气息。她们是在熨衣服，不时从不大旺的炉子里取出一块熊熊燃烧的木炭放进熨斗，盖子嗒的一响，像咬牙似的。这似乎使我回想起些什么，然而我又回想不起来。身体不好，记性也差了。

萨姆杰维亚托夫送给我们一些肥皂，高兴之余，我们大洗了三天，连舒拉也没人去照管了。我写东西的时候，他便钻到桌子下面，骑在桌腿的横档上，学着萨姆杰维亚托夫赶雪橇的样子，就好像我坐在他的雪橇上似的。因为萨姆杰维亚托夫每次来都带他去乘雪橇。

等我身体好一点，我一定要进城去看看地方志与历史方面的书。听人说市图书馆很不错，有很多人家捐赠的书籍。我想写点东西，要赶紧写。眼看就要开春，到那时就没空读书写东西了。

头愈来愈痛，老是睡不好。我做过一个乱七八糟的梦，一醒来，就全忘了。只记得把我吓醒的那部分。我在梦里听见一个女人的声音。我记下了这声音，并且在记忆中搜索我所认识的女性，谁的声音才这般深沉，这般柔润。但谁的声音都不像。我于是想，可能我对托尼娅的声音太熟悉了，因而听不出她的声音有什么特点。我试图忘记她是我妻子，从远处听她的声音，以便弄清这是不是她的。不，这不是她的。这对我始终是个谜。

再来谈谈梦。人家都说：日有所感，才夜有所梦。但依我看，恰恰相反。

我多次发现，凡是你白天不大注意的东西，没有理清的思想，未加思考随口而出的话——恰恰是这些东西会进入你的梦境，变得有血有肉，成为你梦幻的主题，仿佛弥补白天的疏漏。

六

这是一个晴朗的寒夜。周围的一切都特别鲜明，完整。大地、空气、月亮、星星都被严寒封冻在一起。园中的小路上横卧着清晰的树影，像是镂刻上去的。你似乎总感到到处都有几个黑影在不停地穿过小路。几颗大星星宛若蓝色云母灯高挂在树梢之间。小星星洒满整个天空，好像夏日草原上遍开的野菊。

每天晚上都讨论普希金，分析第一卷中皇村时期的诗作。他所选用的诗格简直是他诗作的精华！

长诗中阿尔扎马斯那种少年气盛之势达到顶峰，阿尔扎马斯社[①]的成员不愿落老一辈诗人之后，便用神话、夸张、虚构的堕落与享乐故事、故作老成来吓唬他们。

但普希金从模仿奥西安和帕尔尼[②]，从写《皇村回忆》起，就开始写《小城》《给姐姐的信》，和后来基希尼奥夫时期的《致我的墨水瓶》这样的短句，用《致尤丁的信》这样的韵律，

①阿尔扎马斯社，1816年至1819年间彼得堡的一个文社。普希金于1816年也参加了这一文社。

②奥西安，3世纪克勒特人神话中的战士与诗人。帕尔尼，法国诗人。

这时,未来的普希金就开始形成了。

阳光、空气、喧闹的生活、事物、本质像从窗口涌入房间那样涌入他的诗作。外界事物、日常生活、名词成群地占据了他的诗行,撵走了那些含糊的词语。一样样的事物变成了音韵铿锵的韵脚。

后来著称于世的普希金四音步诗简直成了俄罗斯生活的度量单位,成了整个俄罗斯现实的尺度,正好像人们画下脚的形状,说出手套的尺码以便裁制皮鞋和选购大小适当的手套一样。

后来,俄语的韵律,俄语口语的语调在涅克拉索夫的三音步诗和扬抑抑格诗句的长度中表现出来。

七

真想在从事农田劳动或行医的同时,考虑一些重要问题,写些科学著作和文艺作品。

一个人只有生来就是浮士德,才能认识一切,经历一切,表达一切。前人和同时代人的失误使浮士德成了学者。科学上每前进一步都是依照排斥律推翻比比可见的错误理论的结果。

浮士德所以成为艺术家,则是教师言传身教的结果。艺术上每前进一步,都是根据吸引律对崇拜的对象模仿、学习的结果。

是什么妨碍我工作、行医和写作？我想，不是贫困和漂泊不定的生活，而是现今盛行的空洞夸张的词句，什么即将到来的黎明啦，建成新世界啦，人类的明灯啦。当你最初听到这些词句时，你会觉得这思想何等开阔，想象何等丰富！可实际上恰恰是因才华不足才去追求这些华丽的辞藻。

只有天才的手笔才使平庸的东西变得神奇。在这方面普希金给我们上了最好的一课。他的作品是对诚实的劳动、责任和日常习俗的礼赞！现在，"小市民""百姓"这些字眼已经不中听了。他的《家谱》对此早已提出了异议：

我是小市民，我是小市民。

《奥涅金的旅行》中有这样的诗句：

我现在的理想是有位女主人，
我的愿望是安静，
再加一锅菜汤，锅大就行。

在俄罗斯的作品中，我现在最喜爱的便是普希金和契诃夫的天真，他们不侈谈人类的最终目标和他们自身的解放。对这个问题他们不是不懂，但他们很有自知之明，他们不空谈而且也无须他们去谈！果戈理、托尔斯泰、陀思妥耶夫斯基为死亡做了准备，他们很不放心，一直探寻人生的意义，不断进行总结，而普希金和契诃夫潜心于具体的艺术活动，在活动中默默地度过自己的一生，与别人全不相干。现在他们的一生已成了全体人民的事业，正如同从树上摘下的尚未熟透的苹果一样，承前继后，愈来愈香甜，愈来愈有意义。

八

解冻，这是春天来临的第一个信号。空气中到处洋溢着薄饼和伏特加的气息，就好像日历在开玩笑，又要过谢肉节了。林中的太阳睡眼惺忪地眨着眼睛，松林懒洋洋地眯缝着睫毛似的松叶，水洼在正午阳光的照射下泛着油光。大自然打着呵欠，伸着懒腰，翻了个身又昏昏睡去。

《叶甫根尼·奥涅金》第七章描写的也是春天。它描写了奥涅金走后那空关的居室，山脚下小河边连斯基的墓地。

野蔷薇怒放，
夜莺这春天的恋人整夜在歌唱。

为什么这里用“恋人”？说实在的，这个修饰词用得的确十分自然，贴切。夜莺的确是春天的恋人。此外，这个词和“野蔷薇”这个词也押韵。民歌中的“夜莺强盗”是不是也受了韵律的影响？

民歌中奥季赫曼特的儿子被称作夜莺强盗，把他写得太妙了：

是不是因为他发出的夜莺啼鸣，
是不是因为他发出的狼嗥虎吟，
繁茂的绿草缓缓倒下，

蓝色的花朵纷纷散落，
黑郁郁的树林匍匐在地，
所有的人一一倒毙。

我们来到瓦雷金诺时是早春，不久田野就处处披上了绿装，特别是米库利增家房子前的舒季马沟里，有稠李、赤杨、榛树。没过几天，便响起了夜莺的叫声。

我仿佛是头一次听到夜莺的歌声，对它那不同凡响的歌喉感到吃惊。它高鸣低吟，啼啭自如。大自然给音乐的宝库增添了这独特的鸣声。音色多么优美，音域多么宽广！屠格涅夫描写过魔笛银珠似的鸟语。有两种叫声特别突出：一种是急切而美妙的啾—啾—啾，这种叫声有时反复三次，有时连鸣不止。挂满露水的草丛听到鸟鸣声，微微颤动着，高兴地笑着，露珠儿簌簌往下落，简直就好像被胳肢得痒痒似的；另一种叫声只有两个音节，像是在热情地召唤，恳求，好像在向人请求，又像在规劝：醒醒！醒醒！醒醒！

九

春天到了，我们准备下田干活，没时间写日记了。写日记真是一件愉快的事。只好到冬天再写。

前两天——这一回真的是在谢肉节——正是积雪消融、道路泥泞的时候，一个生病的农民在泥水中赶着雪橇来到院子里。我自然不肯给他看病。“请别见怪，亲爱的，我不看病了，你瞧，我一无药，二无器械。”可是打发他走没那么容易。“帮个忙吧，我生的是皮肤病，行行好，身体吃不消。”

怎么办？人心都是肉长的，我决定给他看看。“把衣服脱掉。”我给他检查。“你患的是狼疮。”我给他做检查时，眼睛斜睨着窗台上的一瓶石炭酸（你们可千万别问我是从哪里弄来的，还有别的一些必需品呢！这都是萨姆杰维亚托夫弄来的）。我一看，又来了一架雪橇。起先我以为又是一个病人。没想到竟是我弟弟格兰尼亚——简直是从天上掉下来的。一开始，托尼娅、舒拉、亚历山大•亚历山大罗维奇招待他，后来我得了空，也跟他们一起招呼他，问这问那：怎么来的，从哪里来的？他又跟往常一样，支支吾吾，总是笑，老是说一些奇闻怪事，不肯正面回答。

他住了大约有两星期，常常进城，有一天突然无影无踪。这段时间里，我发现他比萨姆杰维亚托夫更有势力，他的工作与关系更令人无法捉摸。他是什么来历？怎么有这样大的势力？他是干什么的？他在走之前曾经答应让我们过得松快些，以便使托尼娅腾出时间来照顾舒拉，让我多看点病，多写点文章。我们问他有什么办法，可他仍然笑而不答。不过他倒是说到做到，我们的生活条件确实是在变化。

真是怪事！他是我的异母兄弟，和我一个姓。但说实话，我对他却一无所知。

这是他第二次闯入我的生活，他保护着我，使我摆脱了所有困难。也许在一个人的经历中，除了亲朋好友之外，还需要一种不可知的神秘力量，需要一位主动相助的象征性人物。而在我一生中充当这一秘密恩人角色的也许就是我的兄弟格兰尼亚?

日瓦戈的日记至此中断,此后他没再写下去。

十

日瓦戈常常在尤梁津市图书馆阅览室看书。这个阅览室有很多窗子,靠窗放着几排长桌子,共有一百个位子。春天傍晚市区不点灯,不过日瓦戈本来也从不待到天黑,也不在城里逗留,午饭前总赶回家。他把米库利增给他的马拴在萨姆杰维亚托夫家的客店里,整个上午都在看书,中午便骑马回瓦雷金诺。

没到图书馆看书之前,日瓦戈很少去尤梁津,因为他没有什么特别的事要办。他不熟悉这个地方。但当他看到阅览室里本地的读者愈来愈多,他们有时坐得离他很远,有时就坐在他身边,这时他便觉得他仿佛是站在熙熙攘攘的十字路口,在慢慢熟悉这个城市;似乎来到这里的不是本地的读者,而是他们住的房舍、街道。

不过,不是想象中的真正的尤梁津在窗口也可以看到。在中间最大的一扇窗前放着一桶开水。想要休息一下的读者可以到楼梯口抽烟,围着水桶喝水。没喝完的水倒入水斗里,可以倚窗欣赏市区景色。

读者有两种,一种是当地的知识分子,他们占大多数,一种是普通百姓。

前一种人大多衣着破旧，不修边幅，处境狼狈，其中有的身体孱弱，拉长着脸，皮肉松弛——这是饥饿、黄疸、水肿造成的。他们是阅览室的常客，认识这里的工作人员，像在自己家里一样。

普通百姓面色红润，穿着整齐、漂亮。走进阅览室时小心翼翼，怯生生的，就像进教堂似的，而且总免不了会发出什么声响。但这并不是因为他们不懂规矩。他们总想不声不响地进来，但却不会控制他们那矫健的步伐和洪亮的嗓音。

窗子对面的墙是凹进去的，这里放着一张高工作台，台外面便是阅览大厅。管理员在工作台里面办公，一位是老馆员，另外有两名女助手。其中一名脸绷得紧紧的，围着一条羊毛头巾，不停地将夹鼻眼镜戴上摘下。看来，这并不是视力的需要，而是变化无常的情绪在起作用。另外一名穿着黑绸上衣，看样子她胸口不舒服，因为她一直用手帕捂着口鼻，连说话呼吸时也不拿开。

图书馆的工作人员和大部分读者一样浮肿，脸都变长了。皮肉松弛，灰中带青，就像生了霉的腌黄瓜。他们三人轮流着向新来的读者低声介绍借书办法，整理检书卡，办理出借或还书手续，空闲时便编制年度总结。

真是怪事，面对着窗外实际的以及坐在阅览室内想象出来的市容，他头脑里几种念头竟莫明其妙地纠结在一起，还因为周围那些人都浮肿，好像都患了大脖子病，他觉得他们都有点儿相像。他不由得想起了他们来的那天早晨在尤梁津火车站上见到的那个满脸愠色的女扳道工，想起远处尤梁津的全景和坐在车厢门口的萨姆杰维亚托夫与他的议论。日瓦戈想把彼地彼时的议论同此地此时四周的所见所闻联系在一起。但他已记不得萨姆杰维亚托夫说话的意思，因此他什么也没能联系起来。

十一

日瓦戈坐在阅览室的最里面一头，面前放着好多书，其中有本地土地统计表和几本民族志著作。他想再借两本有关普加乔夫起义的书，但身穿绸上装的管理员用手帕捂住嘴轻声告诉他，说一下子不能借这么多，他必须先还掉几本书和杂志。

因此日瓦戈便赶紧专心致志地阅读这一堆尚未钻研过的书，把其中他所需要的捡出来，其余的还掉，换几部历史书。他全神贯注，迅速翻阅着目录，连眼都不斜一斜。阅览室里人虽然多，对他却毫无妨碍，因为他对他们太熟悉了，即使不抬头，也可以想象得出左右那些人的神情，他知道这些人在他离开之前不会变动，就像窗外的教堂和房屋不会移动一样。

然而太阳却未止步，它已经绕过阅览室的东墙角，现在从南面的窗子里射进来，把坐在窗口的几个人照得眼花缭乱，使他们无法看下去。

得了感冒的管理员走出工作台朝窗口走去。窗上装着白窗帘，可以把强光挡住。管理员把所有的窗帘都拉上，只有最边上的一扇因为没有阳光，所以未动。她拉动绳扣，打开上方的气窗，这时她竟连连打起喷嚏来。

当她打到第十声或十二声的时候，日瓦戈猜出她是米库利增的小姨子，是萨姆杰维亚托夫讲到过的东采夫家姐妹之一。日瓦戈和别人一样，也抬起头朝她望去。

这时他看出阅览室里有了点变化：在另一头增添了一位新读者。日瓦戈一眼便认出是拉莉萨。她背朝着日瓦戈坐的那几排桌子，低声同患感冒的管理员交谈，管理员正俯身听拉莉萨讲话。谈话对管理员似乎产生了良好的效果，不仅立刻治好了令人烦恼的伤风，也医好了她的紧张心情。她用感激的目光热情地朝拉莉萨瞥了一眼，拿开嘴上的手帕，塞进衣袋里，回到工作台后面的位子上，脸上露出愉快自信的笑容。

这件动人的小事没有逃过一些读者的眼睛，各个角落都有人朝拉莉萨微笑，投去赞许的目光。从这些不起眼的小事上日瓦戈看出这里的人十分熟悉她，爱戴她。

十二

日瓦戈首先想到的便是走过去找她。可是后来一种与他的天性格格不入但在她面前早已形成的拘束感却阻止了他。他决定不去打扰她，也不停止自己的工作。他把椅子斜过来，几乎背对着其他读者，免得朝她张望，把一本书托在手里，另一本摊在膝上，一心看书。

然而他的思想早已飞到九霄云外去了。他忽然想起，冬天在瓦雷金诺夜晚梦中听到的正是拉莉萨的声音。他对这个发现大吃一惊。他也不顾别人耳目，连忙把椅子放回原来的位置，好看得清楚些。他开始对她进行观察。

他半侧着身子，朝她的背影望去。她穿着一件浅色方格短衫，腰间束了一条宽腰带，正全神贯注地在看书，像孩子一样微微往右偏着头,一动不动。她不时仰面沉思,或者眯起双眼凝视前方,然后又用手臂支着头,用铅笔在笔记簿上奋笔疾书,抄录底注。

日瓦戈在检验他以前在麦柳泽耶夫时所得到的印象。他想:“她不喜欢做一个美丽、妩媚的女子。她蔑视妇女的容貌,仿佛为自己的美貌感到痛苦。这种傲岸的、仇视自己的态度为她增添了十倍的魅力。她的一切多么得体!她读书时的那副神情,好像不是人类的一种最高级活动,而是连动物也能办到的一种最简单的事,好像她是在挑水或是刮土豆皮。”

想到这里他感到安慰,心中出现了一种少有的宁静。他的思绪不再杂乱无章,他不禁微微一笑。拉莉萨的出现,不仅对精神不安的女管理员发生了作用,对他也发生了作用。

他也没在意椅子是怎么放的,也不怕四周的影响,又工作了一个多钟头,比拉莉萨来以前更勤奋,精神更集中。他翻阅了面前那一堆书,把最有用的挑了出来,甚至还读完了其中两篇重要论文。然后他又检查了一遍,便把书清理好送还借书处。这时他觉得非常轻松,他问心无愧地想,他已经把功课做完,可以去会见老朋友,享受重逢的欢乐了。但是,当他站起来环顾阅览室时,拉莉萨已经不知去向。

他把书和小册子放到台上,那里还放着拉莉萨刚刚归还的书。那都是马克思主义指南之类。看样子她准备重新担任教师工作,正全力在家里补修政治。

书中夹着拉莉萨的借书单,有一头正露在外面,上面注明她的住址,字迹很清楚。日瓦戈把住址抄了下来。不过那地址很怪:商会街,带雕像的房子对面。

日瓦戈马上向人打听,才知道“带雕像的房子”这种说法在尤梁津很普遍,就像莫斯科以教区名命名警察分局或彼得堡的“五角场”一样。

那是一幢深灰色的房子,装饰着女像柱,雕着手执板鼓、七弦琴和面具的古希腊罗马神像。这是由上一个世纪的一个戏迷商人建造的私人戏院。后来这个商人的后代把房子卖给了商会,这条街便称为商会街。这幢带雕像的房子成了附近地区的名称。目前,这幢房子是党市委会所在地。房子建在山坡上,顺坡而下的墙上从前贴的是戏院和马戏团的海报,现在贴的则是政府的告示和命令。

十三

这是五月初的一天,天气寒冷,刮着风。日瓦戈在城里办了点事,又跑了一趟图书馆,他突然改变了计划,决定去找拉莉萨。

街上不时刮起大风,飞沙走石。他只好止住脚步,转过身,眯起双眼,低下头,等风沙过后再继续前进。

拉莉萨住在商会街和新堆场胡同的拐角处,对面是那幢暗灰色带雕像的房子。现在他算亲眼见到了。房子的确很符合它的名字,给他一种令人奇怪不安的印象。

房子的上部一圈全是一人半高的女神像柱。一阵风沙过后,他觉得房子里的那些女神仿佛全都走到阳台上,伏在栏杆上眺望他和下面的商会街。

到拉莉萨的住处有两条路：一条是从大门进去，另一条是走胡同里的后门，从后院穿进去。日瓦戈不知道前面那条，便选了第二条。

当他从胡同里走进后门的时候，一阵大风把整个院子里的泥土和垃圾卷上了天，把院子都遮住了，什么也看不见。几只母鸡被一只公鸡追逐，咯咯地叫着从他脚下朝烟尘里逃去。

烟尘消散后，日瓦戈看到拉莉萨正站在井边。刚才这阵风起来时，她已经打满了两桶水，正用左肩挑起。她怕头发沾上尘土，便扎上头巾，还在额前打了个结，并且用膝盖把衣服下摆夹住，怕风吹开。她挑起水桶刚要往家走，一阵风刮来，她只好又站住。风吹掉了头巾，吹乱她的头发，把头巾吹到围墙尽头。躲在那里的几只母鸡还在咯咯直叫。

日瓦戈跑过去把头巾捡起，走到井边把它递给神色慌张的拉莉萨。但她一向喜欢举止自然，虽然她又惊又窘，可她连一声也没吭，只说了一句：

“日瓦戈！”

“拉莉萨·费多罗芙娜！”

“是什么风把您吹来的？”

“把水桶放下，让我挑。”

“我办事从不半途而废，从不有头无尾。如果您是来找我的，那我也走吧。”

“那还会找谁？”

“谁知道。”

“还是让我给您挑这两桶水吧。我总不能待在一边看您劳动。”

“这算什么劳动。算啦，您准会弄得楼梯上都是水。是什么风把您吹来的？来了已经一年多，竟抽不出空来？”

“您听谁说的？”

“消息到处有，只看你听不听。再说我在阅览室里已经看见过您了。”

“那您为什么不叫我？”

“您不会非要叫我相信您没看到我吧。”

拉莉萨肩上的两桶水微微摆动着。日瓦戈跟着她走进一道低矮的门。这是底层一条黑暗的过道。拉莉萨蹲下来，把水桶放在泥地上，摘下扁担，伸直腰，用不知从哪里弄来的一条小手帕擦了擦手。

“走，我从里面把您领到正门，那边亮堂，您在那边等我。我从后门把水挑进去，把楼上收拾收拾，穿件衣服。您看见了吧，我们这楼梯的台阶是铁的，而且还是镂花的，从上往下看，清清楚楚。这是幢老房子，打炮的时候被震坏了，您看那砖头都松动了，墙上出现了裂缝，有窟窿。我和卡秋莎离开家的时候，就把房门钥匙藏在这个窟窿里，再用砖头挡一挡。您记住，您来时要是碰不到我，您就可以打开门，像到自己家一样。我很快就会回来。瞧，那里就是钥匙。钥匙我倒用不着，我从后门进来，从里面开门。糟糕的是这里有老鼠，多得要命，拿它们没办法，就在你头上窜来窜去。这房子老掉牙了，墙都晃悠悠的，到处有裂缝。能堵的都堵上了，想方设法对付这些老鼠，可是收效不大。能不能抽空来帮个忙？我们一道把地板和护墙板钉好。行不行？好吧，您在这楼梯口待一会儿，想想心事。我不会让您等好久，一会儿就叫您。”

日瓦戈一面等，一而看门口那斑斑驳驳的墙面和铁楼梯，思忖道：“在阅览室时，我还只当她读书的那股劲头和她工作与从事体力劳动的劲头一样，反过来也可以说，她挑水也像看书一样，轻松自如，一点也不费劲。不论做什么，她都一样从容不迫。好像她从童年时代起就向着生活起跑，现在的一切都很顺利，一切都进展得自然。这在她俯身时的背影上，在她微启双唇现出丰满下颏的笑容里，在她的言谈和思绪里都可以看出来。”

“日瓦戈！”上面楼梯口传来了喊声，他朝楼上走去。

十四

“把手伸给我，老老实实地跟我走，这边有两个房间，黑洞洞的，堆满了东西。弄不好会碰伤。”

“真可称得上是迷宫啦。要是我，恐怕连路也找不到。怎么会这样？修房子？”

“唉，不是，不是这么回事。房子是人家的，我也说不清房东是谁。我们本来有房子住，是学校的公房。后来房子被尤梁津市房管局占用，我和女儿就搬到这幢无主房子里来了。这里的家具都是原来房东的，多得不得了。我不愿用人家的东西，所以把东西都堆在这两间屋里，窗子上也涂了一层石灰。您别松手，否则会迷路的。好，向右转。现在我们出了迷宫了，这是我的房门。马上就亮了。这里是门槛，当心。”

日瓦戈跟着她走进了房间，房门对面墙上开着一扇窗。窗外所见使他吃了一惊：从这里可以看到院子、邻近房子的后院以及河边的空地。空地上有绵羊，有山羊，那长长的羊毛一直拖在地上，就好像铺在地上的皮袄。空地上除了羊群之外，还有一块正对着窗口的招牌，那是日瓦戈早已见过的："莫罗、维特钦金公司　播种机　脱粒机"。

日瓦戈看到这个广告牌，便对拉莉萨描述起他携家来乌拉尔的情景。他忘记了人们说的斯特列尔尼科夫是她丈夫的传闻，毫不犹豫地把他在火车上见到斯特列尔尼科夫的经过讲了一番。这给拉莉萨留下了极深的印象。

"您见到了斯特列尔尼科夫？"她连忙问，"我暂时什么也不能告诉您。不过这事很重要，你们好像是注定要见面似的。以后有时间我会把情况告诉您，您一定会大吃一惊。如果我没误解您的意思的话，他给您的印象还很不错吧？"

"对，可以这样说。他完全可以不睬我。我们经过的正是他进行镇压和破坏的地区。我以为我碰上的是一个残暴的大兵或者心狠手辣的革命党人，结果两样都不是。有时一个人与你的想象并不相符，这是好事，如果他是这号人，那他就完了，人家都会谴责他。如果不能把他归入哪一类，如果他什么也算不上，那么他至少有一半是一个人必须具备的东西；他超脱了自己，获得了永生的可能。"

"听说他不是党员。"

"看样子不是。他有什么让人家喜欢的？他肯定长不了；我看他不会有好下场，要为自己的罪孽付出代价。这些横行霸道的革命党之所以可怕,并不因为他们为非作歹,而是因为他们是脱缰的野马,出轨的列车。斯特列尔尼科夫跟他们一样疯狂,不过这不是因为他读过什么书,而是他的经历和遭遇造成的。我不知道他有什么难言之隐,但我相信肯定是有的。他与布尔什维克携手是出自偶然。目前他们用得着他,所以对他抱忍让态度,他们需要合作。但一旦无此必要,便会将他抛开、甩掉,毫不手软,就像对许多军事专家一样。”

“您认为会这样吗?”

“肯定如此。”

“那他有没有活路?逃走行不行?”

“往哪里逃,拉莉萨·费多罗芙娜?从前在沙皇时代还能逃。现在你逃逃看!”

“太可惜了。您这番话真叫我替他惋惜。您变啦,从前您谈到革命时还很心平气和,没这样严厉。”

“问题就在这里,拉莉萨·费多罗芙娜,凡事都有限度。经过这么多时间,应该有些结果了,但事实上,在那些鼓动革命的人看来,动乱与变化是他们唯一感到亲切的事情,他们宁可不吃饭,只要给他们世界规模的东西就行,什么世界结构呀,过渡时期呀,这就是他们的最终目的。他们什么也没研究过,什么也不会。您知道,这么多没完没了的准备工作是因为什么?是因为平庸无能。人生下来是要生活的,不是为准备生活而生。生活本身,生活的好坏,生活的本领,才是要紧不过的事!为什么要用这种胡编乱造出来的闹剧,为什么要用契诃夫写的小学生逃亡美国那样的荒唐事来代替生活?好啦,该我问您了。我们是在你们这里发生动乱的那天早上来到这里的，当时您的情况也不妙吧？”

“哦，当然够呛！周围都是火，我们差点葬身火海。我和您说过，我们这房子震动得厉害。院子里靠近门口至今还有一颗没有爆炸的炮弹。抢东西、炮轰，什么乱七八糟的事都有，每当政权变化时这是少不了的。当时我们已经懂了，看惯了，已经不是头一次。白军在的时候，什么事没有过！泄私愤、谋杀、勒索，无恶不作。哦，有件重要的事我没告诉您呢。我们那位加里乌林才不得了！他成了捷克军里一个最重要的人物，好像是什么总督之类的官。”

“我也听人说过。您和他见过面吗？”

“常见面。幸亏有他，我才救了好多人的命，掩护过好多人！凭良心说，他为人正派，有大丈夫风度，不像那些小人，什么哥萨克大尉、警士，不过当时说话顶用的恰恰是这些小人，而不是君子。加里乌林帮了我好多忙，我要感谢他。我和他是老朋友了，小时候我常到他住的院子里玩，那里住的都是铁路工人。我在童年时期就熟知贫穷和劳动的滋味，因此我对革命的态度和您不同，我对它感到亲切。我感到革命有许多亲切的东西，可没想到一个管院子的人的儿子却当上了上校，说不定还是白军的将军。我不是军人家庭出身，搞不清这些官职，我不过是一名历史教师。情况就是这样，日瓦戈。我帮了许多人的忙，常去找他，还提起过您。我在哪一级政府里都有关系，有靠山，但在哪一种制度下也都有忧虑和损失。只有在一些蹩脚的小册子中，活人才分成两个阵营，彼此互不来往，但实际上，不论什么事物都是相互交错在一起的！只有当一个不可救药的卑微小人，才会一生扮演一个角色，在社会上占有一个位置，永不改变！……啊，你回来啦？”

房间里走进一个七八岁的小女孩，扎着两条小辫子。她的两眼很小，眼角朝上吊，一副淘气顽皮的样子；笑的时候，眉毛都会扬起来。她还没进门，就看到家里有客人。但是一走到门口，她觉得还是应当作出一副出乎意料的样子，行了个屈膝礼，直愣愣地望着日瓦戈，并不胆怯，流露出一个独生孩子那种善于沉思默想的神气。

“这是我女儿卡秋莎。请多加关照。”

“在麦柳泽耶夫时您给我看过她的照片。她长大了，也变多啦！”

“你原来在家里？我以为你在外面玩呢。我一点没听见你进来。”

“我在墙缝里拿钥匙，里面有这么大的一个老鼠！我喊起来，躲到一边。真把我吓得要死！”

卡秋莎做了个鬼脸，淘气地瞪着眼睛，噘着圆鼓鼓的小嘴，就像一条被钓出水面的小鱼。

“到自己屋去吧，我让叔叔在咱们家吃饭。等粥烧好，我叫你。”

“谢谢，不过难以从命。从打我进城看书以来，家里都在六点吃饭，我每次都按时回去，路上要花三个多小时，弄不好要四个小时，所以我才来这么早。对不起，我马上就要走了。”

“再待半个小时吧。”

“好。”

十五

“您对我以诚相见,我对您也推心置腹。您讲的那个斯特列尔尼科夫,就是我丈夫巴沙,巴维尔·巴甫洛维奇·安季波夫,我曾到前线去找他。我一直不相信说他已经死去的谣传。”

“我并不感到惊奇,因为我已经听说了。但我觉得那是无稽之谈。因此我毫不在意,谈起他毫无顾忌,就好像根本没听到这些说法一样。再说,这些谣传的确没有道理,我见过这个人。别人怎么会把您和他联系在一起?您和他有什么共同之处?”

“不过这是事实,尤利·安得列耶维奇,斯特列尔尼科夫就是我丈夫安季波夫。我同意大家的看法。卡秋莎也知道这事儿,并且很高兴有这样的爸爸。他和所有的革命家一样,也有个化名——斯特列尔尼科夫。他出自某些考虑,必须利用化名生活,从事活动。他攻打尤梁津时,用大炮轰击我们。他明知我们在城里,但他从来没有打听过我们母女是否平安,因为他怕暴露他的秘密。当然,这是他的职责。即使他问我们他该怎么办,我们也会叫他这样做。您也可能会说,我之所以太平无事,市苏维埃之所以给我们提供住房等,完全是他暗中对我们的照顾。我反正不能同意。他近在咫尺,竟不想办法来看看我们!这我实在想不通,无法理解。对我来说,这简直无法捉摸,这不是生活,而是古罗马时代的美德,当今最时髦的一种做法。不过我开始接受您的影响和见解了,可是我不希望这样做。咱们不是同道,在一些细微次要的问题上,咱们的看法一致,而在大的问题上,在生活见解上，还是针锋相对为好。不过，咱们还是再来谈谈斯特列尔尼科夫吧。现在他在西伯利亚。您说得不错，我也听到过人家对他的指责，这些指责使我寒心。他现在在西伯利亚，在我们推进得很快的一个地区追击当年是他同院的伙伴、后来又成为战友的加里乌林。可怜的加里乌林熟知他的底细，知道我和他是夫妻，尽管他一听到斯特列尔尼科夫的名字便暴跳如雷，但在这个问题上却小心谨慎，从来不曾提起这件事。嗯，他现在在西伯利亚。当他住在那里(他有很长时间住在您见到的列车上)的时候，我一直希望有机会见他一面，因为他有时到司令部去，司令部设在科木奇——制宪会议军——武装总部旧址。说来也真巧，司令部大门口正开在从前加里乌林曾接见过我的厢房里，当时我常为别人的事去找他。例如军事学校有件案子曾轰动一时：有些教官不合学员心意，于是学员便借口这些教官支持布尔什维克而伏击他们。还有迫害殴打犹太人的事件。顺便说一句，我们这些城市居民、脑力劳动者的朋友中有半数是犹太人。在对犹太人进行卑鄙的迫害时，我们除了愤慨、羞惭和同情外，还痛感我们是在耍弄两面手段，仿佛我们的同情有一半是硬做出来的，有一种令人不快的虚伪之感。那些曾经把人类从偶像崇拜的桎梏下解放出来，现在为使人类摆脱社会性灾难而献身的人，却无力解脱自身，仍然忠于一种已失去意义的陈腐观念，他们不能挺身而出，不能与其他人融为一体，而这些人的宗教观念是他们建立的，如果他们能更好地了解这些人，就会感到这些人与他们十分接近。也许压制与迫害必然使他们做出这样一副于事无补的架势，使他们面临众叛亲离，处处碰壁的境地，但其中也有一部分原因是内部的衰朽与由来已久的疲惫。我不喜欢他们那种讽刺性的自我吹嘘，概念单调贫乏，缺乏想象力。这实在令人不快，正像老人言老、病人言病一样。您同意吗？”

“这个问题我没考虑过。我有个朋友，姓戈尔顿，他的看法也是这样。”

“所以我常到那里去等候巴沙，希望能在他进出门时碰上他。那厢房以前是总督办公室，现在门上挂着个牌子：申诉处。您大概看到了吧？这是市内景致最美的地方。门前的花园广场铺的是条石，广场上种着红莓花、槭树、山梨树。我和一批求见的人都站在人行道上等。我当然不会去硬闹，也不会说我是他妻子，因为我们的姓不一样，再说，这里是不讲良心的，他们讲的是另外一套规矩。比方说，他的生父巴维尔·费拉庞托维奇·安季波夫——是个工人，过去曾被流放过——就在这驿道上的法院工作，这一带正是他流放的地方。他还有一位朋友季维尔津，他们两人都是革命法庭的成员。您猜怎么着？儿子也不去认老子，老子也认为这是理所当然，并不生气。既然儿子隐姓埋名，那就是不能认。这都是木头，不是人，只认得什么原则、纪律。再说，即使我证明我是他妻子，也没什么了不起！哪里还想得到老婆？这是什么时代？至于世界无产阶级，改造宇宙——那是另外一回事，这我明白。像老婆这样的两条腿动物有什么了不起，不过是最叫人厌恶的跳蚤或虱子而已。有一名副官不时出来问求见者有什么事，放一些人进去。我没说姓名，只说有私事求见。我早就知道这一说就毫无希望了，不会让我进去。果然，副官耸了耸肩，狐疑地打量着我。所以我一次也没见到他。您以为他不愿意搭理我们,不爱我们,把我们全给忘了吧? 啊,没有的事! 我非常了解他! 他这样做都因为他太爱我们了。他是想要捧回军人的桂冠,放在我们脚下,不是两手空空,而是作为一个光荣的胜利者回来! 他要使我们永垂青史,使我们头晕目眩! 真像个孩子!"

卡秋莎又走了进来。拉莉萨突然把女儿抱起来,摇晃她,胳肢她,吻她,紧紧把她搂在怀里。

十六

日瓦戈骑着马从城里回瓦雷金诺。这条路他不知走过多少次,对它非常熟悉,即使闭上眼睛也了如指掌。

他快到森林中一个十字路口了,前面的大路直指瓦雷金诺,旁边一条支路通向萨克马河上的渔村瓦西里耶夫斯科耶。在交叉路口竖着市郊第三块农业广告牌。每次日瓦戈走到这里,总是太阳落山的时候。现在又是暮霭沉沉了。

从他头一次进城没回家而留在拉莉萨家过夜起,已经过了两个多月。他对家里推说那天城里有事,在萨姆杰维亚托夫的客店里住了一宵。他和拉莉萨早已以"你"相称,他直呼她拉莉萨,她叫他日瓦戈。日瓦戈欺骗了托尼娅,向她隐瞒那些愈来愈严重、愈来愈不能容许的事,这在以前是没有的。

他爱托尼娅,爱得十分炽烈。她的心灵,她的娴静对他来说比世界上任何事物都更珍贵。如果有人伤害她的尊严,他会亲手把这个坏蛋撕扯得稀烂。而现在这个坏蛋就是他自己。

在家里亲人面前,他觉得自己是个罪犯。家里人对他的所作所为一无所知，仍然像以前那样同他和睦相处，这使他痛苦万分。每当大家谈得高兴之际，他忽然想起了自己的罪过，这时他两眼发直，不知周围的亲人在说什么。

如果在吃饭时想到这种事，他喉咙里的东西也咽不下去，他放下调羹，推开盘子，强忍着满眶的泪水。“你怎么啦?”托尼娅莫名其妙地问道，“你在城里一定听到了什么不顺心的消息吧？有人被捕啦？还是被枪毙啦？对我说，别怕我难受。说了你会轻松些。”

他是否看上了另一个女人而背叛了托尼娅？没有，他没看上任何一个另外的女人，也没觉得哪个女人更好。那种“爱情自由”的思想，那些“感情自主权和感情需要”之类的说法，对他是格格不入的；他觉得，无论是谈论或考虑这种事，都是可鄙的。他没去寻欢作乐，不认为自己是半神式的超人，也不要求享受特权。他受着良心的谴责，感到十分沉重。

“今后怎么办?”有时他这样问自己，但他找不到答案。于是他便异想天开，希望能发生一些意外的情况以解决这个难题。

但眼下他却没这样想，他决心扔掉这个包袱。他下决心把一切都告诉托尼娅，求她宽恕，保证不再和拉莉萨来往。

不过，并不是一切都那么顺利。此时他感到和拉莉萨永远断绝往来一事表示得还不够明确。今天早晨他对拉莉萨表示要把一切情况告诉托尼娅，说他们今后不能再见面，可是现在他觉得他说得太含糊，不够果断。

拉莉萨不愿意吵吵闹闹让日瓦戈难受，因为他本来就已经够痛苦的了。她尽量心平气和地听他把话说完。他们是在房东原来住的面朝商会街的那间空屋里谈的。泪珠从拉莉萨的腮上簌簌滚下，她竟毫不觉察，好像这时哗哗的雨水从对面房子上那些石雕神像的脸上淌下一样。她一点也没有故作宽宏的样子，诚挚地说："你看怎么好就怎么办，别管我。我什么都能撑住。"她眼泪也不揩，仿佛不知道自己在哭泣。

当他想到拉莉萨可能误解了他的意思，从而会产生虚幻的希望时，他几乎想要转身回到城里，把没说完的话说完，更主要的是更亲热、更多情地同她告别，更像真正的永别那样同她告别。他好不容易才克制住自己，继续往家走。

太阳愈来愈低，树林中的寒意也愈来愈浓，光线也愈来愈暗。四周散发着一种浴室里桦木笤帚的气息。空中飞舞着一团团的蚊子，像水面上的浮标一样，发出单调的嗡嗡声。日瓦戈不停地拍打落在他前额和脖子上的蚊子，同这响亮的拍打声相呼应的是骑马前进时的声音：马鞍皮带的吱扭声、沉重的马蹄溅起的泥浆声以及马粪溅起的清脆的噼啪声。这时从落日西沉的远方，突然传来夜莺的歌声。

"醒醒！醒醒！"夜莺又是呼唤又是规劝，这和复活节前的叫声几乎一样："吾魂！吾魂！苏醒，苏醒！"

日瓦戈脑中突然闪过一个极其简单的念头：何必这样急。他决不食言。这事他早晚是要说出来的，为什么一定要今天呢？对托尼娅还只字未提过，改日再谈这件事也还不算晚呀！再说，他还要进城，可以和拉莉萨彻底谈谈，推心置腹地谈谈，消除一切痛苦。啊，这太好了！妙极了！以前怎么就没想到——真怪！

当日瓦戈想到将再次见到拉莉萨时，他简直高兴得发狂了，心怦怦直跳，他仿佛感觉到了见面的欢乐。

这里是城郊的木屋区，木板人行道……他正前去看她。一到新堆场胡同，荒僻的城郊与木屋区就不见了，开始出现砖石结构的房屋。郊区的小房舍一闪而过，像一页页很快翻过的书——不过不是用食指翻，而是用大拇指按住书的边缘飞快翻过。气都喘不过来了！她就住在那一头。傍晚，雨过天霁，天上露出一抹晴空。他多么爱看通向她家的一路上这些熟悉的小房子！真想把它们托在手中亲吻！瞧，房顶下这一排单窗的小阁楼！那水洼里灯火的倒影！就在大街上空雨后那一片蓝天之下，他又将从造物主手中接过它创造的那个白色美人儿。开门的将是一个上下一身黑的人影。她宛如北方的白夜那样矜持，那样严峻，尚未有任何人得到过她的青睐，如今将与你亲近，宛如迎面扑来的第一个海浪，你将在黑暗中踩着沙滩向它奔去。

日瓦戈抛开缰绳，伏在马背上，抱住马的头颈，将面颊埋在马鬃里。那马把这个亲热的举动当作是对它的鞭策，于是便撩起四蹄飞奔起来。

马平稳地向前驰去，四蹄几乎不着地，大地向后闪过。日瓦戈除了自己欢快的心跳声外，仿佛还听到一种喊叫声，不过他以为这是他的错觉。

附近传来了一阵震耳欲聋的枪声。日瓦戈抓住缰绳，抬起头来，把缰绳拉紧。马猛地叉开腿，向旁边跑了几步，接着又退回来，抬起身子，想用后腿站起来。

前面是岔路口。路旁的广告牌“莫罗、维特钦金公司　播种机　脱粒机”在晚霞中闪光。只见路中央有三个武装骑兵挡住了去路。一个是头戴学生帽，身穿带褶外衣的学生，十字交叉地挂着机枪子弹带；一个是身穿军官大衣，头戴羊皮帽的骑兵；还有一个好像是舞会上化装成凶神的胖子，穿着棉裤、棉袄，宽沿高帽直压到眉毛。

“不许动，医生同志，”那个最年长的戴羊皮帽的骑兵安详地说，“只要你服从命令，我们就完全保证您的安全。否则的话，对不起，就要你的命。我们部队的医生阵亡了，我们强征您入伍当军医。请下马，把缰绳交给这位年轻同志。我再提醒您一句：您如果有一点想逃跑的念头，那我们决不客气。”

“您是米库利增的儿子利维里·列斯内赫同志吗？”

“不是，我是他的联络官卡缅诺德沃尔斯基。”

第十章　大路上

一

一路上都是城镇、大小村庄：克列斯托沃斯德维任斯克城、奥麦利奇诺站、帕任斯克、蒂夏斯科耶、亚格林斯科耶、兹沃纳尔、沃尔诺耶、古尔托夫希基、克门、卡泽耶沃、库捷伊、小叶尔莫莱。

一条大道在这些城镇村庄之间穿过，这是西伯利亚最早的一条大道，也是一条古老的驿道。当大道穿过城镇中央时，像一把面包刀似的将这些城镇切成两半；逢到村庄时，便径直向前伸去，把一排排农舍抛在两旁，要不，就画一个弧形或来个急转弯，从这些村庄旁边绕过。

很久以前，在霍达茨科耶尚未铺设铁路之前，在这条大道上奔驰的是三套马的邮车。载着茶叶、粮食和铁器的车队往一个方向开去，而朝相反方向徒步走去的却是由士兵押解的一批批囚犯。这些天不怕地不怕、叱咤风云的好汉迈着一样的步子，脚镣当啷当啷地响着。周围那黑郁郁的密林发出海浪般的喧嚣声。

大路好像联结起一个大家庭。城镇与城镇，村庄与村庄，你来我往，十分亲密。霍达茨科耶是公路和铁路的交叉口，这里有机车修理厂、铁路机械厂。宿舍里挤满了衣衫褴褛的犯人。他们度日艰难，疾病缠身，不断有人死去。那些有技术专长的政治流放犯服满刑期后，到这里当了技师，在这里定居下来。

公路沿线原先的苏维埃早已被推翻。后来成立了西伯利亚临时政府，掌了一个时期的权，现在全地区则已由最高统治者柯尔察克管辖。

二

有很长一段路是上行的山路，愈往上走视野就愈宽阔，仿佛上山的路没有尽头，宽阔的视野也没有尽头。等到人和马都感到疲劳需要停下来休息时，尽头就已经在望了。前面是湍急的克日马河。河水朝公路桥下奔去。

河对岸是一个更陡的山坡，山坡上是沃斯德维任斯克修道院的砖墙。公路从下面绕过修道院所在的斜坡，然后转了几个弯，穿过山坡边上后面的几户人家朝城里奔去。

公路通过中心广场时，再度在修道院旁边擦过，因为修道院的绿色铁门正对着中心广场。铁门上方的神像有一行弧形的金字题词："欢乐吧，带来生命的十字架，这是不可战胜的笃信上帝的胜利。"

冬天快结束了，已经是大斋的最后一周——圣周。公路上的积雪慢慢变黑，这是开冻的征兆，不过房顶上仍旧很白，像一顶顶厚实的高帽子。

那些爬上沃斯德维任斯克钟楼去看敲钟人的孩子们朝下望去，只觉得下面的房舍像堆在一起的小匣子和小船。大小像芝麻粒似的人们朝房舍走去。其中有的人可以根据动作辨认出来。他们读着张贴在墙上的最高统治者发布的征召合乎近三年征兵年龄的人员入伍的告示。

三

那天夜里发生了许多想不到的事。天气暖得早，飘着毛毛细雨，没等落到地面，雨滴便像水汽一般在半空中消失了。然而这只是一种错觉。那暖烘烘的雨水哗哗地流着，足可把地面冲得干干净净。现在地面已经全黑了，光闪闪的，像出汗一样。

低矮的苹果树已经是满树的幼芽，伸到墙外，姿态十分动人。枝头的雨水，滴滴答答落在木板人行道上，那鼓点般的滴答声响遍全城。

拴在照相馆院子里的小狗多米克尖声吠叫着，一直要叫到天亮。加卢津家花园里的乌鸦也许是听到狗吠生气了，气得呱呱直叫，全城都能听得见。

在本城的下一头，有人把三车货物运到商人柳别兹诺夫家，他不肯收，说来人弄错了，因为他从未订购过这么一批货。车夫说天色太晚，要求在他家借宿一宵。商人和他们吵起来，把他们赶出门，怎么也不肯再把门打开。他们的互骂声全城也都能听见。

修道院里的六点多钟,也就是普通时间的午夜一时,沃斯德维任斯克修道院那沉重的大钟响起来,发出一阵安详、忧郁、悦耳的嗡嗡声,和忧郁的雨声融合在一起。那声波从钟身上飘出,就像被春水冲下的土块,离开河岸,沉在水中慢慢消融。

这是主显节的前夜。在蒙蒙细雨笼罩中,一盏盏微弱的灯光和被灯光照出的前额、鼻子、脸孔在移动着;这是进行斋戒祈祷的人们前往教堂做晨祷。

过了一刻钟,从修道院那边的人行道上传来脚步声,声音愈来愈近。这是老板娘加卢津娜。晨祷刚刚开始她就要回家。她戴着头巾,敞着大衣,走走停停,一会儿跑两步,一会儿停下来。她在闷热的教堂里觉得不大舒服,便出来透透气,可是现在她感到不好意思,后悔没做完晨祷,因为她已经有两年没参加斋戒祈祷了。然而她感到难过的还不是为这件事。白天她看到了到处张贴的征兵告示就觉得难过,因为她那可怜的傻孩子捷廖沙正符合征兵条件。虽然她一再要丢开这件心事,但黑暗中随处可见的那白纸告示总让她记着这件事。

她家就在拐角处,没有几步路,可她觉得在外面舒服些,不愿回到闷热的家里。

这些不快的念头真弄得她无法安宁。如果她把这些念头一一诉说一番,琢磨一番,那她到天亮也说不完,连合适的字眼都不够她用。虽然在街上这些烦恼一团团地向她袭来,但她只需要花上几分钟从修道院墙角到广场拐角走两三趟,就可以把这些烦恼统统赶跑。

复活节眼看就到了,然而家里连个人影也没有,都走了,只剩下她一个人。怎么，难道不是一个人？如不算养女克秀莎，当然只有她一个。再说，克秀莎是什么人？知人知面不知心啊！也许她是朋友，也说不定是暗中和你较量的敌人。她是丈夫的前妻留下来的，是丈夫弗拉苏什卡的养女，也许不是养女，而是私生女？也可能根本不是什么女儿，别有来历！谁能看透男人的心思？不过话又说回来，这个女孩子是没说的，聪明、标致，样样好。那个傻小子捷廖沙和他老子可没法和她比！

只剩下她一个人过复活节，别人都走了。

丈夫弗拉苏什卡沿公路去向新兵讲话，祝他们立战功。这个傻瓜，也应该为自己的亲儿子操操心，别叫他去送死呀。

儿子捷廖沙在家也待不住，在复活节前夕跑到库捷伊镇亲戚家散心玩耍去了，因为他被学校开除。他读过的几个年级，年年留级，到了八年级，学校没再发慈悲，便把他开除了。

啊，真叫人难受！啊，上帝！怎么搞成这个样子，简直没办法。干什么都不行，真不想再活啦！这是怎么搞的？是革命造成的？不，不是！是打仗。打仗把好样的男子汉都打死了，剩下的全是一些没用的废物。

在娘家，在当承包商的父亲家里，哪儿会是这样？父亲不喝酒，能写会算，家里不愁吃不愁穿，还有两个妹妹：波莉亚和奥莉亚。两人不仅名字好听，相处得也非常和睦，是一对美女。那些手艺高超、仪表堂堂的木匠师傅，常往他们家里跑。妹妹们忽然灵机一动——家里根本用不着——想织六彩羊毛围巾，于是就织起围巾来。没想到成了编织的巧手，在县里出了名。那时的一切——做礼拜、跳舞、风度、举止，都端庄得体，别看是普通人家，是小市民，是工农身份。那时的俄国也像个姑娘，有人真心诚意地爱慕她，有人真心诚意地保护她，和今天的一些人大不一样。现在哪里谈得上什么仪表，只剩下窝囊废律师和犹太人，天天说废话，说得连气都喘不过来。弗拉苏什卡和他那些酒友想用香槟酒和良好的祝愿唤回黄金般的旧日子。用这种办法能唤回失去的爱情吗？我看非要搬山移石，开地凿河才行。

四

加卢津娜已经不止一次走到克列斯托沃斯德维任斯克市场。从这里朝左拐就是她的家。但每次她都改变主意，转身又往回走，又钻进修道院旁偏僻的小胡同里。

市场像一大片旷野。从前每逢集市，这里到处是农民的大车。市场一边是叶洛宁街的尽头，另一边是拉成弯弯曲曲的弧形的一排房子，有平房，也有两层的小楼。这里是仓库、办公室、交易所、手工作坊。

在太平时期，勃柳哈诺夫坐在自家铁门旁的椅子上看小报。他经营的是皮革、焦油、车轮、辘具、燕麦和干草生意。这个勃柳哈诺夫粗野笨重，不好女色，穿着长襟燕尾服，戴着眼镜。

这里的小橱窗里摆放着几个纸盒，里面放着几对饰着缎带花束的结婚礼烛。纸盒大概放了好几年，上面落满了尘土。在橱窗后面那间没有家具没有货样（如果不算叠放着的几个蜡饼的话）的屋子里，却有不知住在何处的一位制造蜡烛的巨商委派的不知名代理人在洽谈大宗的乳香、蜡和蜡烛的交易。

加卢津家开的大铺子位于一排店铺的中央，有三开间的门面。店铺里的地板没有漆过，有些开裂。老板和伙计整天喝茶，他们就用喝过的茶叶擦洗地板。年轻的老板娘常常喜欢坐在柜台上收钱记账。她喜爱的颜色是淡紫和紫色，这是教堂里礼服的颜色，是含苞欲放的紫丁香花色，她最好的一件天鹅绒衫就是这个颜色；餐厅里的酒具也是这个颜色。这是幸福的颜色，是往事的颜色。她觉得已经逝去的革命前俄国处女时代的颜色也是浅紫丁香色。她之所以爱坐在柜台上管钱，是因为店中那洋溢着淀粉、糖和玻璃瓶中紫色黑醋栗焦糖的芳香的淡紫色暮霭，正是她十分喜欢的颜色。

木材仓库旁边的拐角上，有一座两层的木板老房子。四壁都已下沉，像破旧的马车车厢。房里有四套居室，两个门，一边一个。底层左面一套是扎尔金德药店，右面是公证人事务所。药店楼上住着女装老裁缝什穆列维奇和他的多口之家。裁缝家对过，也就是公证人楼上，住着好几个房客。他们的职业只要看大门口那些招牌就会明白。这里有钟表匠、鞋匠，还有茹克和什多罗达赫合开的照相馆和雕刻师傅卡明斯基。

由于人多拥挤，摄影师的两位年轻助手，一个是修版的谢尼亚·马基德松，一个是大学生勃拉热英，把院子里的柴棚布置成了工作室。现在他们还在里面工作，因为柴棚窗口正闪动着红灯。那条叫起来全叶洛宁街都听得见的多米克就拴在这扇窗子下面。

“那么多人挤在一起，”加卢津娜走过这幢阴沉的房子时思忖道，“简直是乱七八糟的乞丐窝。”不过她立刻意识到弗拉苏什卡不该如此仇视犹太人。他们没有什么了不起，影响不了俄国这个大国的前途。不过,你要是问什穆列维奇这个老头,局势为什么这么混乱,他会龇牙咧嘴地说:“都是犹太佬在捣乱。”

哎呀,她也老想这些干什么?难道问题在这里?糟就糟在城市。俄国靠的不是城市。过去大家眼红有学问的人,便去学城里人,可是又学不到,一个个都成了半吊子。

也许糟就糟在愚昧无知。有学问的人能看得远,能未卜先知,可我们要等到掉脑袋的时候才想起帽子,像摸黑走路一样。现在连有学问的人都未必觉得日子好过,他们因为挨饿都从城里逃出来了。是怎么回事?简直乱七八糟,谁也搞不清。

我们乡下人是否也这样呢?谢利特文家、舍拉布林家、帕姆菲尔·帕雷赫家和莫蒂赫家的涅斯托尔、潘克拉特兄弟俩怎么样呢?他们凡事自己作主,自己说了算。公路两边全是新房子,漂亮极了。家家都有十五六俄亩耕地,还养着马、羊、牛、猪,存粮足够吃三年。至于机器就更全了,连收割机都有。柯尔察克拍他们马屁,拉拢他们;政委们则拉他们参加林中游击队。那些得了乔治勋章的人,从前线一回来两边都争先恐后地拉他们去当教官,不管你有没有军衔。你只要懂行,到处吃香,不会无路可走。

不过,该回家了。一个女人在外头逛这么久不大像话。要是在自家园子里就无所谓了。可是园子里泥泞难行,脚踩下去就拔不出来。现在心里好像觉得好点了。

加卢津娜胡思乱想了好久,后来自己也不知道在想些什么。这时她走到了家门口。她进门之前在门口迟疑了一会,又想了许许多多的事情。

她想起了目前霍达茨科耶那头头们。她很熟悉这些人,像季维尔津、安季波夫、无政府主义者“黑旗”弗多维琴科这些从首都放逐出来的政治犯，还有本地的钳工戈尔热尼亚·别舍内。这些人都老谋深算。当年他们制造过不少混乱，现在一定又在策划什么阴谋。不搞这一套他们便无法过日子。他们开了一辈子机器，所以自己也和机器一样冷酷无情。他们在绒线衣外面穿一件短上衣，用骨烟嘴吸烟，一定要喝开水，因为怕染上什么疾病。这些人有自己的主张，先制造混乱，然后再来稳定局势。弗拉苏什卡根本不是他们的对手。

接着她又想起了自己。她知道自己是个出类拔萃的女人，风韵不减当年，又聪明，人也不坏，可是在这穷乡僻壤谁也不赞赏她这些特点，也许别的地方也一样。她忽然记起了流传在后乌拉尔一支歌唱傻女人先捷丘莉哈的淫秽小曲，不过能唱出口的只有开头两行：

> 先捷丘莉哈卖了大车，
> 用大车钱买了一把三弦……

下面便是淫词秽语。在克列斯托沃斯德维任斯克常有人唱，她总怀疑是针对她的。

她不禁伤心地长叹一声，走进了房子。

五

她没在前室停留，穿着大衣径直走进卧室。卧室的窗子正对着花园。现在正是夜间，窗里和窗外的许多影子重叠交错，下垂的窗帘仿佛是窗外秃树的模糊黑影。严冬即将逝去,春天行将降临。从地下冒出来的春暖的紫气温暖着花园中那轻柔的夜色。在室内这两个相似的因素也起着类似的相互作用,节日前的暗紫色暖气使不大干净的窗帘发出的闷热的灰尘仆仆的气息也变得多少清爽些了。

相框里身披圣衣的圣母高举着一双黝黑的手。每只手里好像各握着她的希腊文名字最前与最后的两个字母。金色木架上墨水瓶似的石榴石神灯,把它那繁星般的光辉洒在卧室的地毯上。

加卢津娜在脱大衣解头巾时很别扭地转了个身,腰里像被刺了一下似的,觉得肩胛骨下又痛起来。她惊叫了一声,喃喃自语起来:"法力无边,救苦救难,大慈大悲,童贞圣母。"说完便痛哭起来。等疼痛过去之后,她开始脱衣服。衣领和束腰后面的扣钩从她手里滑落,掉在柔软的衣服上,她摸了好半天。

养女克秀莎被她惊醒了,走进她的卧室。

"您怎么不点灯,妈妈,要我拿盏灯来吗?"

"不用了,看得见。"

"好妈妈奥莉加·尼洛芙娜,我来给您解衣服,何必受罪。"

"手指头不听使唤,真没办法。这个裁缝把扣钩钉到哪里去了,简直像个瞎眼母鸡。我恨不得把扣钩都扯下来扔到她那张丑脸上去。"

"教堂里的赞美诗唱得真好听呀,夜又静,这里都听得见。"

"唱得是好,可我,妈呀,一点不舒服。这疼那疼的,浑身疼,糟透了。简直没办法。"

“那位顺势疗法大夫斯蒂多勃斯基给您看过呀。”

“他那些办法都不行。这位大夫只配给牲口看病，叫人吃不消。再说他已经走了，走了，而且走的不只他一个。节前他们全都跑了。是不是他们觉得这儿要发生地震啦？”

“不是还有一位被俘的匈牙利医生吗？他给您治得不错呀。”

“你又在做梦了。我告诉你，谁也没留下，全溜走了。克列尼·莱奥什和几个匈牙利人都跑到分界线那边去了，他们硬把他弄进了红军。”

“这都是您神经过敏，心脏神经官能症。普通的土法催眠术在这一带治过多少疑难杂症。您还记得，有个士兵的老婆不是用念咒给您止痛的吗？后来一点不疼了。她叫什么名字来着？我忘了。”

“你简直把我看成一个无知无识的傻女人啦！你背着我恐怕还唱《先捷丘莉哈》来笑我呢！”

“瞧您说到哪里去啦！您不该这样说呀，妈妈。最好还是告诉我那个士兵的老婆叫什么名字吧。名字就在我嘴边。我非想起来不可。”

“她的名字比她的裙子还多。我不知道你说的是哪一个。又叫库巴莉哈，又叫麦德维季哈，又叫兹雷达莉哈。除此之外，还有十来个别的外号。她不在这一带了，也看不见她到处跑了，连影子也没了：因为给人打胎和卖药粉被关进克热姆监狱。后来她不愿再蹲下去，便越狱逃到了远东。我不是跟你说都跑了吗？弗拉苏什卡、捷廖沙跑了，你那好心肠的姨娘波莉亚也跑了。全城只剩下我和你两个傻心眼儿的女人了，这我可不是在开玩笑。哪里还有医生？万一出什么事，那就完啦，谁也喊不到。听说有一个莫斯科来的名医，是位教授，现在在尤梁津。他的父亲是西伯利亚一个自杀的商人。我正打算去请他，可是公路上有二十道红军哨卡，没法过去。不谈这些了。你去睡吧，我也想睡一会儿。那个大学生勃拉热英把你弄得晕头转向——你为什么不承认？反正你瞒不住我。瞧你脸红得像烧熟的虾。你那位可怜的大学生复活节夜里还在干活儿，给我印照片。他们自己不睡，也不让别人睡。那条小狗多米克叫得到处都听得见，我们家苹果树上的鬼乌鸦也呱呱直叫。我这一夜看来又睡不着了。你怎么，生气啦。脸皮怎么这样薄？大姑娘就是喜欢大学生嘛。”

六

“那狗为什么这样死命地叫？去看看是怎么回事。狗不会无缘无故乱叫。你等等，利多奇卡，先别急，不要作声，先把情况弄弄清楚。弄不好是有人来了。乌斯京，你别走；西沃勃柳伊，你待在这儿，用不着你们。”

中央代表利多奇卡没听见别人向他打招呼请他停一会儿，依然不顾疲倦，继续发表演讲，他说得很快：

“西伯利亚的资产阶级军人政权执行暴力政策，苛捐杂税，烧杀抢劫，无恶不作，这必然会使上当受骗的人认清真相。这个政权不仅与工人阶级为敌，实际上也与一切劳动农民为敌。西伯利亚同乌拉尔的劳动农民必须看到，他们只有同城市无产阶级和士兵结成联盟，同吉尔吉斯和布利亚特的贫农结成联盟……”

他终于听到别人要他暂停，于是他停下来，用手帕擦去脸上的汗，疲惫地垂下浮肿的眼皮，闭上了眼睛。

站在他旁边的人低声说：

“歇一会儿，喝点水吧。”

有人对心神不定的游击队的头领说：

“你紧张什么？一切正常。窗子上还有信号灯，还有哨兵，用句文雅的话说，哨兵能眼观六路，耳听八方。我看可以继续作报告。请接着讲吧，利多奇卡。”

柴棚里的木柴都搬开了，空出来的地方正举行秘密会议。一垛高到棚顶的木柴权充屏风，把这块空地同过道办公室和门口隔开。一旦发生意外，与会者可以进入地道。地道出口在修道院墙外的康斯坦丁诺夫死胡同后面的偏僻地方。

报告人戴着一顶细布棉帽，帽子把他的秃顶全盖住了。他面色苍白，一脸络腮胡子。他一紧张就出汗，这时已经是满头大汗。他迫不及待地凑到桌上一盏煤油灯上，把未抽完的烟头点着，便俯身去看散在桌上的讲稿，用他那双近视眼紧张迅速地扫视着那几张纸，好像在闻纸上的味道，又用单调呆板的声音继续说：

“这个城乡穷人的联盟只有通过苏维埃才能实现。现在西伯利亚的农民也会自觉或不自觉地追求西伯利亚工人阶级早已为之奋斗的目标。他们共同的目标是通过全民武装起义，推翻与人民为敌的哥萨克高级军官的独裁专制，建立农民、士兵苏维埃。在同武装到牙齿的资产阶级哥萨克雇佣官兵的斗争中，起义军必须正确地进行坚决持久的阵地战。”

他又停下来，擦去脸上的汗水，闭上了眼睛。有个人不顾会议规程，举手要求发言。

游击队的头领，说得准确些是后乌拉尔游击队克热姆联军司令，带着一种挑衅和满不在乎的神情坐在报告人面前，不时粗暴无礼地打断他的报告，毫无尊重的表示。令人难以置信的是这样年轻、几乎还是个毛孩子的军人，竟能指挥各路大军，而且部下都服从地、敬重他。他的手和脚都裹在大衣里，大衣的上半身和两只袖管搭在椅背上，露出里面的军服。军服肩上的准尉肩章不见了，只留下肩章的印子。

司令左右各站着一名一声不响的卫士，年龄与他不相上下，穿着已经有点发灰的羔皮镶边白羊皮短大衣。他们那俊秀的面容没有任何表情，只显示出他们盲目效忠首长，为了他准备赴汤蹈火，万死不辞。他们对这个会和会上所提到的问题与展开的辩论毫不感兴趣，不说话，也没有笑容。

除了卫士之外，会场上还有十到十五个人的光景。他们有的站着，有的靠着圆木墙坐在地上，把两腿伸直，或是蜷起腿拱起膝盖。

荣誉来宾席上放着椅子，坐在那里的是三四个参加过第一次革命的老工人，其中有变化很大、愁容满面的季维尔津和对他唯唯称是的朋友老安季波夫。他们被看作是神一样的人物，因为革命使他们赢得了人们的尊敬。所以他们默默地坐在那里，像几尊面容严峻的木偶。他们因为在政治上高人一等，所以丧失了常人的神态。

会场上还有几个人也很引人注意。其中一个是俄国无政府主义的中坚分子“黑旗”弗多维琴柯。他没有安静的时候，一会儿站起，一会儿坐下，一会儿走来走去，一会儿在室中央停下来。他身躯肥大，大头方嘴，一头狮鬣似的长发；他不是参加上一次俄土战争就是参加俄日战争的军官；他是一个幻想家，时刻沉湎于狂想之中。

由于他心地善良，身材高大，不怎么注意比较小的事物，所以不大留心周围的一切，常常发生误解，把对方的意见当作自己的意见，人家说什么他都赞成。

坐在他旁边的是他的朋友斯维里德，是一位林中猎人和捕捉野兽的能手。虽然斯维里德没种过地，但他身上那件敞开的黑呢短衫却散发着泥土的气息。他不时地把短衫上襟连同领口的小十字架攥成一团去擦胸口。他有一半是布利亚特人血统，为人真诚，但不识字；头发梳成细细的小辫子，胡子很稀，髭须也只有稀稀拉拉的几根。这种蒙古人的气派使他那眼角嘴角总挂着同情的微笑的脸更显得苍老。

报告人是来巡视整个西伯利亚并传达中央军事委员会指示的，他还有许多地方要去，所以关心的问题也很多，因此他对于大多数与会者并不关心。但他是一位革命家，从小热爱人民，因此他热情地注视着他面前的司令官。他不仅原谅了这个小伙子的粗鲁举止，因为他觉得这是潜在的革命气质的表现，而且很欣赏这位司令官放肆的言谈，就好像一个热恋中的女人有时会很喜欢她情人的蛮横和粗暴一样。

游击队的头领是米库利增的儿子利维里，作报告的中央代表从前是劳动合作主义者，后又拥护社会革命党，名叫科斯托耶德-阿穆尔斯基。最近他改变了他的观点，承认了他的立场错误，发表长篇声明作了检讨，此后他不仅被接纳入党，而且入党后不久便担任了这一重要职务。

他虽不是军人，但却受命担当这一重任，这说明中央领导尊重他的革命资历以及他在监狱中的表现，同时还考虑到由于他过去是一个劳动合作主义者，他必然十分了解到处暴动的西伯利亚西部农民群众的民心。他熟悉这方面的问题，这比懂军事更为重要。

政治信仰的改变使科斯托耶德变得判若两人。他的外貌、举止、态度全变了，谁也想不到他以前竟是个秃顶大胡子。然而这也可能是一种伪装吧？党严令他保密。他的化名是别连杰伊和利多奇卡同志。

当弗多维琴柯不合时宜地表示赞同中央的几点指示时，会场上曾一度议论纷纷。等安静下来之后，科斯托耶德接着说：

“为了彻底了解日益发展的农民群众运动，必须立即同省委所在地区内的所有游击队建立联系。”

接着科斯托耶德谈了建立接头地点、暗号、密码和联络方式问题。之后，他又谈起有关细节。

“必须将白军机关和组织的军火、被服、粮食仓库所在地以及大宗钱款储存地和储存办法通报各游击队。必须详尽研究游击队内部组织、领导人、协同作战的纪律、秘密工作、游击队同外界联系、对当地居民的态度、战地革命军事法庭、在敌占内的破坏活动，如毁坏桥梁、铁路、轮船、驳船、车站、工厂，包括设备、电报、矿山、食品等的策略问题。”

利维里忍了好久，后来再也忍不住了。他觉得这都是一知半解的胡言乱语，无济于事。他说：

“讲得好极了。我都记在心里了。看来这一切都必须接受，不得啰唆，才能得到红军的支持。”

“当然如此。”

“我的好利多奇卡，我的部队包括炮兵和骑兵在内一共有三个团，早就出发去狠揍敌人了，我怎么执行你这些乱七八糟的玩意儿？”

“好极了！多带劲！”科斯托耶德想。

季维尔津打断了他们的争论。利维里这种大不敬的语气，他听着很不顺耳。便说：

“请原谅，报告人同志。我的话不一定对。也许我把一项指示记错了，我来读一下，看看对不对：‘最好能将革命时期上过前线并参加过士兵组织的老战士吸收到委员会中来。委员中最好能有一两名士官与一位军事技术人员。’科斯托耶德同志，我记得对吗？”

“一字不差，完全正确。”

“既然如此，请允许我说几句。我对于有关军事专家的这一条不大放心。我们这些参加过一九〇五年革命的工人不大信任这些旧军人。他们之中往往混有反革命分子。”

周围有人喊：

“够了！作决议吧！该散会了。太晚啦！”

“我同意多数同志的意见。”弗多维琴柯用雷鸣似的嗓门儿喊道，“要说得富有诗意一些。非军事机关的指示应该从下面来，采取民主的办法,正像扦插生根的压枝法一样。不能像钉篱笆那样从上面往下敲。雅各宾党专政的错误就在于此,正因为如此,国民会议才被热月派政变分子搞垮。”

“这再清楚不过了,”斯维里德支持这个流浪时的朋友,“这个道理连小孩都懂。早就该想到这点,现在晚了。现在我们要作战,不顾一切,拼命向前。我们要是变了卦,说话不算数,那怎么行? 自己做的汤自己喝。既然下了水,那就别喊叫,反正没别的路了。”

“作决议! 作决议!”全场一致要求。又讨论了一会儿,不过愈来愈乱了,有的谈东,有的扯西,到天亮时才散会。大家怕出事,一个一个分散走回家。

七

公路上有个景色秀丽的地方。陡峭的山坡上有两个村庄,一个是库捷伊村,位于山坡上,另一个是在它下面的风景如画的小叶尔莫莱村,中间隔着一条水流湍急的小河帕任卡河。库捷伊村正在欢送入伍的新兵,小叶尔莫莱村征兵委员会在什特列泽上校指挥下恢复了征兵工作——因为过复活节,这个村以及附近几个乡的征兵工作停顿下来。因为征兵,村里还驻扎了一队骑兵和哥萨克士兵。

今年的复活节来得特别迟,春天来得特别早。这已是复活节和早春的第三天,风和日丽。库捷伊村的街上露天放着摆满酒食的桌子,招待整装待发的新兵。那桌子一张接一张排在公路边上，为了不妨碍交通，并不排成一条直线，倒像是一根弯弯曲曲的羊肠；白桌布一直拖到地上。

这酒宴是村民们联合举行的。主要是过复活节时多下来的东西，有两只熏腿、一些大圆柱面包、两三块奶渣甜糕。桌上还有一盘盘渍蘑菇、渍黄瓜、渍白菜，一盘盘切成大块的面包，一碟碟堆得高高的鸡蛋，大多数染成粉红色或天蓝色。

剥下来的里面白、外面有红有蓝的蛋壳撒满了桌旁的草地。小伙子们外衣下露出来的衬衫是天蓝色或粉红色的，姑娘们的衣服也是天蓝色或粉红色的。天空是蓝色，云是粉红色，云在天上整齐而缓慢地飘动着，仿佛天也随着云一起飘动。

加卢津穿着粉红色衬衫，扎一条七彩腰带，嗒嗒地小跑着，左右摆动着双腿，从帕弗努特金家的台阶上——帕弗努特金家就在摆酒宴的山坡上——跑下来。他跑到酒宴桌旁，说道：

"小伙子们，我没有香槟，仅用这杯土烧酒为你们干杯。祝你们长寿！新兵先生们！我还想祝你们万事如意。请注意，你们面前有一条很长的神圣的道路，这就是要用胸膛去捍卫祖国，抗击那些让我们骨肉兄弟互相残杀的暴徒。老百姓盼望以不流血的方式寻求革命的成果，但布尔什维克党是外国资本家的走狗。老百姓一心拥护的立宪会议被强迫解散，血流成河。即将开拔的青年们！更高地举起被玷污的俄国士兵的荣誉大旗吧。我们对不起我们的真诚盟友。当我们眼看着德国和奥地利仿效红军到处横行，趾高气扬的时候，我们感到是蒙受了耻辱。小伙子们，上帝与我们同在……"加卢津还没讲完，"乌拉"声以及要把加卢津抬起往上抛的喊叫声已将他的声音淹没了。他端起酒杯，送到唇边,慢慢呷着杯中的劣酒。那酒淡而无味。他是喝惯精制葡萄美酒的。但当他意识到他这是为公共利益作出牺牲时,他感到非常满意。

“你父亲真了不起,讲得真带劲!杜马议会来的那个米柳科夫可差远了,真的。”在四周嘈杂的醉语声中,戈什卡·里亚贝赫醉醺醺地对坐在旁边的捷廖沙夸奖他爸爸说。“真带劲儿。不过看样子他也不是白费劲。他是想靠舌头来张罗,使你免征入伍。”

“哎,戈什卡,你怎么好意思这样说。还胡说什么‘张罗’。我和你要在同一天收到入伍通知——他张罗的就是这个。我们会到同一支部队。这些浑蛋弄得我连学也不能上。我娘难过死了。弄不好,连个志愿兵都算不上,只能当个普通兵。我爸爸的确会说冠冕堂皇的话,是个专家。这套本事从哪里来的?那是天生的,他没受过正规的教育。”

“你听说过桑卡·帕弗努特金的事吗?”

“听说过。他的病真那么厉害?”

“他害的是梅毒,一辈子也治不好。这要怪他自己。人家都不叫他去。他跟那些人混,可不是闹着玩的。”

“那他现在怎么办?”

“惨透了。他想自杀。现在在叶尔莫莱村进行体检,可能会要他。他说他要去投奔游击队,打击社会上的病态现象。”

“你听听,戈什卡,你说这是传染病,如果他不找她们,那么别人也会得病。”

“我知道你讲什么,你准也干这种事。这不是病,是见不得人的勾当。”

“戈什卡,你竟说这种话,当心我揍你。不许你欺负朋友,你这不要脸的造谣大王。”

“别动气,我不过开开玩笑。我有件事想告诉你。我到帕任斯克去过复活节。有一个外地来的人在那里发表演讲,题目是‘个性解放’。讲得很好,我很喜欢听。他妈的,我也去当个无政府主义者好啦。他说,我们的内心是强大的,性和性格,乃是动物电苏醒的表现。怎么样?他真是个天才。我醉了,周围这些人不知喊叫什么,一点都听不见。我吃不消了,捷廖沙,别说话了。我叫你闭嘴,你这个浑蛋、饭桶。”

“戈什卡,我只问你一件事。有些字眼我还弄不懂。什么叫‘怠工者’?这是什么意思?什么时候用得上?”

“这方面我可当教授,不过我不是已经叫你别再和我说话了吗,我喝醉了。‘怠工者’是指那些拉成一帮的人。如果说你是‘同伙’,那你和他就是一伙。明白了吗,笨蛋?”

“我还以为这是骂人的话呢。你说的什么电力,说得很对。我看到一张广告,本想从彼得堡邮购一条电腰带,好提高活动能力,没想到局势变化,现在顾不上腰带了。”

捷廖沙的话还没说完,不远的地方就传来了一阵雷鸣般的爆炸声,把周围醉汉的喊叫声压了下去,酒宴席上的喧闹声一下子停止了。过了一会儿,人们叫嚷得更凶更乱了。有些人从座位上跳起来,他们有的还站得稳,有的已经东倒西歪。另外有些人摇摇晃晃想走开,但他们站不稳,跌倒在桌下,立时鼾声大作。女人们发出尖叫声,全场一片混乱。

加卢津环顾左右,寻找祸首。起先他以为是库捷伊村里离宴

席桌不远的地方发出爆炸声。他脖子上青筋直冒,脸色发紫。高声叫道:

“哪里来的奸细,混到我们队伍里来了?哪个宝贝在玩手榴弹?不管他是谁,哪怕是我的儿子,我也把这个浑蛋掐死!公民们,我们无法容忍这样的玩笑!给我搜,把库捷伊村包围起来!把这个奸细抓出来!别让这个狗崽子溜掉!”

起先人们还听他说话,后来人们的注意力被小叶尔莫莱村公所那缓缓上升的黑色烟柱所吸引,都朝悬崖方向跑去,看看出了什么事。

小叶尔莫莱村公所火光熊熊,里面跑出来几个没穿外衣的新兵,其中有一个还光脚赤背,提着裤子,还有什特列泽上校和另外几名进行征兵审查的军官。哥萨克和民兵们策马扬鞭,在村子里像蛇一样来回奔驰。他们在搜捕什么人。好多人顺着公路往库捷伊村奔去,这时小叶尔莫莱的钟楼上传来了紧张的警报声。

事态发展极为迅速。黄昏时分,什特列泽率领哥萨克上邻村库捷伊继续搜捕。他们把全村包围起来之后,便开始逐户搜查。

这时,有半数的新兵已经烂醉如泥。他们有的伏在桌上,有的躺在地上。当人们知道骑兵进了村,天已经黑下来。

有几个新兵得知骑兵到来,便拔脚顺着村后的小路溜走。他们推推撞撞,从围栅下面钻了进去。这是一户人家的窖房。黑暗中也看不清是谁家,但根据鱼腥味和火油味来判断,这是村里小商店的仓库。

这几个躲起来的新兵什么坏事都没干过,他们躲躲藏藏实在犯不着。多数人是一时情急,酒喝多了,脑子糊里糊涂。有的人觉得他们有些朋友行为不端，怕受到牵连，因为现在什么事都会扯到政治上去。调皮捣蛋和流氓行为在苏维埃地区被看作是黑帮的反抗破坏，而在白军地区则被看作是布尔什维克的活动。

谁知有些人已经抢在他们前面。仓库地面和地板之间的空隙里藏着好多人，有些是库捷伊和小叶尔莫莱两个村的。库捷伊村的已经醉得不省人事，有几个人鼾声之外还夹着呼哧声，并且还咬着牙，发出低低的号叫声；有的恶心呕吐。仓库里漆黑一团，又闷又臭。后来的人把他们钻进来的那个缝用泥土石块堵起来，免得被人发现。很快鼾声与呼哧声完全停了，仓库内一片沉静，全都一声不响地睡着了。只在一个角落里响起悄悄的耳语声。这是吓得半死的捷廖沙和小叶尔莫莱村好打架的科斯卡·涅赫瓦列内赫这两个特别爱说话的人在交谈。

“轻点，狗崽子，你会把大家都给毁掉，黄毛鬼。你听见没有，什特列泽的人正在搜，到处跑。他们已到了村口，现在正转身往回走，挨门挨户地搜，马上就要到这里了。他们来了！别喘气！别作声！不然我掐死你！好啦，算你走运，他们走过去了，走远了。你怎么到这里来的？瞧你这个笨蛋也来躲！谁能动你一根汗毛？”

“我听见戈什卡在叫：快跑，笨蛋，我就钻进来了。”

“戈什卡另当别论，他们一家都受到怀疑，都有问题。他们有亲戚住在霍达茨科耶，是当技师的，也算工人吧。别动呀，你这个傻蛋，老老实实躺着。你两边又是人又是呕吐的脏东西，你一动便弄一身，我也会叫你弄脏。你闻不到这臭味？什特列泽为什么要在村子里兜来兜去？他是要抓帕任斯克来的人。”

“科斯卡,这是怎么回事?怎么搞的?”

“这都是桑卡·帕弗努特金惹起的。我们赤着膊排队检查身体。轮到桑卡了。他不肯脱衣服,因为他喝了酒,有点迷迷糊糊。文书跟他说,请脱下衣服。很客气,称桑卡‘您’。这是部队里的文书啊。可是桑卡对他粗声粗气:我就是不脱,我不愿脱光身子让大家参观。好像他是不好意思。但他一转身,对着文书的下巴就是一拳。接着,你猜怎么着,还没等你眨眼,他便弯下腰,抓住办公桌的一条腿把桌子掀翻了,上面的东西连同墨水瓶、名册统统掉在地上!什特列泽从村公所门口走出来,说:‘我绝不姑息这种无法无天的行为。我要让你们见识见识这不流血的革命和公然藐视法律的勾当。谁带的头?’桑卡走到窗口,喊道:‘不得了啦,拿起你们的衣服跑吧,我们要完蛋了,弟兄们!’我跑去拿衣服,边跑边穿,朝桑卡跑去。桑卡一拳砸破窗子,跳到外面,一下子便无影无踪了。我跟着他跑,还有另外几个人。我们拼命跑,他们就在后面追。你要是问我,这是怎么搞的,谁也说不清。”

“那炸弹呢?”

“什么炸弹?”

“那是谁丢的炸弹?要不是炸弹,也许是手榴弹?”

“天啊,难道还会是我们丢的?”

“那是谁?”

“我怎么知道?准是别人干的。可能这个人看到当时很混乱,就动脑筋:我来个浑水摸鱼,把村公所炸掉,他们准不会怀疑我。这个人一定是个政治犯。那地方到处都是政治犯和帕任斯克来的人。轻点,别作声。有人说话,你听到吗?什特列泽的人又回来,我们完蛋啦。别出声!我的话你听见没有?”

谈话声愈来愈近,皮靴吱扭作响,马刺也发出碰撞的声音。

“不要辩。谁也糊弄不了我,我不是那种容易上当的人。这地方肯定有人在说话。”上校官气十足地说。他的彼得堡口音愈来愈清楚。

“大人,您也许听错了。”小叶尔莫莱村的村长对他说。村长是个老渔夫,叫奥特维亚日斯京。“村里有说话声,这有什么奇怪的,又不是坟地。可能有人说话。房子里住的又不是哑巴动物。也许是灶神在睡梦中压人的胸口呢!”

“好吧!我让你们见识见识什么叫装疯卖傻,一副可怜相吧!什么灶神!你们太放肆啦!你们想闹到世界革命,才会死心,不过,到那时候就晚了。还说什么灶神!”

“可不能这样说呀,大人,上校先生!怎么会讲到世界革命!我们乡下人无知无识,大字识不了几个,连圣礼书都背得乱七八糟,懂什么革命。”

“反正在弄不到真凭实据前你们是不肯认账的。把这小店从里到外给我搜一下,来个翻箱倒柜,柜台下也要查,左右的房子都给我搜。”

“是,大人。”

“要抓住帕弗努特金、里亚贝赫、涅赫瓦列内赫,死活不论。就是他们掉到海底,也要抓到手。还有那个叫加卢津的家伙,不管他爹发表什么爱国演讲,怎么搪塞推托,我们都不能马虎大意。如果一个店老板会演讲,那就说明事情不妙,令人怀疑,因为这是反常的事。据我得到的密报，在克列斯托沃斯德维任斯克他们家里窝藏政治犯，举行秘密会议。要把那个小崽子抓住。我还没决定怎么处置他，不过要是发现什么问题，我一定会绞死他，以儆效尤。”

搜查的人朝前走去。等他们走远了，科斯卡·涅赫瓦列内赫问吓得半死的捷廖沙·加卢津说：

“听见没有？”

“听见了。”捷廖沙说话的声音都变了。

“现在我和你，还有桑卡、戈什卡只有投奔森林这一条路了。我不是说一去就不回来，让他们消消火气再说。等到他们知道自己弄错了的时候再看情况，也许咱们再回来。”

第十一章　林中战士

一

日瓦戈被游击队虏来已经一年多了。他受限制的界限很难划清楚。他被监禁的地方没有围墙，没人看守，也没人监视。游击队不断转移，日瓦戈也跟着转移。这支队伍在经过的各个村庄里，并不脱离民众，而是和民众打成一片，融合在他们之中。

看起来，那种不自由的俘虏生活似乎不存在，日瓦戈很自由，只是他不会利用这种自由而已。他的不自由的俘虏生活同他的实际上的不自由没什么区别，因为这都是看不见摸不着的，似乎也都是不存在的，似乎都是臆想出来的幻觉。尽管他没戴手铐脚镣，没有人监视，他还是不得不屈从于这种看起来仿佛是臆想出来的不自由。

他有三次企图逃离游击队，但都被抓回来。他没有因此受到惩处，但他知道这是玩火，所以他也不再逃了。

游击队司令利维里·米库利增很器重他，让他睡在自己的帐篷里，喜欢跟他在一起，但日瓦戈把这种亲热看作是一种负担。

二

这时，游击队几乎不断向东移动。有时，这种行动是将柯尔察克驱逐出西伯利亚西部的总攻计划中的一部分，有时碰到白军包抄游击队时，游击队的向东移动就成了撤退。日瓦戈好久都无法理解这个奥秘。

沿公路有许多村镇，游击队往往与公路平行前进，有时也走公路。这些村镇随着战局变化，常常易手，有时属于白军，有时属于红军，很难从村镇的外表判断是在谁手里。

当这支农民武装穿过这些村镇时，这支逶迤而过的队伍便成了这些村镇里压倒一切的庞然大物。公路两旁的房舍似乎都被压到地面下去了，踩着泥水前进的骑兵、马匹、大炮和挤在一起背着背包的大个子步兵走在大路上，仿佛比房子还高。

有一天，在这样的一个小镇上，日瓦戈奉命去接收游击队缴获的一批英国药品，这是卡贝尔军官队溃逃时丢下的。

这一天天色漆黑，下着雨，看过去只有两种颜色：有光的地方是白色，没光的地方是黑色。他的心绪也是这样晦暗凄凉，没有一丝光亮欢愉。

由于军事行动频繁，道路已被彻底破坏。现在路面上是一片黑色泥浆，有的地方连蹚也蹚不过去。街道上也只有几个地方可以穿过，但可以过的地方相距很远，而且要绕一个大圈子。日瓦戈就是在这种情况下在帕任斯克遇到了同一火车来的旅伴佩拉盖娅·佳古诺娃。

她首先认出了日瓦戈，他却一下子还不敢断定这位面熟的女人是谁。她站在街对面，就仿佛是站在河对岸似的，她望着他，那目光有两种意思：如果日瓦戈愿意认她，就和他打招呼，否则，她就转身离去。

过了一会儿，他完全想起来了。他想起了挤得满满的车厢，被押去劳动的人群和押送他们的士兵以及把辫子甩到胸口的女乘客；出现在这幅画面中心的是他自己一家人。前年乘车的详情细节在他脑海里一一涌现，他朝思暮想的亲人的面容出现在他的眼前。

日瓦戈朝她点头，示意她再朝上头走几步，那边的泥浆中垫着两块砖头，接着他也走过去，穿过大街朝佳古诺娃走去，向她问好。

佳古诺娃讲了好多事情。她提到了同车厢被非法列入强迫劳动者行列中的那个俊秀天真的男孩子瓦夏。她向日瓦戈讲了她住在维列坚尼基村瓦夏家的前后经过。她住在瓦夏家感到十分愉快，但使她难受的是村里人把她视为外人，并且还诬蔑她同瓦夏有私情。她只得离开，否则真会被那些人啄死。于是她到克列斯托沃斯德维任斯克找她姐姐奥莉加·加卢津娜。后来听到传闻，说有人在帕任斯克见到过普里图利耶夫，她便又来到帕任斯克。来到之后，才知道传闻不确，但她找到了工作，便在这里住了下来。

这时，她的几个好友至亲却遭了大难。维列坚尼基传来消息，说这个村因为抗拒余粮征集制而遭镇压。瓦夏家的房子被烧毁，有一个人丧生。克列斯托沃斯德维任斯克的加卢津家的房子与财产被没收，姐夫不是被关起来就是被枪决了，外甥失踪，音讯全无。姐姐奥莉加一贫如洗，衣食无着，现在在兹沃纳尔镇一个亲戚家做工糊口。

说来也巧，佳古诺娃在帕任斯克一家药房当清洗工，而这家药房的药品正是日瓦戈要去接收的。这一来，所有靠药房为生的人，包括佳古诺娃在内，都会失去生计。但日瓦戈无权改变这一决定，佳古诺娃亲眼看着药品被运走。

日瓦戈的大车来到药房后面的药品仓库门口。成包成箱和一瓶瓶装在柳条筐中的药品装上了车。

拴在药房马栏中那匹瘦骨嶙峋、浑身疥疮的马和人们一起悲伤地望着药被运走。天色已近黄昏，天空有的地方已经洁净无云，乌云后的太阳偶尔露一露面。夕阳在西坠之前还把那古铜色的余晖洒入院中，给马栏地上的脏水涂上一层不祥的金光。风吹在水上不起波纹：脏水太稠了。然而公路上的雨水却被风吹起一道道涟漪，泛着粼粼红光。这支运药的队伍顺着路边走着，绕着一个个深水洼和沟坎。这批药品中有一罐可卡因，最近游击队司令吸这种玩意儿吸上了瘾。

三

日瓦戈在游击队里忙得不可开交。冬天是斑疹伤寒，夏天是赤痢，除此之外由于战事又起，伤员的数目不断增加。

游击队虽然屡屡失利，不断败退，但由于在这些农民杂牌队伍经过的地方，常常有人起义，而且敌军营垒中有人倒戈，所以不断得到补充。日瓦戈来游击队这一年半以来，游击队的人数相当于他刚来时的十倍。上一次在克列斯托沃斯德维任斯克的秘密会议上，利维里·米库利增谈到他的实力时夸大了十倍，现在果真达到了这个规模。

日瓦戈有了助手，还新来了几个相当有经验的卫生兵。协助他治疗的两个主要助手，一个是匈牙利共产党员、被俘的奥军军医克列尼·莱奥什，在俘虏营里被称为拉尤希[①]同志；另一个是医士，霍尔瓦特人，名叫安格利亚尔，也是奥军战俘。日瓦戈同前者讲德语，后者因为出生在斯拉夫巴尔干，多少懂点俄语。

四

根据国际红十字会协定，军中医务人员不得武装参加战斗。但有一次日瓦戈被迫违反了这一规定。双方交火时他正在战场，所以他不得不同战斗人员一样开枪自卫。

当时，游击队正据守在森林边缘。战斗开始时，日瓦戈立即卧倒在电话员身旁。他们背后是大草原，前方是一片开阔地，白军正在这片没有掩护体的光秃地上向前推进。

白军慢慢靠近。日瓦戈已经可以看到他们每一张脸。这都是首都一般平民百姓家的青少年，上年纪的则是从预备役中征召来的。但领头的是一年级大学生和八年级中学生这样一批青年，他们都是不久前志愿入伍的。

---

①“拉尤希”的意思是“狗叫”，发音和“莱奥什”相近。

日瓦戈一点也不认识他们，然而大多数人他都感到面熟、相识，有的像他儿时的同学，也许这是他们的兄弟？另外一些人似乎在剧院或大街上见过。他们那富有表情、招人喜欢的面容使他感到亲切，仿佛是自家人。

他们认为他们应当恪尽职守，这个想法给他们增添了多余的勇气。他们慷慨激昂，摆出挑战的架势，排成稀疏的散兵线，挺起胸膛前进。那气派连正规的近卫军都自叹不如。他们不顾任何危险，既不跑，也不卧倒，也不利用可以做掩护的土丘、高坎等地形，最后几乎都一个个倒在游击队的子弹下。

在这光秃的荒野中央，有一棵烧焦的死树，可能遭到了雷击或被篝火烧死，也可能是在前几次的交战中被炮火焚毁的。每个向前进的士兵都朝它看一眼，想以它作掩护进行射击，但终于都丢开这个掩蔽物，继续前进。

游击队的弹药有限，不能滥用，因此必须在目标明确而且在近距离之内方得开枪。这一命令由战士相互监督执行。

日瓦戈没有武器，他只好躺在地上观战。他的同情全部在那些英勇死去的孩子们一方，衷心希望他们获胜。这些孩子都来自在精神、教育、道德面貌和观念上都同他十分相近的家庭。

他头脑里闪现出一个念头：跑到前面去，向他们投降，这样就可以脱身。但这样做太危险，有性命之虞。

如果他举起双手朝前跑，那不等他跑到战地中央，就会遭前后夹击，被双方打死：游击队打死他是因为他背叛，白军打死他是因为弄不清他的意图。他已不止一次碰到过类似的场合，曾反复考虑过每种可能，最后他承认这种逃跑计划是不可行的。日瓦戈怀着这种矛盾心情,空着手继续趴在地上,面对荒野观战。

然而,在这你死我活的激烈战斗中,袖手旁观是不可想象的,也是办不到的。这并不是他要忠于俘虏他的一方,也不是要保性命,而是要遵循眼下正在进行的事件的法则,在他前后左右所发生的事件的常轨上活动,袖手旁观则越出常轨。一定要同其他人一样干。战斗在进行,对方正朝他和同伴们开枪,他应该还击。

当他旁边的电话员抽搐一阵之后死去时,他爬到电话员身边,解下他身上的子弹袋,拿起他的枪,回到原来的地方,一枪一枪地放起来。

但是怜悯之心不允许他朝他所同情、喜爱的青年们射击,可是朝天空胡乱开枪实在太蠢、太无聊,他也不愿意这样干。他看到在他和枯树之间没有人,便朝枯树开起枪来。这是他自己想出来的办法。

他慢慢瞄准,轻轻地扣动扳机,但又不把扳机扣到底,仿佛不打算开枪似的,后来又好像完全出乎意外似的扣动了扳机,响起了枪声。日瓦戈又一次准确地把树下方的枯枝打得纷纷落在死树周围。

啊呀,糟糕!日瓦戈尽管一再当心,怕打中人,但依然不断有人闯入他和射击的目标之间,碰上他的子弹。他先后击伤了两个,还有一个时运也不济,在离村不远的地方倒下了,看来已经不行了。

最后,白军指挥官看出进攻是徒劳的,便下令后撤。

游击队人数不多。他们的主力有一部分在行军途中,另一部分只顾和更强大的对手周旋。因此,他们并没有追击敌人,免得暴露自己人单势孤的弱点。

医士安格利亚尔带了两个卫生兵抬了一副担架来到前沿，日瓦戈指挥他们救护伤员，自己走到毫不动弹的电话员身旁，希望他还有口气，把他救活。但电话员已经死了。日瓦戈不肯罢手，又解开他的衬衫听他的心脏——心脏已经停止跳动。

死者颈上挂着一个护身香囊，日瓦戈把它摘下来。香囊里是一张缝在布套里的纸，纸的四边都卷起来了，皱得不成样子。日瓦戈把大半已成了碎片的这张纸摊开。

纸上抄的是《诗篇》第九十一篇的要点，不过由于人们反复传诵，与原文已相去甚远。原文是教堂斯拉夫文，抄在纸上的几段是用俄文写的。

原文是："住在至高者隐秘处的"，已成了符咒文的标题："速救法"。诗篇原文"必不怕……白日飞的箭"，变成了一句鼓舞士气的话"勿怕飞战中的箭"。"因为他知道我的名"变成了"以后知道我的名"。"在急难中，我要与他同在，我要搭救他……"变成了"很快就让他去过冬"。

这篇文字被当作具有防弹护身奇效的护身符。早在上次帝国主义战争中士兵便佩戴它。过了若干年后的今天以及后来，被捕的人还把它缝在衣服上，当他们在夜间被带去受审时，便反复诵念。

日瓦戈离开电话员，走到被他击毙的年轻白军士兵身旁。士兵俊秀的脸上现出一副纯洁宽厚的痛苦表情。日瓦戈心里想道："我为什么打死他呀？"

日瓦戈解开士兵的大衣，掀开下摆。衬里上工整地绣着死者的姓名:谢廖扎·兰采维奇。看样子,这是他母亲那双勤劳而温柔的手绣上去的。

从谢廖扎衬衫肩部滑出一条挂在项链上的十字架,一块颈饰片和一个扁平的金匣子——很像一个扁烟盒——,盖子上有个凹印子,好像被铁钉钉过一样。匣子半开着,里面掉出一张折得四四方方的纸。日瓦戈把纸摊开——他简直不相信自己的眼睛:那又是《诗篇》第九十一篇的文字,不过是斯拉夫文。

这时谢廖扎忽然呻吟起来,伸了一个腰:他还活着。后来才弄明白他的头部受了轻度震荡。子弹打在她妈妈给他的小匣子上,这才没要他的命。但他现在昏迷不醒。怎样处置他?

这时,交战双方的残暴已达到顶峰:俘虏不会活着送到指定地点,敌方伤员就地刺死。

林中部队的成员很不稳定,不断有新人参加,也不断有老成员投奔敌方。如果能严守秘密,可以让谢廖扎冒充刚刚投奔来的新成员。

日瓦戈把自己的意思如实地告诉安格利亚尔,在安格利亚尔的帮助下,脱下已死的电话员身上的外衣给这个尚未恢复知觉的少年穿上。

日瓦戈与安格利亚尔两人照料着他。等他完全恢复了健康,便把他放走了,但他对两位恩人表示,他将重返柯尔察克部队,继续与红军作战。

五

秋天，游击队营地设在“狐狸湾”。这里是一片小树林，位于一座高冈上。下面有一条水流湍急、浪花翻腾的小河从三面绕着高冈蜿蜒而过。

在此之前，卡贝尔军官团曾在这里过冬。他们在附近居民的协助下，在树林四周修筑防御工事，开春后他们离去，工事完好地保留下来。现在由游击队使用。

利维里·米库利增和日瓦戈住在一个土窑里。现在已是第二夜了，他又同日瓦戈谈起来，弄得日瓦戈无法睡觉。

“我真想知道我那最可尊敬的父亲，我敬爱的father——我的爸爸这时在忙什么。”

“天啊，这个小丑的腔调我实在受不了，”日瓦戈暗暗叹了口气，“和他老子没两样！”

“从我们前两次的谈话中，我得出一个结论：您对我父亲相当熟悉，我还感到您对他的印象很不错。对不对，亲爱的先生？”

“利维里·阿维尔基耶维奇，明天我们要在山头上开个预选会，另外马上还要审问两个私自酿酒的卫生兵，我和莱奥什要准备的材料还没弄好，明天我还要和他一起商量。我已经两夜没睡了。以后再谈吧，请照顾照顾。”

“别急，”他还是要谈谈他的父亲，“您对老头子有什么看法？”

“您父亲还很年轻，利维里·阿维尔基耶维奇，您为什么说他是老头子？现在我来回答您的问题。我经常对你说，我弄不清这社会主义的琼浆分几等，所以也看不出布尔什维克同其他的社会主义者有什么显著的区别。您父亲也是近几年造成俄国动乱不宁的人物之一，他是革命的典型人物，有着革命的性格。他和您一样是俄国社会不安因素的一个代表人物。”

“您这是褒还是贬？”

“我再次请求您另外找时间讨论这个问题。同时我还提请您注意：您又毫无节制地吸起可卡因来了。您擅自取用由我掌管的药物。可卡因有别的用处，再说，这是毒药，我应该对您的健康负责。”

“您昨天又没参加学习，您患的是社会机能衰退症，跟那些不识字的老娘儿们和那些不可救药的小市民们一样。可是，您是个医生，博学多才，而且好像还能写作。您倒说说看，这怎么相称？”

“不知道。也许很不相称，一点办法也没有。我是太可怜了。”

“表面谦虚，骨子里骄傲。干吗要用这种讥笑的口气讲话，您最好还是了解一下我们的学习大纲，那您就会觉得这样骄傲是不对的了。”

“哎呀，利维里·阿维尔基耶维奇！哪里是什么骄傲！我佩服您的教育工作。简报上每天都有问题分析，我是一直读的。我非常熟悉您关于士兵精神面貌的说法，读过之后我感到振奋。您所谈的人民军队的战士对待同志、弱者、孤立无援者、妇女的态度，对纯洁和荣誉的看法，几乎全都是金玉良言，这是托尔斯泰的一种学说，是生活的理想，这都是我少年时代向往的。我怎么会讥笑这些东西？但是，十月革命以来所提出的普遍改进的思想，并未使我感到鼓舞，这是一。其次，它的实现，距离尚远，可是，单单因为空谈这种理想，已经付出了血流成河的代价，显然，目的还不能证明手段是正确的。第三，也是最主要的一点，当我听说要改造生活时，我竟无法控制自己，陷入绝望的境地。改造生活谈何容易！有些人虽然也饱经风霜，但却从来不了解生活，从来没感受到生活气息与精神的人，也会侈谈改造生活。在他们眼中，生活不过是一团粗糙的原始材料，需要他们去加工。然而生活向来不是材料或物体；如果您想要知道的话，那我可以告诉您，生活自身乃是一个不断更新，永远进行自我完善的因素，它不断进行自我改造和自我转化，它比我或您的那些蹩脚理论高明得多。”

“我可以说，您如果来参加会议，同我们一些很了不起的同志们常常交往的话，您肯定会乐观起来，就不会这样忧郁了。我知道您之所以忧郁，是您对我们打败仗感到苦恼，看不到一线光明。不过，朋友，您不要惊慌。我经历过许多更可怕的事，都是和我自己有关的——暂时还不宜公开——，然而我并未张皇失措。我们的挫折是暂时的，柯尔察克的灭亡决不可避免。请记住我的话。您会看到我们的胜利。振作起来吧。”

“哼，真是出奇！”日瓦戈想，“多么幼稚！多么浅薄！我反复对他说明我们的观点是互相对立的，他把我掳来，又强行让我跟他住在一起。他以为我闷闷不乐是因为他的失利，以为我听了他的打算与希望就会振作起来，真是太盲目自信了！在他看来，革命利益的重要性丝毫不亚于太阳系的存在。”

日瓦戈打了个寒战，什么也没说，只耸了耸肩，一点也不想掩饰他对利维里的幼稚的不满。他努力克制着自己的情绪，但这没逃过利维里的眼睛。

“我的尤比特，你生气了，这说明你是错了。”他说。

“不过您要知道这对我并没有什么意义。什么‘尤比特’，‘不要慌张’，‘说了一，就得说二’，‘疫神的事已经做完，可以走了’，——所有这些鄙俗的说法对我都没有意义。我只说一，不说二，哪怕您一跳八丈，我也不说。我可以说，你们是俄国的光明和解放者，要不是你们，俄国早已因贫困愚昧而陷入绝境，但是我不管你们那一套，这跟我没有关系，我不喜欢你们，你们都见鬼去吧。你们的头头们开口总离不开谚语，但有一句最重要的却忘记了：强暴并非美德。你们有一种习惯，特别喜欢解放并造福于那些从未向你们提出过这种要求的人。你们一定以为，除了你们这个营地和你们这群人之外，我在世上就找不到更好的地方了，因此，我还得要为我的不自由，为我抛弃了家庭、儿子、房屋、事业和我所珍视、所依靠的一切，向你们表示感谢……传说有一支来历不明的非俄罗斯人队伍袭击了瓦雷金诺，瓦雷金诺遭到破坏和洗劫。卡缅诺德沃尔斯基对此未加否认。我还听说您我两家的人都逃走了。据说有一批身穿棉衣、头戴皮帽的神秘人物冒着严寒渡过上冻的雷瓦河，悄悄地把村里的生灵全部杀光，然后又像来时一样神秘地消失了。这您听到过吗？真有这种事吗？”

“一派胡言乱语，这都是那些挑拨是非的家伙瞎编出来的。”

“如果您真像在对士兵进行品德教育的演讲中所谈的那样仁慈宽大，那您就放我走吧。我去寻找家里人，我还不知道他们是死是活，流落何方。如果您不肯放，那就请您别再谈了，让我安静安静，因为我对其他事都不感兴趣，而且也吃不消了。我想睡觉，这点权利总还有吧！见鬼！”

日瓦戈俯身趴在床上，用枕头捂住脸。他极力不去听利维里的解释，因为利维里还在对日瓦戈进行劝解，说到开春时候白军一定会被击溃，到那时内战将告结束，自由、安宁、和平即将到来，谁也不敢再扣押日瓦戈了。可是目前还得忍耐。他们已经经历过这么多痛苦，遭受过这么大的牺牲，即使再等，也不需很久了。再说，现在日瓦戈也无处可去；为了他好，也不能放他一个人到任何地方去！

“这个恶魔没个完！又磨起嘴皮来了！多少年絮聒不休，怎么就不觉得害臊？”日瓦戈愤愤地想着，暗暗叹了口气，“这个磨嘴皮、吸毒的家伙，可恶的家伙，自拉自唱，劲头真足。跟他在一起，没有白天黑夜之分，觉也没法睡，简直叫人活不下去。啊，我真恨透他了！上帝作证，我一定找机会干掉他。啊，托尼娅，我可怜的爱妻呀！你还在人世吗？在哪里？天啊，她早就该分娩啦！分娩顺利吗？我们添了个儿子还是女儿？我的亲人们，你们都好吗？托尼娅，你永远责备我吧，我对不起你！拉莉萨，我不敢提到的名字，怕我在呼唤你的名字时透不过气来。天啊！天啊！这个家伙夸夸其谈，没有住嘴的时候，这个可恶的没人性的畜生！啊，一旦我无法忍受，我就干掉他，干掉他。”

六

温暖明媚的初秋过去了，现在是晴朗的金黄色深秋。在狐狸湾西头有一个白军留下来的木结构瞭望塔。日瓦戈与助手莱奥什医生约好在这里碰头，商量几件大事。日瓦戈准时到来，同伴还没到，于是他便顺着坍塌的壕沟来回溜达，然后又爬上高坡，钻进瞭望塔，透过机枪巢的枪眼眺望小河对岸那一大片树林。

秋天早已在针叶林和阔叶林之间划出了一条鲜明的界限。针叶林像一道晦暗得发黑的墙竖在树林深处，而阔叶林却像火红的葡萄酒似的在树林中央闪烁着点点红光，宛若林海中用圆木建起来的一座古城中那金光闪闪的尖顶。

日瓦戈脚下的壕沟中和林中大道那被晨寒冻硬的车辙上，盖满了厚厚的一层似乎被剪下来的细长柳树叶，树叶已经干枯，有的卷成了吸管形。秋天的气息就是从这些苦涩的褐色树叶和其他许多杂草散发出来的。日瓦戈贪婪地呼吸着这混杂的气息：有上冻的渍苹果、苦涩的枯叶、香甜的潮气和九月的蓝色烟雾，这烟雾就像那用水刚刚扑灭的野火散发出来的热腾腾的水汽。

日瓦戈没觉察莱奥什从他身后走过来。

“您好，我的同事。”他用德语说。接着便研究起正事来。

“我们要商量三个问题：第一是私自酿酒的问题；第二是改组医疗所和药房；第三，这是我一再坚持的，在转战行军的条件下，查访治疗精神病的问题。您也许认为无此必要，不过据我观察，我们正在丧失理智，亲爱的莱奥什，现代的种种精神是能传染的。”

“太有意思了。这个问题我等一下再谈。现在我要谈的是营地里人心惶惶，对私自酿酒的人颇为同情，不少士兵对从白军占领的乡下逃出的家属下落很不放心；有一部分战士为了等待运送他们妻儿老小的车子的到来，不肯离开营地。”

“对，是要等他们来。”

“这一切都发生在选举总司令之前。选出的总司令除了指挥我们这支部队之外，还指挥那些原不归我们领导的部队。据我看，唯一的候选人是利维里同志。有一批青年战士提名弗多维琴柯，赞成他的还有一批同我们心性不合的异己分子，他们和私自酿酒的家伙是一路货，其中有富农和小业主的儿子、柯尔察克部队的逃兵。这些人叫得特别凶。”

“您说会如何处置酿酒和卖酒的卫生兵？”

“我看会判处他们死刑，然后宣布缓期执行。”

“好吧，我们扯得太远了。来商量一下工作。要改组医疗所，这是我想要首先讨论的问题。”

“好的。不过我应该告诉您，您提出的精神病预检，我觉得一点也不奇怪，我也主张这样办。现在发生和流传着的精神病非常典型，具有当代历史特点所造成的鲜明时代特征。我们有一个士兵叫帕姆菲尔·帕雷赫，曾在沙皇军队中服役，具有很强的阶级意识。他的病就是这样造成的。他担心：如果他一旦阵亡，他的亲人会落入白军之手，因为他而遭殃。这是一种复杂的心理。他家里人可能正在路上，很快要到了。我因为语言关系没能详细了解他的情况。您可以问问安格利亚尔或是卡缅诺德沃尔斯基。应该给他做一次检查。”

“我很熟悉帕雷赫,可以说非常熟悉。有一个时期我常和他在军人委员会上碰头。皮肤黑黑的,脑门很窄,很残酷。我不明白您认为他哪点好。他总是主张采取极端手段,动不动就严惩、处死;他总看我不顺眼。好吧,我来给他检查一下。”

七

阳光明媚,天气干燥,已经一个多星期不下雨了。

营地深处传来人们杂乱的喧闹声,仿佛是远方大海的轰鸣。林间的脚步声、谈话声、劈柴声、铁砧捶击声、马嘶声、犬吠声、公鸡啼声时起时伏。树林中不断有人来往,他们被晒得黝黑,微笑时露出雪白的牙齿。有的人认识日瓦戈,向他点头问好;不认识的径直走过,招呼也不打。

尽管队员们不肯在家属到来之前——家属的车队离营地已经不远了——离开狐狸湾,但树林中正在进行着开拔东进的准备:修补和刷洗用具,钉箱子,清点和检修车辆。

树林中央有一大片空地,是个土包,当地称之为坟场。上面的草都被踩光了,大会通常都在这里举行。今天又要在这里开会,宣布重要事情。

树林中有许多草木还没枯黄,草深处仍旧葱绿清新。午后的斜阳从后面透过枝叶泻入林中,一簇簇绿叶像透明的玻璃瓶一样闪着碧青的光泽。

联络官卡缅诺德沃尔斯基正在文件保管室旁边的空地上销

毁已经作废的文件,其中有缴获的卡贝尔军官团的材料以及一堆堆游击队的单据。火生在阳光下,阳光穿过透明的火焰,就好像穿过绿色的树林。火焰是看不到的,只有从那微微跳动着的透明气浪才可以看出这里有东西在燃烧。

已经成熟的五光十色的野果在林中到处皆是,有漂亮的穗米荠、松软的砖红色接骨木、一串串闪变着红白色的红莓果。蜻蜓抖动着透明的翅翼在空中缓缓飞舞,它们和那火和树叶一样,也是透明的,看上去令人眼花缭乱。

日瓦戈从小就爱看夕阳下的林间景色。这时他觉得自己也被这一道道的夕阳穿透了,仿佛有一股生命的灵感涌入他的胸膛,贯穿全身,又从他的肩部逸出,宛若一对翅翼。每个人在少年时代形成的原型将为他服务终生,他觉得那似乎是他的内心面貌、他的个性。此时,这原型又像当初那样怀着充沛的精力在他身上苏醒了,同时也迫使大自然、森林、晚霞和他眼前的一切都化成当初那个囊括一切的女郎形象。“拉莉萨!”他闭上眼睛轻轻地呼唤着。他思索起自己的一生、整个大地和眼前阳光照耀下的空间。

然而,眼前那些众人瞩目的事一件件在进行,俄国发生了十月革命,他成了游击队的俘虏。他不知不觉走到正在烧文件的卡缅诺德沃尔斯基跟前。

“销毁文件？还没烧完?”

“没那么快！这玩意儿有得烧呢。”

日瓦戈朝一捆材料踢了一脚,把它踢散了。这是白军司令部的往来电报。他下意识地想到这里面可能会碰到兰采维奇的名字,但他想错了。这是一捆去年的密码电报,有些简写词简直叫人莫名其妙,例如:“鄂木斯克总高司抄发第一军部鄂木斯克军参长鄂木斯克集合四十俄里叶尼塞未达。”日瓦戈又踢散一捆,这是游击队开会记录,最上面写着:“特急。关于休假问题。监察委员会改选。日常事务。鉴于对伊格纳托德沃尔村女教师控告证据不足,军人委员会认为……”

这时,卡缅诺德沃尔斯基从衣袋里掏出一张纸递给日瓦戈,说:

“这是你们医务人员离营时间表。运送游击队家属的大车快到了。营内的意见分歧今天可以统一,我们随时会动身。”

日瓦戈朝时间表瞥了一眼,惊呼道:

“这回给我的车子比上回少,可是伤员却增加了那么多!能走的和急救队可以步行,但人数很少,可是重伤员怎么办?我拿什么送?还有药品、病床、设备怎么办?”

“想办法挤挤吧,要根据条件办事。另外跟您谈件事,大伙请您帮个忙:有一位久经考验和锻炼、对革命事业忠心耿耿的同志,一位优秀的战士有点不大对头。”

“是帕雷赫吧?莱奥什跟我讲过。”

“是他。您去看看他,给他检查一下。”

“精神不正常吗?”

“我看是不正常。他说他总觉得有人追他。这显然是幻觉,他失眠、头疼。”

“好。我马上去。现在正好有空。会什么时候开?”

“我看就要开了。不过您去干什么?我也不去。我们不去毫无问题。”

“那我去看帕雷赫。我累得连站也站不住了,只想睡。利维里·阿维尔基耶维奇喜欢夜里高谈阔论,弄得我眼皮都睁不开。帕雷赫住哪里?怎么走?”

“您知道石头坑旁边的小桦树林吗?嗯,小桦树林。”

“我可以找到。”

“那里是几个头头的帐篷,其中有一个分给了帕雷赫,准备给他的家眷住,他的老婆、孩子要来了。这一来,他便和头头们住在一起了,享受营级指挥员待遇,因为他为革命立了不少功劳。”

八

日瓦戈在去看帕雷赫的路上,忽然觉得怎么也走不动了,疲倦得要命,眼睛怎么也睁不开,这是一连几夜没睡觉造成的。他完全可以回到住的地方打个瞌睡,不过他又怕回去,因为利维里随时都可能来打扰他。

他在林中一块没有草的空地上躺下来,地上铺满了树上落下来的金黄色枯叶。树叶落在空地上稀疏有致,像一个个棋子一样;夕阳也把它的光辉射在这金黄色的地毯上。这五光十色的光泽使人眼花缭乱,就像看小字体的书或听单调的喃喃声一样不禁使人昏昏欲睡。

日瓦戈躺在像丝绸一样簌簌作响的树叶上,把胳膊放在疙疙瘩瘩长满青苔的树根上当枕头。他很快打起盹儿来。使他昏昏入睡的耀眼的夕阳碎影像方块花布似的盖在他挺直的躯体上,简直分不清哪是令人目眩的阳光与树叶，哪是他的躯体，仿佛他穿上了隐身衣一样。

没过多大工夫，一种使他想睡同时也需要睡的欲望却把他惊醒了。直接原因只在适当的范围内才起作用，超过限度就会发生反作用。缺乏休息，时时保持警觉状态的大脑在空转，思潮起伏，就像一台坏了的机器在咚咚作响。这内心的混乱不安使他感到痛苦、愤怒。“利维里这个浑蛋，”他愤愤地说，“现在世上人把人逼疯的事那么多，可他还嫌少。他把人扣起来，硬跟人做朋友，成天胡扯，莫名其妙地把一个健壮的人弄得神经衰弱。以后我一定要宰了他。”

一只褐色斑纹的花蝴蝶扇动着翅膀从落日方向飞来。日瓦戈睡眼惺忪地凝视着它。蝴蝶在一棵松树的褐色鳞状斑纹的树皮上停下来，它们的颜色十分相近；蝴蝶与树皮仿佛融为一体，接着便不知不觉失去了踪迹，正好像日瓦戈在嬉戏的阳光和树叶阴影下消失一样。

日瓦戈的头脑又被他经常思索的问题占据了。他在许多医学著作上间接地接触到这些问题：意志问题、作为不断适应的结果的适宜性问题、拟态亦即保护色问题、适者生存的问题、自然淘汰的途径也许就是意识形成和产生的途径问题。什么叫主体？什么叫对象？如何确定其同一性？在日瓦戈的头脑里，达尔文同谢林碰到了一起，刚刚飞过的蝴蝶和现代画，和印象派艺术碰到了一起。他思索着什么叫创作、生物、创造与伪装。

接着他又入睡了，过了不大一会工夫又醒过来。他是被附近低沉的细语声惊醒的。虽然传到他耳朵里只有几句话，但他已经听出来是在策划什么阴谋。交谈的人显然没发现他，而且也想不到这里有人。他只要动一下，被他们发觉，那他就没命了。所以日瓦戈屏气息声地在听他们交谈。

有几个人的声音他听得出来。这是些混入游击队中的社会渣滓、败类，其中有桑卡·帕弗努待金、戈什卡·里正贝赫、科斯卡·涅赫瓦列内赫以及跟着他们跑的捷廖沙·加卢津。他们都是一些什么坏事都干得出来的家伙。跟他们混在一起的还有扎哈尔·戈拉兹迪赫；这个家伙更为阴险，他也参与了私酿的勾当，但因他供出了首要分子，对他暂时没追究。使日瓦戈大吃一惊的是司令的贴身警卫员、“银连”战士西沃勃柳伊也在其中。从拉辛和普加乔夫那时候起，像他这样受到利维里信任的心腹，都被称作是首领的耳目。原来他也参与了阴谋活动。

这些阴谋分子正同敌方代表密谈。敌方代表的声音低得听不见，日瓦戈只有根据耳语是否中断来判断敌方代表是否在讲话。

话说得最多的是扎哈尔·戈拉兹迪赫这个酒徒。他声音嘶哑，满嘴脏话。看样子他是领头的。

“现在，你们另外一些人听着。最主要的是保守秘密，谁要是当软骨头去告密，看见这刀子吗？我就用这刀子捅了他。明白不明白？现在我们是骑虎难下，应该将功补过。我们要立大功。他们要活的。听说他们的大头子古列沃伊要来了（有人纠正他，但他没听清，又说成：加列耶夫将军），机会难得。这是他们的代表，会把实情都告诉你们。他们非要活的不可。你们自己问好了，你们这些人也说说。你们给他们讲几句吧，弟兄们。”

敌方代表开始讲话，日瓦戈一句话也听不见，从沉默的时间来判断，他们是在把刚才说的意思作详尽的说明。戈拉兹迪赫的声音又响起来。

“听到没有，弟兄们？现在你们明白这是个什么样的宝贝了吧。值得为这种人卖命吗？难道这还是人？他是白痴，是呆子，如果不是没长鸡巴，就是阉了的。捷廖沙，你别给我笑！你咧什么嘴，又不是什么见不得人的话！说的不是你。他生来就没长鸡巴。你要是听他的，他就会叫你变成和尚、光棍。他嘴巴说的是什么？没人要听。什么别说脏话，别酗酒，别搞女人。这怎么能活？我已经打定主意。今天晚上，我们在河边渡口石堆那地方碰头，我把他引到高坡上，然后我们一拥而上。对付他犯什么难？一下子就解决问题。现在的问题是他们要活的，要把他捆起来。万一办不到，我自己来收拾他，亲手把他干掉。他们会派人来帮忙。”

说话的人一面详细说明他的安排。一面同其他人走开去，日瓦戈再也听不到他们的声音了。

“原来他们是要干掉利维里，这些坏蛋！”日瓦戈既愤怒又害怕地想道，他忘记了自己怎样一再咒骂折磨他的那个家伙，只盼利维里死去。“这些畜生想把他出卖给白军，要不就杀死他。怎么才能阻止这件事发生呢？是不是装作无意中走到烧文件的地方，把这事告诉卡缅诺德沃尔斯基，但不说出是谁，然后再想办法叫利维里有所准备。”

卡缅诺德沃尔斯基已经不在那里了，只有他的助手守在快燃尽的火堆旁，防止出事。

阴谋已经暴露，原来对方早已获悉，当天就把事情查明，将阴谋分子全部逮捕。西沃勃柳伊扮演的是暗探和拉人下水者的双重角色。日瓦戈对此更感到厌恶。

九

听说逃难的家属带着孩子离营地还有两个昼夜的路程。狐狸湾正准备迎接家属，随后开拔。日瓦戈就在这时去看帕雷赫。

日瓦戈在帐篷门口遇到了他。他手里提着一把斧子。帐篷前是他砍下来当撑竿的一大堆小桦树，还没有修光。有一些是在这一带砍下来堆在地上的，那尖尖的断枝插进潮湿的泥土里；另外一些是他从不远处拖来堆在上面的。树枝既碰不到地面，又不紧压在一起，因为弹性很大，一个劲地轻轻晃动着，看上去像多少双手挡住把它们砍下来的帕雷赫，又像一片生机盎然碧绿的树林拦住他进入帐篷的去路。

“我准备迎接贵客呢，”帕雷赫解释说，“这帐篷让我老婆和孩子来住，实在太矮了，而且一下雨就积水。我想把帐篷支高一点，所以砍了这些小桦树。”

“你这是白费劲，帕雷赫，你以为上面会让家眷住到你的帐篷里吗？你哪里见过军营里住女人和孩子的？家眷要住在营区附近的大车上。对不起，你只能抽空去看看他们。我看不会让家眷进军营。我是为别的事来的。听说你愈来愈瘦，不想吃不想喝，睡眠也不好，是这样吗？不过从外表看还好，就是胡子太长了。”

帕雷赫体格健壮，一头散乱蓬松的黑发，大胡子，前额不大平整，看上去像有两层。由于额骨宽厚，就像有个钢箍或铜圈把他的太阳穴箍得紧紧的。这使人觉得他相貌凶恶，仿佛总是在皱着眉头斜眼看人。

革命开始时，人们担心这次革命又将和一九〇五年革命一样，不过是上层知识界历史上的短暂事件，不会再向人民群众中深入发展，因而也不会得到他们的支持，所以有些人便竭尽全力在人民群众中进行革命宣传，发动人民，激起人民的愤怒。

在这一时期，像士兵帕雷赫这种无须经过宣传便对知识分子、东家老爷和军官们深恶痛绝的人，在欣喜若狂的左翼知识分子眼中简直成了稀世之宝，特别受到重视。这些人的残忍被视作了不起的阶级觉悟，他们的野蛮行径被奉为无产阶级坚定性与革命本性的典范。帕雷赫就以此出了名，受到游击队首领和党领导人的器重。

在日瓦戈眼里，这个脸色阴沉、性格孤僻的大力士是个坏得出格的败类，因为他任何时候都冷酷无情，他的情趣也单调贫乏。

“请进去坐。”帕雷赫说。

“用不着进去了，再说我也挤不进去，在外面谈更好。”

“好，随您的便。里面真和狗窝差不多。我们坐在这借来的债上（他指了指砍来的桦树）聊聊吧。”

他们在摇摇晃晃、富有弹性的桦树干上坐下来。

“人家都说‘说起来容易，做起来难’，可我说起来也不容易，就是说三年也说不完。我不知道从何处说起……好，说就说吧。那时我和老婆都还年轻，她操持家务，我种地，生活还可以，还生了孩子。后来我入伍当兵，参加了战争。唉，战争，我有什么好对你说的。你反正知道,军医同志。接着爆发了革命,我才如梦初醒,睁开了眼睛。敌人不是德国人,而是自家人。士兵们要为世界革命而战,把刺刀丢到地里,回家去,向资产阶级进攻!如此等等,这些你自己也知道,军医同志。后来打起了内战,我参加了游击队。现在要长话短说,要不然永远也说不完。又不知过了多久,现在我看见的是什么?他这个吸血鬼,又从俄国前线撤回了斯塔夫罗波尔第一、第二两个团,还有奥连堡哥萨克第一骑兵团。难道我是毛孩子,看不出来?难道我是小孩子,看不出来?难道我没在军队里干过?我们的情况不妙啊,军医同志,我们的事糟透了。这个浑蛋想干什么?他是想用这些家伙来攻打我们,包围我们。现在我有老婆有儿女,要是他现在得了手,他们怎能逃脱他的手?他知道他们无辜,跟一切不相干吗?这他是不管的。他会因为我把我老婆捆绑起来,拷打她,因为我折磨我的老婆孩子,上老虎凳,一点一点地折腾他们。你说,我怎么睡得着,吃得下?即使我是铁打的也受不了,也会得精神病啊。”

“你真怪,帕雷赫,这么多年你不跟家人在一起,也不知道他们的情况,倒不难过,现在马上就要见面了,该高兴了,可是你却给他们唱起挽歌来。”

“从前是从前,现在是现在,这可大不一样。打我们的是白牌狗子。我这不是说我自己,我反正完蛋了,免不了要走那条路,可我不能把自己的亲人也一起带到那个世界去啊。他们会落入魔爪,被折腾死的。”

“因为这你才看见有人跟着你?人家说你天天见神见鬼的。”

“好吧,医生,我没把一切都告诉你,主要的东西我还没说。

好,你听我把真相讲给你听。你可别怪罪我,我有什么说什么。像你们这号人我干掉过不少,我的手沾过许多老爷、军官的血,但我毫不在乎。究竟有多少人,他们叫什么,统统忘记了,都像水一样流过了。但有一个小伙子我怎么也忘不了,我把他杀了,我忘不掉。我为什么杀掉这个小伙子?因为他使我发笑,笑得要死。我只是因为笑,一时糊涂,开枪打死了他,没有别的原因。那是在二月革命期间克伦斯基当政时期,我们举行暴动。事情发生在铁路上。他们派来一个年轻的宣传员,动员我们去作战,要我们打到最后胜利。这个军校学生动员我们停止暴动。他又瘦又小,动不动就说打到最后胜利。他高喊着这句口号跳到站台上的一个消防水桶上,这样就可以站得高一些来号召我们参加战斗。忽然水桶盖翻了,他掉进水桶里,一身是水。他是失足掉下去的。哎呀,真笑死人!我笑得腰也直不起来,简直喘不过气来了。实在笑人!我手里端着枪,口中不停哈哈大笑,简直憋不住,好像是他在胳肢我似的。我端起枪,叭的一声把他打死了。我自己也不明白怎么会开枪的,仿佛有人碰了一下我的手一样……所以我后来就常常看到东西,一到夜里我就好像看到那个车站。当时觉得好笑,可现在真后悔。"

"是麦柳泽耶夫城的比留奇车站吗?"

"想不起来了。"

"是和兹布希诺人一起暴动的吧?"

"想不起来了。"

"是哪条战线?在哪一条?是西部战线吗?"

"好像是西部,大概是。想不起来了。"

第十二章　山梨树

一

游击队员们的家属带着他们的财物，早就乘着大车跟着大部队转移。车队的后面是一群牲口，主要是奶牛，有好几千头。

同队员们的妻子一起来到营里的有一个新人物，这就是兹雷达莉哈也叫库巴莉哈，是一个队员的妻子。她给牲口看病，是一位兽医，同时还暗地里给人算命。

她头上歪戴着一顶扁帽子，穿着一件苏格兰皇家步兵穿的浅绿色大衣，这是从英国皇家被服仓库里弄来的。她对人家说，这些东西是用一个俘虏的尖顶帽子和披风改制的，还说她是红军从克热姆监狱里解放出来的，她不知道柯尔察克为什么把她关在那里。

这时游击队正驻扎在一个新地方。原来准备作短暂的停留，等把周围的情况弄清楚，找到一个长期稳定的过冬营地后就马上转移。但后来情况发生变化，他们只好留在这里过冬。

这个新营地和刚刚离开的狐狸湾完全不同。这一带是无法通行的原始大森林。在大路和营地一侧的森林一望无际。刚来那几天，部队在安排宿营地时，日瓦戈空闲时间比较多。他选定好几个方向进入森林，想做一番考察。他发现进入森林后很容易迷失方向。不过，有两个地方引起了他的注意，而且走了一遍他就记住了。

营地的出口在林边上。秋叶飘零，枝干萧疏，一眼望去，只见林中空荡荡的。然而在这林边却有一棵孤零零的婀娜多姿的山梨树。唯独这棵红黄色的山梨树依然枝繁叶茂。一片泥沼地当中有一个大土包，山梨树就长在土包上，高擎着红红的硬壳果实，伸向阴沉的秋末的天空。披着冬日朝霞般美丽羽毛的小鸟——莺和山雀落在山梨树上，不慌不忙地拣大的啄，伸长脖子昂起头，费好大的劲才能把果子吞下去。

鸟、树之间有一种特别的亲密关系。这一切山梨树都看在眼里，起先它左推右拒，到后来才动了慈悲心，像妈妈喂婴儿一样，解开衣扣把乳房让它们吮吸。“对你们简直没办法。吃吧，吃我吧。吃个饱。”说着说着笑了。

另外一个地方景色更为秀丽。

这是一个隆起的高地，颇像个尖顶土冈。一边是陡峭的悬崖。望下去使人觉得下面与上面不同——不是小河便是谷地，要不就是杂草丛生的荒野。然而那里却跟上面一样，只是深得令人头晕目眩，仿佛是陷下去的一块土地，上面的树木跑到你脚下去了。也许这真的是大地陷落造成的。

仿佛这片云端下威严的大森林一不小心打了个踉跄，一下子掉了下去,就要穿过地面坠入万丈深渊,但在最后关头却奇迹般地留在大地上,而且安然无恙,正在下面嬉闹呢。

但是这片林中高地的秀丽之处还不在此,它另外有一个特点。高地四周竖着一圈大块的花岗石,颇似史前石冢上的扁平大石板。当日瓦戈头一次来到这里时,他便肯定这石头建筑不是自然形成的,而是人类劳动的遗迹。这里可能是古代某些偶像崇拜者的神庙,在这里举行礼拜祭祀。

在一个阴沉寒冷的清晨,十一名阴谋首要分子和两名私自酿酒的卫生员就在这里被处决。

以司令部特别卫队为核心的二十名最忠于革命的游击队员,把人犯押到这里,然后游击队员们排成半圆形,把人犯围起来,手里端着枪,迅速地把他们赶到悬崖边,在那里除了跳崖之外别无其他选择。

长时间的监禁、审讯、凌辱使他们面目全非,个个蓬首垢面,枯槁可怖,简直像一群幽灵。

审讯一开始,他们便被解除了武装。谁也没想到在行刑前再搜一次身,因为一般说来,这是对临死的人的嘲笑,多余的作弄。

忽然,同弗多维琴柯并排走的朋友同样也是老牌无政府主义信徒的尔扎尼茨基瞄准西沃勃柳伊连开三枪。尔扎尼茨基的枪法超群,但是由于心慌手抖,没有打中。西沃勃柳伊念及旧日情谊,没有因尔扎尼茨基向他开枪而扑上去,也没有提前将他处死。尔扎尼茨基的枪膛里还有三发子弹,也许是由于激动忘记了这三发子弹,他在失手懊丧之余,竟将布朗宁手枪掷在石头上。这时手枪里射出了第四发子弹,击伤了人犯帕奇科利亚。

卫生兵帕奇科利亚尖叫了一声，把脚一抱摔倒在地，痛得哇哇直叫。旁边的帕弗努特金和戈拉兹迪赫把他扶起拉开，免得被吓得晕头转向的同伴把他踩死。帕奇科利亚跛着一只被打伤的脚，蹦跳着朝他们被赶过去的崖边走去，口里不停地喊叫着。他那凄厉的哀叫声像是会传染似的，别的人像听到口令一样，立即混乱起来，又是叫骂、又是哀求、又是诅咒，景象令人难以想象。

加卢津摘下一直戴在头上的黄边学生帽，跪下来，跟着人群向可怖的崖边倒退膝行。他不时向押解他们的士兵叩头、号啕大哭、发疯似的拖长声音哀求说：

“我有罪，弟兄们，饶了我吧，我再也不犯了。别打死我，给我留条命。我还没活够，死得太早了。让我再活些时候，再看一次我的老娘。饶了我吧，弟兄们，高抬贵手。我要吻你们的脚，给你们挑水。啊呀，倒霉，倒霉。我完啦，娘呀，娘呀！”

人犯中间不知是谁，哭喊起来：

“亲爱的同志们，好心的同志们！怎么能这样干？我们在两次战争中一起流过血，为捍卫共同的事业而战斗过。饶了我们吧，放了我们吧。我们永世不忘记你们的恩情，用事实证明我们决不忘恩负义。你们怎么不理不睬，难道耳朵聋啦？丧尽天良啦？”

他们中有些人朝西沃勃柳伊高声叫骂道：

“你这个出卖主耶稣的犹大！跟你相比，我们算什么叛徒？我们要是叛徒，那你这条狗就是三倍的叛徒，叫你不得好死！你对沙皇宣誓效忠，可是又亲手杀死了合法的沙皇；你宣誓忠于我们，却又把我们出卖。趁你还没出卖林中恶魔，快去同它亲吻吧。你也会出卖他的。"

弗多维琴柯虽然死到临头,仍然面不改色。他昂首挺胸,白发飘动,像一个巴黎公社社员对另一个巴黎公社社员那样高声说道:

"你们用不着对卜尼法[1]低三下四!你们这种抗议他们听不进。这些新型走狗、新牢房的刽子手听不懂你们的话。不要灰心,历史是铁面无私的。子孙后代会把这新王朝的波旁暴君同他们的可耻勾当一起钉在耻辱柱上。我们是在世界革命的晨曦中死去的。精神革命万岁!世界无政府主义万岁!"

一声口令,低得只有枪手才能听得到,二十支枪齐发,半数的人犯被扫倒,多数都被打死,另外一半被第二次齐射打倒。抽搐得最久的是捷廖沙·加卢津这个少年,但最后他也挺直了身子,一动不动了。

二

向东转移,另找一个地方过冬,这个念头并未一下子打消。不断派人到公路那边侦察,察看维特河和克热姆河两条河分水处一带的地形。利维里常离开营部去森林里,留下日瓦戈一人。

但是转移为时已晚,而且也无处可去。这是游击队失败最惨重的时期。白军在彻底被击溃之前,决定先一举消灭林中的杂牌军,所以便由各路军配合把游击队包围,并步步进逼。如果包围圈再收小一些,游击队肯定会全军覆没。幸而他们的地盘很大。

①指卜尼法八世(约1235—1303),罗马教皇(1294—1303)。

严冬将临，而且林中无法通行，敌军不可能进一步缩小包围圈把这支农民队伍紧紧困住。

总之，无论向哪里转移都已不可能。当然，如果有妥善的转移方案，能保证在军事上不遭受重大损失，他们仍然可以打出包围圈，进入新地区。

但是目前这样的方案还没有。人们已经精疲力竭。下级军官垂头丧气，已经在士兵中失去了威信；高级指挥员天天晚上开军事会议，但无法取得一致意见。

应该放弃寻找新的过冬营地的计划，深入林中固守。严冬雪深，敌人由于滑雪板不足无法深入林中，目前必须挖战壕，储备粮食。

军需官比休林汇报说，面粉与土豆奇缺。不过牲畜很多，他认为牛肉与奶将是今冬主食。

御寒服装也短缺，一部分战士衣衫不全。营中的狗全被打死，会加工皮革的人用狗皮给战士们缝制了短袄。

日瓦戈已得不到交通工具。大车只有在执行重要运输任务时才准使用。在这次转移时，最重的伤员也是用担架抬着走了四十俄里。

日瓦戈的药品现在只剩下奎宁、碘和芒硝。手术和急救用的碘是结晶体，必须在酒精中溶解方能使用。过去销毁了酿酒的家什，现在后悔了，于是又叫那些罪行较轻、宽大处理的酿酒者修理酿造家什或制造新的。被禁止的私酿又在医用的名义下恢复起来。营中的人们心照不宣地互递眼色，摇头。营中又出现了酗酒现象，使营中的混乱局面更趋严重。

新酿造的酒精纯度几乎达到了百度。这种纯度能将碘结晶体完全溶解。后来在初冬时节，日瓦戈还用这种浸泡过金鸡纳树皮的酒精治疗伴随严寒而复发的斑疹伤寒。

三

这几天，日瓦戈常常见到帕姆菲尔·帕雷赫和他一家。他的妻子和孩子整个夏天都在露天下尘埃飞扬的道路上奔跑。他们已经被过去的恐怖场面吓破了胆，唯恐又遇到新的恐怖。颠沛流离的生活在他们身上留下了痕迹。妻子和三个孩子——两女一男——的头发被太阳晒成了浅黄色，眉毛成了白色，但是脸却由于风吹日晒变得黑黝黝的。孩子们还很小，别的变化在他们身上还不大明显，然而惊恐和艰辛却使他们母亲的脸失去了生气，只剩下了一副冷淡的端正面容、紧闭的嘴唇、痛苦地绷着的脸，仿佛随时准备采取自卫措施。

帕雷赫很爱他们，特别是几个孩子，简直爱得不知如何是好。他用磨得飞快的斧子削制成木头小兔、狗熊、公鸡，动作之灵巧使日瓦戈大为惊诧。

他们来了之后，帕雷赫高兴起来，心情好了，病情也开始好转。但现在听说家眷住在营地有扰军心，战士们必须与家人分居，以使游击队抛开这样的负担。他们的车队将被送到远些的地方，在那里扎营过冬。但这件事目前只听见说，还没有实际的准备。日瓦戈不相信这一措施能执行。但帕雷赫却变得郁郁寡欢，老毛病又犯了。

四

严冬将临时,一连串有好几件事弄得营里惶惶不安,大家都感到情况险恶多变,前途未卜,怪事层出不穷。

白军已完成了预期的包围行动。领导最后这一行动的是维增、克瓦德里和巴萨雷戈三位将军。这三位将军素以坚强果断著称。单单他们的名字就会使营地上战士们的家属与未离开家园留在敌人封锁线外乡村里的和平居民胆战心惊。

前面已经说过,看不出敌军有什么办法缩小包围圈,这方面可以放心,但也不能对包围处之泰然。安于现状只会助长敌人的气焰。因此,林中再安全,也要设法出击,以显示军事威力。

为此目的抽出了一大批战士,集中攻击西部封锁线。经过好几天的激烈战斗,游击队重创了敌军,冲破封锁线进入敌人后方。

经过这个缺口开辟了通向森林游击队的通道。一批批新难民又拥入森林。这些乡村和平居民不一定都和游击队有亲属关系,但由于惧怕白军报复,所以纷纷背井离乡,投奔他们视为靠山的农民部队。

但游击队正急于摆脱原来的包袱,对外来的新客人已无法照顾。于是司令部便派人在中途拦住难民,把他们送到奇利姆河上的奇利姆垦荒区。这地方正垦荒备耕,是由磨坊附近开出来的几块地组成的,名叫德沃雷。在那里准备给难民安排好过冬的地方和存放粮食的仓库。

这些措施正一一落实,游击队司令部已忙得不可开交。

游击队取得的胜利却招来了麻烦，白军让取胜的突击队进入后方之后，随即又把突破口封起来。跑到敌后脱离大队的突击队已无法再回到大森林。

在难民方面也出了问题。在茂密的森林里很容易迷路，派去迎接难民的人员往往见不到难民的踪迹就回来，因为走的不是一条路。妇女们成群成群地进入森林。她们一路上想尽办法，把两边的树木砍倒，搭桥铺路，开辟通道。

这一切都违背了司令部的意图，把利维里的计划和他的打算完全打乱了。

五

正因为如此，他才和斯维里德站在离公路不远的地方向他大发脾气。那条公路有不长的一段穿过这一带的森林。他手下的几个负责人正站在公路上，争论应该不应该切断公路沿线的电话线。这事最后要由利维里定夺，可他正和这位捕兽猎人谈得起劲。他朝几个负责人挥挥手，示意他们不要走开，等一下他就过来。

斯维里德对弗多维琴柯被处死有好长时间想不通。弗多维琴柯的罪名只在于他的威信和利维里的威信不相上下，因而造成营中的分裂。斯维里德想离开游击队，重新去过往日那种自由自在的生活。不过现在不是时候。现在是人家的人，如果他现在离开林中兄弟，他肯定会被处死。

天气坏到了极点。强劲的寒风吹动着半空里那一团团黑烟似的乌云。忽然从乌云里落下一团团白雪,就像精神病发作了似的。

顷刻之间眼前便是白茫茫的一片,像铺上了一层白布。接着,白布仿佛烧掉了,一点也没剩,露出黑炭似的大地,漆黑的天上雨趁风势,倾泻而下,地面到处是积水,再也吸收不下了。后来天色发亮,乌云四散,好像有人要让天空透透气,所以打开了天上闪着白色寒光的窗户。雨水也积成大大小小的水洼,就好像在地上开了一个一个的窗户,也闪着同样的白光。云雾像烟尘似的在针叶林中游荡。但它钻不进那含松脂的针叶里,正像水钻不进漆布一样。电话线上挂满一串串玻璃珠似的水滴,一个紧挨着一个,掉不下来。

斯维里德也是被派到森林中寻找女难民的人员。他想向首长报告他的所见所闻。他想报告一下各种互相矛盾显然无法执行的命令所造成的混乱,有一部分妇女由于失去信心竟干出了许多残暴行径。这些背着大包小包、怀抱婴儿的年轻妇女,因为长途跋涉筋疲力尽,精神失常,奶水也没有了,于是她们便把孩子抛在路边,把袋中的面粉倒光往回走。她们情愿快死,不愿慢慢饿死,情愿落入敌手,不愿意为森林中的野兽充饥。

另外有些意志坚强的妇女,她们是沉着勇敢的榜样,连男子也自叹不如。此外斯维里德还有许多别的事要报告。他想提请司令注意,营内有可能发生新的叛乱,比上回镇压下去的那次更危险。然而他不知怎么说,因为利维里等得不耐烦了,不断地气鼓鼓地催他快点说,这一来竟把他的口才给吓掉了。利维里屡屡打断斯维里德的话,这不仅是因为公路上有人等他,要他过去,还因为最近这两个星期斯维里德一直谈这些问题，利维里有点不耐烦了。

“你别催我，司令员同志。我本来就不会讲话。话就卡在我喉咙口，我都快憋死了。我跟你说什么来着？嗯，你到难民车队去看看，让那些妇女别胡来。她们闹得太不像话了。我问你，我们是干什么的，是‘全力对付柯尔察克！’还是看着老娘儿们打架？”

“简短些，斯维里德，你瞧他们在喊我呢。别兜圈子了。”

“还有那个女妖精兹雷达莉哈，鬼知道这个婆娘是什么人。她要我派她去做兽衣呢……”

“是兽医，斯维里德。”

“我说什么来着？我就是这个意思呀，——她要给牲口治病。眼下她可没管什么牲口，却成了巫婆，给牛做弥撒，迷惑一些刚逃来的妇女。她说，只怪你们自己不好，你们怎么会有这么大的劲头撩起裙子跟红军旗子跑？下次别再跑啦。”

“我听不懂你讲的是哪些难民？是我们战士的家属还是另外来的？”

“当然是新来的那一批。”

“不是安排她们去德沃利村的奇利姆磨坊住了吗？怎么到这里来了？”

“是去德沃利村了。那个村子失了火，磨坊和草地都烧成了灰。她们到奇利姆一看，只见光秃秃的一片。一半人发了疯，大哭大嚷，回到了白区，剩下的到了这里。”

“那她们怎么穿过荒无人烟的森林和沼泽地的？”

“锯子斧头是干什么的？我们派了战士去保护她们，战士们也帮了她们忙。听说她们开了一条三十俄里的路，还搭了桥，这些娘儿们真厉害！三天居然能干这么多事，谁会相信？”

“你这个家伙！这三十里路有什么使你高兴的，蠢货。这只会使维增和克瓦德里高兴，给他们开了一条大道，连大炮都可以进来了。”

“派人去堵，堵起来就没事啦！”

“多谢你。我自有主意。”

六

白昼短了，五点钟天便黑下来。近黄昏时日瓦戈从前两天利维里和斯维德里发生争执的地方穿过公路，朝营地走去。在草地和长着山梨树的大土包附近——山梨树是营地边界的标志——他听到了库巴莉哈——他戏称这位女巫医是他的对手——那活泼愉快的歌声。她尖声尖气地唱着一支粗俗快乐的曲子，听起来很像流行小曲。她唱给很多人听，人群不断爆发出赞赏的欢笑声，其中有男有女。后来寂静无声了，听的人一定都走了。

这时库巴莉哈另外唱起了一支，声音很低，因为她觉得只剩下她一个人了。日瓦戈小心翼翼地向沼泽地走去。他摸黑慢慢地顺着山梨树前的一条小路往前走，走着走着忽然停下来，一动不动地站在那里。这时库巴莉哈唱的是一支古老的俄罗斯民歌。日瓦戈没听见过。也许这是她即兴唱的吧？

俄罗斯民歌就像那拦河坝中的水。河坝表面上波澜无惊，然而下面的水却无止无休地涌过闸门，那表面的平静只是一种假象。

民歌使用反复、排比等各种方法延缓内容的发展，接着这个内容突然出现了，使人一惊。它表达了一种缠绵悱恻的忧伤之情，异想天开地想要阻止时间的前进。

库巴莉哈半吟半唱道：

一只野兔在田野上奔驰，
奔驰在田野上，在雪地里，
从山梨树旁跑过，
对着山梨树哭泣。
我兔子有颗怯懦的心，
心又脆弱，又没有胆量。
我害怕野兽的足迹，
野兽的足迹，还有饿狼的饥肠。
可怜可怜我吧，红山梨，
别把你的美色献给仇敌，
别把美色献给凶恶的乌鸦。
你把你红红的山梨果迎风撒出，
迎风撒去，撒向田野，撒向雪地。
撒向我的故土，
撒入村边那所房屋，
撒入那扇窗户，
那里有个独处深闺的姑娘，
那是我的心上人，我的希望。

请你把我炽热的心里话，
悄悄地告诉她：
在外地当兵没有自由，
在外乡外地多么苦恼。
我一旦挣脱痛苦的枷锁，
就会飞回我的美人儿的怀抱。

七

战士的妻子库巴莉哈正给一条奶牛念咒语治病，奶牛是帕雷赫的妻子阿加菲亚·福季耶芙娜的。大家都把阿加菲亚·福季耶芙娜简称为法捷芙娜。这头牛刚从牛群里牵出来，用绳子套住犄角拴在树上。母牛前腿旁的树墩上坐着它的主人，巫医库巴莉哈坐在牛后腿旁边的挤奶凳上。

牛群挤在林中一块空地上。四周是黑压压的像山尖似的枞树林，枞树下方枝杈茂密，好像蹲在地上一般。

在西伯利亚养的全是这种瑞士良种牛。毛色都是黑底带白斑。这些牛和人一样，都因长途跋涉、拥挤、缺食而受尽折磨。它们拥挤得发了疯，竟糊里糊涂地忘记了自己的性别，像公牛似的吼叫着，吃力地拖着沉重下坠的乳房，爬到别的母牛身上。被压在下面的母牛翘起尾巴，挣脱开，朝树林中奔去，撞得树枝和灌木丛噼里啪啦直响，看牛的老头和孩子就喊叫着在后面追。

林中空地上方的雪云似乎也被包围在枞树树顶围成的冬日天空的小圈子里，也在拼命地乱挤，上下翻滚，你压在我身上，我压在你身上。

有一伙人站得远远地在看热闹，这使库巴莉哈很不高兴。她把他们从头到脚恶狠狠地打量了一番，不过，如果承认这些人在场使她尴尬，未免有失她的尊严；艺术家的自尊心使她克制住了自己，于是只装出一副旁若无人的样子。日瓦戈站在人后面观察她，她看不见。

日瓦戈还是头一次仔细地看她。她仍然戴着那顶英国士兵帽，穿着那件浅绿色大衣，大衣领子已经不那么挺直了。不过，从这位热情洋溢，像少女一样把眼睛、眉毛都描得黑黑的中年妇女的高傲表情来看，穿什么和不穿什么她似乎都不在乎。

然而帕雷赫老婆的样子却使日瓦戈吃了一惊。他几乎没认出她来。虽然只有几天的光景，她已苍老得吓人。她那双凸出的眼珠几乎随时都会从眼眶里弹出来，细长的脖子上可以看到脉搏的跳动。内心的恐惧竟使她变成这副模样。

“它不下奶，亲爱的，”阿加菲亚说，“我以为它是到了停奶期，可是不像，奶水早该有了，可就是没有。”

“哪里是什么停奶期。你没看见它奶头上长疮吗？我弄点草药用油拌一拌抹上。另外还要念念咒。”

“我还有一样烦神的事，就是我丈夫。”

“我念咒把他叫回来，叫他别去与女人胡闹。这可以做到。他会黏在你身上，你甩也甩不掉。你说说第三件不顺心的事吧。”

“他不胡闹，要是胡闹倒好了。他正好相反，怎么也要跟我和孩子们在一起，想我们想得难受。我知道他有什么想法。他想：家属要和营地分开，我们又不能住在一起了。我们可能会落到巴萨雷戈那伙人手里,他又不和我们在一起,没人保护我们。那些家伙会折腾我们寻开心。他想的就是这些。我就怕他出什么事。”

“我们想想办法,打消你的忧愁。说你第三件烦心的事吧。”

“没有第三件。我只有这么两件事:母牛和丈夫。”

“瞧你这些烦心事,大嫂!你看上帝对你多好呀。像这样的人白天打着灯笼也没地方找。你这可怜的人只有两件烦心事,而且一件还是那心疼你的丈夫。治牛你给我什么报酬?我要开始念咒啦。”

“你要什么?”

“一块精粉面包和你男人。”

旁边的人哈哈大笑。

“你在取笑我?”

“那好,要是嫌贵,就把面包免掉,光要你男人。”

周围笑得更厉害。

“叫什么名字?我是问牛的名字,不是问你男人的名字。”

“美人。”

“这里的牛大概有一半叫这个名字。好,我们先求上帝赐福。”

她开始给母牛念咒。起先她的确是替牛念,可后来却来了劲,给阿加菲亚说了一整套巫术和方法。日瓦戈像着了迷似的听她胡言乱语,正好像他当年从俄国西部来西伯利亚时听车夫瓦克赫那有滋有味的闲聊一样。

库巴莉哈说道:

“眍眼仙姑，请你下凡，星期二、星期三，去掉脓疮。乳头上的金钱癣，快下来。好好站着呀，美人，别把板凳踢翻。站着稳如山，奶水流不完。怪仙，怪仙，揭下疮痂，扔给荨麻。巫师的言语重如高山。你什么都要懂，阿加菲亚，什么劝诫、训教、护身咒、避邪咒，都要会念。比方说，你看到森林，就会想这是森林。其实这是妖怪和天兵在砍杀，也就是你们和巴萨雷戈的士兵在作战。再比方说，你看我指的地方。不对，亲爱的，你要用眼睛看，别用后脑勺看，看我指的地方，对，对。你看这是什么？你以为是风把两根桦树枝吹得绞在一起了吧？或者以为是小鸟想在那里搭窝？你可别这样想。这是地地道道的魔鬼要的花招：美人鱼在给她的女儿编花环，听到有人走来，便吓得把它放下了。你等着瞧吧，到夜里她一定会编好它……再说你们这面红旗吧。你是不是以为这是一面旗？其实这根本不是旗，是姑娘的阴魂在挥舞大红色头巾来引诱人，她为什么要引诱人？她向青年人挥舞头巾，朝他们挤眉弄眼，是引诱他们去送死，让他们大批死去。可是你们还是上当受骗了，以为这是旗子在号召：全世界的无产者和穷人，都到我这里来……现在什么都要知道，阿加菲亚大嫂，什么都不能缺，鸟呀，石头呀，草呀。比方说吧，那鸟是一只神鸟燕八哥；这野兽是一头獾。现在另外举个例子。你想和哪个人谈情说爱，你只要告诉我一声就行。不管什么人我都可以叫他迷上你，哪怕是你的上司——你们的林中头目，哪怕是柯尔察克，还是伊凡王子。你以为我在瞎吹牛吧。一点也不吹。好，你听着。冬天一到，便有暴风雪。风把雪吹得像一根根柱子。我把刀朝一根雪柱上一插，一直插到刀把子，再抽出来，刀上便鲜血淋淋。这你见过没有？唔？你一定以为我在吹牛。你会说雪柱不过是风和雪，哪里来那么多血？问题就在这里，亲爱的，这不是风，这是一个会变化的离婚女人把她的小崽子丢了，正在外面找，因为找不到才大哭。我的刀扎的就是她，所以有血。我用这把刀可以把任何人的脚印裁下来，用线缝在你的衣襟上。不管是柯尔察克，或是斯特列尔尼科夫，还是新沙皇，都会形影不离地跟着你。可你以为我吹牛，以为我也要发出号召：全世界的穷人和无产者，都到我这里来……再举个例子。有时石头从天上掉下来，像下雨一样。有一个人正好出门，被石头打中了。再有，有人看到骑士在天上飞奔，马蹄踢到了房顶。再有，古时候的巫师曾经说：这个人的老婆身上有粮食，有蜜，有貂皮。这时武士便用刀划开女人的肩膀，像打开宝匣子一样，从女人肩胛骨下面往外掏东西，有的取出的是麦子，有的是松鼠，有的是蜂巢。”

世界上有时会有一种伟大的强烈的感情。这种感情总混杂着一种怜惜之情。我们对一个人爱得愈深，我们就愈觉得他是一种牺牲品。有些人对女人爱怜备至，将她置于一种幻想中的虚无缥缈的境界，对于她呼吸的空气、她的生活琐事以及她出生前的几千年岁月都会产生一种嫉妒之心。

日瓦戈的学识使他完全有可能去怀疑这个女巫最后一段话是某一部编年史开头的内容，不是诺夫戈罗德的，便是伊帕季耶夫的，只是经过数百年来一代代的巫师与说故事的人口头相传，已经变了样子，更何况以前就早已被抄录者窜改得面目全非了。

为什么这故事中的残暴情节如此吸引他？为什么这一派胡言乱语，这番荒唐绝伦的梦呓他听起来就像是确有其事？

拉莉萨左肩上的衣服被撕开了,就像有人把钥匙插进铁柜的秘密锁眼一般,利剑一划就把她的肩胛骨打开了。她藏在灵魂深处的隐秘都暴露无遗。她去过的那些陌生的城市、街道、房舍、空间,像一卷卷软片一样,一齐展现出来。

啊,他多爱她呀!她多美呀!这恰恰是他一直向往和追求的,是他所需要的!但她的美又表现在何处?能不能说出她的美是一种什么美?不,办不到!她的美是极其简单、极其流畅的线条美,是造物主从上到下一笔画成的;她就是以这样一副绝好的形象——像浴后裹得紧紧的婴儿——进入他的心灵的。

然而他现在身居何处?情况又怎样?是在西伯利亚大森林的游击队中。游击队被包围了,他也将分享被包围的厄运。真见鬼,真荒唐!想到这里日瓦戈的脑袋和双眼又模糊起来,眼前的一切开始漂动起来。这时雪不下了,却下起了蒙蒙细雨。林中空地上空好像扯起了一个硕大无朋令人吃惊的模糊的神头怪影,宛如挂在城市街道上空的大幅标语。这个怪影在哭泣;雨势更大了,雨吻着它,朝它身上浇去。

“走吧,”库巴莉哈对阿加菲亚说,“咒已经给牛念过了,它会好的。你要向圣母祷告,她是光明的源泉,什么牲口的病都能治。”

八

森林的西边正在进行战斗。森林实在太大了,这场战斗仿佛是在一个国家的遥远边界上发生的。隐藏在密林深处的一方人口众多,不论有多少人投入战斗,剩下的人依然很多,不见减少。

营中几乎听不到远方的厮杀声。忽然林中近处响起枪声,一声接着一声,枪声随即变得杂乱频繁起来。枪声响处,人们东窜西逃;后勤队的人朝大车奔去,一片混乱。战士们个个都做好了战斗准备。

混乱很快平定下来,原来是一场虚惊。人们都朝响枪的地方奔去,人愈来愈多。

人群中有一个人躺在地上,浑身血肉模糊。这个人还活着。他的右臂和左腿已经被砍掉,竟然靠剩下的一臂一腿爬到营地,真是难以想象。砍下来的一臂一腿血淋淋地捆在这个人的背上,背上还有块小木板,上面除了不堪入目的谩骂之外,还写着:这是对某某红军部队的暴行的报复,虽然林中游击队与这些队伍毫无关系。同时还说,如果游击队不在规定的期限内向维增军团投降并放下武器,则对游击队的每个人都将照此办理。

这个受尽折磨的残人因大量失血而不时昏迷,他用微弱的声音断断续续结结巴巴地讲述了在维增将军的后方军调保安队中所遭受的严刑拷打。他被判处死刑,后来从轻改为砍去一臂一腿,让他回到营地,以便在游击队中制造恐怖情绪。他们先把他抬到营地警戒线,然后放在地上让他自己往前爬,同时朝空中开枪逼迫他前进。

他吃力地颤动着嘴唇。人们弯下腰,紧挨着他,听他那些含糊不清的话。他说:

“弟兄们,要小心,他冲破你们的防线了。”

“我们派去了增援部队,那边正在激战,可以挡住他们。”

“打进来了,打进来了。我知道,他想来个出其不意。啊呀,我不行啦,弟兄们。你们瞧,我全身流血,吐出来的也是血,我马上就完了。”

“你躺着歇一会儿,别说话。你们这些不顾人死活的家伙,看不见他已经吃不消了吗!”

“我浑身上下没有一块好肉,这个吸血鬼,这条狗!他说:我要叫你浸在自己的血中!快说,你是干什么的?弟兄们,我怎么能告诉他我是一名逃兵,是来投奔你们的?”

“你老说‘他’,处置你的是谁?”

“啊呀,弟兄们,肚子好难受。让我喘口气。我来告诉你们。他叫贝凯申·什特列泽上校,是维增的部下。你们在森林中什么也不知道。城里的人没法活呀!他们煮活人、抽筋;他们揪着我的衣领,往黑咕隆咚的地方推。我伸手一摸,原来是带栅栏的车厢,里面大概有四十多个人,只穿着内衣。他们不时打开门到里面抓人,抓到谁谁倒霉,拉出去像宰鸡一样宰掉。我没有半句谎话。有的吊死,有的崩掉,有的拉去受审。先把你抽得浑身到处是伤,然后把盐撒在伤口上,用滚水浇。你要是呕吐或者拉屎,就强迫你把吐出、拉出的东西再吃下去。对孩子和妇女,那就……天啊!”

这个人只剩下一口气了。他还没把话说完,便哽咽了一声,断了气。旁边的人总算立即看出来了,大家都脱了帽子,画十字。

到了晚上,营地上传遍了一个更为骇人听闻的消息。

帕姆菲尔·帕雷赫当时也在人群中观看。他亲眼见到这个人,听见他的讲述,看见木板上那恫吓的文字。

他一直为他死后妻儿们的命运感到恐惧,这种恐惧现在达到了空前的程度。他仿佛已经看到他们慢慢地受着折磨,看到他们痛苦的脸色,听到他们的呻吟与呼救声。他不愿意让他们以后吃苦受罪,同时也想减少自己的痛苦,便在一阵狂暴中亲手把他们杀了。他先砍死老婆和三个孩子,凶器就是他给两个女儿和宝贝儿子弗列努什卡做木头玩具的那把锋利得像剃刀似的斧头。

令人奇怪的是,当时他并没有立即自杀。他想些什么?等待他的又是什么?有什么意图和打算?他显然已经是精神错乱,已经不可救治了。

正当利维里、日瓦戈和军人委员会的成员在商讨如何处置他时,他还在营中闲荡,低着头,呆呆地眯着一双暗淡无光的黄眼睛,脸上浮着一种无法遏制的痛苦的痴笑。

没人同情他,大家见到他都远远避开。有人主张对他处以私刑,但得不到支持。

他在世界上已经无事可做了。第二天天亮时他从营中消失了,就像得了狂犬病的狗躲避自己的影子一样。

九

冬天早已降临,严寒刺骨。断断续续的声音和没有联系的形象常常在寒雾中出现,停留一阵子,移动开去,又渐渐消失。天上已经不是人们熟悉的那个太阳,它已经被偷偷地换成一个深红色的高悬在林中的圆球。那稠得像蜜似的琥珀色阳光,像在梦境或童话中那样,缓慢而迟钝地漫流而下,一路上总想凝结在空中,冻在树枝上。

一双双无形的穿着毡靴的脚,一步一步地轻轻踏着大地朝四面八方走去,每一步都激起暴怒的嘎嘎声。此外,那一个个戴着长耳帽穿着短皮袄的身影,仿佛在空中飘过,就像在苍穹中游荡的巨人。

熟人们止住脚步,脸贴近脸攀谈起来。他们像刚从浴室出来似的满面通红,可是那胡须却冻得硬邦邦的。他们口中呵着一团团又浓又黏的热气,同他们那简短的、仿佛也被冻僵了的不多的几句话很不相称。

在一条小路上,利维里碰到了日瓦戈。

"啊呀,是您呀?好久不见啦!晚上请到我的土窑里来,在我这里过夜,像以前一样谈心。我有消息告诉您。"

"急件邮差回来了,有瓦雷金诺的消息吗?"

"我家和您家一点消息也没有。不过因此我却可以得出一个令人放心的结论:他们及时逃走了,否则一定能听到一点情况。好吧,见面时再详细谈。我等您。"

晚上在土窑里日瓦戈又把问题重复了一遍:

"只请您把我们家里的情况告诉我就行。"

"您这个人总是只认得鼻子尖下面的一点东西。照我看,他们都平安无事。不过我要跟您说的不是这件事。是不是想来点冻小牛肉?"

"谢谢,我不要。请别打岔,谈正题吧。"

"您吃点多好。那我自己来一点。营里得坏血病的人多,因为好久没有面包和蔬菜了。本该趁秋天家属在营里的时候让她们采点野果子存起来。我告诉您,我们的情况好极了。往常我估计的情况果然已经发生,可以说,大河开冻了。柯尔察克的队伍全线后撤。这是一场彻底的不战而退的败局。您现在明白了吧?我说得对不对?可是您却老是垂头丧气。”

“我什么时候垂头丧气过?”

“一贯如此,特别是在维增进攻我们的时候。”

日瓦戈想起了不久前的秋天处决叛变者、帕雷赫杀子杀妻以及无止无休的血斗和杀戮。白军和红军互逞凶残,以暴还暴,有增无减。血腥气钻进喉咙,冲人头脑,使人目眩,令人作呕。这哪里是什么垂头丧气,完全是另一种心情。但这跟利维里怎么说得清?

土窑里散发着一种芳香的气息,它黏在上颚上,刺激着鼻腔和喉管。土窑靠三脚铁架上的小薄木片燃烧照明。当一块木片烧完,余下的一小段落入下面的水盆中时,利维里便另点燃一支插在座子里。

“您看我在烧什么。油没有了。树枝太干,不耐烧。唉,营里那么多人得坏血病。您小牛肉一点也不肯吃?这坏血病您看怎么办,大夫?是不是召集司令部的人开个会,给我们谈谈坏血病的情况和治疗方法。”

“您别折腾人啦,看在上帝面上。我们家里的情况到底怎么样?”

“我已经说过,没有任何可靠的消息。不过我还没把我从最近的战报上看到的消息告诉您。内战结束了,柯尔察克的兵力已经被彻底击溃。红军正沿着铁路线向东追击,把他们赶下大海。

另一部分红军正赶来同我们合作，共同消灭分散在后方各区的大量残敌。俄国南部已扫荡干净。您怎么不高兴？难道还嫌少吗？”

“不是，我高兴。不过我还是要问我们的家现在在哪里？”

“他们不在瓦雷金诺，这可是大好事。虽然卡缅诺德沃尔斯基去年夏天讲的事没得到证实——这我早就说过了。您不记得有伙来历不明的分子袭击瓦雷金诺的谣传了吗？不过，村里的人倒是真的都跑光了。那里显然是出过事，好在我们两家都及时逃掉了。我们要相信他们平安脱险。据我派去的侦察人员报告，那儿留下的一些居民也都是这样说的。”

“尤梁津呢？那里怎么样？在谁手里？”

“传说也不可靠，肯定是错的。”

“究竟怎么说？”

“传说是在白军手里。这肯定是胡说八道，因为这明明不可能。现在我可以给您找确凿的证据。”

利维里又点起一支木片，插在座子上。然后把那张又皱又破的两俄里缩成一寸的地图折好，光露出需要的那部分，用铅笔指着地图向日瓦戈解释。

“您看，这一带的白军全被赶跑了，您看，这里，这里，还有这里，整个区。您在注意听我讲吗？”

“我在注意听。”

“尤梁津方面不可能有白军。如果他们没撤走，交通线已经切断，他们一定会落进红军的大口袋里。不论他们的将军多无能，这一点他们总会看得到的。您把大衣穿上啦？到哪里去？”

“对不起,我出去一会儿。这里又是烟草味又是木柴烟味,我觉得不舒服,到外面去透透气。”

日瓦戈走出土窑,把门口旁边当凳子用的粗木墩上的积雪用手套扫掉,坐下来,弯下腰,用两只手托住腮,沉思起来。严冬里的森林、营地、游击队中十八个月的生活——这一切仿佛都没有过,都被他遗忘了。他似乎只看到亲人,猜测他们的遭遇,他的猜测一个比一个可怕。

他看到托尼娅抱着舒拉冒着暴风雪从田野里走来。她用毛毯把他裹好,自己两只脚陷进雪里很深,用尽全身力气才能把脚拔出来,前进一步。风雪猛吹,她倒下去;她不断倒下,爬起,再倒下,再爬起。她两腿发软,几乎站也站不稳。哎呀,他怎么老是忘记她已经有两个孩子了呢?小的还在吃奶呀!她一只手抱一个,就像奇利姆的难民一样,这些人由于悲伤和过度紧张都变得精神失常了。

她一只手抱一个孩子,旁边没有人去帮她一把。舒拉的爸爸不知在什么地方,他总是跑得很远很远,不和他们在一起。他配当爸爸吗?有这样当爸爸的吗?她自己的爸爸亚历山大·格罗麦科在哪里?纽莎在哪里?还有其他那些人呢?唉,还是别提这些问题,最好还是别想,别去考虑。

日瓦戈站起来想回到土窑去。突然他转了个念头,不想再回到利维里那里去了。

滑雪板、一袋面包干和逃跑需要的东西他早就准备好了。这些东西他都埋在营地警戒线外的一株大冷杉树下,为了便于寻找,他还在树上刻了个特别的记号。他转身顺着雪堆中踩出的一条小路朝大树方向走去。这是一个晴好的夜晚,圆月高悬。日瓦戈知道什么地方有值夜岗哨,都一一避开了。但当他来到山梨树旁边的空地时,被远处的一个哨兵喊住了。哨兵直挺挺地站在滑雪板上,飞快地朝他滑过来。

“站住!否则我要开枪了!什么人?口令。”

“你怎么啦,弟兄,糊涂啦?我是自己人。大概你没认出来。我是日瓦戈医生。”

“对不起,请包涵,日瓦戈同志,我没认出来。就算你是日瓦戈,我也不能放你出去,公事公办。”

“那好。口令是‘红色西伯利亚’,回答是‘打倒武装干涉者’。”

“那就另当别论啦。走吧!半夜里到哪儿去?有人生病吗?”

“想喝水,睡不着。本想出来走走,弄口雪吃。看到山梨树上那么多冻果子,想过去摘几个尝尝。”

“冬天竟想吃山梨果,这就是你们这些老爷的怪毛病。三年来我们斗呀斗的,就是斗不掉,没有一点点觉悟。去摘你的山梨果吧,神经病。难道我舍不得?”

哨兵使劲一蹬,便又直挺挺地站在吱吱发响的长滑雪板上朝下滑去,愈来愈快,接着便滑过一片没人踩过的雪地,消失在冬季稀疏光秃的灌木丛后面。日瓦戈顺着小路,来到刚才讲到的山梨树前。

山梨树一半埋在雪里,另外一半是上了冻的树叶和果子。山梨树朝日瓦戈伸出两根雪柱似的树枝。他想起了拉莉萨那两条滚圆丰满的雪白手臂。他抓住树枝,把树枝贴在胸口上。山梨树把雪撒了他一身，仿佛是对他的亲热所做的回答。他忘情地喃喃说：

“我就要见到你了，我的美人儿，我那雍容华贵的山梨树，我亲爱的心肝。”

夜色晴朗，月明如洗。他悄悄进入森林，走到他朝思暮想的冷杉旁，挖出他埋的东西，离开了营地。

第十三章　带雕像的房子对面

一

商会大街沿着一道曲折的山冈朝小斯巴斯克街和新堆场胡同蜿蜒伸去。从高坡上的房子和教堂可以俯瞰这条大街。

拐角上是那幢带雕像的深灰色房子。房子下部倾斜的方块石墙上有刚刚贴上去的政府报纸、政府法令和公告。一些过路的人久久地站在人行道上,默默地读着。

不久前天气暖和,路上都化冻了,现在又冷起来,而且没有雨雪。平常这时候天已经黑了,可是现在还是大白天。冬季刚刚过去,留下的空隙已经被阳光填补了,阳光直到黄昏时候都迟迟不肯离去。这阳光使人高兴,使人向往远方,但同时又让人恐惧与不安。

白军刚撤走不久,城市转入红军手中。枪声、流血和交战的恐惧已宣告结束。但这也像冬去春来那样使人感到恐惧与不安。

过路的人借着迟去的光亮阅读着公告。公告说:

市民周知：凡殷实之家出身需领取工作证者，每张须付五十卢布。领证地点：十月街（前总督街）五号，一三七室，尤梁津市苏维埃粮食局。凡无工作证或工作证填写不确，特别是伪造工作证者，皆依战时条例予以严惩。工作证使用说明见尤梁津市苏维埃粮食局一三七室本年No.86（1013）И.Ю.И.К.公告。

第二张公告说，市内粮食充裕，但皆为资产阶级藏匿，其目的在于破坏配给制并制造粮食供应的混乱。公告最后宣称：

凡囤积隐匿粮食者，一经发现就地枪决。

第三张公告说：

为组织好粮食供应，非剥削阶级分子可参加消费公社。详情可向尤梁津市苏维埃粮食局查询。地址：十月街（前总督街）五号，一三七室。

另有一张是告诫军人的：

凡来上交武器或未持新持枪许可证而携带枪支者，将依法予以严惩。持枪许可证可去尤梁津市革委会申请换发。地址：十月街六号，六三室。

二

一个蓬首垢面，面容憔悴的男子，背着口袋，拄着拐杖，走近了看布告的人群。他那好久没理过的长发中还看不出银丝，但是满脸深褐色的胡须却开始灰白了。这个人就是日瓦戈医生。他身上的大衣一定是在路上被人剥去，要不就是换了吃的。他只穿着一件无法御寒的单薄短袖旧外套。

他的口袋里还剩下一块没吃完的面包——那是他走过附近一个村子时人家施舍给他的——和一块牛油。他大约在一个小时之前从铁路那边走进城，也就是说，从哨卡到这十字路口他走了整整一个钟头。他走了好几天，累得筋疲力尽，身体衰弱到了极点。他不时地停下脚步，勉强克制住自己内心的激动。他多想跪在地上亲吻那市区的路石啊！他本来以为再也见不到尤梁津了，正因为如此他才像见到亲人那样激动。

他有一半的路程是沿着铁路线走的。他看到铁路已经无人看管，都埋在雪里。他从一列列白军的车厢走过，有客车、货车，这些车辆都因为大雪，因为柯尔察克失败和燃料缺乏而停在那里。这些被大雪封埋的火车像条带子一样长达数十俄里，成了沿途进行抢劫的武装土匪的据点，或是潜逃罪犯和政治犯以及当时被迫流亡者的栖身地，不过多数车厢却成了死于斑疹伤寒或酷寒的人们的公墓或停尸房。斑疹伤寒在铁路沿线和附近地区曾肆虐一时，整村整村的人被夺去了生命。

这个时期证实了一句古语：人不为己，天诛地灭。行人见到行人就躲。两人相遇,必有一人杀死对方,因为他怕被对方杀死。个别地方还有人吃人的事发生。人类的文明法则已经不起作用,起作用的是兽性法则。人们又做起了史前穴居时代的梦。

有时,几个孤零零的身影在他身旁溜过,他们惊恐地走到很远的地方穿过小路,日瓦戈也尽量绕开他们。这些身影他觉得很眼熟,仿佛在什么地方见过,仿佛都是游击队营地的人。他的这种感觉大多数是错的,但有一回他的眼睛却没看错。有一个少年从国际列车卧铺车厢前面的雪堆后面爬出来,解过手之后又钻了回去。这个人的确是游击队的捷廖沙·加卢津。大家都以为他已经被枪决了,但是并未被打中要害。他一动不动地躺了很久,清醒过来之后,便离开行刑的地方,躲在森林中养伤。伤口愈合后,他便更名换姓,回克列斯托沃斯德维任斯克去寻找亲人,途中在挤满人的车厢里藏身。

这些景象使他感到难以理解,仿佛是陌生的外星球上的东西迷失了方向,跑到地球上来了。只有大自然永远忠于历史,它和近代画家笔下的大自然没有什么差别。

冬日的傍晚是那般静谧,泛着浅灰和深玫瑰色。夕照下的白桦树那黑黑的树枝显得异常清晰,异常精致,就像雕刻的文字。暗黑的小溪上结着一层烟色的薄冰,水在冰层下面流过,两旁是白色的雪堆,雪堆下方被水泡得发了黑。就是这样一个灰晶色的柔软如绒的寒冷黄昏,过一两个钟头就要降临在尤梁津的带雕像的房子对面了。

日瓦戈本想走到墙根前去看报刊栏上的布告,然而他的视线却不住投向对面房子二楼的几扇窗户。这窗子原来刷上了石灰,两个房间里堆着房东的家具,现在窗子下方虽然结了一层薄冰,但仍然可以看出玻璃上的石灰已经擦去,变得清亮透明。这变化说明什么?房东回来了?要不就是拉莉萨搬走了,来了新的房客,所以一切都变了?

日瓦戈不知道是怎么回事,心里十分焦急,怎么也无法平静。他穿过大街,走进房子的大门,经过前室,踏上他熟悉而亲切的楼梯。他在游击队营地时,不知多少次清晰地回忆起这镂花铁楼梯。在楼梯转弯的地方朝下望去,可以看到楼梯下堆放着的破水桶、木盆、缺背少腿的椅子。现在依然如此,一点也没变,一切如旧。日瓦戈对楼梯如此忠于过去,不禁产生一种感激之情。

门口本来有个门铃,在日瓦戈被抓走之前就损坏了。他想敲门,不过他发现橡木门上胡乱地装了个铁环,上面挂着一把沉甸甸的锁。门上的装饰原来很讲究,现在有的地方已经脱落。这种随意糟蹋的事从前是不允许的。那时的锁都镶嵌在门上,开关都很方便,如果损坏了,自有锁匠来修。由小见大,这种区区小事恰好说明情况大不如以前了。

日瓦戈深信拉莉萨与卡秋莎不住在这里了,可能也不在尤梁津,不在人世了。他做了最坏的思想准备。不过既然已经到这里了,他还是伸手到墙缝——他和卡秋莎都怕这个地方——里去摸摸有无钥匙。他怕墙缝里有老鼠,先用脚踢了两下墙壁。他本来不指望会找到什么。墙缝里塞了一块砖头,日瓦戈挪开砖,把手伸了进去。啊呀,简直是奇迹!有钥匙,而且还有一张纸条。纸很大,是一封长信。日瓦戈走到楼梯转弯处的窗口旁。这个奇迹更会令人难以置信:纸条竟是写给他的!他连忙读下去:

天啊，真叫人高兴！听说你还活着，而且回来了。有人在市郊看到你，跑来告诉我。我估计你首先会急着去瓦雷金诺，所以我带着卡秋莎到那里去找你。但又怕你到这里来找我，便把钥匙放在老地方。等我回来，哪里也别去。你还不知道现在我已搬到前面临街的房间里住了，这你会看出来的。房子更显得空荡了。我不得不卖掉房东的一部分家具。我给你留了一点吃的东西，差不多都是煮土豆。把锅盖盖好，再把熨斗或别的重东西压在上面，免得老鼠钻进去。我高兴得简直要疯了。

纸条正面写的就是这些。日瓦戈没注意到反面还有字。他把纸条送到唇边吻了又吻，然后折好，连同钥匙一同塞进衣袋里。他的狂喜中掺进了一种可怕的伤痛。既然她去了瓦雷金诺，而且一点也不犹疑，那说明他的家已经不在那里了。他不仅因此感到不安，而且更为亲人们难受，伤心。她为什么只字不提他们的情况，仿佛世上就没有他们这些人似的。

然而，没有时间去考虑这些了。天色慢慢黑下来，趁着天亮还有好多事要做。一定要先去好好看看街上的布告。这是非常时期，要是触犯了什么重要的规定，弄不好会送掉性命。他没开房门，也没把口袋从磨肿了的肩膀上拿下来，便下了楼，来到街上，朝贴满一大片各种布告的石墙走去。

三

这里贴的有报纸、会议记录和发言、命令。日瓦戈用眼扫了一下标题："对有产阶级财产征用、课税条例。关于建立工人监督机构。关于工厂委员会。"这是新市政当局废除以前的规章制度后颁布的新规定。它提醒人们不要忘记——在白军一度占领时可能已经忘了——这些规定，必须严格遵照执行。日瓦戈被这些没完没了、千篇一律的陈词滥调弄得头昏脑涨。这是哪个时期的标题？是第一次革命时期，还是白军叛乱后的几个时期？布告是什么时候贴上去的？去年？前年？他一生中只有一次赞赏过这强硬的语言和直率的思想。难道他就因这么一次不谨慎的赞赏而付出代价，就只能年年听这些愈来愈死气沉沉、愈费解、愈无法实现的狂妄喊叫和要求吗？难道就因一时表示高度同情而使自己变成终身奴隶吗？

他看到一段不知从哪里扯下来的总结报告。他读道：

> 有关饥馑的报告表明了地方组织的极端失职。浪费现象十分突出，投机活动极为猖獗，但地方工会组织的领导和市、边区工厂委员会采取了哪些措施？如果我们不在尤梁津商业系统仓库和车站以及鱼市区开展群众性搜查，如果我们不采取严厉的恐怖措施直至就地枪决投机分子，就无法摆脱饥馑状态。

"真是闭着眼睛胡说！"日瓦戈想，"事实上早已没有粮食了，还谈什么粮食？什么有产阶级、投机分子？他们早已依照以前的决定给消灭了。什么农民、农村？这些再也不会存在了。他们早已把自己作出但实际上没起任何作用的决定和措施忘得一干二净。什么人才能以这种经久不衰的狂热精神年年侈谈早已不存在的话题，而且对周围的一切视而不见，听而不闻！”

日瓦戈感到一阵眩晕，昏倒在人行道上。当他苏醒过来时，人们扶他站起来，要送他去他要去的地方。他谢绝了人们的好意，说他就住在大街对面。

四

他又回到楼上，打开了拉莉萨的房门。楼梯口仍然很亮，和刚才头一次来时相比并不显得暗。他很高兴，感激太阳没催促他。

门咔嚓一声开了，同时引起了室内一片混乱。空荡无人的房间迎接他的竟是翻落的瓶瓶罐罐发出的一阵叮叮当当声响。一只只大老鼠跌落在地板上，连忙逃窜。日瓦戈束手无策，他只觉得恶心。这里简直成了老鼠窝。

他很想在这里过夜，不过他决定首先找个能关得严实、不受老鼠侵扰的房间，把鼠洞用碎玻璃和铁皮堵起来。

他从前室拐到左面一个他没去过的地方。穿过黑暗的过道，来到一间窗子临街的光线明亮的屋子，正对面就是那幢带雕像的房子。房子下方墙上贴着报纸，过路的人背向着他在看报。

室内外一样都是早春薄暮时的霞光。室内与室外一样明亮，好像房间和大街之间没有间隔。只有一点小小的区别，就是日瓦戈所在的拉莉萨房间比商会街上更冷。

当日瓦戈快到尤梁津以及一两个小时前他在城里行走时，感到浑身无力，他以为这是大病的前兆，十分惊恐。

眼前这室内外同样的光亮不知为什么使他兴奋起来。室内与室外同样的寒气使他感到傍晚大街上行人十分亲切,感到城里人的情绪、人世上的生活也十分亲切。这时,他的恐惧消失了,他再也没有会病倒的感觉。这傍晚时候照遍各个角落的明亮的春光,是他那遥远的梦想与奢望得以实现的保证。他相信一切都会向好的方向发展,一切都将如意,所有的亲人都能找到,他会使他们不再提心吊胆,他把一切都考虑好,一切都告诉他们。他等待和拉莉萨见面的快乐,就好像等待头一个好兆头。

极度的兴奋和奔忙驱散了他先前的疲劳。不过这种兴奋同原先的浑身无力相比,无疑更是他即将病倒的征兆。但他却坐不住,又想上街去办件事。

他想在住下来之前先理理发,刮刮脸。进城之后,他看了好几家过去的理发店,有的空空荡荡,有的改作别的用场,有的虽然还在营业,但却没开门,无处可去;他自己又没有刮脸刀。如果拉莉萨有把剪刀倒也可以救急,但匆匆翻了翻她的梳妆台,也没找到。

这时他记起小斯巴斯克街上有家小裁缝铺。他想,如果这铺子还继续营业,能在关门之前赶到那里,就可以找个师傅借把剪刀。于是他又一次来到大街上。

五

他的记性果然不错。裁缝铺还在老地方,还没关门。铺子的玻璃门面朝街,和人行道一样高。从玻璃门望进去,可以见到对面的墙。裁缝师傅们就在行人的眼皮底下干活。

房间里挤得要命。除了原来的师傅以外,还有一些是缝纫爱好者。她们都是尤梁津缝纫协会里上年纪的妇女,是遵照带雕像的房子墙上的公告规定,为领取工作证来学习缝纫的。

这些人显然不同于那些动作利索熟练的真正老师傅。铺子里缝制的只有军服、棉裤、棉袄,此外还缝制日瓦戈在游击队时看到的各色狗皮短袄。那些缝纫爱好者把需要滚的边塞进缝纫机针下面时,手指的动作显得十分笨拙,她们对这种皮货活儿十分生疏。

日瓦戈敲敲窗子,做了个要进去的手势。里面的人也用手势回答他,意思是不接私人活儿。日瓦戈不肯罢休,继续打手势表示一定要进去当面谈。里面的人表示她们很忙,挥手叫他走开,别妨碍她们干活。有一位女师傅的脸上表现出一副莫名其妙的表情,不耐烦地伸出手掌,像一条小船的样子,用眼色问他究竟要干什么。他把食指和中指并在一起,一张一合,模仿剪刀的样子。妇女们以为这是模仿她们的动作,寻她们开心。她们看到他那褴褛的衣着,怪诞的动作,认为他不是病人便是精神失常。她们你看我,我看你,嘿嘿直笑,挥手让他走开。最后他想起应该从后院进去。他找到后院,穿过院子去敲裁缝铺的后门。

六

开门的是一位上了年纪的女师傅。她穿着一身黑衣服,脸色黝黑,面容严峻,看样子可能是这里的负责人。

“你真能缠！简直吃不消。您有什么事？快点说，我没工夫。”

“请不要觉得奇怪，我是想借把剪刀，只用一会儿。我就在你们这里把胡子剪剪，用完就还。我将非常感激。”

她眼睛里露出疑惑惊讶的目光。显然，她对这个人头脑是否正常感到怀疑。

“我刚从远处来，头发胡子这么长，想剃个头，可是理发店都不开门。我想只好自己动手了，只是没剪刀。请借给我用一下。”

“好吧，我来给您理。不过有一条，如果您动什么坏心眼儿，因为政治问题而想改头换面，那就对不起了。我们不愿为了您把命豁出去，该到哪里揭发就到哪里揭发。”

“哎呀，何必这样提心吊胆！”

女裁缝让日瓦戈进了门，把他领到旁边一间比储藏室大不了多少的房间里。过了一会儿工夫，他已经坐在椅子上，像在剃头店里一样身上罩了一块白布，两头紧紧扎住，塞在衣领里。

她出去取理发用具，不多久便拿来了剪刀、大大小小的梳子、推子、皮带和剃刀。

“我这一辈子什么都干过，”她发现日瓦戈对她手里这一套现成的家伙表现出惊讶的神情，就解释说。“当过理发师，上次打仗时我当护士，学会了剃头刮脸。我先把胡子用剪刀剪短些，然后再刮干净。”

“请把头发给我剪短些。”

“我尽量剪短。看你们这些读书人怎么竟装得这样无知无识？现在不讲星期而讲旬了。今天十七号，理发店逢七休息。您好像还一无所知。”

“我确实不知道。我干什么要装？我不是告诉您说我不是本地人，是从很远的地方来的。”

“您坐好，别动，一会儿就剪好了。您说您是从老远的地方来的。怎么来的？”

“两条腿走来的。”

“顺公路走的吗？”

“有一段是公路，其余的是铁路。好多车厢都埋在雪里！豪华列车、专车——什么车都有。”

“好，只剩下一点点，这么一剪就行了。为家里的事来的吗？”

“哪里是什么家事！是为以前的信贷社的事来的。我是视察员，出差去检查工作，什么地方都跑。后来竟在东西伯利亚待了很久。没有火车，回不来，一点办法也没有，只好步行，走了一个半月。一路上的见闻三天三夜也说不完。”

“那就不用说啦。我要讲点道理给您听。您先等一下，给您这面镜子。您把手伸过来，拿镜子照照。怎么样，还可以吧？”

“我看还不够短，能再剪掉一点吗？”

“那就没样子啦。依我看，什么都用不着说。现在最好是当哑巴，什么信贷社、埋在雪里的列车、视察员检查员的，最好把这些都忘光。不然就要惹麻烦！现在不是谈这些事的时候。您最好说自己是医生或是教师。好，胡子剪得差不多了，现在要刮光。先抹点肥皂，嚓嚓两下，就让您年轻十岁。我去烧点水。”

“这个女人究竟是谁？”她走后，日瓦戈思忖道，“总觉得我和她可以接触，我必须要了解她。好像见过或听说过她。她好像有点像一个人。到底像谁呢？真见鬼。”

她回来了。

“咱们现在来刮脸吧。看来，最好还是少说话，这永远是一条真理。俗话说：话是银，沉默是金。别提那特别列车和信贷社啦。您就说您是医生或是教师，这样说最好。您不论见过什么，都放在心里好了，这有什么了不起？怎么样？不觉疼吗？”

“有点儿疼。”

“这刀不怎么快，我知道。请您忍耐一会儿吧。肯定有点疼。您的胡子又长又硬，皮肤也好久没碰过刮胡刀了。您见的那些事没什么了不起，人们都已经见过世面，连我们也吃了不少苦头。白军在的时候，这种事多得很！抢劫、杀人、绑架、抓人。比方说，有个小官僚，对一个中尉总看不顺眼，派一个士兵埋伏在克拉普尔商行对面的城郊丛林里抓他。他们缴了他的械，把他押到拉斯维利耶。这拉斯维利耶当时就和今天的省契卡一样，是个刑场。您的头怎么又动了？刮疼啦？我知道，我知道。没有办法，一定要戗着胡子刮才能刮干净。再说，您的胡子硬得跟鬃刷子一样。那里就是这么一个地方。他老婆急得发了疯，大声喊‘柯里亚！我的柯里亚！’一边喊，一边直接去找司令官。这‘直接’无非是说说罢了，其实根本就不放她进门。非托人不行。邻街有个女人，她有门路见到司令官，也愿意帮大家的忙。这个人心眼好，很有同情心，没人比得上她。司令官是加里乌林将军。当时到处是私刑、暴行、嫉妒，跟西班牙小说里写得完全一样。”

“她讲的是拉莉萨，”日瓦戈想，但他怕出事，就没再仔细打听。她说:“‘跟西班牙小说里写得完全一样’,这句话牛头不对马嘴,口气很像一个人。”

“现在的情况当然完全不同了。比方说,调查、告密、枪决这类事仍然多得很,不过在思想上那就大不一样了。首先,这是个新政权,上台没几天,还不知道厉害。其次,不管怎么说,人家总是为普通百姓办事的,这正是他们的力量所在。谈到我,我们姐妹四个,都是劳动者,所以我们自然倾向布尔什维克。一个姐姐嫁给一个革命者,后来她死了,丈夫在本地一家工厂当厂长。他们的儿子,也就是我的外甥,是我们农民起义军的头头,可以说是个名人了吧。”

“原来如此!”日瓦戈恍然大悟,“她是利维里的姨妈,本地有名的女人,是米库利增的姨妹、理发师、裁缝、扳道工,这里的多面手。不过我还是不搭茬儿好,免得露马脚。”

“我这个外甥从小就愿意跟老百姓在一起。他跟着父亲在工人中间,就在‘斯维亚托尔英雄’工厂长大。您也许听见过瓦雷金诺的这家工厂吧?瞧我把您弄成了这副样子了!啊呀,瞧我这个糊涂虫!半个下巴刮得精光,另外一半还没动。说起话来竟把正事忘了。您在看什么啦,怎么不提醒我?涂的肥皂都干了,水也凉了。我去把水热一热。”

等东采娃回来后,日瓦戈问她:

“瓦雷金诺那地方很偏僻,应该很安全,不会遭到什么冲击吧?”

“很难说安全。那地方是偏僻,遭的罪可能比我们还多。有几伙人去过,也不知是哪方面的。说的不是我们这种话,挨家挨户搜,见到人拉出去就开枪打死,后来说走就走了,雪地上留下不少尸体。这是去年冬天的事。您怎么老是动呀?我差点没把你的喉咙割破。”

“您说您姐夫住在瓦雷金诺,他碰上这些吓人的事吗?”

“没有。这也是老天开眼。他们夫妻俩及时跑掉了。这是他第二个老婆。跑到哪里去了,没人知道,不过肯定是跑了。这两年那里还有一户新从莫斯科来的人家。他们走得更早。有个年轻些的男的,是家长,当医生的,失踪了。‘失踪’的意思还不明白!这样说无非是叫家里人好受些,实际上应该说是死了,是被打死的。找了好久,也没找到。这时另外一个老的,是个农学教授,被召回莫斯科,我听说是政府要他回去。他们走的时候经过尤梁津,这是白军第二次来之前的事。您怎么又动啦,好同志?您要老是动来动去,当心我把您的喉咙管割断。您这个顾客真难伺候呀。”

“这么说,他们现在在莫斯科啦!”日瓦戈心里说。

七

他第三次登上了铁楼梯,每走一步心中都响起一记回声:“在莫斯科!在莫斯科!”空荡的房间里又响起老鼠追逐、落地、四处逃窜的声音。日瓦戈知道,尽管他疲劳万分,但房间里有这些可恶的东西他就无法入睡。所以他先得把老鼠洞堵起来。幸好她们的卧室里的鼠洞比另外的房间少得多,因为另外几间屋里的地板和墙根破损得厉害。不过必须要抓紧堵才行。天快黑了,虽然厨房桌子上为他准备好了一盏油灯，可能这是从墙上取下来的；灯里灌满了油，油灯旁还有一盒打开的火柴，他数了数，里面的火柴已经没有几根了。不过这煤油和火柴最好还是别用。他在卧室里还看到一只小油灯，油都被老鼠偷光，只剩下一点点残迹。

有些地方墙脚板和地板之间有缝隙，日瓦戈塞了好几块碎玻璃，尖头朝里。卧室的门可以关得很严实，里面的洞又都堵上了，只要把门关紧就行。

卧室的一面墙上是一个瓷砖壁炉，瓷砖镶的炉檐差不多抵到了天花板。厨房里存着木柴，差不多有十来捆。日瓦戈决定把拉莉萨的木柴烧它两捆。他跪下一条腿，便往左臂上拾，然后拿到卧室中，放在炉旁。他又察看了一下炉子的情况。他想把门锁上，但他发现锁已损坏，便用纸塞好，把门关紧，然后他就不慌不忙地点壁炉。

他在添木柴时，看到有根木头上有烙上去的记号。当他认出这个记号时，不由吃了一惊。这是“К”和“Д”两个字母，表示这是哪个库房里的木料。克柳格尔在世时，工厂出售多余的木材，总把从瓦雷金诺的库拉贝舍夫林区采来的原木两头打上这两个字母。

拉莉萨这里有这类木柴，说明她认识萨姆杰维亚托夫，而且得到他的关照，正如当年他日瓦戈一家得到萨姆杰维亚托夫提供的一切必需品一样。这个发现使他心如刀割。以前，萨姆杰维亚托夫的帮助就使他感到于心不安，此刻这种不安的心情又掺杂了别的因素。

萨姆杰维亚托夫如此关心照顾拉莉萨很难说是纯粹出自善

意。日瓦戈仿佛看到了萨姆杰维亚托夫那放肆的举止与拉莉萨那女性的轻浮,他们之间不可能清白无瑕。

炉中的干柴噼噼啪啪一下子烧起来,火愈烧愈旺。日瓦戈起先还只是有点怀疑,但后来醋意愈来愈浓,竟完全认为这是事实了。

然而他的心早已伤痕累累,一样痛苦接着一样痛苦。他可以无须打消他的怀疑。他的思绪不由得又转到了另一件事上。对亲人的思念重新涌上他的心头,暂时遮住了他的妒意。

“我的亲人啊,你们到了莫斯科啦?”他觉得东采娃的话确凿无疑地证明了他们平安抵达了莫斯科。“这么说,你们没有我的照料又作了一次艰苦的长途旅行?”“你们一路上顺利么?岳父被召回莫斯科是怎么回事?是学院请他重新任教吗?家里怎么样?房子完好无损吧?天啊,我心里多么难受,多么痛苦啊!唉,别想了,别想了!我的头脑怎么这样乱!我怎么啦,托尼娅?我好像病了。我以后怎么办,托尼娅,好托尼娅,小舒拉,岳父,你们又怎么样?你为什么把我丢弃,我的上帝,为什么你们老是把我抛在一旁?为什么我们总是天各一方?不过,我们很快就会重新聚首,又要在一起了,对吗?即使没有车,我也要步行到你们身旁。我们一定会见面,一切都会称心如意,你们说对吗?……我真是白活着,我老是忘记托尼娅要生产的事,她已经生了吧?我已经不是头一次忘了。分娩顺利吗?她怎么生下孩子的?去莫斯科时他们曾在尤梁津停留,当然,拉莉萨不认识他们,可是有一个我们根本不认识的女裁缝和理发师却知道他们的去向,而拉莉萨在纸条里却只字未提。她为什么如此冷漠,如此不关心!真叫人感到奇怪。就像她闭口不提和萨姆杰维亚托夫的关系一样不可理解。”

想到这里，日瓦戈又用一种挑剔的目光打量了一下卧室的四周。他知道，里面的家具和墙上的装饰没有一样是拉莉萨的，这些家具和摆设都是已经外逃的不知名的房东的，根本不能说明她有什么爱好。

尽管如此，在挂在墙上的那些大照片上的男男女女的凝视下，他突然感到不自在起来。粗笨的家具对他也流露出敌意。他觉得自己在这间卧室中是一个多余的人，一个陌生人。

可是他这个傻瓜却不知多少次回忆起这房子，思念过这房子。当他走进这房间时，仿佛不是进入普通的房间，而是坠入了对拉莉萨的思念！在旁人看来，他这种感情是何等可笑啊！像萨姆杰维亚托夫那样健壮、讲求实际的美男子也像他这样生活、举止、言谈么？为什么拉莉萨就偏偏应该喜欢他这种柔弱的性格，喜欢他表达爱情的那种晦暗空幻的语言？她凭什么要这样颠倒错乱？她自己愿不愿意成为他心目中的那个人？

像他刚才说的，她究竟是他的么？噢，对这个问题他随时可以作出回答。

窗外是春日的黄昏，空气中充满各种声音。儿童们的嬉笑声处处可闻，这仿佛说明大地上到处是勃勃生机。这块大地就是无与伦比、声名显赫的俄罗斯母亲；她历尽苦难，坚韧不拔，乖戾任性，喜怒无常；她受人民的爱戴，但又经受着无法预见没完没了的深重灾难！啊，生活多么甜美！活在世上，热爱生活是多么甜美！多么想对生活本身，对存在本身说声“谢谢”，而且要当面这样说！

这就是他心目中的拉莉萨。同生活、存在是无法交谈的，但拉莉萨就是生活、存在的代表和体现，是赋予不能言语的人的耳与口。

他刚才在怀疑她的时候所说的话一千个不对，一万个不对。她身上一切都是完美无瑕的！

他的眼眶里涌出欣喜愧悔的泪水。他打开炉门，拨弄了一下炭火，把烧红的推到后面，没烧透的拨到前面，因为这里的风力大。他好久没关上炉门，坐在炉前享受炉火给他的脸和手送来的温暖。摇曳的火光使他完全清醒过来。啊，他多么需要她，多么需要她的爱呀！

他从衣袋里掏出她那张已经揉皱的纸条。纸条是折起来的，此时，他才看到原来反面也写得满满的。他把纸平摊开，在颤动着的炉火的照耀下看起来：

“你家的情况想必已经知道了。他们现在在莫斯科。托尼娅生了个女儿。”下面几行是划掉的。再下面是：“这几行我划掉了，因为在纸条上写不大合适。我们可以在见面时尽量谈。我急着去弄匹马，如果弄不到，我就无法可想了。带着卡秋莎吃不消……”最后几个字涂掉了，看不清楚。

“她一定是去找萨姆杰维亚托夫借马。她既然已经走了，说明马借到了，”日瓦戈平静地想道，“如果她有什么见不得人的事，那她也就不会再提这样的小事了。”

八

炉子烧旺以后，日瓦戈关上烟道，多少吃了点东西。此后，他睡意蒙眬，便和衣躺在沙发上睡着了。门外和隔壁屋子里老鼠肆无忌惮的喧闹声他一概没听见。他接连做了两个噩梦。

他在莫斯科的一间屋子里，站在一扇上了锁的玻璃门前，他还抓住把手使劲拉了拉，看看是不是真的锁上了。他那又可爱又可怜的孩子舒拉穿着童大衣、水手裤，戴着水手帽，哭叫着在外面敲门要进来。孩子身后不知是水管爆裂还是下水道损坏，一股水流哗啦哗啦地浇在他身上和门上，这是当时屡见不鲜的事。也许真有一条峡谷直通门口，奔腾的水流和千年的寒气与黑暗倾泻而下。

峭壁与流水奔泻的轰鸣声把孩子吓得要命，把他的声音也淹没了，听不见他喊什么。然而日瓦戈从孩子翕动的嘴唇看出他是在喊："爸爸！爸爸！"

日瓦戈犹如万箭钻心，他恨不得一把抱起孩子，搂在怀里，逃离此地。

然而他却一面流泪，一面使劲握住门把手，不让孩子进门，他怕那个不是孩子母亲的女人产生误会，只好牺牲孩子，因为那个女人随时都会从这扇门走进来。

日瓦戈醒来了，他大汗淋漓，泪流满面。"我发烧，我有病，"他想道，"这不是伤寒，是一种危险的重症；症状是虚弱、疲劳；同其他的严重传染病一样，也有潜伏期。现在是生和死谁战胜谁的问题。我多么想睡呀！”于是他又入睡了。

他梦见这是冬日莫斯科的一个清晨，莫斯科的一条大街上到处是人，路灯还亮着。清早就这样热闹，刚出场电车的铃声叮当响着，一片片黄黄的灯光洒在大街上的灰色积雪上。从这些现象来看，这是革命前的一个清晨。

他梦见一套好多窗子都开在一边的住房，在二楼，比街面高出不了多少，窗帘一直垂到地板。房间里的人都像火车车厢里的旅客一样和衣而眠；房间里也跟车厢里一样凌乱不堪。油迹斑斑的报纸上放着吃剩的食物，有啃得精光的鸡骨头、翅膀和爪子；地上是一双双的鞋子，这是过来小坐的亲戚朋友、过路人和流浪汉在这里过夜时脱在这里的。主妇拉莉萨穿着匆匆系好腰带的晨衣，一声不响地在房子里来回忙碌着，紧跟在她身后的就是他自己，不停地在啰唆些什么，可是拉莉萨哪有时间听他讲话，只是不时地扭过头来，向他投来一瞥平静而纳闷的目光，朝他发出一阵纯洁的、无与伦比的清脆笑声，这是他和拉莉萨之间能够表示亲昵的唯一办法。这个女人是多么遥远，多么冷漠，又多么迷人。他为她献出了一切，为她抛弃了一切，和她相比，一切都黯然失色，不值分文。

九

不是他自己，而是比他自己更能代表他自己的一种东西在他内心号啕哭泣，用温柔、清醒、闪闪有光的话语哭诉着。他也同内心一起哭泣。他可怜自己。

“我要病了，我已经病了，”当他在睡眠、高烧梦呓和昏迷的间隙清醒时想道。“这仍然是伤寒的一种，不过这种病我们过去在学校中没讲过。我要弄点东西吃，不然我会饿死的。”

他刚想撑着胳膊起来时，他发现他已经无法动弹，接着又昏迷了过去，要不就又昏昏入睡。

“我穿着衣服躺了多久啦？”他在一次清醒时想道，“几个钟头？几天？我躺下来时，春天刚刚开始，可现在窗子上已经结了霜。霜又厚又脏，弄得房间里也暗了。”

厨房里当啷响了一声，老鼠把盘子打翻了。老鼠又顺着墙往上爬，后来沉甸甸地摔在地板上，吱吱乱叫，那叫声就像令人讨厌的女人哭腔。

他又睡去醒来。他发现结满霜花的窗子上洒满粉红色的霞光，宛若水晶杯里的红葡萄酒一般。他弄不清这是黄昏还是黎明。

有一次他觉得他听到附近有人说话，他绝望了，以为这是他精神错乱的开始。他噙着泪，替自己惋惜，默默埋怨上天为什么对他置之不理。“你为什么离弃我，我的上帝，又为什么把我投入黑暗的深渊！”

他突然明白过来，这不是梦，而是千真万确的事实：他已经脱了衣服，洗了脸，身上换了一件干净的衬衫；他不是躺在沙发上，而是躺在新铺好的床上，拉莉萨正俯身坐在他身旁。她拨弄着他们两人的头发，两人的泪水潸流在一起。他高兴得昏了过去。

十

刚才他在睡梦中还在责备上天无情,可是现在那广阔的天空都落在他的床上,一双雪白健壮的女人臂膀向他伸来。他高兴得两眼发黑,坠入幸福的深渊,好像又昏迷了过去。

他一生都在工作,一直忙碌不停,操劳家务、给人看病、思考、学习、写作。现在他停止了活动,停止了思考,停止了努力,暂时把这些交给了大自然,而让自己成为她那双善良、丰润、令人陶醉的双臂中的作品,成为她构思的对象。

日瓦戈的身体迅速复原。拉莉萨护理他,悉心照料他,用她那雪白漂亮的身躯,用香喘吁吁的耳语安慰他。

他们的悄悄话儿,即使十分空洞,却也像柏拉图对话集那样富有意义。

他们所以这样亲密,除了心灵相通外,还因为他们和世上其余的人不同。他俩都憎恶当代人身上那些最典型的东西,那种虚假的狂热、做作的激情和极端的平庸与肤浅;科学界和艺术界许许多多的人起劲鼓吹这种平庸、肤浅,其目的就是为了压制大批天才的成长。

他们的爱情是伟大的。但是人们在相爱时,并不感到他们的爱情有什么不寻常。

然而对他们来说——这正是他们的独特之处——当情欲像永恒的春风吹入他们不幸的生活中的时刻,也就是他们互相袒露的时刻,是对自己和人生认识愈来愈深刻的时刻。

十一

“你必须要回到自己家里。我一天也不想多留你。但你要看看眼下的情况。我们刚同苏维埃俄罗斯合在一起,便被它经济上的崩溃拖垮了。他们想靠西伯利亚和东部填补经济上的缺口。你一点也不知道,在你生病时,尤梁津的变化太大了!我们库存的粮食运往莫斯科,但这点粮食对莫斯科简直是沧海一粟,就像往无底洞里丢一样,可是我们却没有吃的了。邮件不通,客车也停开了,只有几条运送粮食的路线。城里又像盖达暴动前那样怨声不绝,契卡对这种不满情绪采取了狂暴措施……现在你瘦得皮包骨,只剩下一口气了,能到哪里去?难道你还能步行?你走不到莫斯科的!好好养养身体,等恢复健康以后再说。我不敢说这是什么建议,不过我要是你的话,我就在回家之前,先找个本行的工作干干。这一行很吃香,比方说,去省卫生局,它还在原来的医务局那里。你自己想想,你是西伯利亚一个自杀的富豪的儿子,你岳母又是本地一个工厂主兼地主的女儿,而且你还在游击队里干过,后来又逃走了。不管你怎么说,离开革命部队就是开小差。所以你无论如何不能赋闲,不能失去公民权。我的情况也不妙,我也要到省教育局去工作,否则我也不会太平。”

“怎么不太平?因为斯特列尔尼科夫吗?”

“就是因为他。我以前对你说过,他有许多敌人。现在红军胜了,那些上层的非党军人掌握的情况太多,准得挨整。如果只是挨整,不要他的性命,不杀人灭口就是万幸。这些人中他首当其冲，最危险。他到过远东，后来我听说他跑了，隐藏起来了。现在他们到处搜他。好啦，谈他谈得够多了。我生性不好哭，不过要是再谈下去，哪怕再说一句，我就要号啕大哭了。”

“你以前爱他，现在还很爱他吗？”

“尤拉，你知道，我嫁给了他，他是我的丈夫。他生性高傲，很有才华。我很对不起他，如果说我对他没做过什么亏心的事，那是不对的。他很了不起，十分直率，可我简直是个废物，无法同他相比。这都怪我不好。好啦，不谈这个了。以后有时间再谈，决不食言。你的托尼娅真可爱，像波提切利[①]笔下的人物。她分娩的时候我在场，我们非常谈得来。关于这事也到以后再谈，好吗？我们一道出去干活，两人都去。每月的薪水可以有好几十亿卢布。红军来之前西伯利亚的钞票一直流通，不久前才宣布作废。在你生病的这好长一段时间里，一直没有货币，想想实在令人难以相信，不过倒也过来了。听说地方金库现在运来了一车钞票，起码有四十节车皮。钞票跟邮票一样，是红、蓝两色，印在一张大纸上，分成一个一个的方格子。蓝的每个方格五百万，红的每个方格一千万。印得很差，颜色很容易掉。”

“这种票子我见过，是在我们离开莫斯科之前发行的。”

十二

“你在瓦雷金诺做什么啦，怎么去这么久？那里连个人影都没有吧？你为什么待了那么长时间？”

---

①波提切利（1445—1510），意大利文艺复兴时期画家，风格精致明净。

“我和卡秋莎把你们的房子收拾了一下，因为我怕你先去那里。我不愿意让你看到你们住的地方变成那个样子。”

“什么样子？一塌糊涂吗？”

“又乱又脏，我都收拾好了。”

“你说得含含糊糊，没把事情全告诉我。好吧，随你的便。我也不再问了。讲讲托尼娅的情况，给孩子取了个什么名字？”

“玛莎，纪念你的母亲。”

“你讲讲她们母女的情况。”

“以后再讲吧。我已经跟你说过我忍不住会掉泪的。”

“借给你马的那个萨姆杰维亚托夫是个很有意思的人物。你说是吗？”

“非常有意思。”

“我和他很熟。他是我们住在这里时的一个朋友，当时我们人地两生，他帮了我们很多忙。”

“我知道，他对我讲过。”

“你们处得一定很不错吧？他也尽量帮你忙，是吗？”

“他对我的照顾可以说是无微不至，没有他我简直不知道如何是好。”

“这我不难想象。你们的关系一定是一种暂时的同志间的关系，不过是人情往来吧？他一定拼命追求你。”

“可不是，可以说是纠缠不休。”

“你呢？对不起，我不该问。我凭什么问你？对不起，这太过分了。”

“没关系。你想知道的一定是我们之间的关系，对吗？你想问的是我们的纯洁关系中有没有暧昧之处？当然没有。我受惠于他的地方的确极多，简直无法报答。但是，哪怕他给我一座金山，甚至肯为我牺牲生命，也不会使我多接近他一步。我天生就厌恶这种同我心性不同的人。在日常生活中，这些精明强干、沉着老练、到处吃得开的人物的确不可多得，但在爱情上那种神气活现、自满自负的大男子汉味道实在令人讨厌。我对于男女关系与生活有完全不同的看法。除此以外，我一想到萨姆杰维亚托夫的精神境界，就想起另外一个更可恶的人。我之所以成为我今天这样一个人，全因为那个家伙。”

“我不懂你的意思。你是什么样的人？这是指什么？你讲给我听听。你是世界上最好的人。”

“哎，尤拉，你怎么能这样说？我和你谈的都是真心话，可你却像对客人一样恭维我。你问我是什么样的人。我受过创伤，我的创伤终生都无法愈合。我遭到一个坏蛋的摧残，过早地失去了童贞，使我从最坏的方面进入人生，使我接触到最虚伪、最下流的东西；那是一个神气活现的老吸血鬼，什么坏事他都干。”

“我知道而且也想到过。不过，你听我说，不难想象一个未成年少女受到凌辱时的心情和你当时内心的创痛与恐惧。不过这已是过去的事了。我是说，你现在不必再难过了，应该难过的倒是像我这样爱你的人。应该自责的是我，应该难过的是我，我痛惜我当时没和你在一起，以便早一点发觉这种事，防止这种事的发生。说来也怪，我感到我嫉妒的，而且极端嫉妒的只是那些远不如我的人；同胜过我的人去竞争，会使我产生迥然不同的感觉。如果有一个同我心性相同而且又使我爱戴的男子也爱上我所钟爱的女子，我感到的将是一种令人悲伤的兄弟情谊，而不会同他争吵、打架。当然，我一点也不会去同他分享我所钟爱的女子，而是会退让，虽然我也会感到痛苦，感到揪心的痛苦，但却不是嫉妒。比如我遇到了一个画家，如果这个画家的作品比我的一些同类作品高明，那我一定不会再去重复他已经做过的一切，因为他的探索已经胜过了我。不过，我扯得太远了。我想，如果你无所抱怨，无所遗憾的话，我就不会爱你爱得如此之深了。我不爱那些没跌过跤、没失过足的不犯错误的人。他们的美是僵死的，没有价值的。他们不懂得人生的美。”

“我说的就是这种美。我觉得要看到人生的美，需要有纯朴的想象、真挚的感受，而我这些都已被剥夺了。如果一开始我不是用别人鄙俗的眼光去认识人生，也许我会有自己的人生观。不仅如此，由于我这一生一开始就受到这个以满足私欲为乐的卑鄙庸俗的家伙的干扰，所以当我后来和一个出类拔萃的人物结婚时，也没有感到这个婚姻的美满，虽然我们彼此十分相爱。”

“你等一下再谈你的丈夫。我刚才说过，只有不如我的人才使我嫉妒，同我一样就不会。对你丈夫，我是不嫉妒的。那个人呢？”

“哪个人？”

“那个摧残你的坏家伙。是谁？”

“是莫斯科一个很知名的律师，他是我父亲的同事。爸爸死后，我们的家境不好，他常常接济我们。他是个单身，很有钱。也许，我这样说他，反而会说明他很不寻常，很重要。其实他是一个十分平庸的人。你要是想知道，我可把他的名字告诉你。”

“不用了，我知道。我曾经见过他一次。”

“真的？”

“我在你妈妈服毒的旅馆房间里见过，那是一天晚上的事。当时我们还小，还在读中学。”

“我还记得。你们站在漆黑的过道里。也许我自己永远也想不起这件事了，你已经帮我回忆过一次。好像是在麦柳泽耶夫，你提起过那件事。”

“科马罗夫斯基去过那里。”

“是吗？很可能。经常可以碰到我跟他在一块。我们常在一起玩。”

“你的脸红什么？”

“因为听到你说出科马罗夫斯基这个名字。听起来不大习惯，很意外。”

“跟我一起去的还有一个同班同学，当时在旅馆里他就对我说过。他告诉我，他曾多次意外地见过这个科马罗夫斯基。他，就是米沙·戈尔顿，曾亲眼见到我那百万富豪的父亲跳车自杀。戈尔顿和我父亲同乘一列火车，我父亲从飞驰的火车上跳下去，摔死了。当时陪同他的是他的法律顾问科马罗夫斯基。科马罗夫斯基怂恿我父亲酗酒，把他经营的企业搞得乱七八糟，弄得他破了产并走上了绝路。我父亲自杀和我成为孤儿，罪魁祸首就是他。”

“真想不到！竟还有这样一件大事！居然如此！原来他还是祸害你的恶魔？这倒使我们更亲近了！简直是命中注定的！”

“现在你知道我嫉妒的是谁了吧，我对他嫉妒得已经到了咬牙切齿以至发狂的地步。”

“你说到哪里去了？我不仅不爱他，我还鄙视他。”

“你真正完全了解你自己吗？一个人，特别是一个女人的天性太矛盾，太难以捉摸了！你厌恶他，但是这厌恶中有些东西却又使你更听命于他，甚至超过你真心所爱的人。”

“你说得太可怕了。你的话一向中肯，因此，这种反常现象我觉得好像是真的。不过那就太可怕了。”

“别着急。你别听我这话。我是想说，我嫉妒的是一种模糊不清没有意识的东西，既无法解释也无法认识。我嫉妒你的脂粉、你面颊上的汗珠，嫉妒空气中的传染病菌，因为病菌会粘在你身上亲近你。我就像嫉妒病菌一样嫉妒科马罗夫斯基，怕他有朝一日把你抢走，怕死亡会使我们分离。我知道，你一定会觉得我语无伦次，不知所云，但我无法说得更清楚、更明白。我爱你，爱得发疯，爱得没有止境。”

十三

“多给我讲讲你丈夫的情况，就像莎士比亚说的，讲讲‘我伤心史中的一段。”

“哪部作品里说的？”

“《罗密欧与朱丽叶》。”

“我到麦柳泽耶夫找他的时候，我曾经告诉你他的许多情况。后来在尤梁津我们见面时，你告诉我，说他在车厢里想把你抓起来。我好像对你说过——也许我记错了——有一回我老远地看到他坐上汽车。保镖和卫兵一大群！简直无法想象。我发现他一点没变。他的外表依旧是那样英俊、诚实、坚定，这是我见到过的最诚实的面容，毫不装腔作势，故作姿态，仍然是那副刚毅坚定的性格。过去如此，现在仍然如此。但我发现了一个变化，这使我不安。他的面部增添了一种难以捉摸的表情，因而失去了光彩。一张活泼的脸变成了某种思想的化身、原则、模型。这个发现使我的心猛然抽紧了。我知道这是他所献身的力量所造成的。这力量虽然崇高，但却毫无生气而且残酷无情，早晚不会放过他。我觉得他身上已经打上了注定灭亡的标记。不过可能我说得不清楚，这也许是你在描述你们见面时所用的话语给我的印象太深的缘故。除了我和你在感情上相通以外，我跟你也学了很多东西里。”

“谈谈你们革命前的生活吧！”

“我从童年时代开始就向往纯洁，而他就是纯洁的化身。我、他和加里乌林差不多是住在一个院子里。他在童年时代就迷恋上了我，一见到我就手脚冰凉，呆若木鸡。我这样说，也许不大好，不过要是假装不知道，那就更不好了。我是他童年时代钟情的人，使他神魂颠倒。然而他却掩饰他的感情，因为一种幼稚的自尊心不允许他有所表露，可是他的感情刻在他的脸上，谁都可以看得出来。我们常在一起。我和你在多大程度上相同，就和他有多大程度的不同。那时我就从心眼里看中了他。我决意一旦我们长大成人，就把一生托给这个出类拔萃的男孩；我已经把自己看成是他的人了。他的才华超群，非同一般！他的父亲不仅是普通的扳道工，还是铁路上的守卫，他全靠自己的天赋和勤奋达到了当代大学数学和人文科学这两门学科水平，啊，不该说‘水平’，应该说‘顶峰’。这实在不简单啊！”

“你们既然彼此相爱，那又是什么破坏了你们和睦的家庭生活？”

“唉，这个问题真不好回答。我马上可以告诉你。不过这实在很奇怪：我这么一个孤陋寡闻的女子，怎么能向你这么一个聪明人解释现在一般人的生活和俄国人的生活发生了哪些变化，很多家庭，包括你、我的家庭，为什么支离破碎？唉，看上去好像是由人们的性格相投不相投，彼此相爱不相爱造成的，其实并非如此。所有和生活习俗、人们的家庭与秩序有关的一切，以及由此派生的、为此安排的一切，都因整个社会的变动和改组而化为灰烬。整个生活都被打乱，遭到破坏，剩下的只是无用的、被剥得一丝不挂的赤裸裸的灵魂。对于赤裸裸的灵魂来说，什么都没变化，因为它不论在什么时代都冷得打战，只想找一个离它最近跟它一样赤裸裸、一样孤单的灵魂。我和你就像世界上最初的两个人：亚当和夏娃。那时他们没有可以遮身蔽体的东西，现在我们好比在世界的末日，也是一丝不挂，无家可归。现在我和你是这几千年来世界上所创造的无数伟大的事务中最后的两个灵魂，正是为了怀念这些已经消失的奇迹我们才呼吸、相爱、哭泣，互相搀扶，互相依恋。”

十四

在停顿了一阵子之后，她更平静地接着说下去。

“我可以告诉你,如果斯特列尔尼科夫再变成巴沙·安季波夫,如果他不再疯狂、不再造反,如果岁月能够倒流,如果能看到我们家的窗口,看到巴沙书桌上的书和灯光,哪怕是在天涯海角,我就是爬也要爬去。我全身都会感到振奋,我无法抵御往日的呼唤,忠贞的呼唤。我不惜牺牲一切,我最珍贵的一切,甚至你,甚至我们的爱,如此温柔、自然的爱。啊,原谅我,这不是真的!不是我的真心话!”

她一把抱住了他,痛哭起来。过了不久,她平静下来,擦拭着眼里的泪水,说:

“驱使你回到托尼娅身边的不也是这种义务感吗!天啊,我们怎么如此不幸!我们会不会出什么事?我们该怎么办?”

等她完全恢复平静后,她又接着说:

“我还没把我们的幸福是怎样毁掉的告诉你。原因我到后来才弄清楚。我讲给你听。这不仅是我们的经历,也是许多人的遭遇。”

“你说吧,我的心肝儿。”

“我们是战争爆发前两年结婚的。正当我们安了家,开始过称心如意的日子时,战争开始了。现在我相信,这场战争乃是以后的所有不幸的根源,是至今还使我们这一代人蒙受灾难的根源。我清楚地记得我的童年时代。那时,人们都还记得上个世纪的太平景象,大家听从理性的支配。人们都认为按照良心办事是理所当然的,不可缺少的。一个人被另一个人杀害是十分罕见的独特事件。大家都认为凶杀只见于悲剧、侦探小说和报纸上的连载小说里,日常生活中是没有的。然而,这平静、纯朴、安详的生活突然一下子变成了充满血腥和哀号的疯子世界，每日每时都在杀人，这已成了合法之举，并且受到赞扬。这一切都是要带来后果的。你比我记得更清楚：火车停开，城市粮食供应断绝，家庭生活方式的原则、意识的道义基础瓦解，一切立刻陷入了崩溃的境地。”

“你接着说，我知道你下面说什么。你讲得多么透彻呀！听你讲话，我觉得痛快！”

“于是说假话的风气降临到俄国的大地上。不相信自己的意见是最大的不幸，是以后祸害的根源。人们认为按照道德准则办事的时代已经过去，现在应该随大流，人云亦云，依照别人的意思生活。接着兴起了空话风，先前是沙皇式的，后来是革命式的。这种社会弊病无孔不入，各方面都受到了影响，连我们住的房子也抵挡不住它的毒害，家里也发生了变化。我们住的房子里气氛一向轻松活泼，但后来就连我们的谈话也有点像怪里怪气的朗诵一样，一定要谈世界大事，而且要装腔作势，卖弄聪明。像巴沙这样反应敏锐、严于律己、善于准确无误地区分本质和假象的人怎么会觉察不到、分辨不出潜入我们生活中的虚伪？于是这时他迈出了错误的一步，这一步决定了他的后半生。他把这社会公害，把这种时代的象征看作是家庭里的现象；他竟认为我们谈话时做作的语调、生硬的官腔，都是对他而发的，认为我们嫌他淡漠无情、平庸无为，是个套中人。你一定感到不可理解，为什么这点区区小事竟对我们的共同生活产生了影响。你无法想象这件事对我们竟起了这么大的作用，巴沙的幼稚又使他干了多少蠢事……我们谁也没让他去参加战争，但是他去了，因为他要卸去他给我们增添的所谓负担。他的疯狂就是由此而起的。他因为少年气盛,盲目自尊,一般人认为是微不足道的小事,他却认为是奇耻大辱。他愤恨时局,愤恨历史。时至今日,他还要同历史较量。这就是他行为乖僻的原因。使他走上死路的就是这种荒唐的傲气。唉,我要能救他就好!”

“你对他的爱多么纯洁,多么热烈!你爱他吧,爱他吧。我不嫉妒他,也不妨碍你爱他。”

十五

夏天不知不觉地到来,又不知不觉地去了。日瓦戈恢复了健康。为了筹措去莫斯科的旅费,他同时在三个单位工作。因为纸币不断迅速贬值,他只好担任几个职务。

日瓦戈每天黎明即起,然后沿着商会街往下走,经过巨人电影院朝原乌拉尔哥萨克军印刷所,即现在的红色印刷工人印刷所走去。在中心大街拐角上的市办公厅大门口,他可以看到一块“申诉处”的牌子。他斜穿过广场,来到小布扬诺夫街,经过斯坚冈工厂,从后院走进部队医院门诊部上班。这是他主要的工作单位。

这路上有一半是绿树掩映的街道,两旁大多是奇形怪状的木房子,房顶很陡,房子四周围着栅栏,花纹大门,护窗板上镶着花框。

门诊所隔壁有个花园,原是一个姓戈列格利亚多娃的商人妻子的祖传家产。花园中有一幢俄国旧式房子,房子不高,颇引人注意。房子贴面用的是棱状琉璃瓷砖,棱角朝外,很像莫斯科老式的富家宅邸。

日瓦戈每旬有三四次从门诊所前往旧米阿斯大街上的原利格季家的房子开会,现在这里是尤梁津州卫生局所在地。

在城里另一角还有一幢房子,原来是萨姆杰维亚托夫的父亲为纪念生萨姆杰维亚托夫时死于难产的妻子在这里办的一个妇产科研究所。现在这里是罗扎·卢森堡医疗人员速成班。日瓦戈在这里讲授普通病理学以及其他几门选修课程。

等这些事都办完,回到家里已是夜间,他又累又饿。拉莉萨这时正紧张地忙着家务,不是做饭就是洗衣服。她完全是一副淡雅的日常打扮:头发披散着,卷着袖管,掖着裙襟。她这种威严的神态几乎使日瓦戈害怕,不过这种神态中仍有一种惊人的魅力,比她穿着高跟鞋,穿着袒胸上衣和窸窣作响的宽大裙子参加舞会时更显得妩媚动人。

她洗衣做饭,然后用剩下的肥皂水擦洗地板,或者静悄悄地熨烫、缝补他们三个人的衣服。有时忙完家务,便教卡秋莎读书写字,再不,就捧着教科书学习政治,因为她想回到新开办的学校教书。

他和这个女人以及她的女儿愈熟,就愈没有勇气把她们视如家人,对家庭的责任感以及他因对妻子不忠而产生的痛苦对他的思想所施加的压力也就愈大。拉莉萨和卡秋莎对他划的这种界限并不在意。相反,不以家人态度相处,倒造成了一种相互敬重的气氛,排除了狎昵放肆的言谈举止。

这种矛盾状态常常使他感到痛苦和伤心,不过他已经习惯这种状况，就像能习惯没有长好而常常裂开的伤口一样。

十六

这样过了两三个月。到了十月，有一天日瓦戈对拉莉萨说：

“你知道吧，看来我得要辞职了。老是那一套。一开始总是好得不得了，‘我们一向欢迎踏踏实实的工作。对于有些想法，特别是新的想法，更是欢迎，十分欢迎。欢迎你们参加工作。工作吧，斗争吧，开动脑筋吧。’但是到后来才发现，所谓想法，无非是他们打出的幌子，其实是颂扬革命和掌权者的套话。实在令人厌恶，而且我也不会这一套。也许他们真是正确的。当然我不会拥护他们。不过，要说他们是英雄，是英明贤达之士，而我却是鼓吹愚昧和奴役人的制度的卑鄙角色，我万难同意。你听说过尼古拉·维杰尼亚平这个名字吗？”

“当然听说过。在认识你之前就听说过，后来你又经常提到他，西玛·东采娃也常说起他。西玛是他的信徒，不过他的书我却没读过，说来真不好意思，因为我不喜欢看纯哲学的著作。依我看，哲学应当是给艺术与生活加添的一点调味品。光研究一门哲学，就好像光吃生姜一样奇怪。请原谅，我这是瞎说一气，把你的思路打断了。”

“一点没打断。我同意你的说法。你的思维方式和我的很像。说到我舅舅，我可能真是受了他的影响而走上了歧途。可他们众口一词地喊叫：了不起的医生，了不起的医生。的确，我在诊断病情时很少有差错，不过这都是靠他们所深恶痛绝的直觉，而相信直觉又是我的所谓罪孽,但直觉却可以全面地认识事物。我常常想起保护色的问题,也就是肌体外部颜色适应周围环境的问题。这个仿色问题隐含着一个引人注意的内转化为外的问题。在课堂上我大胆地提到了这个问题,有人说:这是唯心主义、神秘主义、歌德的自然哲学、新谢林派……我要辞职。我要申请离开州卫生局和研究所,不过我要尽量保住医院里的工作,除非他们赶我走。我不是要吓唬你,不过我有时觉得他们随时会把我抓走。"

"上天保佑,尤拉。好在目前还没到这种地步。不过你说得对,不妨小心谨慎一点。据我观察,每当建立一个新政权,总要经过几个阶段。一开始往往是理性的胜利,是批判精神与反对偏见。然后开始第二个阶段。那些'混进来的'伪装同情革命的黑暗势力渐渐占优势,于是猜疑、告密、倾轧、互相为仇的风气亦渐渐兴起。你说得对,我们现在正处于第二阶段的开端。远的不说,就拿本地的革命法庭来说吧。最近从霍达茨科耶调来了两个老革命,都是工人出身,一个叫季维尔津,一个叫安季波夫。他们两人对我都非常熟悉,其中的安季波夫还是我公公。但说实话,我在他们调来后不久,就为我和卡秋莎的性命担心起来。他们这种人什么都能干得出。安季波夫不喜欢我,他们总有一天会在维护最高革命原则的名义下把我以至巴沙消灭掉。"

十七

没过多久,他们又谈起了这个话题。这时门诊所隔壁的小布扬诺夫街四十八号寡妇戈列格利亚多娃家一天夜里被搜查，发现了一批武器并破获了一个反革命组织。许多人被捕，搜查与逮捕继续进行。人们窃窃私语，说一部分嫌疑分子已经逃过了河。有人说："这管什么用？河多得很，都不一样。拿阿穆尔河上的布拉戈维申斯克来说吧。这边是苏维埃政权，对面便是中国。往河里一跳，游过河，就无影无踪了。这样的河才真叫河，一过去，就是另一个天下了。"

"气氛愈来愈紧张了，"拉莉萨说，"咱们的安全时代已经过去。咱们两人肯定会被捕。那一来，卡秋莎怎么办？我是母亲，应当想办法避免被他们逮捕。我必须拿个主意。真把我急疯了。"

"咱们来考虑考虑，想个办法。咱们不一定能逃过这个厄运。"

"逃也无法逃，而且也无处可逃。不过倒可以躲一躲，到个不显眼的地方去，比方说，可以去瓦雷金诺。我常常想到那里的房子。那里离这儿很远，又没人住。咱们到那里不会像在这里一样惹人注目。冬天就要到了，我去那里收拾准备一下。等他们找到咱们，咱们又多活了一年，总还是上算的。萨姆杰维亚托夫可以帮咱们和城里保持联系，也说不定他也会收留咱们，你说呢？你的意见怎么样？不过，现在那里连个人影都没有，空荡荡的，叫人害怕。起码三月份我去的时候是如此。听说还有狼群出没，真吓人。不过现在的人，特别是像安季波夫或季维尔津这种人比狼还要可怕。"

"我不知道跟你说什么好。你一直催我去莫斯科，叫我不要拖延,现在去莫斯科的事好办一点了。我到车站上去打听过。对跑单帮贩卖粮食的事,他们已经不问了;无票乘客也不一定都赶下车。他们杀人杀腻了,现在杀人的事也少多了。我寄到莫斯科的几封信都没有回音,所以我总是提心吊胆。是得要去一趟,看看家里的情况。你也一直跟我这么说。所以你说去瓦雷金诺是什么意思我不懂。是不是你一个人到这个荒凉可怕的地方去,不要我陪你?"

"那不行。没有你当然不能去。"

"可你不是要我去莫斯科吗?"

"对,非去不可。"

"你听我说。我有个两全其美的主意:咱们去莫斯科。你带着卡秋莎跟我一道去。"

"去莫斯科?你疯了。去那里干什么?我不去,我应该留下来,就留在这附近。决定巴沙命运的地方就在这里。我应该待在这里见个分晓,万一需要我,我随时可以去。"

"那我们来商量商量卡秋莎怎么办。"

"西玛·东采娃经常来我这里。这两天我和你不是还谈起过她吗?"

"知道。我常看到她来找你。"

"你这个人真怪。你们男人的眼睛长到什么地方去啦?我要是你的话,马上就爱上她了。她多可爱!多漂亮!亭亭玉立,人又聪明,有学识,心地好,思路清晰。"

"我从游击队回来的那天就是她姐姐、裁缝格拉菲拉给我理的发。"

“我知道。她们俩都和大姐住在一起，就是那个当图书管理员的，叫叶芙多基娅。她们一家都是老实巴交干活的人。我想求求她们，万一咱们两人被捕，就请她们把卡秋莎领去照料。不过我还没拿定主意。”

“不过。这只能是没办法时的办法。求老天开眼！一时半时还不会到这种地步。”

“听人说，西玛有点古怪。她的确不大正常，不过这是她认识深刻、见解独特造成的。她受过很好的教育，但不是知识分子的教育，而是平民的教育。你和她的观点有惊人的相似之处。要是能把卡秋莎托给她，我就放心了。”

十八

他又跑了一趟车站，结果还是空手而归，什么事都没办成。他和拉莉萨都感到前途渺茫。天气寒冷、阴暗，仿佛初雪前的日子。十字路口的上空比街道的上空更为开阔，呈现出一派寒冬景象。

日瓦戈回到家里时，正逢西玛来找拉莉萨，她们正在交谈，不过这谈话却像客人给主人讲课。日瓦戈不想打扰她们，同时他也想一个人待一会儿。她们正在隔壁的屋子里谈，房门虚掩着。隔着垂地的门帘，她们的谈话一字一句都听得清清楚楚。

“我来缝衣服，您讲您的，西玛。我好好听着。我在学校里曾经修过历史与哲学。我很喜欢您的思想方法，听起来也觉得很舒坦。最近几天有好多麻烦事，弄得觉也睡不好。我作为卡秋莎的母亲，现在考虑的是：万一我们出什么事，怎样保证她的安全。关于她的事一定要冷静地考虑一下。可我不大会思考，想到这一点，心里就难过，再加上疲劳和睡眠不足，更是不痛快。您的话使我感到安慰。这天随时会下雪，在下雪天听您如此精辟的长谈，简直是一种享受。下雪的时候朝窗一看，总觉得好像有人穿过院子朝房子走过来，是吗？好，开始吧，西玛，我听您讲。”

“上次我们讲到什么地方来着？”

日瓦戈没听见拉莉萨怎么回答她，于是他便注意听西玛讲。

“‘文化’‘时代’这些字眼可以用，不过各人的理解不同。考虑到这些词的意义含糊，我们不使用它们，改用别的说法。我认为，人由两部分构成：一是上帝，二是工作。人类精神的发展可以分成几项旷日持久的工程。这些工程是一代一代人一项一项地完成的。埃及是一项，希腊是一项，《圣经》中先知的神学是一项。最后一项是目前尚未被替代的，是由现代人的灵感在进行的，那就是基督教。我给您分析几段祈祷词，不多，而且是提要，目的是使您直接粗略地了解基督教前所未有的、出乎您意料的新观点，而不是一些老生常谈的东西。在多数祈祷文中，《旧约》和《新约》的说法混杂。除了燃烧的荆棘、出埃及、少年入火窑、约拿入鱼腹等这些《旧约》中的说法外，还有圣母受胎以及耶稣复活等这些《新约》中的说法。在这种经常混杂的情况下，《旧约圣经》的旧和《新约圣经》的新这两者之间的差别尤为明显。在许多歌颂圣母马利亚的祈祷文中，她纯洁的母性被比作犹太人渡红海。例如有一段祈祷文《红海就像处女新娘》中说，‘就像红海在以色列人走过之后无法穿过一样，贞洁圣母在生下基督之后仍是圣洁的’。就是说，红海在以色列人穿过之后又无法通行了；圣母生下主耶稣之后，仍然纯洁无瑕。这两件相互对比的事是怎样的呢？这两件事都是超自然的，都是奇迹。被这两个不同的时代——远古原始时代和大大向前发展的古罗马后的近代——视为奇迹的是什么？在前一个奇迹中，以色列人的领袖、教祖摩西用神杖把海水分开，让数以千万计的以色列人走过。当最后一个人走过之后，海水又合起来，把追击他们的埃及人淹没了。这里展示的是一副富有古风的景象，是魔法师指挥下的自然力量，有如行进中的罗马大军似的大量人群，有民众和领袖，有可见可闻的事物。另一个奇迹讲的是一位普普通通的少女，在远古时代是不受人注意的。她悄悄地、不动声色地生下一个孩子，给世界增添了生命，这是生命的奇迹，众人的生命。后来这个奇迹被称为是‘生育众人的肚皮’。她的生育不仅在正人君子们看来是非婚生育，同时也违反自然规律。她生孩子不是由于正常受孕而生，而是由于奇妙的感孕而生。将特殊与一般、节日与平时对立起来的福音书不顾任何压力，想靠这种灵感来安排生活。这种变化的意义是何等重大呀！一个人的私事——在远古时代看来是微不足道的——在上天的眼中(因为一切都必须用上天的眼光来评价，一切都只能在上天面前在独特的条件下进行)怎么竟同一个民族的迁徙有同等意义？……世界上有一些事物是发展了。罗马时代已经结束，依靠武力使民众必须共同生活的民主政体已经结束，领袖和民族都已成为历史。代之而起的是个性，鼓吹自由。个人的生活变成了上帝的生活史，用其内容充塞宇宙空间。正如一首天使报佳音的赞美诗中说的，亚当想当上帝，但未当成，如今上帝自己成了人,就是要让亚当做上帝('上帝是人,让亚当做上帝)。"

西玛继续说:

"我过一会儿再给您讲下去,现在暂时讲一点别的。我们的革命时代在关心劳动者、保护母亲、反对金钱万能这些方面而言,是一个空前的、令人难以忘怀的时代,取得了不可磨灭的成就。至于谈到世界观,谈到目前宣扬的幸福哲学,很难令人相信竟把这种荒谬可笑的历史残余提得如此认真。幸好这些关于领袖和民族的辞令不能倒转生活的车轮,否则,将会使我们回到数千年前《旧约圣经》上所讲的游牧部落和族长制的时代。幸好这是不可能的。关于基督和抹大拉的马利亚[①]我说两句。这不是福音书上的故事,好像是从复活节前一周的礼拜一或礼拜三的祈祷中听来的。不过这我不说您也都知道,拉莉萨·费多罗芙娜。我不过是提醒您一下,毫无教训的意思。您知道,斯拉夫语中'情'第一个意思是'受难,'如基督受难,'基督自甘受难'。另外,在后来的俄语中又用于'淫佚'与'情欲'的意思。'情欲迷住了我的心,使我变成了野兽','我们被逐出了天堂,要克制情欲设法回去'等等。我这个人也许已经学坏了,不过我不喜欢复活节前诵读这种克制情念和禁绝肉欲的祈祷文,我总觉得这种粗劣平淡、缺乏其他教堂文献诗意的祈祷文是出自大腹便便的胖僧侣手笔。我并不是说这些僧侣表里不一,欺骗别人,即便他们品行端正也罢。我说的不是他们,而是这几段文字的内容。它们过分强调了肉体

①马利亚,《圣经》故事中悔过的罪人,后皈依耶稣。她第一个见到耶稣复活。

的种种缺陷,不论肥胖也好,瘦弱也好。我对此十分厌恶,因为我觉得这样做是把一种肮脏并且是无关宏旨的次要方面提到不应有的高度。对不起,我到现在还没讲正题。下面我就来讲。我老在想,为什么在复活节前,即在基督遇难而复活之前提到抹大拉的马利亚。我不知道这是什么道理,不过在死的一刹那和复活之初,提醒我们什么叫生活都是很及时的。现在您听听这段话里说到的情欲是何等真实,何等坦率。现在说不准到底是抹大拉的马利亚,还是埃及的马利亚,或是另一个马利亚。不管是哪个吧,反正其中有一个向上帝请求说:'赦免我的罪,如同我解开头发',意思是说,'就像我披散我的头发那样宽恕我的罪吧'。在这里,请求赦免,表示忏悔的渴望多么具体,简直伸手可及。那天朗诵的另外一段更详细的祈祷词中也有类似的内容。这一段讲的肯定是抹大拉的马利亚了。她在这里极为具体地表示为过去,为夜夜欲火难熬,习性难改而深感痛苦。'因为夜对我来说就是欲火炽烈,就是黑暗中不见月光的罪孽。'她请求基督接受她忏悔的泪水,倾听她内心的诉怨,让她用头发擦干他最纯洁的双脚,被刷刷的头发声震得两耳失聪、羞惭难当的'夏娃'躲进了天堂。('让我吻你最纯洁的双脚,用我的头发擦去你脚上的泪水,天堂上的夏娃被午后嘈杂声震得耳聋,吓得躲藏起来。')紧接着便是一阵高喊:'我的罪孽深重,但谁去查究你的罪孽?'上帝和生活,上帝和个人,上帝和女人是多么相近,多么平等啊!”

十九

日瓦戈从车站回到家,感到十分疲劳。这是他每旬的一次休假日。平常每到休息日,他便睡个够,因为他平时每天都感到睡眠不足。他靠在沙发上,有时半躺,要不就干脆躺平。虽然他只是在蒙眬的睡意中听西玛说话,但她的议论却使他高兴。"这自然都是她从尼古拉舅舅那里听来的,"他思忖道,"她的确有才华,聪明!"

他从沙发上起来,走到窗口。窗子也和隔壁那间屋的窗子一样,都对着院子。现在拉莉萨和西玛谈话的声音很低,他已听不大清楚。

天气变了,窗外愈来愈暗。院子里飞来了两只喜鹊,正在寻找地方安身。微风轻轻吹拂着喜鹊的羽毛。喜鹊先是落在垃圾桶盖上,然后又飞到围墙上,接着又飞到地面上,在院子里走动起来。

"喜鹊来了,要下雪啦。"日瓦戈想。这时他听到门帘外面的声音。

"喜鹊来报喜啦,"'西玛对拉莉萨说,"你家要来客人了,要不就是有信来。"

没过多久,外面有人拉门铃。门铃是日瓦戈不久前才修好的。拉莉萨连忙跑去开门。从谈话中他听出来的是西玛的姐姐格拉菲拉。

"您是来找妹妹的吧?"拉莉萨说,"西玛在我们家。"

“不是来找她的。不过，她要是回家，我们正好一起走。我来不是为这事。这里有封信，是您那位朋友的。要叫他谢我一声呢！我以前在邮局待过。这封信不知经过了多少人的手，因为人家认识我，所以到了我手里。是莫斯科来的，走了五个月，一直找不到收信人。我认得这个人，还给他刮过脸呢。”

信是托尼娅写来的，很长，有好几页。信纸都揉皱了，上面满是污渍，装在一个已经开封的破信封里。日瓦戈不知道信是怎么交到他手上的：他不曾注意拉莉萨怎么把信递给他。当他开始看信时，他还记得他是在哪个城市，住在谁的家里，但愈看下去愈淡忘。西玛走出来，和他打招呼告辞，他毫无表情地像平时一样回礼，但却一点也没注意她，也没注意她如何离去。他渐渐把身在何处以及周围的一切都忘得一干二净。托尼娅的信是这样的：

尤拉，我们添了个女儿，你知道吗？为了纪念你母亲玛丽亚·尼古拉耶芙娜，给她取名玛莎。

现在情况大变了。立宪民主党和右翼社会党的几位著名社会活动家、教授，如米柳科夫、基泽维捷尔和库斯科娃等人以及我叔父尼古拉·亚历山大罗维奇·格罗麦科、爸爸和作为家属的我们母子三人都被驱逐出境。

这是很大的不幸，特别是你没在我们身边。不过对这种温和的处置方式——驱逐出境——应该悦服，感谢上帝，因为在这个恐怖的时代，我们的境况可能会更糟。如果你在这里，你也会和我们一起走的。然而，你在哪里？我把这封信寄给安季波娃，如果她能找到你，请她转给你。我不知道，如果以后有幸找到你的话,我们家的出国许可证对你是否也有效,这件事一直挂在我心上。我深信你还在人世,一定会找到你。这是我爱你的一颗心告诉我的,我毫不怀疑。可能到找到你的时候,俄国的情况会有所缓和,你可以个人提出离境的申请,那时我们又可以团聚在一起了。我写是这样写,但我自己也不相信我们会有这个福分。

最不幸的是我爱你而你不爱我。我一直在为我这个想法寻找根据,想证明这样想是对的。我反复考虑,回顾我们的生活,检查我的所作所为,但我找不到起因,也想不起我做了什么事才招致如此的不幸。我总觉得你对我另眼相看,对我看不顺眼,就像从一面不平整的镜子里看我一样。

但我是爱你的。唉,我不知道你能不能想象得出我何等爱你!我爱你身上所有的特点,不论是好的还是坏的;有些方面虽然平平常常,但它们却是不平常地结合在一起而使我感到珍贵;爱你那由于内心的美而显得端庄高雅的面容,虽然看起来它可能并不英俊;爱你的才情和智慧,它们填补了你所欠缺的坚强意志。这一切我都感到十分珍贵,在我心目中没有人超过你。

不过请你听我告诉你:即使我不如此珍爱你,即使我不这样喜欢你,我仍然看不到我凄凉冷清这一痛心的事实,我仍然以为我爱你。只是因为我惧怕没有爱情是一种屈辱的致命的惩罚,才不知不觉地一再不肯承认我不爱你,无论是我,无论是你永远不会知道这件事。我的心不会告诉我,因为没有爱情几乎等于杀人,我不能使任何人受到这样的打击。

目前虽然什么都还没有最后定下来，但我们估计多半是去巴黎。我将要去那遥远的地方，你在童年时期曾去过那里，爸爸和叔叔也曾在那里读书求学。爸爸向你问好。舒拉长大了，长得虽然称不上英俊，但很魁梧结实，一提起你他就伤心流泪。我写不下去了，我的心难过极了。好，再见吧。让我为你祝福，愿上天在无尽期的离别中，在今后未知的磨难中，在你漫长黑暗的旅程中多多保佑你。我对你没有丝毫怨言，没有半点不满。你愿意怎样生活就怎样生活，只要你称心就行。

当我们离开这决定我们命运的可怖的乌拉尔之前，我和拉莉萨有过短时间的接触。在我困难时，她一直跟我在一起。我分娩时，她帮了我很多忙，我对她十分感激。我应该坦率地说，她是个好人，但我也不愿说违心的话，她和我全然不同。我来到人世是要使生活过得单纯，寻找一条正确的出路，而她却是使生活复杂化，使人迷失方向。

再见吧，该停笔了。他们已经来取我的信，该收拾行装了。啊，尤拉，尤拉，我亲爱的，我心爱的，我的丈夫，我孩子们的爸爸，怎么竟落到了这个田地？我们此生再也不能相见了，我这些话的意思你能明白吗？明白吗？他们又来催我了，好像是拖我上刑场似的。尤拉！尤拉！

日瓦戈茫然地抬起眼睛，悲伤烧干了他眼里的泪水，痛苦吸尽了他眼里的神采。周围的一切他全然看不见，他的神经已经麻木了。

窗外落起雪来。风吹着雪花斜斜地落下,愈来愈快;地上的雪愈来愈厚,好像是以此来弥补什么缺憾。日瓦戈凝望着窗外,他看到的似乎不是雪,而是托尼娅的信,在他眼前闪过的不是一片片的干雪花,而是黑色小字之间那白纸的空隙,白茫茫,白茫茫,没完没尽。

日瓦戈不由得呻吟起来,他一把抓住胸口。他感到他就要昏过去,接着就踉跄地朝前走了几步,昏倒在沙发上。

第十四章　重返瓦雷金诺

一

已经是寒冬时候，飘着鹅毛大雪。日瓦戈从医院回到家里。

“科马罗夫斯基来了，”拉莉萨迎住他，用沙哑的声音低沉地说。他们站在前室，她满面愁容，像出了什么事似的。

“他来找谁？在我们家里？”

“当然不在。他早上来过，说晚上再来。他马上就要来了。他说要和你谈谈。”

“他来干什么？”

“他的意思我不完全明白。他说他是前往远东，从这里路过，特意弯到尤梁津来看看我们，主要是为你和巴沙。关于你们俩，他讲了很多。他十分肯定地说，我们三个人，就是你、巴沙和我，有生命危险，只有他能救我们，不过要听他的安排。”

“我不愿意见他，我走开。”

拉莉萨失声痛哭起来，俯下身子抱住他的腿，想要跪在他面前，日瓦戈使劲把她搀扶起来。

“求求你，你看在我面上，别出去。我一点也不怕单独和他在一起，不过这太叫人难以忍受了。你别把我一个人丢下。再说，这个人见多识广，很讲求实际，说不定他能提出什么好办法。你厌恶他，这是很自然的。不过我求你别走，克制一下。”

“你哭什么，我亲爱的？不要哭。你这是干什么？别跪在地上，起来，高高兴兴的。驱散你那满面愁容，别总是提心吊胆的。他把你的胆都吓破了。我陪你，如果有必要，只要你说一声，我就把他干掉。”

过了半小时，天色黑下来，什么都看不清了。地板上的老鼠洞堵了已经有半年光景。日瓦戈一发现新洞就随时堵死。此外他们还养了一只大猫，浑身毛茸茸的，它一动不动，一直在神秘地观察着。老鼠虽未绝迹，不过没那么猖狂了。

拉莉萨一面等，一面把配给的黑面包切成片放在盘子里，再放上一些煮土豆。她准备在仍然使用的饭厅里接待科马罗夫斯基。饭厅里有一张橡木大餐桌和一个黑色橡木大餐具橱。桌子上点着一盏油灯，灯芯拧得很小，是日瓦戈用的提灯。

科马罗夫斯基从十二月的夜幕下走进来。他浑身是雪，雪一层层地从他的大衣、帽子、套靴上掉下来，又一团团地融化，在地板上留下了好几摊雪水。他的胡须上——他原来是不蓄胡须的——沾满了雪，看上去颇像个逗人笑的小丑。身上穿着簇新的上装和背心，一条笔挺的条纹裤子。他先用随身带的一把小梳子梳理又湿又乱的头发，用手帕擦干，捋顺潮湿的眉毛、胡须，好一会工夫之后，他才默默地、意味深长地同时把两只手伸出来，左手伸给拉莉萨，右手伸给日瓦戈。

“我们可以说是老熟人啦，”他对日瓦戈说，“我同您父亲是好朋友，这您一定知道。他是在我怀里咽气的。我一直在仔细观察，看您哪些地方像他。不像，您不像父亲。他胸襟开阔，好冲动，是个急性子。看您的外表，可能是像母亲。她性情温柔，好幻想。”

“拉莉萨·费多罗芙娜要我听您谈谈。她说您有事找我，我同意了。所以我们的谈话是不得已的，就我来说，我不想结识您，而且我也不认为我们已经相识。好吧，谈正事吧。您想要谈什么？”

“你们好，朋友们。我一切都了解，完全了解。请原谅我的冒昧，你俩真是匹配，可以说是天生的一对。”

“我要请您住嘴，请别多管闲事，没人征求您的意见。您忘乎所以了。”

“您别动不动就发火呀，年轻人。看来您还是像父亲，也是这样的火暴脾气。如果你们允许，那我就向你们祝贺啦，我的孩子们。不过，遗憾的是你们真是孩子，并不是因为我说你们是孩子。你们什么也不知道，无所忧虑。我在这里只待了两天，可是关于你们的情况我了解到的比你们自己想到的要多得多。你们正处在悬崖边缘，这你们恐怕还蒙在鼓里。如果不及时采取对策，你们自由自在的日子以至活着的日子已经是屈指可数了。现在存在着一种共产主义模式，很少有人能适应。但谁也没有像您尤利·安得列耶维奇这样明目张胆地去反对这种生活方式与思维方式。我不明白为什么要去刺激人家。您讥嘲这个世界，侮辱这个世界。如果没人知道倒也罢了，但莫斯科一些重要人物对您的心思了解得一清二楚。这里的两位法官对你们怎么看也不顺眼。安季波夫和季维尔津同志对拉莉萨和您正磨刀霍霍。您是个男子,无拘无束。如果您任性胡来,拿生命作儿戏,那是您的神圣权利。不过拉莉萨·费多罗芙娜跟您不同,她是个母亲,孩子的性命、今后的命运都在她手里。她可不能跑到九霄云外去胡思乱想。我劝了她一个早上,要她认真对待这里的局势,但她不愿意听。请您运用一下您的权威力量,对拉莉萨·费多罗芙娜施加影响。她无权把卡秋莎的安全当作儿戏,也不应该把我的话当作耳边风。"

"我还从来没有劝说过什么人,更没有强迫谁接受我的意见,尤其是交往密切的人。拉莉萨·费多罗芙娜愿意不愿意听您的话,这是她的事。再说我一点也不知道你们谈的什么。我不知道您所谓的想法是怎么一回事。"

"嗯,我愈来愈觉得您像您父亲了,很难谈得拢。好吧,我们谈主要的吧。我谈的这事相当复杂,所以请您耐心一点听,不要打断我的话。上层正在酝酿重大的改变。这消息非常可靠,你无须怀疑。所谓改变是指采取比较民主的方针,向法纪让步,这很快就要见诸行动了。正因为如此,不久就要取消的地方镇压机构,将在结束前加紧在地方上的清算活动。马上就要轮到消灭您了,尤利·安得列耶维奇,您的名字已经上了黑名单。我这不是戏言,是亲眼所见,这您可以相信。您得想办法保住性命,否则后悔莫及。不过这些都还只是个引子,下面谈正题吧。有一批忠于倒台的临时政府和被解散的制宪会议的政治势力,正在濒太平洋的滨海地区集结,其中有前杜马议会成员、社会活动家、最著名的地方自治派、工商业家。白俄将军正在搜集残余兵力。苏维埃政权对远东共和国的出现睁一只眼闭一只眼，这是因为在边陲地区建立这样一个共和国可以充当外国与西部之间的一个缓冲地区，这对苏维埃政权有利。共和国政府采取混合体制，一半以上的政府成员将由共产党员充任，这是与莫斯科达成的协议，因为莫斯科认为，一旦时机成熟，就可以依靠这些人发动政变，把共和国攫为已有。这个意图十分清楚，问题只在于谁能利用剩下的时间。革命前我曾在符拉迪沃斯托克承办过阿尔哈罗夫、麦尔库洛夫兄弟等几家商号和银行的案子，那里有很多人认识我。正在组建的政府派了一位密使——一半秘密、一半得到苏维埃政权官方的默许——邀我出任远东共和国的司法部长。我接受了邀请，现在正去赴任。我刚才说的这件事虽然已经得到苏维埃政权的默许，但不大公开，所以这件事还不能张扬。我可以带您和拉莉萨·费多罗芙娜同行。从符拉迪沃斯托克，您可以毫不费力地取道海路与家人团聚。关于他们被驱逐的事，您当然已经知道了。这件事在莫斯科无人不晓。我答应拉莉萨·费多罗芙娜，设法使巴维尔·巴甫洛维奇免遭不测。我作为被莫斯科承认的独立政府成员，可以在东西伯利亚寻找巴维尔·巴甫洛维奇，并协助他进入我们一个自治州。如果他无法逃走，我可以提出用他来交换被联军扣押的莫斯科中央政府的一个要员。”

拉莉萨总不能集中思想听他们谈话，有些地方常常漏过去。不过当她听到科马罗夫斯基谈到日瓦戈和斯特列尔尼科夫的安全时，她才从与己无关的沉思中清醒过来，警觉起来。她的脸微微一红，说：

“尤拉，这个主意对你和巴沙是太重要了，你明白吗？”

“你太轻信了，我的朋友。不能把刚刚形成的想法当作已有的事实。我并不认为维克托·伊波利托维奇有意戏弄我们。不过这一切都还是空中楼阁！维克托·伊波利托维奇，现在我想说几句。感谢您对我前途的关心，但您是不是以为我就会让您来安排我的命运呢？至于您对斯特列尔尼科夫的关切，拉莉萨应该加以考虑。”

“现在的问题是什么？是咱们是否同他一起走。你十分清楚，没有你和我在一起，我是不会走的。”

科马罗夫斯基不时喝两口日瓦戈从医院带回来的掺过水的酒精，吃着土豆，慢慢有了醉意。

二

已经很晚了。每剪一次烛花，火头便噼噼啪啪地响一阵，把房间照得很亮，过一会儿又渐渐暗淡下来。两个主人想打点睡觉，还准备单独说两句话。但科马罗夫斯基就是不走，使人觉得压抑、不快，就像那沉重的橡木餐橱和窗外十二月寒天的黑暗一样令人难以忍受。

他没有看他们，那双醉意蒙眬、瞪得滚圆的眼睛从他们的头顶上方望过去，直盯着远处，嘴里含含糊糊老是不停地嘟噜着什么。他现在最喜爱的话题便是远东，絮聒不休地向拉莉萨和日瓦戈大谈蒙古在政治上的重要性。

日瓦戈和拉莉萨不知他什么时候谈起了蒙古，因为他们没注意他为什么换了话题，所以对这个毫不相干的话题更不感兴趣。

科马罗夫斯基说：

“西伯利亚被人们称作新美洲，蕴藏着丰富的资源。它是俄罗斯灿烂前景的摇篮，也是我们实现民主、繁荣、政治清明的保证。蒙古的未来更为诱人。我是说外蒙古，我们伟大的东方邻邦。你们对外蒙古熟悉吗？你们真不害臊，老打呵欠，眨眼睛。外蒙古有一百五十万平方俄里的面积，有许多还没有探明的矿藏，它是一块史前的处女地。中国、日本和美国都想染指，想侵犯我们俄国的利益，而我们的利益在每次划分地球上这块偏僻角落的势力范围时，历来都得到我们对手的承认。中国通过对蒙古的喇嘛和上层僧侣施加影响，利用它封建神权的落后统治，从中得到好处。日本则依靠那里的贵族牧主，即蒙语中的‘旗’；而红色共产主义的俄国则同奴隶牧民，也就是蒙古起义牧民革命协会结盟。至于我，我希望蒙古有一个自由选举出来的代表大会来领导，以便成为一个真正繁荣的蒙古。我们自己应该感兴趣的是：一进入蒙古边界，世界就在我们脚下，我们就可以任意飞翔了。”

他就这个与他们毫无关系的题目发表的连篇废话使拉莉萨十分气恼。她感到这个赖着不走的客人实在无聊透顶，她毫不犹豫地向科马罗夫斯基伸出手，毫不掩饰地以一种不快的口气直率地说：

“太晚了，您该走啦，我支持不住了。”

“我希望您不要太过分，竟这样不客气在这个时候撵我走。外面连灯也没有，我都不知道能不能找到回去的路。”

“早就该想到这点，不该坐这么久。这里没人留您。”

“您为什么对我这样不客气？您连问也不问一声我有没有住的地方。”

“这用不着我操心，您是不会受人欺侮的。如果您一定要留下过夜，我决不会让您进我和卡秋莎的房间。其他的房间有老鼠，没办法睡觉。”

“老鼠我不怕。”

“那就悉听尊便吧。”

三

“你怎么啦，亲爱的？连着好几夜不睡不吃，成天转来转去，失魂落魄的，一个劲儿在想。什么事这样不痛快？你可不能这样胡思乱想啊。”

“医院里的那个伊佐特又来过了，他同那个洗衣的女人在谈恋爱。他顺便过来安慰了我几句。他说，有个吓人的秘密：你那位朋友要被捕了，就在这一两天。以后就要轮到你这个倒霉的女人了。我问，你从哪里听来的，伊佐特？他说，没错，你相信我的话好了，是直形尾园龟的人说的。他这是转弯子的说法，直形尾园龟就是执行委员会。”

拉莉萨同日瓦戈大笑起来。

“他说的很对。危险已经迫近，到了大门口了。必须立刻隐蔽。现在的问题是去什么地方。去莫斯科根本不可能，要收拾行装，这太惹人注意。应该做得十分严密，一点风声也不能走漏，这你明白吗，我亲爱的？看来还是得照你的话办，去瓦雷金诺。我们必须要躲一段时间，半个月或一个月。”

“谢谢你，亲爱的，谢谢你。我太高兴了。我知道你实在不愿意去那里。不过，咱们不住你们原来的屋子。住在那里你的确受不了，人去室空，你难免左思右想，自怨自艾。这我难道不明白？把幸福建筑在别人的痛苦上，践踏人家珍惜的一切——我决不会接受你作出的这种牺牲。不过现在不是这个问题。你们原来的屋子已经无法再住人了，我是说，住到米库利增的房子里。”

“你的话很对，谢谢你的关注。不过请等一等，我一直想问你，但总是忘记。科马罗夫斯基在哪里？他走了没有？从我和他吵过，把他送下楼之后，再也没听到他的消息。”

“我也不知道。随他去吧。你找他有事吗？”

“我愈来愈感到我们对他应该抱不同的态度，因为我俩的处境不同。你要照顾女儿，即使你想同我死在一起，你也无权这样做。再来谈谈去瓦雷金诺的事。现在正是冰天雪地，又没有粮食，没有精力，没有希望，去这么个荒野之地，实在是荒唐至极。不过，就让我们荒唐一番吧，我心爱的人，因为除此之外没有别的选择。只好再一次低声下气去求萨姆杰维亚托夫借给我们一匹马，另外，再向他，或者不向他，而是向在他管辖下的那些投机商乞借点面粉和土豆，并劝他不要因为帮了我们大忙便马上光临，叫他在需要马的时候再来。这样我们可以单独待几天。走吧，我的心肝。咱们一个星期砍伐和烧用的木柴，要足够一个省吃俭用之家用它一年的。我再一次请你原谅我讲得这样乱。我真不愿意这样激动！不过咱们的确没有别的选择。不管怎么说，反正死神真的在敲咱们的门了。属于咱们的日子已经不多。咱们要好好地安排一下，向生活告别，在死别之前作最后一次聚首；同我们感到珍贵的一切告别，同我们所熟悉的概念、我们的梦想和良知的教导告别；同我们的希望告别；最后让我们互相告别。让我们彼此再把深夜里的密语，就像太平洋的名称[①]那样伟大、平静的密语再互相重复一遍。你是藏在我心中的一个像禁果似的秘密天使；在和平的天空下，你曾出现在我生命的源头，而在这战乱的年代，又眼看着我生命的结束。记得那时你还在高年级读书，那天夜里我看到你穿着一身深咖啡色的校服在旅馆半明半暗的房间里，和现在一样秀丽，令我惊叹。后来我常常想为你那时候射进我的内心、令我陶醉的光辉，那渐渐消失的光束与声音找个名称，因为从那时起，它们便在我的生命中流动，成为我认识世界万物的一把钥匙。这要感谢你。当你那穿着校服的身影从阴暗客房中走出来时，我虽然对你一无所知，但我痛苦地感到这个瘦削的女孩浑身像充满电流似的充满了世界上一切女性的美。只要走到她身边用手指一碰，迸出的火花便会照亮房间，我不是当场触电而死，便会终生带上渴慕与悲伤的电磁。我满眶泪水，整个身心都在闪亮、哭泣。我非常怜惜自己，但更怜惜你这个小姑娘。我非常惊异，心里在问：如果爱慕她，吸取她身上的电流是如此痛苦，那么，做女人，做电流，惹人爱慕，不是更要痛苦万倍吗？我到底都说出来了。这种心情可以令人发疯。我的心里一直是这样想的。”

拉莉萨有点不舒服，正和衣躺在床沿上。她蜷缩着身子，盖着头巾。日瓦戈坐在旁边的椅子上，小声嘟哝着，有时停歇很长

①在俄语中，太平洋称为伟大的洋或平静的洋。

时间。拉莉萨有时欠起身子，用手支着下巴，张着嘴凝视着日瓦戈；有时偎依在他肩上，轻轻哭泣，流下幸福的泪水。最后，她从床上坐起，扑在他身上，快乐地小声说：

“尤拉！尤拉！你真聪明！你无所不知，无所不晓。尤拉，你是我的力量、我的依靠、我的信仰。请上帝原谅我的放肆吧。啊，我多么幸福！咱们走，咱们走吧，亲爱的。到瓦雷金诺我会告诉你一件心事。”

他断定她是估计自己有了身孕，不过这不大可能，于是说：

“我知道。”

四

他们在一个灰暗的冬日清晨离开了尤梁津。这是一个平常的工作日，人们正忙着去上班，路上不时碰到熟人。在高低不平的十字路口的给水站前，排着一行行家中没有水井的妇女，她们把水桶和扁担放在身旁，等着取水。日瓦戈赶着雪橇往前走。拉雪橇的马是萨姆杰维亚托夫的黄骠马。这匹马浑身烟黄色，是一匹鬈毛维亚特种的马。日瓦戈勒紧一个劲往前冲的马，小心谨慎地从拥挤在一起的妇女身边走过。雪橇飞快地从洒出来的水已结成冰的大路边上驶过，冲上人行道，撞得路灯柱和石桩咚咚直响。

他们的雪橇赶上正在街上走着的萨姆杰维亚托夫，从他身旁飞驰而过。日瓦戈和拉莉萨也没回过头来看看萨姆杰维亚托夫是不是认出了自己的马，是不是朝他们喊什么话。后来在另一个地方又看到科马罗夫斯基。他们也没和他打招呼，不过却知道了他还没离开尤梁津。

格拉菲拉·东采娃在对面的人行道上朝他们喊道：

“人家说你们昨天走了。叫人怎么再相信他们的话呀？去买土豆吗？”她做了个手势，表示她听不见回答，便挥手同他们告别。

他们又见到了西玛。他们想在下坡的地方停下来，虽然早就勒住了马，但这里不大容易停住。西玛上上下下包了两三条头巾，看上去像一段硬邦邦的圆木头。她直挺挺地走到街中央的雪橇旁，同他们告别，祝他们一路顺风。

“等您回来，还要和您谈谈呢，尤利·安得列耶维奇。”

他们终于出了城。虽然日瓦戈冬天常常在这条路上来来去去，可是他记得的大多是夏天的景色，现在他已经很难辨认了。

粮袋和行李都塞在雪橇前面的干草下面，而且都用绳子捆好。日瓦戈赶着马，他有时跪坐在雪橇底板上，也就是当地人所说的“簸箩”上，有时则靠在雪橇侧面坐着，把两只穿着萨姆杰维亚托夫毡靴的腿垂在外面。

中午过后，天色似乎已近黄昏。不过这是冬日给人的一种错觉，实际上离日落还很早。这时日瓦戈开始拼命鞭打黄骠马。马像离弦的箭一样往前奔去。“簸箩”像小船似的忽上忽下，在高高低低的路上跳跃着。卡秋莎和拉莉萨都穿着皮大衣，动作很困难。每当驶过斜坡和坑洼时，她俩左右摇晃，有时像两个口袋似的跌进干草堆里，笑得直不起腰；有时日瓦戈寻她们开心，有意一下子让雪橇撞到路边的大雪堆上去，雪橇翻了身，把她俩摔到雪堆里，反正不会受伤。他自己抓住缰绳又往前冲了几步，然后才把马勒住，把雪橇扶正，收拾好，拉莉萨和卡秋莎边笑边骂，气鼓鼓地坐上雪橇。

“我让你们看看我被游击队抓走的地方。”当他们出了城，走了相当一段路程之后，日瓦戈对她们说。但他没能实现他的诺言，因为那光秃秃的树林、死一般的沉寂和荒凉的四周使这一带面貌大变，已经无法辨认。“就是这里！”他很快叫了一声，但他弄错了，误把田头竖着第一块“莫罗、维特钦金公司”广告牌的地方当作他被游击队抓去的地方。当他们驶过仍然竖在萨克马路口树林旁的第二块广告牌时，他竟没认出来，因为广告牌前面的丛林挂着厚厚的白霜，像一块精纺的黑白两色花布，把牌子遮住了。

天还未黑，他们便来到瓦雷金诺，因为日瓦戈家的房子先到，便在门前停下来，米库利增的房子还在里边。他们飞也似的冲进屋里。天眼看就要黑了，屋子里已经是漆黑一片。匆忙间日瓦戈没看清楚房子毁坏到什么程度，有几件家具还完好。瓦雷金诺已经荒无人烟，再也不会有人来继续破坏了。他没看到屋里还有什么财物。不过他家走的时候他不在场，不知道他们带走了什么，留下了什么。这时，拉莉萨说：

“要抓紧时间，马上就要天黑了，不能犹豫不决，要赶快拿主意。如果住在这里，那马上把马牵进柴棚，粮食搬进前室，咱们就住这间屋。不过我不赞成，这一点咱们已经谈过好多。不论是你还是我，都觉得不好受。这是你们的卧室吗？噢，不是，是儿童室。这是你儿子的小床吧。给卡秋莎睡太小了。不过窗子倒还没损坏，墙和天花板也都没有缝，特别是那个炉子，妙极了。上次我来时就对它赞赏不已。如果你一定要住这里，那我就马上脱下大衣，动手收拾，首先把炉子点起来。火烧得大大的，白天黑夜连着烧。你怎么啦，我亲爱的，怎么不理睬我呀！”

“没什么，我想想，请原谅。说实在的，最好还是去看看米库利增的房子吧。”

他们又往前走去。

五

米库利增的房门上挂着一把锁。日瓦戈推了好久，把锁连同锁鼻和木头都一起拉了下来。他们像刚才一样，大衣、帽子、毡靴都未脱便连忙跑进了房子。

他们看到房里有几个地方十分整齐，如米库利增老头子的书房就是这样。这里不久前有人住过。可究竟是谁？如果是房主人，那他们到哪里去了，为什么不是用门锁，却用挂锁锁门？再说，如果是房主人经常来住，而且住的时间很长，那么整个房子都应该收拾得井井有条，而不只是几个地方整齐。闯进屋来的日瓦戈和拉莉萨感觉到这绝不是米库利增家的人。那到底是谁？但他俩倒也不为此担心，所以也不想去弄个水落石出。现在大半财物被抢劫的空房屋多得很，潜逃的人也不少！“说不定是个被通缉的白军军官，”他俩不约而同地想，“他如果来的话，那就和他商量商量，和睦相处。”

日瓦戈又像从前那样，一动不动地站在书房门口，欣赏窗前那张又大又宽又实用的书桌。他又想，这样舒适的屋子真能促使人安心工作，而且工作起来事半功倍。

米库利增家院子里紧挨柴棚有一间马棚，可是也上了锁。日瓦戈不知道这马棚能不能利用。为了节约时间，他决定这头一夜把马牵到没有锁的柴棚里去。他把马卸下来，等马身上晾干之后，饮了一点井水。日瓦戈本想给马吃点铺雪橇的干草，但草已经被他们踩成了草屑，不能喂马了。幸好柴棚同马棚上面的干草棚里还有许多干草。

他们盖着大衣，和衣而睡。睡得又香又甜，好不惬意，就好像奔跑打闹了一整天的孩子。

六

第二天清早一起来，日瓦戈就一直盯着窗前那张诱人的大书桌。他的两只手痒痒的，恨不得马上坐下来就写。不过他已经考虑好，等晚上拉莉萨和卡秋莎入睡之后再使用这个权利。现在光是把这两间屋打扫干净，就够他干的了。

他虽然在期待着夜晚的写作，但他并没有什么了不起的东西要写。他只是很想写，很想动动笔。

他很想随便写点什么。开始他只想回忆回忆过去，把以前没写下的东西写一写。他长期没写作，笔下已经生疏，所以先要练练笔。以后，如果他和拉莉萨能在这里长住下去，时间充裕的话，他希望能动笔写点有分量的新东西。

“你有事吗？你在干什么？”

“生炉子，生炉子。有什么事？”

“给我拿木盆来。”

“像这种烧法，这些柴最多烧三天。要到我们家的柴棚去看看那里还有没有。如果还有，我就跑几趟搬过来。这事我明天做。你要木盆吗，刚才我还看到的，到底在哪里，竟想不起来了。”

“我也见到过，就是记不起在哪里，大概放的不是地方。所以容易忘记。算啦。你记住，我烧了好多热水，把房间打扫擦洗一下。剩下的我把我自己的和卡秋莎的衣服洗一洗。你也把要洗的脏衣服给我。到晚上都收拾好，安排好这两天要做的事之后，就洗澡睡觉。”

“谢谢你，我马上把脏衣服拿来。橱柜和别的大件东西，都照你的意思从墙边移开了。”

“好的。没有木盆只好用洗碗的盆刷衣服了。就是这盆油腻太厚。先得要把盆上的油腻洗干净。”

“炉子火一上来，我就关上，回来清理抽屉。桌子里、床头柜里到处都有东西。有肥皂、火柴、铅笔、纸张等，还有一些意想不到的东西，像灌得满满的煤油灯。这不是米库利增家的，我知道。一定是旁人弄来的。”

“咱们真是太走运啦！这都是那位神秘的房客弄来的，就跟凡尔纳小说里写的一样。妙极了！瞧咱们又闲扯起来啦。我的水早开了。”

他俩在房间里跑出跑进，十分忙碌，两只手没有空闲的时候，两人不时撞个满怀，要不就碰到卡秋莎。她不是挡住他们的路，就是在他们腿旁边转来转去。她还到处乱跑，妨碍他们收拾打扫；当大人责骂她时，她就噘着小嘴生气。她觉得冷，老是在喊叫。

“当代这些儿童真可怜，他们是我们吉卜赛式生活的牺牲品，他们跟大人一起漂泊流浪，毫无怨言。”日瓦戈想，但嘴里却对她说：

“好孩子，真对不起你。可你也不用拱肩缩颈呀！你这是说瞎话、调皮。你瞧炉子烧得通红。”

“也许炉子不冷，可我觉得冷。”

“那你就忍一忍吧，卡秋莎。晚上我重烧一次，把它烧得顶热顶热的。妈妈说要给你洗个澡，你听见了吗？现在给你这个……接好！”他从冰冷的储藏室里拿出利维里小时候的旧玩具，丢在地板上，有的已经残缺不全了。有各式积木、火车头、车厢，还有掷骰子和押宝用的厚纸盘，上面画着方格子、图案以及数目字。

“您这是怎么搞的，叔叔，”卡秋莎像大姑娘一样生气了，“这是人家的东西，而且又都是给小孩子玩的。我长大啦！”

过了不大一会儿，她已经舒舒服服地坐在地毯中央玩起来。在她手里不论什么玩具都变成建筑材料，她给从城里带来的洋娃娃宁卡搭了一间房子。这间房子比她跟着大人颠沛流离时所住过的地方要好得多，稳实得多。

“多么强烈的爱家本能！人对家、对安定的生活的向往是无法消灭的！”在厨房里干活的拉莉萨望着搭房子的女儿说。“孩子们真诚，没有虚假，不怕说真话，但我们怕人家说我们落后，便准备出卖我们最珍贵的东西，称赞我们厌恶的东西，附和我们不理解的东西。”

“木盆找到了。”日内瓦拿着木盆从黑暗的前室走出来，把她的话打断了，“这盆放得的确不是地方，在漏雨的屋顶下面，看样子还是秋天放在那里的呢。”

七

拉莉萨用带来的东西做了足够三天吃的饭食。这餐饭空前丰盛，有土豆汤、羊肉烧土豆。吃了还想吃的卡秋莎一面嘻嘻哈哈地淘气，一面吃。后来吃饱了，身体也暖和了，她把妈妈的毛毯盖在身上躺在沙发上进入了甜蜜的睡乡。

拉莉萨因为在灶前做饭弄得又累又热，满头是汗，她和女儿一样感到十分困倦；她对自己的手艺十分得意，所以也不急着收拾桌子，便坐下来休息。当她看到女儿入睡之后，就紧靠着桌子，两手撑着头说：

“即使我累死累活，只要能知道这不是白干，而是有一定的效果，我也心甘情愿。你一定要时时刻刻提醒我，咱们是为了活在一起而来的。给我打气，就让我这样糊里糊涂地活下去好了。否则，要是冷静地想想咱们干的事，那严格地说，是侵犯了别人的住宅。咱们破门而入，以主人自居，干什么都匆匆忙忙，好不让自己意识到这不是生活，而是一出戏，这不是真的，而是‘有意’做的，正如孩子们说的‘过家家玩’。可笑至极！”

“不过，我亲爱的，是你一再要来的呀。你还记得我不是好长时间不同意吗？”

“不错，是我要来的，可我已经认错了。你可以犹豫，可以思前顾后，而我就应该前后一贯，不能反悔！咱们一进门，你就看到了你儿子的小床，当时脸色大变，差点昏过去。你可以这样，而我就不行！为卡秋莎担惊受怕，考虑前途——这一切都得放弃，都要服从我对你的爱。”

“拉莉萨，我亲爱的，你冷静冷静。现在改变主意另想办法还来得及。我一开始就要你认真考虑科马罗夫斯基的话。咱们这儿有马，你如果愿意，明天就到尤梁津跑一趟。他还没走，还在城里。咱们来的时候不是在大街上见到过他吗？不过他没发现咱们。我看咱们还能找到他。”

“我什么都没说，你却有怨气了。你说，我的话有什么不对？我们未加考虑，说来就来了，可是待在这里同待在尤梁津没什么两样。既然要找活路，那就应当有个周密的计划。那个家伙倒有这么个计划，他虽然令人厌恶，但他熟悉内情，而且头脑很冷静。我不知道这里的危险同别的地方相比，是大些还是小些。这里是一望无际的大平原，除了风，就是咱们孤单单的三个人。如果一夜下来咱们被埋在雪里，那第二天早上就别想爬出来；再有，如果到这里来的那位神秘的恩人万一是个土匪，可能会把咱们都宰掉。你有枪吗？没有。糟糕的是你却无忧无虑，而且还影响了我。想到这些，我真不知如何是好。”

“那你想怎么样？要我做什么？”

“我自己也不知道。我只知道随时跟着你，时时刻刻爱你，听命于你，做你的奴隶。哦，我要告诉你，不论是你的亲人或是我的亲人，他们都比咱们好千万倍。但这是关键所在吗？关键在于爱的天赋和别的天赋一样，也许是伟大的，但如果没有得到祝福，便无法实现。而我们好像在天上一学会了接吻，就把我们这两个孩子送到地上，让我们一起生活一段时间，好让我们互相检查一下是否还记得接吻的本领。一切都是和谐的，没有界限、没有差别，更无所谓高低，一切都是平等的，一切都是欢乐的，一切都合乎心意。然而我觉得，在这种时时刻刻会爆发的狂热柔情中，有一种幼稚、放肆、不可容许的成分。这是一种无法抑制的毁灭性爱情，会影响家中的安宁。我不能不惧怕这种爱情，怀疑这种爱情。”

她搂住他的脖子，强忍着眼中的泪水，继续说：

“你知道我们的情况不同。你有一双翅膀可以在天空翱翔，可我是个女人，只能紧贴着地面，用翅膀保护孩子。”

日瓦戈被她的话深深打动，但他并没有表示出来，免得陷于不能自持的地步。他克制着自己的感情，说：

“咱们这种露营式的生活，的确叫人觉得不踏实，叫人提心吊胆。你的话很对。不过这不是我们的发明。颠沛流离人人都经历过，这符合时代精神。我自己今天也在想这方面的事。我要尽量想办法在这里多住些时间。你不知道我多么想工作。当然不是干农活。以前我们曾经全家出动忙农事，干得不错。不过现在我不能再干了，脑子里想的不是这个。社会各方面渐渐正常起来，说不定不久又可以出版书籍了。我想的就是这个。是不是同萨姆杰维亚托夫商量一下，要他供应我们半年的口粮，条件是我在这期间写两本医学教程，或者是文学作品，或者是诗集。再不，我也还可以翻译世界名著。我通晓好几种语言，前不久我还看到彼得堡一家大出版社的广告，专出翻译作品。这种东西肯定能赚钱。如果能干点这方面的事，我会十分高兴。”

“谢谢你提醒我。今天我也产生过类似的想法。不过我不相信咱们能在这里住下去，相反，我却预感到咱们不久又会跑到别的地方。但目前咱们有这么一个歇脚栖身的地方，我想求你一件事：这两天你每晚花几个钟头，把你在各个时期念给我听的东西写给我。这些东西有一半丢失了，另外一半也没写下来。我担心你会全都忘掉，那就糟了，听你说以前常有这种事。”

八

晚上他们都用洗了衣服以后多出来的热水洗了澡。拉莉萨也给卡秋莎洗了。日瓦戈觉得浑身轻松，他舒舒服服地坐在窗旁的桌子前，背朝着房间。拉莉萨披着浴衣，头上缠着一条湿毛巾，身上散发着清香。她正在打点卡秋莎睡觉。日瓦戈正全神贯注想象集中思想与精力来从事写作的快乐，他眼前的一切仿佛都笼罩着一种亲切温馨的气氛。

拉莉萨一直在闭目养神，等她真的入睡时，已经是午夜一时。她和卡秋莎的衣服、床单都换了，都镶着花边，又平整，又清洁。即使在那种岁月，拉莉萨也想办法浆洗衣物。

日瓦戈四周笼罩着一种幸福、洋溢着甜美生活的气息。那恬静淡黄的灯光洒在白纸上，墨水水面上浮动着一个金黄的光斑。窗外是蔚蓝色的严冬之夜。他想看看外面的景色，便走进旁边一间又冷又黑的房间，朝窗外望去。一轮明月似乎在雪地上洒下一层黏糊糊的银光，像蛋白又像白漆。这个冰冷凄清之夜的美是无法形容的。日瓦戈的心情十分平静，他回到明亮温暖的房间，提笔写起来。

他写的字十分稀疏,因为他希望笔迹能表达出手的灵活,不失去原来的样子,不至于呆板、僵硬。他写下了他记得最清楚的一些诗作并慢慢作了修改,其中有《圣诞星》《冬夜》以及许多后来遗忘、丢弃并已无法找到的作品。

他写完这些诗之后,开始写当年已经动笔但搁置未完成的旧作。他在充分揣摩这些诗的意境之后,续写下去,但他并不希望马上写完。后来他愈写愈有劲,竟开始写起新的诗作来。

他写下两三节喷涌而出的诗句和他自己也为之惊讶的比喻之后,完全沉浸在诗境中,感到所谓的灵感要来了。支配创作的力量对比仿佛成了主要的。支配创作的主要不是人,不是他要表达的内心情感,而是他用以表达内心情感的语言。作为美和思想的存身和寄托处的语言,竟自己开始替人思索、说话,完全变为音乐,不是外在的音响,而是一种雄浑的心潮的奔驰。这时,滔滔的诗句宛如移石转磨的滚滚急流,遵循自身的规律,顺理就势,创造出各种诗格和韵律以及其他许多更重要的格式,但这些格式迄今尚未被世人所知,因而也未曾获得名称。

日瓦戈这时感到,在创作中主要的不是他自己,而是高踞于他之上的一种驾驭他的力量,也就是良好的思维状态与诗情。他觉得自己不过是使创作能够进行的凭借和支点而已。

想到这里,他感到一阵轻松,他不再责备自己,对自己不满,他不再自惭形秽。他回头看了看四周。

他看到雪白的枕头上熟睡的拉莉萨和卡秋莎的面容。洁净的被褥、洁静的房间和她们那纯洁的面容同洁静的夜色、白雪、星、月汇成一股波浪，涌入日瓦戈的心田，使他感到人生的欢欣与光洁，他不禁流下幸福的泪水。

“我的主啊！主啊！”他几乎要低语起来，“这一切都是给我的呀！凭什么要给我这么多？你怎么竟让我走近你，在你的丰饶的土地上、在你的星光下漫步，让我倾倒在这个不顾一切地爱着我，虽然不幸但却毫无怨尤的最可爱的人儿的脚下？”

当日瓦戈推开稿纸离开书桌时，已是凌晨三时。他从远离尘世的冥想世界回到现实生活中，他感到幸福、健壮、安详。突然，在这万籁俱寂的凌晨时刻，一阵凄凉悲戚的声音从窗外传进他的耳鼓。

他又走进旁边那间没有灯的屋子，想看个究竟。但在他工作时，窗上已结了冰霜，外面什么也看不清楚。他拉开门口挡风的地毯卷，披上大衣，走出门去。

在皎洁的月光下，雪地上那闪烁的银光使他睁不开眼睛。起先他什么也看不清。过了不久，他听到远处传来一阵悠长凄厉的悲号声，这时他看到峡谷那边的空地边上有四个长长的影子，大小和连字符号差不多。

四条狼并排站在那里，面对着房子，正昂头朝着月亮或米库利增家房子银光闪闪的窗子在嗥叫。四条狼一动不动站了一会儿，等日瓦戈看出来那是狼，四条狼便像狗一样夹起尾巴跑开了，好像知道日瓦戈已经认出了它们。没等他看清楚它们的去向，它们就已经无影无踪了。

“不祥之兆！”他想道，“怎么竟碰上这些东西！难道狼窝就在这附近？说不定就在峡谷里。真可怕！糟糕的是萨姆杰维亚托夫那匹黄膘马在马棚里。它们一定是闻出了马的气味。”

他决定暂时不跟拉莉萨提这件事,免得她害怕。他回到屋里,关上大门和过道之间的几扇门,把门缝隙堵好,走到桌旁。

油灯仍然闪烁着殷勤的光辉,但他已经没有写作的兴致了,心里怎么也无法平静。脑子里翻来覆去总是想着那几只狼以及可能发生的危险,他感到疲倦。这时拉莉萨醒了。

“我的明灯,瞧你还这么亮!”她用她那湿润和睡得有点儿沙哑的嗓门儿轻声说道。“到我旁边坐一会儿,我把刚才做的梦告诉你。”

他熄了灯。

九

又是一天在平静的忙乱中过去了。他们在房子里找到了一架儿童小雪橇。满面通红的卡秋莎穿着大衣,嬉笑着从日瓦戈在房前给她用雪和水浇起的冰架上滑下来,一直滑到没有清扫过的小路上。她始终满面笑容,一次又一次拖着雪橇爬到冰架上,从上面往下滑。

天冷了,气温明显下降。院子里阳光灿烂,在中午的阳光下,雪地泛着金黄,早早来临的傍晚又在雪地洒下一片橙黄色的暮霭。

拉莉萨头一天又是洗衣服又是洗澡,弄得房间里湿气很大。窗上结了一层厚厚的霜花。从天花板直到地板的墙纸也很潮,上面鼓起一条条的黑道子。房间里又阴暗又沉闷。日瓦戈搬柴提水，继续察看各个房间，不断找到一些新的用品，他还帮助一大早就忙个不停的拉莉萨做家务杂事。

在工作最紧张时，他们的手又常常碰到一起，这时一种无法抑制的令人陶醉的柔情传遍了他们全身，他们没等搬好便中途把东西放下来。这时什么事又都无法做，头脑什么都不想。时间一分一小时地过去，眼看天色已晚，他们才一下子清醒过来，想起没人照应的卡秋莎或没有喂没有饮的马，于是他们一面责备自己，一面急忙奔去弥补自己的过失。

日瓦戈由于睡眠不足，感到头昏脑涨。头脑里迷迷糊糊，像是有点醉意，浑身酸痛无力，但他仍然感到愉快。他焦急地等待夜晚的降临，以便继续昨夜的写作。

蒙眬的睡意为他做好了一半的准备工作。周围的一切像蒙上了一层阴影，他的思想也仿佛被罩上了薄雾。蒙眬的睡意使一切都变得很模糊，但接着一切愈来愈淡，他的头脑也愈来愈清楚。一天下来，疲惫的空虚就好像杂乱的初稿，为夜间的写作做了必要的准备。

他丝毫不顾自己的疲惫，什么都要动一动，什么事都要做一做。一切都在变化，慢慢变成新的样子。

日瓦戈感到他在瓦雷金诺久留的愿望是无法实现的，他和拉莉萨离别的时刻已在眼前，他肯定会失去她，从而也就失去生活的情趣以至生命。一种痛楚感在隐隐折磨着他的心。然而更难熬的是等待夜晚的降临，他期望把心头的痛楚倾吐在纸上，使人人都一洒同情之泪。

这一整天他都在念念不忘的狼，此时已经不是月下雪地上的几只了，而是变成了一个狼的概念，变成了一种要把他和拉莉萨置于死地或将他们逐出瓦雷金诺的凶恶势力。这个恐怖的念头在他脑海里不断发展，到傍晚时候，他竟感到似乎看到一种可怕的怪兽的爪印，似乎峡谷中藏着一条巨龙，那条巨龙一心要吸他的血，还窥视着拉莉萨。

夜晚降临了。日瓦戈和昨夜一样点亮了桌上的油灯。拉莉萨和卡秋莎上床比昨晚要早。

那天夜里他写的东西有两种：一种是修改过的旧诗作，誊抄得非常工整、清晰；另一种是新作，写得十分潦草，涂涂抹抹，有缩写词，还有省略号，很难辨认。

他在重读这些草稿时，往往感到失望。夜间这些诗稿曾使他感动得泫然泪下，觉得有些地方写得非常成功，简直是神来之笔，但此刻他觉得这些自以为成功的诗行十分生硬牵强，因而怏怏不乐。

他一生都在追求独特的风格，要求自己的诗明自、淡雅，仍用那些人人熟悉的形式作外壳，在形式上没有明显区别；他一生都希望自己能创造出一种严谨、朴实的笔法，使读者或听者在不知不觉中掌握诗的内容；他一生孜孜以求的是一种不尚浮华、平易近人的风格。此刻，当他发现距离这一目标尚远时，心里惶恐起来。

在昨夜的诗稿中，他想用近乎喁喁私语和催眠曲那种朴素真挚的语言来表达爱情与恐惧、痛楚与勇敢相互交织的心情，让这种心情自然而然地流泻而出，不靠辞藻来渲染。

然而现在，只过了一天，当他重读这些诗稿时，他发现缺乏一种内在的纽带,不能将零散的诗句连成一体。他慢慢划去已有的诗句,开始以抒情的笔法来叙述勇士叶戈尔的故事。一开始他用的是响亮、开阔的五音步。韵律虽然优美,但与内容毫无联系,优美的音韵成了矫揉造作的俗套。他一气之下,抛弃了这种华而不实的格式,像删除散文中赘词赘句一样,将五音步压缩成四音步。四音步写起来更难,不过却更入神了,写得比以前快些了,但废词赘语还是不少。他于是再把诗行缩短,改为三音步。这时他的睡意已退,感到头脑清醒,精神倍增。诗行的简短促使他选词更为恰当,景物一落到纸上,立即栩栩如生地出现在他的意象中。他听到诗稿上那嗒嗒的马蹄声,正好像在肖邦的一首民歌中可以听到一匹蹓蹄马在前进一样。勇士叶戈尔骑着马正在一望无际的草原上奔驰,日瓦戈从他身后望去,只见他愈跑愈远,身影也愈来愈小。日瓦戈文思如潮,奋笔疾书,简直来不及把喷涌而出的词与句安排在适当的位置上。

他没觉察拉莉萨已下了床走到他的桌旁。她穿着拖到脚跟的长睡衣,看上去又瘦又高。她面色苍白,神色慌张。当她走到日瓦戈身旁时,他吃了一惊。她伸出双手,低声问道:

"你听见了吗?有一条狗在吠叫,也许是两条。太可怕了,这可不是什么好事!咱们好歹挨到天亮。天一亮就走,一定走。这里我一分钟也不能再待了。"

他劝了好久,过了一个小时,拉莉萨才算平静下来,又睡着了。日瓦戈走到门外,那几只狼比头一天晚上更近,后来又是一眨眼便消失得无影无踪,比头一天晚上更快。它们挤在一起,日瓦戈来不及看清是几只,只觉得比上次多。

十

他们来到瓦雷金诺已经是第十三天了，同以前的十来天相比，这一天也没有什么大的区别。上个星期有两天曾出现过狼，昨天狼又来了。拉莉萨又以为是狗，认为这是不祥之兆，决心第二天早晨就走。她有时平静，有时焦躁不安，这正是劳动妇女常有的现象，因为她不习惯无所事事，成天谈情说爱或是漫无节制地沉溺于情海之中。

这种情况反复出现，所以在这个星期的一天早上，当拉莉萨像往常一样又提出要回去时，使人觉得这一个半星期好像不是在这里度过的一样。

由于天气阴沉，房间里又暗又潮。气温略有回升，天上阴云密布，云层很低，随时可能下雪。日瓦戈由于长期睡眠不足，身心都感到疲劳不堪。他头脑里乱腾腾的，浑身松软无力。他一面蜷缩着身子，一面搓着双手，在没有生火的房间里走来走去，不知道拉莉萨拿什么主意，他又该做些什么。

她的想法也很乱。如果他们两人不觉得这样茫然无着落，而是遵循一种古老而一成不变的规矩，天天上班，担任某种职务，过一种正常的生活，就是少活半辈子她也愿意。

她和往常一样，先收拾好被褥，打扫好房间，给日瓦戈和卡秋莎弄好早饭，然后打点行装，叫日瓦戈套雪橇：她非走不可，走定了。

日瓦戈不想去劝阻她。他们走后不久，城里便开始了大逮捕，现在正值高潮。如果在这个节骨眼儿上回去，那简直是荒唐，但是他们手无寸铁，势单力孤，在这又冷又危险的荒僻乡村待下去，也不见得好多少。

再说，日瓦戈从邻近柴棚里弄来的最后几抱干草已将告罄，以后到哪里去弄，还没有着落。当然，如果有可能久留下来，日瓦戈一定会到处想办法弄草料和粮食。但既然住不长，也就用不着去跑了。他无可奈何，就跑去套雪橇。

他不大会套雪橇，萨姆杰维亚托夫曾经教过他，但他老是忘记。他虽然笨手笨脚，不过总算是套好了。他把轭套在辕杆上，用皮带扣紧，再把皮带的一头拴在一边的辕杆上，绕几个圈，打个结固定好。然后用一条腿抵住马的一侧，把轭圈两头拉紧扣好。这一切都完成之后，他把马牵到门口，拴好，进去告诉拉莉萨可以上雪橇了。

他进去时，正碰到拉莉萨坐立不安。她和卡秋莎已经穿上大衣，东西也都收拾好了，但拉莉萨满眶泪水，不停地拉扯着手指。她要日瓦戈坐一下，可她自己却一会儿坐下一会儿站起，不时地用她那唱歌似的高音抱怨说："是不是？"她前言不搭后语，快速地说：

"这不能怪我。我自己也不知道怎么会弄成这个样子。咱们现在能走吗？天眼看就黑下来，等咱们上了路，就已经半夜了，正好到你说的那个可怕的树林里。是不是？我听你安排，我自己拿不定主意。我觉得不能走，我的心都不知跑到哪里去了。你可以拿个主意。是不是？您怎么不吱声，一句话都不肯说？咱们已经白白过了半天，不知道干了些什么。明天再也不能这样了，要注意些,你说是不是?还是再住一夜吧,怎么样?明天早点起,天一亮——六七点钟就动身,你说呢?你把炉子点起来,你再写一个晚上,咱们在这里再住一夜。瞧,这有多好、多妙呀!你怎么还是不说话?我又做错了什么事?真倒霉!”

“你太夸张了,离黄昏还远得很呢!时间还很早。不过还是听你的吧。好,咱们就留下来。你要安静,瞧你多激动。对,把大衣脱下,行李也解开。卡秋莎说饿了,咱们来吃点东西。你的话很对,咱们这样走太突然、太仓促了。你别着急,也别哭,行行好!我马上点炉子。首先我要到原来我家的柴棚里去弄点木柴来,咱们这里连根木片都没有了,好在马和雪橇都在门口。你不要再哭,我马上回来。”

十一

柴棚前的雪地上有好几圈雪橇的印子,这是日瓦戈前两次留下的;门口的雪已经被他前天搬柴时踩得烂糟糟的了。

从一早就遮住天空的云彩消散了,这时万里晴空。天气又有点冷起来。这里四周是个大园子。这园子紧靠着柴棚,仿佛是凑到日瓦戈的面前,要告诉他什么事似的。这一年冬天积雪特别深,比柴棚的门槛还高,门楣好像掉下来一样,整个棚子仿佛变成了驼背。屋顶檐的积雪宛如一个个大蘑菇倒挂着,几乎碰到日瓦戈的头顶。屋顶上方可以看到刚刚升起的一弯银灰色新月,新月的尖儿像是扎进屋顶上的积雪里似的。

虽然这还是白天,还很明亮,但日瓦戈却感到像是在黑夜里站在人生的黑郁郁的密林中。他的心头也是这样漆黑、这样凄凉。眼前的一弯新月几乎低得齐他的眉梢,孤零零的,好像是分离的先兆。

日瓦戈累得几乎要倒下来。他把一抱抱的木柴从棚子里丢到雪橇上,这一次他每一抱都比平时要少。即使戴着手套,搬那些沾上雪结成冰的木柴,手指也冻得发痛。他虽然在不停地快速活动,但身上也并不觉得暖和。他觉得胸口里像是有什么东西在断裂,停止了运动似的。他百般诅咒自己的厄运,祈求上帝保佑这个美丽、忧愁、柔顺、善良的女人。那月亮兀自悬挂在柴棚上空,似火又不热,似亮又无光。

门外的马忽然转身向着来的方向,仰头嘶叫,起先声音很轻,像是胆怯的样子,后来便很有把握地大声嘶叫起来。

“这马怎么啦?”日瓦戈思忖道,“这有什么高兴的?不可能是因为恐惧,因为马是不会因恐惧而叫的,否则就太荒唐了。它如果闻到狼的味道,怎么也不会用叫声来向狼群通风报信。瞧它多开心。它这是想到在家里舒服,要回家了。你别急,咱们马上就走。”

除了木柴之外,日瓦戈又捡了许多引火用的木片和靴筒似的大片树皮,用蒲席盖好,再用绳子捆好,然后扶着雪橇,朝米库利增家的柴房走去。

马又嘶叫起来,因为它听到远处传来了另一匹马的嘶鸣声。“这是谁家的马?”日瓦戈不禁为之一振。“我们原以为瓦雷金诺已经空无一人,看来我们弄错了。”他没想到他们家来了客人,马嘶就是从米库利增家花园那边传过来的。他牵着马从后面绕过,朝下房那边走去。雪堆把正房挡住了，所以他看不见房子的大门。

他不慌不忙地（他有什么好着急的？）把木柴丢在柴棚里，卸下马，把雪橇也放在柴棚里，然后把马牵到旁边四面透风的马棚里，拴在右面一个吹不到风的地方，抱了几抱干草放进歪歪倒倒的马槽里。

他忐忑不安地朝住房走去。他看到门口停着一辆座位很宽大的农家用大雪橇，那匹马乌黑健壮。一个和马一样肥胖、穿着漂亮外衣的陌生男子围着马转来转去，不时拍拍马的腰背两侧，察看马蹄上的距毛。

房子里传出说话的声音。日瓦戈不想偷听而且也无法听清，他不由得放慢了脚步，停了下来。他虽然听不清，但他听出来是科马罗夫斯基的声音。他们显然是在靠门口的头一间屋子里谈话。他正和拉莉萨争论。从她答话的声音来判断，她很气恼，而且还在哭，有时坚决反对，有时又表示同意。日瓦戈从几句话中听出来科马罗夫斯基这时正在谈他，大意是说他这个人不可靠（日瓦戈仿佛听到他说“脚踏两只船”），谁也不知道他是更爱自己的妻儿还是更爱拉莉萨；拉莉萨不能相信他，因为如果相信了他，那她就等于追两只兔子，结果是两头落空。这时日瓦戈走进了门。

果然不出他所料，科马罗夫斯基穿着垂地的皮大氅，站在头一间屋里；拉莉萨拉着卡秋莎的大衣正在给她扣领口，但总是扣不上。她正在生孩子的气，嚷着叫她不要动。卡秋莎抱怨说：“妈妈，你轻一些，不然会把我勒死的。”三个人都穿好了衣服准备外出。日瓦戈走进屋时，拉莉萨和科马罗夫斯基都迎上来。

“你跑到哪里去啦？我们正要去找你呢！”

“您好，尤利·安得列耶维奇！上次我们虽然不欢而散，但我又不请自来了。”

“您好，维克托·伊波利托维奇。”

“你这么久跑到哪里去了？现在你先听听他的意见，然后替你自己也替我拿个主意。时间不多，要快点决定。”

“我们干吗站着？请坐，维克托·伊波利托维奇。拉莉萨，你问我去哪里了？你不是知道我去搬柴火，然后又去卸马吗？维克托·伊波利托维奇，请坐。”

“你不觉得吃惊吗？你为什么没有一点惊讶的样子？上一次没有接受他的意见，他走后，咱们很后悔，可现在他又出现在你面前，你竟不感到惊异。这回他新带来的消息更叫人吃惊。维克托·伊波利托维奇，您讲给他听听。”

“我不明白拉莉萨·费多罗芙娜指的是什么，不过我可以告诉您一些情况。我有意说我走了，事实上我又待了好几天，目的是给您和拉莉萨·费多罗芙娜时间重新考虑我们谈过的问题，考虑成熟之后，也许能做出一个不十分草率的决定。”

“这事不能再拖了，现在走正是时候。明天早上就动身。还是让维克托·伊波利托维奇自己说吧。”

“等等，拉莉萨，对不起，维克托·伊波利托维奇。为什么都穿着大衣！脱掉大衣，坐下来谈。这是件大事，要从长计议，不能说走就走。请原谅，维克托·伊波利托维奇。我们的争论触及一些内心的隐私，谈这些事情很不合适，很荒唐。我从来就没有考虑过跟您走的事。拉莉萨·费多罗芙娜的情况就完全不同了。当我们考虑的事不相同时,我们便会想起我们不是一个人,而是境况不同的两个人。我总认为拉莉萨应该考虑,特别是为了卡秋莎,应该认真考虑您的安排。不过她也一直在想这件事,一再提起。”

“不过只有在你也走的情况下我才能考虑。”

“我和你一样,无法忍受咱们的分离。不过应该克制自己的感情,作出牺牲,因为我是决不会去的。”

“你一点情况也不知道。你先听他说说。明天早上……维克托·伊波利托维奇!”

“拉莉萨·费多罗芙娜显然是要我说我已经告诉她的一些情况。现在在尤梁津有一列远东政府的公务车将要开出。这列火车是昨天从莫斯科开来的,明天继续往东开。它是我们交通部的列车,有一半车厢挂的是国际卧车。我必须乘这列车走。还有几个位子是给我的同事们准备的。我们可以舒舒服服地走,这种机会可以说是千载难逢。我知道您已经经过深思熟虑,不会改变您的决定,您就是这种人,我很了解。不过我看,您为了拉莉萨·费多罗芙娜,还是让一步吧。您刚才听到了,没有您她不走。和我们一起走吧,如果不去符拉迪沃斯托克,到尤梁津也行,到那里再说。如果您同意,就得抓紧时间,一分钟也不能耽搁。我带了一个人来,因为我不会赶雪橇。雪橇坐不下五个人。如果我没弄错的话,萨姆杰维亚托夫的马在您这里。您刚才还说去运木柴的。卸下来了吗?”

“已经卸下了。”

“那您赶快再套上，我的车夫可以帮您套。不过，那架雪橇还是算了吧，想办法坐我的去。就是要请您快一点，看在上帝的分上。随身只带路上最最需要的东西。房子随它去，不用上锁。现在是救孩子的命要紧，不能慢吞吞的。”

“我不懂您的意思，维克托·伊波利托维奇。听您的口气，好像我已经同意走了。如果拉莉萨愿意，你们就走吧，愿上帝保佑。至于这房子，您不必费心，有我在，你们走后，我就收拾好，锁起来。”

“你说些什么，尤拉？你干什么说这些连你自己都不相信的鬼话。什么‘如果拉莉萨·费多罗芙娜拿定了主意’？你自己很清楚，你不和拉莉萨一起走，她哪里也不去，也不拿任何主意。那你还说‘房子我收拾，什么都由我来管’这种话干什么？”

“看来您没有回心转意。那就另求您一件事：如果拉莉萨·费多罗芙娜同意，我想和您单独谈谈。”

“好吧，既然需要谈，那就到厨房里去谈。你不反对吧，拉莉萨？”

十二

“斯特列尔尼科夫已经被抓到，被判处死刑，枪决了。”

“太可怕了。难道确有此事？”

“我听人说的。我相信这是真的。”

“别告诉拉莉萨，她知道了会发疯。”

“那当然，正因为如此我才请您换一个地方谈。他死后，拉莉萨和女儿的命就危在旦夕了。请您助我一臂之力来救救她们。您是坚决不肯与我们同行喽?”

“当然不肯,我已经说过了。”

“可是没有您她不走。简直没办法,只好求您再帮一次忙。您可以假装先在口气上软下来,接受别人的劝说,否则我实在无法想象你来送我们时——不论在这里还是在尤梁津——你们离别的情景。一定要使她相信您早晚也走,即使现在不和我们同行,等过些日子,等我另外给您找到机会,您一定会来。您一定要向她起誓,使她确信不疑。我绝不是空口说白话,我以人格向您担保,只要您愿意来,任何时候我都可以把您接到东部或送您去您想去的地方。一定要让拉莉萨·费多罗芙娜相信您会来送我们,使她对此深信不疑。您可以假装去套雪橇,催促我们动身先走,要我们不必等您,反正您随后就来。”

“斯待列尔尼科夫被处决的消息对我简直是五雷轰顶,我到现在还未回过神来。您的话我还没有完全听清楚,不过我同意您的意见。斯特列尔尼科夫既然被处死,拉莉萨·费多罗芙娜和卡秋莎的生命自然也有危险,这在当今是合乎规律的。我和她不论谁被捕,终归要分开。如此看来,还是让您把我们分开更好些,任您把她们母女带往天涯海角。我的话是这样说,事情反正总要照您的意见办。也许我有朝一日走投无路时,我会忘记骄傲和自尊,乖乖地爬去找您,求您把她还给我,求您救我一命,给我找一条海路让我去见我的妻儿,让我得到解脱。不过请让我前前后后考虑考虑。您的消息把我惊呆了,我难过得无法思考问题了。也许由于我听从了您的话,我会铸下一个致命的、无法改正的错误,使我惶惶终生。但是我已心力交瘁,痛苦万分,此时我只能同意您的意见,无可奈何地盲目听从您的安排了。好吧,为了她,我现在就去告诉她,说我去套雪橇,随后就去追赶你们。这只是说给她听听而已,我将一个人留在这里。不过我有点不大放心,眼看天黑了,你们怎么走?要穿过森林,还会碰到狼,你们可要当心。”

“我知道。我带着一支长枪,还有一支手枪,您不用担心。我顺便带了一点酒,可以抵挡寒气,酒不算少,是不是给您留下点?”

十三

“我干的什么事?我干的什么事?我让了步,把人给了他,放她走了。我要追上去,赶上她,让她回到我身边。拉莉萨!拉莉萨!……他们听不见我的话,我是在下风头。他们一定在高声谈笑,因为她有理由高兴,再没有牵挂了。她中了圈套,还蒙在鼓里呢。她准在想:一切都称心如意。她的尤拉虽然好幻想,又固执,到底也心软了,答应同她一起到一个安全可靠的地方去,那里的人比他们有见识,可以得到法律和制度的保护,感谢上帝!即使他一时还固执己见,想不通,不肯乘明天这趟车,维克托·伊波利托维奇会另外安排车来接他,他就可以在最短的时间内赶上来。他现在一定是在马棚中,焦急、匆忙,一双手哆哆嗦嗦,正在给马上套呢,不一会就会拼命追上来,可能在他们进入森林之前赶上他们……她准是这样想的。他们甚至没有好好告别,他只是朝她挥了挥手就转身走了，强咽下哽在他喉中的痛苦，痛苦就像一块苹果，憋得他无法喘息。”

日瓦戈站在门口，大衣斜披在他一个肩上。另一只手紧紧抓住台阶上一根细柱子上端，好像要把石柱子掐断似的。他的眼睛注视着前方。他看到山坡上有一小段路，两旁有几棵稀疏的桦树。这时落日的余晖正照在这片空地上。他们的雪橇随时会从浅谷里奔出来，来到这片洒满落日余晖的地方。

“永别了，永别了。”日瓦戈一面等待着雪橇在空地上出现，一面默默地重复着，把他这来自内心深处的话向傍晚的寒风吐露。“永别了，我唯一的爱人，我永远失去了你！”

“出来了！出来了！”当雪橇从斜坡上像箭一般从下面飞出来，掠过一棵棵桦树时，他那苍白的嘴唇单调急促地说着。雪橇好像要叫他高兴高兴，渐渐慢下来，在最后一棵桦树旁停了下来。

啊，他的心跳起来了，几乎要跳出胸膛，腿也发软了，他只觉得浑身软绵绵的，就像正从他肩上滑落的大衣！“上帝啊，你是要把她送还给我吗？出了什么事？那落日照耀的地方在干什么？这是什么意思？他们为什么停下不走了？唉，完啦，雪橇又走了，又飞奔起来了。她大概是停下来再看这房子一眼，也许她是要看看他动身了没有，现在是否在追赶他们？他们走了，他们走了……要是太阳不过早地落山（天黑下来他就看不见他们了），他们还会出现一次，也就是最后一次，他们的雪橇会在前天晚上出现狼群的峡谷那边的空地上出现。”

这一时刻终于来临而且很快就过去了。暗红色的落日还悬挂在白雪皑皑的地平线上。白雪贪婪地吮吸着落日洒下的菠萝色光辉。瞧，雪橇出现了，随即飞快地驶过。“永别了，拉莉萨，来世再见吧！永别了，我的美人，永别了，我永恒的无尽的欢乐。”雪橇消失了。“我再也见不到你了，此生永远、永远也见不到你了。”

天色慢慢暗下来，雪地上古铜色的夕阳光辉迅速失去了光彩，暗淡下来。柔和的烟灰色空间沉浸在苍茫的暮色中，暮色愈来愈浓。路旁那精致的花边似的白桦树罩上了灰色的暮霭，天空的粉红色变淡了，好像突然褪了颜色，刻画在天际的一棵棵白桦树的轮廓变得柔和起来。

日瓦戈心里愈痛苦，他愈是多情善感，他的感应敏锐，胜过平时多少倍。他觉得周围的一切，就连空气在内，都显得特别孤独。冬日的黄昏洋溢着对他深切的同情，愿意充当这一切的见证。好像从来不曾有过这样的黄昏；这黄昏的降临只是为了安慰他这个孤苦伶仃的人。山冈上那一棵棵树木，也不是无缘无故背对着天边站成一圈儿，而是为了向他表示同情，才刚刚从地下钻出来，排在山冈上的。

日瓦戈几乎要驱赶此时此刻的美景了，就好像不耐烦再听好心的朋友的苦苦劝慰一般，他想对洒在他身上的夕阳说：“谢谢，不必如此。”

他兀自站在台阶上，望着关上的门，好像与人世隔绝似的。“我的光辉的太阳落下了。”他在心中反复吟咏着。他连一口气说出这句话的力气都没有了，他的声带已经无法把音发出来。

他回到屋里，心中响起两段独白：一段是对自己说的干巴巴的一本正经的，另一段是对拉莉萨说的，像泛滥的河水，滔滔四溢。他想的是:“现在要去莫斯科。首先要活下来,不能怕失眠,宁可不睡觉,拼命工作,夜间也不休息,直至劳累躺倒为止。还有,马上把卧室里的火炉生起来,我没有必要在今夜冻死。”

但他另外一段独白是这样的:“我永远怀念的人呀!只要我的臂肘还记着你,我的手我的唇上还留着你的印迹,我就和你在一起。我要将思念你的泪水化作无愧于你的、流传后世的东西。我将用充满柔情而又无限痛苦的笔写下我对你的思念。我要留在这里做完这一切,然后也要离去。我将要这样来描写你,把你的形象移到纸上:经历过大海上的狂风暴雨之后,沙滩上留下了一股奔腾得最远的巨浪的痕迹。那股浪像一条蜿蜒的曲线,把浮石、软木、贝壳、海藻以及最轻最小的东西从海底翻上来,送上了沙滩。这是最高的激浪冲出的一条海岸线,一直伸向无尽的远方。生活的风暴也像这样把你吹到我的身边,我为你感到自豪。我就这样描写你。”

他走进屋子,锁上门,脱下大衣。当他走进拉莉萨早晨收拾得整整齐齐、后来又因匆忙打点行装而弄乱的卧室,当他看到凌乱的被褥和地板上以及椅子上杂乱的衣物时,他竟俯伏在桌沿上,用被角捂住脸,像孩子一样放声痛哭。他哭了没多久,便站起来,迅速拭去泪水,用惊愕、疲惫、失神的目光痴痴地朝四下看了看。他拿出科马罗夫斯基留下的一瓶酒精,打开瓶盖,倒了半杯,又加了水和雪,就像刚才放声痛哭一样,痛快淋漓地、大口大口地慢慢喝了起来。

十四

日瓦戈的举止有点反常，他渐渐失去了理智。他的生活还从来没有像今天这样古怪。房子他也不收拾了，对自己也不关心了；他以夜作日，自从拉莉萨走后，他不再想到时日了。

他饮酒，以拉莉萨为题写诗，但是他诗文中的拉莉萨在他一再修改、润饰下，离她本来的面目愈来愈远，她已经不像是带卡秋莎外出远行的母亲。

日瓦戈之所以一再修改润饰，是由于他刻意追求表达的准确和有力，不过这也是出自谨慎，因为他不愿意过分坦率地袒露他个人的真实经历，免得触犯伤害与所描写的往事有直接关系的人。于是深切炽烈的感情从他的诗中消失了，诗中出现的不是流血与病痛，而是一种平静的豁达态度，将个别事件升华为大家都熟悉的一般化程度。他并非蓄意这样做，但是这种豁达态度是自然而然产生的，仿佛是拉莉萨从旅途中给他送来的慰藉，是她从远方捎来的问候，是梦中的她，是她抚摩他前额的手。他很爱在诗作上留下这种起净化作用的印迹。

他除了写痛失拉莉萨的诗作之外，还把各个时期所写的关于自然、日常生活等各种题材的杂诗都完成了。和过去一样，在写作时，许多有关个人生活和社会生活的念头不断向他袭来。

他又在考虑，他对历史或所谓历史进程的看法与众不同，他总觉得历史颇像植物世界。冬天雪下的阔叶林的树枝又细又稀，仿佛老年人疣上的细毛。等一到春天，用不了多久，树林就发生了变化，树梢高耸入云，枝叶繁茂，在树林里可以藏身甚至迷失方向。这种变化是通过植物的运动实现的。植物的运动速度超过动物，因为动物没有植物长得那么快，几乎很难觉察。树林不会移动，我们无法考察它在方位上的变化，总感到它是静止不动的。历史和社会生活也是这样，我们看上去是静止不动的，其实是时时刻刻在发展、变化，从一种形态变为另一种形态。

托尔斯泰否认拿破仑这位统治者和统帅的首创作用，但他没把这个思想发挥下去。托尔斯泰想的也是这一点，不过他说得不够清楚。历史不是由哪一个人创造的，历史的发展正像草的生长一样，是看不见的。战争、革命、帝王、罗伯斯庇尔式的人物，是历史的有机媒介物，是历史的酵母。革命是由那些活动分子，偏激的狂热分子，自我克制、不计较得失的天才人物进行的。他们可以在几个小时或几天之内推翻旧制度。这种变革持续数周，多至数年，然而对于造成变革的有限的精神却会被人们崇拜数十年甚至几个世纪。

他为失去拉莉萨感到悲伤，同时也为在麦柳泽耶夫度过的那个遥远的夏天悲伤。当时革命像自天而降的夏神，每个人都在发狂，各具特色，每个人都过着独立的生活，无须为最高政策的正确充当点缀品。

他在撰写形形色色的诗文时，再次检验和表明了自己的观点：艺术总是为美服务的，而美是一种具有形式的幸福；形式是存在的有机源泉。一切有生命的东西要生存，都必须具有形式，所以艺术，包括悲剧在内，都是表现生存的幸福的。这些随想和散记也给他带来幸福，但这是一种悲剧性的，饱含着泪水的幸福，这样的幸福使人疲惫,使人头疼。

萨姆杰维亚托夫来看望他,也给他带来了伏特加,还向他讲了拉莉萨和女儿同科马罗夫斯基离去的经过。

萨姆杰维亚托夫是随轨道车来的。他责怪日瓦戈没有照料好他的马,所以日瓦戈要求再借用三四天,他没答应,把马牵走了,不过却答应再过三四天亲自来接他离开瓦雷金诺。

有时,日瓦戈在埋首写作时,突然会记起拉莉萨,仿佛她就在眼前。她的柔情使他陶醉,但她的离去又使他不能自持。就像童年时代在花红叶绿的夏日里,他仿佛在鸟鸣声中听到故世的母亲的声音。他和拉莉萨耳鬓厮磨地在一起,他那双耳朵已经听惯了她的声音。现在这双耳朵有时却会叫他上当受骗。他有时仿佛听到拉莉萨在隔壁屋里喊:“尤拉!”

这一周中,他还产生过别的幻觉。在周末的一天夜里,他蓦地从噩梦中惊醒:他梦到房子下面有一条龙。他睁开了眼睛。突然在谷底有火光闪了一下,传来一声枪响。奇怪的是,过了几分钟他又睡着了。早上醒来,他断定这是一个梦。

十五

这事是那以后没多久发生的。日瓦戈终于听从了理智对他的规劝。他对自己说,如果决定非自杀不可,那他可以找一个有效的又不大痛苦的方法。他下了决心,等萨姆杰维亚托夫一来,他马上就离开。

天黑前不久,他听到雪地上有咯吱咯吱的脚步声。不知是谁正从容地迈着坚定有力的步子朝房子走来。

怪事，这会是谁？萨姆杰维亚托夫要来一定会骑马，再说瓦雷金诺已经空无一人了。“是来找我的。”日瓦戈想，“要我回城里或是来抓我？不过他们又怎么把我带走呢？他们起码要有两个人才行。这准是米库利增这个老头子。”他觉得他已听出了来人是谁，不禁一阵高兴。不过这个暂时还是谜的人在门口停下来，门闩已经没有了，来人看到门上没有锁，就毫不迟疑地走了进来。他对这里的一切好像十分熟悉，像在自己家一样推开一路上经过的门，然后又轻轻地把门一一带上。

这时日瓦戈正背朝门口，坐在书桌前。当他从椅子上站起来，转过身去迎接来客时，他看到来人正一动不动地站在门口。

“您找谁？”日瓦戈脱口而出地问道。来人没有回答，日瓦戈也不感到惊讶。

来人体格健壮匀称，面容英俊。他穿着皮短袄、皮裤，脚上是一双山羊皮靴，肩上挎着一支长枪。

使日瓦戈感到突然的只是来客出现的那一刹那，他的到来倒并未使日瓦戈感到意外。屋里的那些东西和有人住过的另外一些迹象使日瓦戈已经有所准备。显然，这个人就是他们在屋子里发现的那些物品的主人。日瓦戈觉得这个人十分面熟，好像在哪里见过。来人大概事先也已经知道屋子有人住，所以也没感到惊讶，也许已经有人告诉他谁住在里面，说不定他还认识日瓦戈呢。

“他是谁？他是谁？”日瓦戈在冥思苦想，“天啊，我在哪儿见过他？这可能吗？五月里一个炎热的清晨，是哪一年，想不起来了。拉斯维尔耶火车站，令人胆战的政委专车。清晰的思路，直率的谈吐、铁一般的原则性，刚正、刚正、刚正。啊，是斯特列尔尼科夫！”

十六

他们已经谈了好几个钟头。这只有身在俄国的俄国人，特别是那些担惊受怕、心境忧郁的人，那些愤怒欲狂的人——当时国内的人都是如此——才能进行这样的交谈。

除了斯待列尔尼科夫和所有的人一样都有好说话的毛病之外，他之所以喋喋不休还有他自己的原因。

他说起来没有完，千方百计和日瓦戈找话谈，因为他怕孤寂。他是怕良心的谴责，还是怕回想起萦绕在他心头的悲痛？是对自己不满，以至感到难堪、憎恶自己，因而羞惭欲死，还是他已经采取了某种可怕的不可改变的决定，所以才不肯独处，尽可能与日瓦戈交谈，和他在一起，以尽可能拖延这一决定的实施？

总之，斯特列尔尼科夫是隐瞒了一个使他苦恼的重大秘密，因而才借别的话题尽情倾吐他的积郁。

这是一种世纪病，一种时代的革命狂。人们头脑里想的是一套，言谈表现的则是另外一套。没有哪个人的良心是洁白无瑕的。每个人都有理由觉得自己罪孽深重，是一个暗藏的罪犯、一个未被揭穿的骗子，一有借口，便拼命作自我谴责。人们耽于幻想，他们谴责自己不仅是由于恐惧，而是出自一种不可收拾的病态心理，是自愿而为的，他们中了形而上学的毒而处于昏睡状态，热衷于自我谴责，稍一放松，便无法收拾。

斯特列尔尼科夫身居军中要职，有时还参与军法审判，这类的书面或口头的临刑前供词他听过不知多少。此时，他为这种自我揭露的热情所左右，他对自己重新作了评价，总结了自己一生的活动，但一切都被他狂热梦呓般的言语大大歪曲。

斯特列尔尼科夫讲得语无伦次，一件事没讲完就转到另一件事上去。

“这是在赤塔附近发生的。您对这屋子里那些箱子、抽屉里塞得满满的杂七杂八的东西不觉得奇怪吗？这都是我弄来的，都是在红军占领东西伯利亚时征收来的。当然，并不全是我一个人搬来的。我这一生很走运，总碰到一些忠心耿耿、可以信赖的人。这些蜡烛、火柴、咖啡、茶、文具等，一部分是捷克的，一部分是日本和英国的。怪事，是不是？‘是不是’是我妻子的口头禅，您肯定已经注意到了。我本来还拿不定主意是不是把这事马上告诉您。现在我可以告诉您，我是来看望她和女儿的。我听说她们母女住在这里的消息太晚了，结果还是没来得及碰到她们。当我得知您同她有私情的流言蜚语，第一次听到日瓦戈医生这个名字时，我从这些年来在各种意想不到的场合里见过的上千名人员中，回忆起一个姓日瓦戈的人，记得当时我曾经审问他。”

“您当时没枪毙他，现在后悔了吧？”

斯特列尔尼科夫没理会这句话，也许他没听清楚，所以没注意到日瓦戈打断他，他心不在焉、若有所思地继续说：

“我当然有妒意，即使到现在仍然如此。能不这样吗？我是最近几个月才到这里隐蔽的，因为我在东部的一些秘密接头地点都垮了。我以莫须有的罪名被控应受军法审判，结果如何不难预料,但我是清白无辜的。所以我还希望今后在条件允许的情况下,能获得申辩的机会以恢复我的名誉。所以我决定在被捕之前先避一避风头,利用这个空隙在各地周游一番,过一过隐居生活。说不定最后能保住性命。不过我曾经听信过一个年轻人的话,上了他的当。冬天,我穿过西伯利亚徒步西行,一路上忍饥挨饿,还要避人耳目,在雪堆里藏身,在被雪覆盖的列车里过夜。当时在西伯利亚铁路线上有无数的列车埋在雪里。在路上我碰到一个无家可归的男孩。据他说,他和别人一起集体被游击队枪决,但他未被打死,从死尸堆里爬出来,把伤养好,便开始和我一样东躲西藏。这反正是他自己讲的。这个家伙真不是好东西,恶劣透顶。读书时留级,被学校开除,因为他实在无法再读下去。"

斯特列尔尼科夫讲得愈详细,日瓦戈也就愈清楚这是谁。

"他叫捷廖沙,姓加卢津,是吗?"

"不错。"

"他说的关于游击队和被枪决的事全是真的,一点不假。"

"这个孩子的唯一优点是孝顺母亲。父亲被扣当作人质,后来下落不明。他听说母亲在狱中,早晚也会和父亲一样送命,便决心豁出一切救母亲出狱。他去县契卡自首,表示愿意立功赎罪;契卡答应对他不再追究,但要他揭发一些重大案件。他就把我藏身的地方告诉了他们,幸好我早有戒备,及时转移了。我历尽千辛万苦,穿过西伯利亚来到这里。这一带我十分熟悉,他们没估计到我居然有这么大的胆量来这里,所以不大可能到这里来找我。事实上也的确如此,我在这一带到处躲藏,他们却还在赤塔郊区搜捕我。不过现在完了,他们已经发现了我。瞧,天慢慢黑下来，我不喜欢的时刻快到了，因为我早已忘记了睡觉的滋味。简直活受罪。如果我那些蜡烛——一级硬脂蜡烛，是不是？——还有的话，那就让我们再谈一会儿。让我们奢侈一番，在烛光下谈个通宵，直到您实在无法支持为止。”

“蜡烛都在，只开过一包。我用的是煤油，也是在这里找到的。”

“有面包吗？”

“没有。”

“那您吃什么？不过这问题也是多余的。当然是吃土豆，这我知道。”

“不错。土豆要多少有多少。原来的房东有经验，会存放东西。他们存土豆是行家，地窖里的土豆一点也没坏，既没烂，也没受冻。”

斯特列尔尼科夫突然又谈起革命来。

十七

“这一切不是为您安排的，您也无法了解。您是在另一种环境下成长的。市郊的铁路沿线、工棚，曾经是另一个天地。这里肮脏、拥挤、贫困，劳动者、妇女的人格受到侮辱。那些娇生惯养的宠儿、少爷派头的学生、年轻的买卖人荒淫无耻，他们逍遥法外，嬉皮笑脸，讥嘲斥骂被压榨、被侮辱、被欺骗的人们的眼泪和苦楚。这些寄生虫道貌岸然，唯一的特色是无所事事、醉生梦死，既不给世界作出任何贡献，死后也不留下任何痕迹！我们把生活看成是行军,为我们所爱的人铺路架桥。尽管我们带给他们的只有痛苦,但他们毫无怨言,因为我们比他们要痛苦十倍。不过我必须先说一件事,然后再接着讲下去。事情是这样的:如果您还要命的话,您必须离开这里,一刻也不能耽搁。他们对我正加紧搜捕,不论结果如何,都会把您也牵进去,因为我们一起谈过话。另外,这里的狼很多,前两天我开枪才把狼赶走。"

"原来是您开的枪?"

"不错,您听见了?当时我正到另一个藏身之地去。不过我还没有走到,就从各种迹象看出来那地方已经暴露,里面的人肯定已经遇害。我在您这里待不久,只过个夜,明天早上就走。好,如果您允许,我就接着说下去。那些服饰华丽、带着女伴坐着马车飞驰而过的特维尔和雅姆驿道上的花花公子难道只在莫斯科、只在俄国才有?这样的大街、大街上的夜景、上个世纪大街上的夜景、骏马、浪荡子弟到处都有。这个时代共同的特点是什么?将十九世纪构成一个历史阶段的又是什么?是社会主义思想的产生。革命在进行,热血青年走上街垒;政论家大声疾呼,抨击金钱的罪恶,唤起并维护穷人的人性尊严,于是产生了马克思主义。马克思主义看到了祸害的根源,提出了根治的办法,成了上个世纪的巨大力量。所有这一切就是特维尔和雅姆时代,有肮脏与圣洁,有骄奢与贫困,有传单和街垒……她小时候在学校读书时,真是美极了!您简直无法想象。她常到一个女同学家去,那幢房子里住的全都是布列斯特铁路职工。这布列斯特是铁路的旧名,后来名字又换过好几次。我的父亲目前是尤梁津军事法庭的法官,当时在车站上当工长,所以我常到那幢房子里去,在那里见到她。那时她虽然还很小，但从她的脸上、眼神里已经可以看到时代的惶恐与不安。这个时代的一切问题、时代的眼泪和屈辱、时代的追求、时代的积怨与骄傲，都表现在她的脸上和她的举止中，表现在她那少女的羞怯和优美洒脱的体态中。她完全可以充当这个世纪的控诉状。这不是夸大其词，是不是？在某种意义上说，这是她的使命，是命定的，这是她的天赋，只有她能这样做。”

“您说得十分精彩。那时我也见过她，和您的描述完全相同。她既是一个女学生，同时又是一桩不是孩子该有的秘事的主人公。她的身影在墙上移动着，那是她时刻准备自卫的动作。这个印象一直保留在我的记忆中。您形容得十分生动。”

“您见过她，而且还记得？那您后来呢？”

“那是另外一回事了。”

“好吧，您知道，整个十九世纪和在这一期间多次发生的巴黎革命、从赫尔岑开始的一代代的俄国革命者的流亡、刺杀沙皇，不论是付诸行动的或未付诸行动的、世界的工人运动、欧洲各国议会或大学中的马克思主义、一整套新的思想体系、新颖和迅速的推理、以怜悯为名而采取的其他一些辅助性残酷手段，所有这一切都由列宁所汲取并在他身上表现出来，以便向旧世界进攻，为过去的一切进行报复。与此同时，一个巨大的俄罗斯形象跟着他站了起来，就像在全世界面前燃起了熊熊的烛火，来驱走人类的无所作为的思想和灾难。不过，我跟您讲这些干什么？对您来说，这只是一阵聒耳的噪声而已……我为了这个女孩入了大学，为了她当了教师，来到这人地两生的尤梁津。我广读博览，希望能对她有所帮助，如她一旦需要，我可以随时为她效力。我参军作战，希望在结婚三年之后重新回到她身边。战后我从俘虏营中归来，我利用传说我已阵亡的机会，伪造姓名，参加了革命，想为她经受的痛苦报复，洗刷她痛苦的回忆，让她不再想到过去，让过去那些屈辱的事不再发生。她和女儿就在这里，就在我身边！我多么想奔到她们面前，看看她们，但我克制住了自己，为此我不知用了多大的毅力！不过我首先是想把我这一生的大事完成。如果现在我能看她们一眼，我付出什么代价都行！当她走进房间时，窗户仿佛都敞开了，里面充满了空气和阳光。”

“我知道您多么爱她。不过，请原谅，您知道她多么爱您吗？”

“对不起，您说什么？”

“我说您知道不知道她是何等爱您，胜过爱任何一个人？”

“您怎么知道？”

“她亲口对我说的。”

“她？对您？”

“是的。”

“请原谅。我知道我的要求您很难办到，不过，如果我的要求不过分，而且您又可以讲的话，请尽可能一五一十地把她的原话告诉我。”

“我很愿意。她说您是坦率真诚的典范，她未曾见过第二个像您这样的人；她说如果能和您重温旧梦，纵使在天涯海角，即使爬，她也要去找您。”

“对不起。如果这不涉及你们的隐私的话，请告诉我，她是在什么情况下讲的？”

“她是在收拾房间时讲的，然后她就到院子里去抖地毯。”

“对不起，是哪一条？这里有两条。”

“那条大的。”

“她一个人弄不动，您帮她忙了吗？

“帮了。”

“你们抓住地毯的两个角，她把头向后一仰，像荡秋千一样高高扬起两条手臂，然后扭过脸，避开吹过来的灰尘，皱起双眉，哈哈大笑？是不是？我对她的一举一动实在太熟悉了！然后你们走到一起，把沉重的地毯一折二、二折四，她一边还开着玩笑，是不是这样？是不是这样？”

他们站起来，走到不同的窗口，朝不同的方向望去。沉默了一会儿。然后，斯特列尔尼科夫走到日瓦戈跟前，拉起他的双手贴在胸前，像刚才那样急促地接着说：

“请原谅，我知道我触到了一些您十分珍视的内心秘密。如果可以的话，我还想多问您几个问题。您千万别走开，别让我一个人待在这里，反正我很快就会走的。唉，六年的分离，六年的忍耐，真是难以想象。不过我总觉得自由还没有完全赢得，所以我首先要赢得自由，到那时我就完全属于她们了，我就不再受拘束了。可是我的一切希望都化为泡影。明天他们就要来抓我了。您是她的亲人，也许您以后还有机会见到她。不过，算了吧，我这是说什么？简直是精神错乱。他们抓住我，不会给我申辩的机会，会一下子扑上来，又叫又骂，不让我开口说话。难道我还不知道这一套？”

十八

他终于能好好地睡一觉了。一躺下去就马上入睡，这对日瓦戈来说好久以来还是第一次。斯特列尔尼科夫也留在他这里过夜。日瓦戈让他睡在隔壁屋里。夜间日瓦戈醒来过好几次，有时是翻身，有时是把滑下去的被子拉好。他觉得睡得非常酣畅，于是随后又舒舒服服地睡去。到了下半夜，他做了好几个短暂的梦，梦到了他的童年时代，梦中所见十分真切、详尽，简直像实有其事一般。

例如，他梦见妈妈挂在墙上的一幅意大利海滨水彩画忽然掉在地上，画框上的玻璃砰的一声摔碎了，把他从梦中惊醒，他睁开了眼睛。不对，这是别的声音，大概是拉莉萨的丈夫、现在姓斯特列尔尼科夫的巴维尔·巴甫洛维奇又在开枪吓唬狼群。咦，不对，这不可能。墙上的画是掉下来了，瞧，地上都是碎玻璃。他确信这都是真事，便又迷迷糊糊地睡去。

他又醒了，觉得头疼，因为他睡得太久了。有好一会工夫弄不清自己是什么人，现在是活着还是死了。

他蓦地想起："斯特列尔尼科夫在我这里过夜的呀！已经不早了，该穿衣服了。他一定起来了，要是还没起，我叫醒他，烧点咖啡，我们一起喝。"

"巴维尔·巴甫洛维奇！"

没人应声。"还在睡，而且睡得很熟。"日瓦戈不慌不忙地穿好衣服，走进隔壁屋子。桌上放着斯特列尔尼科夫的皮军帽，可是室内没有人。“大概去散步了。”日瓦戈想，“帽子也不戴，准是在锻炼身体。今天一定要离开瓦雷金诺进城，可是今天太晚了，我又睡过了头。天天如此。”

日瓦戈升起灶火，拿起水桶到井边打水。一出门，他看到斯特列尔尼科夫横卧在小路上，离台阶只有几步光景，头扎在雪堆里。他是自杀的。血从左太阳穴流出，把下面的雪染成了红色。血滴沾上雪花，成了一颗颗小血珠，就像上了冻的山梨果。

第十五章　结　局

一

现在再把日瓦戈去世前八九年的生活作一个简短的介绍。在这八九年间，他日益衰弱颓丧，行医、写作的知识和能力都大为减退，有一段时间他曾经振作了一番，摆脱了压抑消沉的情绪，但为时不久，后来又恢复了原来的状态，对自己和世上的一切都极为冷淡。他原有的心脏病发展得很快，但他对病的严重程度却一无所知。

日瓦戈在实行新经济政策的初期来到莫斯科，这是苏维埃的历史上最摇摆、最虚伪的时期。他比从游击队逃回尤梁津时更为瘦削，蓬首垢面，衣冠不整。一路上，他把身上还值钱的衣服一件件都换了吃的，并且换了一些破烂衣服穿，免得赤身露体。后来，第二件皮大衣和一套外衣也换了面包，所以当他来到莫斯科大街上时，只剩下一顶灰皮帽、绑腿、一件连纽扣都没有一粒的破军大衣和一件臭烘烘的囚衫。他这副打扮同拥挤在首都广场、人行道和车站上的红军士兵没有任何区别。

他不是一个人来莫斯科的。紧跟在他身后的是一个俊秀的农村青年,也是一身士兵打扮。他们来到几户幸免于难的人家的客厅里,日瓦戈曾在这里度过他的童年。这几家的主人都还记得他,接待了他和他的同伴,不过事先委婉地问他们是否洗过澡,因为斑疹伤寒依然十分猖獗。在开始几天中,几家主人都向日瓦戈讲述了他的一家人离境出国的情况。

他俩都怕见人,即使非要与人交谈不可,也尽量避免单独活动。他们通常总是两个人一起去访问朋友,当有人和他们在一起时,这两个瘦长的身影总是躲在一个不显眼的角落里,不参加大家的交谈,默默地度过一个晚上。

这位衣衫破旧、又高又瘦的医生在年轻伙伴的陪同下,就像一个探寻真理的修士,那个形影不离的伙伴像个盲目信任他的弟子和顺从的信徒。这个年轻人是谁?

二

快到莫斯科的这段路日瓦戈是乘的火车,而在此以前的大部分路程是步行。

他一路经过的村庄,同他逃离游击队时见到的乌拉尔和西伯利亚的村庄相比,看不出有什么好的地方。只不过那时是冬天,现在是夏末秋初,天气暖和少雨,看上去让人觉得好一些。

他经过的村庄有半数荒无人烟,像被敌人扫荡过一样,田园荒芜,庄稼无人收割。这的确是战争的后果,只不过是内战而已。

他在九月底的两三天中，曾走过一条又高又陡的河岸。他右面是迎面而下的河水，左面从大路一直到地平线，是一堆堆的废墟、一片片未收割的庄稼。偶尔可以看到阔叶树林，主要是橡树、榆树和槭树。这些树林顺着洼地一直伸到河边，布满公路旁的陡坡。

在没收割的庄稼地里，熟透的黑麦穗已经爆裂，麦粒撒了一地。日瓦戈捧了好几把送到嘴里，艰难地咀嚼着；在没有可能煮粥的困难情况下，只好以此充饥。这些没有煮过而且又没嚼透的麦粒简直无法消化。

日瓦戈一生还从未见过这种暗褐色的黑麦，那颜色就像发黑的金块。在按时收割的正常情况下，颜色要鲜亮得多。

这些没有火光的火红色，这些在无声呼救的田野被寒冷沉静的广阔天空笼罩着。天空已经在迎接严冬的来临，那一层层中间黑四周白的雪云正在空中不停地飘游，仿佛阴影在人们的脸上掠过一般。

一切都在缓缓地均匀地运动着。河水、迎面的公路、正在公路上行进的日瓦戈，就连天上的云也随着他朝同一个方向移动。田野也没静止，也有东西在地上活动着，因而使人觉得田野也在不停地蠕动，使人感到憎恶。

田野上的老鼠已达到空前的数量。当日瓦戈因天黑不得不在田埂上露天过夜时，老鼠便在他的脸上、手上、裤腿和袖子里窜来窜去。白天，它们成群结队地在公路上跑来跑去，当它们被踩倒时，便尖叫着，不停地抽搐。

村庄里的那些毛茸茸的狗都变成了野狗，叫人害怕。它们成群地尾随在日瓦戈身后，保持着一定的距离；它们不停地交换眼色，似乎是在商量什么时候扑到他身上，把他咬死。它们吃腐尸，不过鼠肉也照吃不误，因为田野上到处都是。它们十分有信心地跟在日瓦戈后面，老远地朝他张望，像在等待什么似的。奇怪的是这些狗不进树林，所以当日瓦戈离树林愈来愈近时，他身后的狗便愈来愈少，一个个都回转身，从他的视野中消失了。

那时的树林和田野成为强烈的对比。田野上空无一人，孤零零的，好像众叛亲离似的；但不受人侵扰的树林却像获得自由的犯人一般，尽情地卖弄风采。

通常人们，特别是乡村儿童，没等果实成熟、还在发青时便摘下来吃掉。然而现在山坡上和谷地里的树林却是枝繁叶茂，无人问津；那粗糙的金黄色树叶好像被秋日的阳光晒硬了，上面落了一层灰尘。枝叶丛中挂着一嘟噜一嘟噜鼓鼓囊囊的成熟的果子，三四颗连在一起，像用带子扎起来一样，沉甸甸的，仿佛要掉下来似的。日瓦戈一路上不停地咯吧咯吧嗑这种坚硬的果子，他的衣袋、背包里都装满了。有一个星期的时间他就靠这些果子充饥。

日瓦戈似乎觉得，他看到的田野是在害重病、发高烧、说胡话，他看到的树林是病愈复原，满面红光；住在树林中的是上帝，而田野上闪现着的是魔鬼的冷笑。

三

这几天，日瓦戈在走过这一段路程时，来到一个烧得光光的没有人烟的村子。村里只是靠公路有一排房子，对面是一条河，河边什么也没有。

村里这一排房子中有几幢还算完好，但外面都已被烧得黑乎乎的，里面也没人住；其余的都已成了一堆焦炭，其中可以看到烟囱的残迹。

河边陡岸上到处是坑，这是居民们凿取磨石留下来的，他们以前就以此为生。在最边上的一间房子的对面空地上还有三块没凿好的磨盘。这间房子虽然幸免于难，但也没人住。

日瓦戈走进房子。这是一个寂静的夜晚，但他刚刚跨进门口，便像有一阵风也随他闯了进来。地上的干草和麻絮向四面滑动，发出沙沙声。原来这是老鼠在四处乱窜，吱吱乱叫。房子里也和周围一样，到处是老鼠。

日瓦戈走了出来。太阳已经西斜到田野的尽头。河对岸已经沉浸在暖洋洋的金黄色斜阳之中。岸上的几处灌木丛和河湾那暗淡的倒影已经伸延到河的中心。他穿过大路，在草地上一块磨石上坐下来休息。

这时，陡岸上伸出一个淡褐色头发的头，接着是肩膀、胳膊。有个人提着满满一桶水顺着陡岸小路走上来。一见到日瓦戈，便停下来。这时已经可以看到来人的上半身了。

“要喝水吗，好心肠的人？你别碰我，我也不碰你。”

“谢谢，让我喝个痛快吧。你上来呀，别怕。我为什么要碰你？”

提水的人走上来了，原来是个少年。他光着脚，头发乱蓬蓬的，身上的衣服破烂不堪。

少年虽然言语和善，但仍然惊恐地直盯着日瓦戈。不知为什

么这个孩子紧张得出奇。他连忙将水桶放下,忽然朝日瓦戈奔过来,但跑了几步又停下来,喃喃自语说:

“不会……不会……这怎么也不可能,我大概是在做梦吧。对不起,同志,请允许我问一声,我觉得您挺面熟。对啦!对啦!您是医生叔叔!”

“你是谁?”

“认不出来啦?”

“认不出来。”

“我们一同乘火车离开莫斯科的呀!坐在一节车厢里。我是被押送去做劳工的。”

原来这是瓦夏·勃雷金。他匍匐在日瓦戈跟前,吻着他的手,泪流满面。

这个化为灰烬的村子原来是瓦夏的故乡维列坚尼基村。他母亲已经不在人世。村子被焚时,瓦夏正躲在采石场上的地洞里。他妈妈只当瓦夏被抓进城,痛不欲生,投河自尽了。这河就是此时日瓦戈和瓦夏坐在岸上谈话的佩尔加河。两个妹妹阿莲卡和阿莉什卡,听说流落到外县,被孤儿院收容了,不过这还不能肯定。日瓦戈带着瓦夏前往莫斯科。一路上瓦夏向他讲了许多悲惨可怖的事。

四

“那正是夏末秋初,忙着秋播的时候。刚播好种,大祸就临头了。那是在波莉亚阿姨走后不久。波莉亚阿姨您还记得吗?”

“不记得，再说，我从来也不认识。她是谁？”

“您怎么会不认识？波莉亚·佳古诺娃！和我们一起乘车的。那个白白胖胖、什么事都放在脸上的。”

“那个一个劲儿编辫子、解辫子的吗？”

“对，对！一点不错。她老是拨弄两条辫子！”

“噢，我想起来了。你等等，后来我在西伯利亚还见过她呢，是在城里大街上碰到的。”

“真有这样的事！您见到波莉亚阿姨了？”

“你怎么啦，瓦夏？为什么用这么大的劲摇我的手？当心别把我的手扯断。瞧你脸红的，简直像个大姑娘。”

“她怎么样？快告诉我，快说呀。”

“我见到她时，她很好。她还提起过你们。我记得她说在你们那里住过或是去玩过。也许我记错了。”

“没错，没错！是在我们家住过。我妈妈待她像亲妹妹一样，她不大爱说话，很能干，挺会做针线活儿。她住在我们家时，家里什么东西都有的是。可是后来闲话太多，她不得不离开维列坚尼基村。

“村里有个男的，叫哈尔拉姆·格尼洛伊，向她献殷勤。这个人没有鼻子，而且专门说人坏话。她连看都不看他一眼。他对我怀恨在心，说我和波莉亚的坏话，把她弄得没办法，她只好走了。从那时起我们就遭殃了。

“离我们不远的地方发生了一桩凶杀案。布伊斯科耶村附近有一个寡妇被人杀害了。这个寡妇就住在树林旁边。她平常总穿一双带提环的男式松紧带皮鞋。她养着一条凶狗，那狗拴在链子上,天天围着房子周围的铁丝网转,名字叫戈尔兰。家务和农活都是寡妇一个人干,没人帮忙。谁也没料到冬天来得那样快,雪也下得早。她地里的土豆还没刨出来。于是她来到我们村,说:帮个忙吧!我可以给土豆,付工钱也行。

“我表示愿意去给她刨土豆。到他家一看,哈尔拉姆已经在那里了。他比我去得早,但她并未告诉我。不过也犯不着为这事吵,于是我们就一起干。天气不好,又是雨又是雪,一脚水一脚泥的。我们不停地挖呀挖,烧土豆藤,把土豆烘干。总算干完了,她付了我们工钱,没亏待我们。她把哈尔拉姆打发走了,但却朝我使了个眼色,好像是说:我还有事找你,你等一下再来或者再待一会儿。

“我又去找她。她说:我不愿意把多余的土豆交给国家。我知道你是个好孩子,不会说出去。你瞧,我什么事都不瞒你。我本想自己挖个坑,把土豆埋起来,可你看这天气。我动手太晚了,现在已经是严冬,我一个人干不了,如果你能帮我挖,我一定不让你吃亏。我们把土豆晾干,倒进去。

“我给她挖了个坑,和密室一样,上窄下宽,像个瓦罐,并且用烟烘干烤暖。这时正刮着大风下着大雪。我们把土豆藏得严严实实,上面还撒上土,一点不露破绽。这件事我对别人没说过一个字,在任何人面前都未提起,就连妈妈和妹妹也不知道。这种事怎么能提呢!

“只过了一个月,寡妇家被抢了。听从布伊斯科耶村来的人说,寡妇家大门敞开着,东西都抢光了,她人也不见了,狗也挣脱锁链跑了。

“又过了一些时候，快到新年了，正是第一次冬暖化雪的日子，在瓦西里节那天，大雨倾盆，把高坡上的雪都冲掉了，土都露了出来。跑掉的狗又回来了，它一个劲儿地在地窖上刨，把里面的土豆都翻了出来，露出了寡妇那双穿着松紧带皮鞋的脚，真叫人害怕！

“维列坚尼基的人都替寡妇伤心，叨念她。谁也没想到是哈尔拉姆干的。再说，谁会想到他呢？怎么想也想不到呀！如果真是他干的，他怎么还敢待在维列坚尼基村，神气活现地荡来荡去呢？早就溜得远远的了。

“村里的富农为这件凶杀案拍手叫好。他们心想：这正是浑水摸鱼的好机会。他们说：城里人就会干这种事，这是杀鸡给猴看：看你敢藏粮食，看你敢埋土豆。可是你们这些蠢货，却说这是林子里的土匪干的，你们这是在做梦。你们太傻了！你们再去听城里人的话好了。他们的名堂多得很，会把你们给活活饿死。你们要是想太平无事，那就跟我们走。我们教你们聪明些。他们要是来拿你们的血汗粮食或赚来的东西，你们就把余粮藏起来，一粒粮食也不给他们。万一不行，你们就拿起铁叉和他们干。谁要是和大伙作对，谁就当心点。村里那些老头子一听，便商量起来，又是嚷嚷，又是开大会，这正合乎哈尔拉姆这个坏蛋的心思。他连忙进城报告，说乡下出了事，你们为什么瞪着眼睛不管？应该马上组织贫农委员会。你们只要说句话，我马上叫他们斗起来。他本人赶紧跑开，以后再也没露面。

“后来的事就自然来了。谁也没有鼓捣，谁也不能怪。城里派来了红军和巡回法庭。法庭头一个审讯的是我。这是哈尔拉姆告发的，说我逃避劳役，说我煽动大伙儿造反，还说我杀死了寡妇。我被他们关起来，幸好我想了个办法，把地板撬起了一块，逃了出来，躲在地下的石洞里。村子正在我头上面燃烧，但我还不知道。我亲爱的妈妈跳进了冰窟窿，我也不知道。一切都是自然而然发生的。有人把红军士兵领到一间屋里，请他们喝酒，他们一个个醉得不省人事。夜里由于人不当心，房子起了火，接着邻近的房子也烧起来。村里的人一见到火都跳起来跑了，那些外来的，虽然没人要烧死他们，可是不用说，一个个都被活活烧死了。谁也没撵村里的人，可是一家家都化成了灰，大家都吓跑了，怕再出什么事，因为一些爱生事的家伙吓唬说，村里的人要杀掉十分之一。我反正一个人也没碰到过，他们全都跑光了，不知现在在什么地方。”

五

日瓦戈和瓦夏在一九二二年春实行新经济政策初期来到莫斯科。天气晴和，救主教堂金顶上的太阳反光照在石块缝中长满青草的方石广场上。

禁止办私人企业的禁令解除了，允许自由贸易，但控制得非常严格。在人群拥挤的市场上，旧货商只能买卖破烂。由于范围太小，投机倒把活动应运而生，并且渐渐猖獗起来。这些小零小碎的生意并不能生产出新东西，对城市中的物资匮乏起不了弥补作用，然而这些生意人却从这种一再倒手的买卖中赚了大钱。

有的人家有些藏书，他们把这些书从书橱里取出来，集中到一个地方，向市苏维埃申请开办一个合作书店。他们先后获准使用革命开始几个月就封闭了的鞋店仓库与花房。就在这些宽大的房子里出卖一些薄薄的和难得见到的文集。

以前在困难时期曾不顾禁令偷偷烘烤白面包出卖的教授夫人们，现在公开地在一个多年来一直空闲着的脚踏车修理铺里出售面包。她们弃旧图新，接受革命，开始用“是这么回事儿”来代替“对”“好”。

到了莫斯科后，日瓦戈说：

“瓦夏，要找点事干。”

“我打算读书。

“那当然好。”

“我还有个心愿，想凭记忆给妈妈画张像。”

“那很好。不过你得会画才行。你以前画过吗？”

“在阿普拉克辛商场和舅舅住在一起时，偷偷用木炭画过。”

“那很好。可以画画看。祝你成功。”

瓦夏并没有什么突出的才能，不过他完全可以学点实用技艺。日瓦戈通过朋友，把瓦夏安排到过去的斯特罗加诺夫学校的普通文化班读书，后来又把他送到印刷系学习。他在这里学习了石印、印刷、装订和装帧艺术。

日瓦戈和瓦夏通力合作。日瓦戈就各种问题写些篇幅只有一个印张的小册子，瓦夏作为考试作业把它们印制出来，印量不多，然后通过他们都认识的朋友在新开的旧书店里销售。

小册子的内容有日瓦戈的哲学、他的医学观点、对健康与疾患的见解、对变化论和进化论的认识、对作为机体生物基础的个性的认识、对历史和宗教的看法——这些看法同他舅舅的看法相近——以及普加乔夫活动地区的见闻、诗和短篇小说。

小册子虽然是用通俗易懂的对话写的，但远不是通俗读物，因为其中的见解是信笔写来，并未经过验证，还是争论的问题，不过却很有特色，使人颇感兴趣。这些小册子销路不错，喜欢研究这类问题的人对小册子的评价很好。

当时，作诗、文艺翻译都成了专门的学问，都有人进行理论上的探讨；成立了好多研究所，出现了形形色色的思想宫、艺术思想研究所。日瓦戈在半数这样的有名无实的机构中担任医生。

日瓦戈和瓦夏处得很好，在一起生活了很长时间。在这段时间里，他们的住处换过好几次，不论是房间还是破破烂烂的角落，条件都很差，无法居住。

日瓦戈刚来莫斯科时还到西采夫胡同的老房子去过。据他所知，他家里人路过莫斯科时没来过。他们被驱逐出境后，情况大变。他们名下的房屋已经住上了人，里面的东西都不知去向。人家都躲着日瓦戈，将他视为危险分子。

马尔克尔飞黄腾达，早已不住在西采夫，调到“面粉城”担任房管主任。根据他的职务，他们一家可以分到一套主任级的房子，但他情愿住没有地板的旧下房，里面有自来水和俄式大火炉。这个新村所有房子中的水管和暖气管到了冬天都爆裂了，只有下房温暖如春，水管也没上冻。

这时，日瓦戈和瓦夏之间的关系冷淡了。瓦夏的变化很不一般，他的思想和言谈已经完全不像当初维列坚尼基村佩尔加河畔的那个蓬首赤足的孩子了。革命宣传的那些明显的道理愈来愈吸引他，而日瓦戈那些晦涩难懂的话在瓦夏听来是错误的，应该受到批判的，就因为这些话理不直气不壮，所以日瓦戈才支支吾吾、闪烁其词。

日瓦戈在各主管部门奔走，想办两件事：一是要求为他家人恢复名誉，准许他们返回家园，二是申请出国护照，去巴黎接妻儿。

瓦夏感到惊讶的是日瓦戈办这些事并不那么急切、那么带劲。日瓦戈过急过早地断定他的努力是枉费心机，并且说，即使再想办法也无济于事，语气十分肯定，几乎有点洋洋自得，仿佛他有先见之明似的。

瓦夏愈来愈多地批评日瓦戈，日瓦戈认为他的话在理，也不介意，但他们的关系恶化了，最后他们完全破裂，各奔东西。日瓦戈把他俩合住的房间让给了瓦夏，自己搬到“面粉城”。神通广大的马尔克尔把斯文季茨基家从前住的房子的一个角落给他住。这里有一间闲置的浴室，旁边还有一间单扇窗向下的屋子、一间歪斜的厨房。厨房有后门，后门已经残破，塌陷了。日瓦戈搬来之后不再行医，变得邋遢不堪，不和朋友们往来，生活十分拮据。

六

这是一个阴暗的冬日的星期天。房顶上方看不见浓浓的烟柱，黑烟从气窗口钻出，袅袅上升，因为住户们不顾禁令，仍然将小铁炉子的烟囱装到气窗口上。城市生活尚未恢复正常，“面粉城”的居民一个个都十分肮脏，许多人生疖子、冻疮，常常感冒。

今天是星期天，马尔克尔·夏波夫一家人都在家。

他们正围坐在一张桌子旁吃午饭。从前凭卡供应面包时，每天黎明就在这张桌子上把整幢房子的面包票剪开、分类、清点，按照类别扎在一起或用纸包好，送到面包店去。面包取来之后，先粗分，再细切，一份一份地称给住户。现在这一切都成了过去。粮食分配手续改变了。此时他们一家人吧嗒着嘴，正狼吞虎咽，吃得津津有味。

房间有一半地方被俄式大火炉占了，火炉在房间中央。炉旁高板床上的被褥朝下耷拉着。

靠门口的墙上装着一个水龙头，龙头下是水斗。房间两边是两张长凳，下面放着装有杂物的口袋、柜子。右面有一张桌子，桌子上方的墙上挂着一个小食具橱。

炉子很旺，屋里十分暖和。马尔克尔的妻子阿加菲娅·季洪诺芙娜正站在炉口前用炉叉拨动炉灶里的罐子；她时而把罐子拨在一起，时而分开。她满脸是汗，她的脸有时被熊熊的炉火照得发亮，有时被水蒸气蒙住。她把罐子移到一边，从炉子里的铁板上取出一块馅饼，翻了个身，再放回去烤，直烤到两面金黄。这时，日瓦戈提着两个水桶走进来。

"祝你们胃口好。"

"欢迎。请过来一起用饭。"

"谢谢。我吃过了。"

"我们知道你那所谓午饭是什么！来吃点热的，别那么挑剔。烤土豆、麦糊馅饼。"

"谢谢，不用客气，我真的吃过了。对不起，马尔克尔，我老跑你们家，把冷风都带进来了。我想一口气多弄点水。斯文季茨基家的锌浴缸我刷干净了，装满水，再把几个大桶也装满，还得五六趟，说不定要十来趟。以后就可以好长时间不打扰你们。我老往这里跑，真对不起。除了你们家，我没地方去弄水了。”

“随你弄多少，我绝不小气。糖浆没有，可水有的是。你尽量提吧，不要钱，免费奉送。”

全家笑起来。

当日瓦戈第三次来取第五和第六桶水时，马尔克尔的语气有点变化，讲话的内容也不一样了。

“我女婿问我，你是谁。我说了，他们不相信。你弄你的水好了，别多心，就是别把水洒在地上。瞧你那副冒失的样子，洒得门口都是水，要是结了冰，用铁棒也敲不掉。你把门带紧，真冒失，你不见风往屋里吹？我刚才告诉女婿你是什么人，他们不信。在你身上花了多少钱呀！读书读了那么久，有什么用？”

当日瓦戈第五次或第六次进来时，马尔克尔的脸沉下来了。

“好，这是最后一次了，到此为止。老兄，你要识相点儿。要不是我那小女儿玛丽娜替你说好话，我早把门锁上了，不管你这个废物出身多么高贵。你还记得玛丽娜吗？就是她，坐在桌子最头上的那个黑丫头。瞧她脸都红了。她说，爸爸，您别欺侮人家。谁欺侮你来着？玛丽娜在电报总局工作，她懂外语。她说，人家怪可怜的。她为你赴汤蹈火都愿意，瞧她多可怜你。你自己不争气，可不能怪我。你不该在危急的时候把房子丢下，跑到西伯利亚去。都怪你们自己不好，我们一家熬过了饥饿时期和白军的封锁，没有动摇，现在个个都很好。要怪就怪你自己吧。托尼娅你也没照顾好，跑到国外流浪去了。这是你的事，我可管不着。可我倒要问你——请别见怪！——你弄这么多水干什么？是不是要把院子浇成溜冰场？嗳，你这个脓包，真气人。”

全家又哈哈大笑。玛丽娜气呼呼地朝他们瞪了一眼，红着脸数落他们。日瓦戈听到她的声音，吃了一惊，但还弄不清其中的奥秘。

“用水的地方很多，马尔克尔，要收拾房间、擦洗地板，另外，我还想洗些东西。”

“亏你说得出口，做这种事太丢人了。你大概是开了个中国洗衣店吧！”

“尤利·安得列耶维奇，我叫女儿去帮你洗洗衣服、擦擦地板。如果有东西要缝补，她也可以干。孩子，你不用怕。他们这种人挺斯文，没人能比，连蚂蚁也不会去碰。”

“那怎么行，阿加菲娅·季洪诺夫娜，不行。我怎么也不能让玛丽娜干这种活。难道她是我的用人不成？我自己干得了。”

“您可以干，我就不能干吗？尤利·安得列耶维奇，您太古板啦。为什么不叫我去？如果我上您那儿去，您恐怕会把我轰出来吧？”

玛丽娜满可以成为一个歌唱家。她的嗓子清脆悦耳，嘹亮有力。她并没大声说话，然而这嗓子却比平常谈话的声音响亮，仿佛声音是脱离玛丽娜而独立存在的。听起来这声音是从另一间屋子里出来的，在她身后。这嗓子是保护她的，是守护她的天使。谁也不愿意让有这样一副嗓子的女人受屈、难受。

从日瓦戈取水的这个星期天起，开始了他和玛丽娜的友谊。

她常常帮他料理家务。有一天她留在他那里，便不再回家去了。她就这样成了日瓦戈没有办理结婚手续的第三位妻子，虽然他也没同第一位妻子离婚。他们生了孩子。玛丽娜的父母觉得女儿成了医生夫人，也感到光彩。不过马尔克尔感到不满的是他们没有在教堂举行婚礼，也没办理结婚手续。“你疯啦，”老婆不同意他的意见，“要是托尼娅还活着怎么办？这不是重婚吗？”“你才蠢呢，”马尔克尔回答说，“跟托尼娅有什么相干？她反正和死了一样，没有哪条法律替她说话。”

日瓦戈有时打趣说，他们成了夫妻是二十桶水的罗曼史，就像那些二十章或二十封信的小说一样。

玛丽娜对日瓦戈那些古怪举动、对他的意气消沉以及他把家里弄得那样脏乱，都抱宽容态度，对他的牢骚、暴躁、易动肝火也毫不计较。

她的自我牺牲精神还不止于此。有时由于日瓦戈任性，他们竟陷入贫困的境地，这时玛丽娜怕他一个人在家里孤寂，便辞去了工作。好在单位里很器重她，在停了一个时期后，仍然乐意重新录用她。有时她听从日瓦戈的怪诞主意，同他一起上门给人家当杂工赚钱。他们给各层楼的住户劈柴，论工计酬。有些住户，特别是在新经济政策初期暴发的投机商和靠拢政府的科学界与艺术界人士，都开始安家立业。有一次，他俩往主人书房里送劈柴。他们穿着毡靴，小心翼翼地走过地毯，怕把木屑带进房间。主人旁若无人地埋头看书，连看都不看他俩一眼。他们干什么活儿，付多少工钱，都是由女主人负责。

“这个畜生在读什么，读得这样起劲？”日瓦戈很想了解个究竟，“他气呼呼地在用铅笔画什么？”他抱着柴火从主人肩头往下一瞟。桌上放着的小册子竟是他写的，还是以前瓦夏在高等美工学校时印的。

七

现在玛丽娜和日瓦戈住在斯皮里多诺夫卡街，戈尔顿在旁边不远的小布隆街上租了一间屋子。玛丽娜和日瓦戈有两个女儿：卡普卡和克拉莎。卡普卡已经六岁多了，克拉莎只有六个月。

一九二九年的初夏很热。日瓦戈和戈尔顿只要走过两三条街就可到对方家里做客，不用戴帽子，也不用穿外套。

戈尔顿住的房间结构很古怪。以前这里是时装店的成衣作坊，房间分上下两层。这两层临街的一面是一整块玻璃橱窗，橱窗上用金字写着裁缝师傅的姓名和裁剪的衣服式样。里面是螺旋形楼梯连接着上下两层。

如今这房间已一分为三。

在上下两层之间用木板隔成了一间屋，但对这间住房来说，那扇窗子就未免太古怪了。窗子约莫有一米高，正好到地板，玻璃上还有残余的金字。从金字的空隙中望进去，可以见到室内的人膝盖以下的腿部。戈尔顿就住在这里。这时在他家的还有日瓦戈、杜多罗夫、玛丽娜和两个孩子。孩子个头小，从外面看进来，可以见到她们全身。玛丽娜过了不久就带着孩子们走了，屋里只剩下三个男的。

他们正在从容不迫、懒洋洋地闲聊着。他们从小就是同学，有着多年深厚的友谊,夏日里经常在一起闲聊。这三个人的言谈有什么特点呢?

有人谈话词语丰富,信手拈来,无论是谈话还是思考,都连贯自然。能这样做的只有日瓦戈。

两个朋友往往词不达意。他们缺乏口才。有时在找不到适当词语时,他们就在屋里来回走动,使劲吸香烟,挥舞着双手,把一句话重复好几次("老兄,这太不像话;一点不错,太不像话;是啊,是啊,太不像话")。

他们没意识到,这种台词式的重复并不说明他们性格的爽朗和豪放,却反而证明他们知识的不足。

戈尔顿和杜多罗夫都是知识界人士。他们终日接触的是优秀作品、优秀思想家、优秀作曲家,听的是优秀的、永远是优秀的、昨天和今天都是优秀的音乐,而且只听优秀的音乐,但他们却不懂得,具有平庸的鉴赏力比缺乏鉴赏力更糟。

戈尔顿和杜多罗夫没认识到,就连他们对日瓦戈的责备,也不是出自对朋友的忠诚,也不是想对他施加影响,只不过是由于他们不善于自由思考,不善于随自己的心意驾驭自己的谈话。这场谈话就像一辆狂奔的车子,完全失去了控制。他们已经无法使它改变方向,最后非要碰上什么、撞上什么不可。所以他们的说教、开导,屡屡被日瓦戈顶回。

日瓦戈很清楚,他们的热情是一时的,他们的同情是靠不住的,他们的推理是机械的。不过,他总不能说:"亲爱的朋友们,你们两位以及你们所代表的那伙人实在太俗气了,就连你们常挂在嘴边的那些人士和权威的才华和艺术也不例外。你们身上唯一有生气有光彩的东西，是你们曾和我一起生活过，你们认识我。”不过，如果他们自己能做出这样的自白，那该多好呀！于是日瓦戈只好静静地听下去，以免使他们感到不快。

杜多罗夫前不久才流放期满，首次归来。他恢复了公民权，这出乎他的意料。他获准重新在大学执教。

此刻他正向朋友们介绍他在流放期间的感受与心情。他谈得十分坦率真诚。他这样说，不是由于胆小怕事或出自别的考虑。

他说，对他起诉的理由、在狱中以及出狱后的待遇，特别是和检察官面对面的交谈，使他的头脑大为清醒，在政治上受到了再教育，他大开眼界，成长为一个真正的人。

杜多罗夫的话，戈尔顿听得十分入耳，因为这些话都是一些陈词滥调。戈尔顿一再点头表示同情，并且同意他的看法。正是杜多罗夫这些教条式的说法和想法最能打动戈尔顿的心。戈尔顿误认为杜多罗夫用学来的套话表示的感情是人类的共同感情。

杜多罗夫的高尚言辞完全合乎时代精神，但使日瓦戈气愤的也正是这些言辞显而易见的虚伪性。一个不自由的人总把他所处的不自由状态理想化。中世纪的耶稣会教徒一贯要弄这种把戏。苏维埃时代的知识分子把政治神秘主义当作知识分子的最高成就或者所谓“时代的精神顶峰”，日瓦戈听不惯这一套。不过他怕引起争执，所以对此只字未提。

然而，杜多罗夫曾讲到他的一个难友鲍尼法季·奥尔列佐夫神父、吉洪[1]的信徒，这颇使日瓦戈感兴趣。这个人有个六岁的女儿叫赫里斯季娜。敬爱的父亲被捕以及他后来的遭遇，对她是个重大的打击。“教士”“被剥夺公民权者”等字眼在她听来是一种耻辱。她在炽烈而幼稚的心里也许早已发誓要把她父亲身上的污点洗刷干净。她这样小，就提出了这个目标，并且矢志不移，即使今天，这种精神也会使她成为一个小小的虔诚信徒，拥护共产主义中那些她认为颠扑不破的真理。

“我得走了。”日瓦戈说，“米沙，别生我的气。房间里太闷，外面又热，我连气都喘不过来。”

“你瞧，脚下的窗子都开着。啊，对不起，我们烟抽得太多了，我们总是忘记，有你在就不应该抽烟。这里的条件太差，我也没办法。你另外帮我找间屋吧。”

“我还是得走，米沙，我们已经谈得很多了，谢谢你们的关心，亲爱的老朋友。你们知道我不是瞎说。我的心血管硬化，这是一种病，心肌受到损害，变得愈来愈薄，不知什么时候就会爆裂。可是我还不到四十，不酗酒，生活又不放荡。”

“你给自己念倒头经未免太早了吧。简直是胡扯！你还有得活呢。”

“现在，心脏微细出血的情况很常见，这种出血不一定致命，病人有时可以活下来。这是一种现代病，它的病因据我看是属于精神方面的。我们中的大多数人被迫经常说违心的话、做违心的事，言不由衷，赞美自己厌恶的东西，称颂带来不幸的东西，日复

①吉洪(1865—1925)，自1917年起任莫斯科大主教。因从事反苏维埃活动受审。1923年表示悔改。在遗嘱中号召信徒与苏维埃合作。

一日，对健康不会没有影响。我们的神经系统并不是凭空捏造出来的，它是一种纤维实体；我们的灵魂像口中的牙齿一样，占有我们身体的一部分，不可能没完没了地对它施加压力而不受惩罚。英诺肯季，当我听你讲你的流放生活，你如何在流放中成长，又如何被改造过来时，我的心情十分沉重，这正好像听一匹马在讲它如何被驯服一样。”

“我要为杜多罗夫说句公道话，你无非是已经好久没听到过人的语言，现在已经听不懂了。”

“很可能是这样，米沙。你们无论如何要放我走，请原谅。我觉得呼吸不畅，这不是吓唬你们，是真的。”

“别急。这不过是借口而已。我们不让你走，除非你先给我们一个直爽的回答才行。你是不是同意你应当改弦易辙，换一种方式生活？你准备怎么办？你应当把你和托尼娅、和玛丽娜的关系弄个清楚。人家是有血有肉的人，有感情，会痛苦，而不是你脑袋中的一种任你捉弄的无形观念。再说，像你这样一个人无所事事，也应该觉得不好意思。你应当猛醒，别再懒散，要振作起来，打掉这种莫名其妙的傲气，抛弃这种令人不能容忍的狂妄态度，好好看看周围的环境。你要去工作，当你的医生。”

“好，我来回答你们。最近我也经常考虑这些事，所以我可以毫无愧色地向你们下个保证。我想，一切都会好的，而且为期不远。你们等着吧，我是说真的，一切都在好转。我非常渴望活下去，要活就得不断前进，向更高的方向发展，不断完善，并且为这个目标奋斗。戈尔顿，我很高兴，因为你为玛丽娜说话，这就像从前你为托尼娅说话一样。不过我同她们并没有什么不快，同她们之中任何一个都没发生过争吵。你先前曾责怪我,说我称她‘你’,而她称我‘您’,并且还用名与父名称呼我,好像我对此心安理得。不过,造成她这种拘谨的更深刻的琐细原因早已经消除,一切都很和谐,我们已经平等相待。另外,我还可以告诉你们一个好消息。巴黎又给我来信了。孩子们已经长大,和同年龄的法国小朋友在一起已经不感到拘束。舒拉快要在当地的小学毕业,玛莎快要进小学了,可我还没见过她。我不知为什么总觉得他们虽然已经入了法国籍,但他们很快就要回来,而且一切都会意外地顺利解决。从种种迹象看来,岳父和托尼娅已经知道玛丽娜和孩子们的情况。我在信中没提起过这些事,他们一定是转弯抹角听来的。岳父自然会觉得是受了侮辱,为女儿托尼娅伤心。正因为如此我们有五年没通信。我刚回到莫斯科时,和他们还通过一个时期的信,但后来突然不再回我的信,联系中断了。现在,就在前不久,他们又开始给我写信了,大人写,孩子也写。来信充满温暖亲切之情。大概是心软了。托尼娅也许有了什么变化,新找到了对象。但愿如此。这情况我不清楚。我有时也给他们写信。不行,我不能再坐下去了,真的。我一定要走,否则我要憋死了。再见吧。”

第二天一早,玛丽娜跑来找戈尔顿,吓得面如土色。她找不到地方安置孩子,便一只手抱着裹得紧紧的小女儿,一只手牵着跌跌撞撞走在她身后的卡普卡。

“尤拉在你这里吗,米沙?”她惊恐地问道。

“他昨晚没回家?”

“没有。”

“那他是到英诺肯季家去了。”

“我去过了。英诺肯季到学校上课去了，不过邻居们都认得尤拉，他们说没见到他。”

“那他会到哪里去？”

玛丽娜把怀里的克拉莎放在沙发上，歇斯底里地哭叫起来。

八

有两天的光景戈尔顿和杜多罗夫没离开过玛丽娜。他俩轮流守着她，不敢把她一个人丢下。他们在得空时便四出寻找日瓦戈，跑遍了他可能会去的地方，还去过“面粉城”、西采夫胡同的房子、他工作过的各个思想宫和思想之家，找遍了日瓦戈的旧朋故友，只要他们记得或知道地址的都去找过了，但一无所获。

他们没去报告民警局，因为怕引起当局注意，日瓦戈虽然有户口，而且也没有犯罪前科，但从当前的观点来看，他绝算不上模范人物。等到实在不得已时，再让民警局去查找。

到了第三天，玛丽娜、戈尔顿和杜多罗夫各在不同时间收到了日瓦戈的信。日瓦戈说他给他们招了不少麻烦，感到十分抱歉，并且请他们原谅，不需为他担忧，他还一再恳求他们别再去四处找他，因为反正是找不到他的。

日瓦戈还告诉他们，为了尽快并且彻底地改变他今后的生活，他想单独住一段时间，这样可以专心致志地干点事，等他在新的工作上稍稍稳定一下并确信此后不再重蹈覆辙时，他就会离开这秘密藏身之地，回到玛丽娜和孩子们身边。

日瓦戈在信中告诉戈尔顿，他将寄一笔钱给他，由他转给玛丽娜；他还请戈尔顿替孩子雇个保姆，好让玛丽娜回到单位工作。他还说，他之所以不把钱直接寄给玛丽娜，是怕有坏人看到这样大数目的汇单，会使她有遭抢劫之虞。

不久钱就来了，其数额大大超过日瓦戈的能力和朋友们的估计。孩子们的保姆雇好了，玛丽娜又回到电报局上班。很长一段时间她总安不下心来，不过她对日瓦戈的古怪行为早已习惯，最后终于顺应了他这种乖常的举动。朋友们和玛丽娜不顾日瓦戈的一再劝阻，继续四处去寻找他，但同时也慢慢相信了他的话，不再去找他了。

九

其实，日瓦戈住的地方离他们近在咫尺，就在他们眼皮底下，没有超出他们所寻找的最小范围。

在他失踪的那天，当他出了戈尔顿家的门走上布隆大街时，天还没黑。他径直回家，朝斯皮里多诺夫卡街走去。他顺着这条街走了还不到一百步，就碰上了迎面走来的异母兄弟格兰尼亚。日瓦戈有三年多没见过他，也不知道他的近况如何。原来格兰尼亚是前不久来到莫斯科的，这次来纯属偶然。像往常一样，他来得十分突然。日瓦戈问了他许多问题，可他不是微微一笑，不作回答，就是说句笑话，把话题岔开。但是他却只向日瓦戈问了两三个问题（他没问那些生活琐事），便马上明白了他的心绪和处境，于是他就在这狭窄的人来人往的胡同口想出了一个切实可行的计划救援哥哥。日瓦戈的失踪与隐居都是他的主意。

他在艺术剧院旁边当时叫卡麦尔格尔的胡同里给哥哥租了一间屋，支援他钱，同时开始张罗，设法安排日瓦戈到一家医院里工作，并进行一些科学研究活动。在生活方面他千方百计替哥哥想办法。最后，他向哥哥表示，同巴黎家里的这种不明不白的状态一定要结束。要么日瓦戈去找他们，要么由他们来找日瓦戈。这些事由格兰尼亚负责操办。兄弟的支持使日瓦戈深受鼓舞。像从前一样，弟弟有如此的神通仍然是个不解之谜，不过日瓦戈也不想把这个谜解开。

十

日瓦戈住的房间朝南，两扇窗子正对着剧院对面的屋顶，屋顶过去的奥霍特大街上空高挂着夏日的骄阳，大街沉浸在一片阴影之中。

这间屋子不只是日瓦戈的工作室或书房。在思想异常活跃的这段时间里，当桌上横七竖八的笔记簿容纳不下他那些计划或设想时，他所构思的与幻想出的形象便在各个角落中飘游起来，就像画家的画室中塞满了许许多多未完成的画稿一般。日瓦戈这间居室乃是精神的宴会厅、狂想的收藏室、灵感的小仓库。

好在同医院领导的洽谈拖延下来，上班的时间也遥遥无期。可以利用这个机会写作。

日瓦戈开始整理他还记得的一些手稿片段以及格兰尼亚不知从哪里弄来的他的作品，其中有一部分是日瓦戈的原稿，有一部分是别人翻印过的。这些材料杂乱无章,使他花费许多精力,对此他渐渐感到腻烦,不久他便放弃了这一工作,转而进行新的写作。他很想写点最新的感受。

他先粗粗地写个草稿,就像第一次住在瓦雷金诺时写杂记那样,把头脑里油然而生的片段诗句——不论是开头、结尾或中间的段落——先记下来,不强求按先后顺序来写。

有时,他的文思如潮,尽管他只用写词首的字母或缩写词的办法来加快速度,他的笔还是落后于他的文思。

他不停地写着。当他的想象呆滞暂时停笔时,他便在稿纸边上的空白处作画,以此来催促、鞭策自己的文思。他画的往往是林间小路与城镇十字路口中央竖着的广告牌:"莫罗、维特钦金公司　播种机　脱粒机"。

他的文章和诗写的都是同一主题——城市。

十一

后来在他的文稿中发现一份笔记。

当我在一九二二年回到莫斯科时,我发现它已经荒芜,破烂不堪。它在经历革命最初几年的考验时是这样,迄今仍然是这样。人口减少了,没盖新的房子,旧房子也不见修葺。

但即使如此,它仍然是一个现代化的大城市,是真正的现代新艺术的唯一灵感源泉。

勃洛克、维尔哈伦、惠特曼这些象征主义者把那些看上去互不相容的事物与概念任意罗列在一起,他们这种做法并不是一种荒诞、古怪的风格。它是一组写生画，直接来自生活现实。

正像他们笔下的许多形象顺着一行行的文字疾驶而过一样，这里有十九世纪末市区大街上在我们身旁驶过的人群、各式马车，也有二十世纪初行驶的电车以及地下火车。

在这种情况下，不可能有纯朴的田园式生活。那些胡编乱造、矫揉造作、书斋气十足的作品不是来自生活，而是从学院藏书楼的书架上搬来的，毫无艺术性可言。自然形成并符合当今时代精神的活的语言，是大都市主义的语言。

我住在市内繁华的十字路口，莫斯科被夏日的骄阳照得闪闪发亮，柏油路面灼热滚烫，大楼上的窗子映射着白光，天上是黑压压的乌云，地下是林荫道上五彩缤纷的花丛。莫斯科在我周围转动，使我头晕目眩，并且还要我赞颂它，使别人对它迷恋。正是为此它才哺育了我，让我从事艺术。

墙外那日夜熙熙攘攘的大街和当代的精神是紧密联系着的，正如那开头的序曲和虽然尚未升起，但在脚灯的照耀下已经闪出红光的、充满黑沉沉的神秘感的帷幕紧密联系着一样。窗外门外永不停息地颤动着并发出轰鸣的城市正是我们每个人生活的大序曲。我就是通过这些特点来写莫斯科的。

在保存下来的日瓦戈诗作中没发现这些诗。也许那首《哈姆雷特》可以归于这一类？

十二

这是八月底的一天早晨,日瓦戈在加泽特胡同拐角的车站上乘上了从大学沿尼基特大街前往库德林大街的电车。他是第一天到鲍特金医院(当时叫索尔达坚科夫医院)去上班。他接受新职以来,这还是第一次去医院。

日瓦戈很不走运。他乘的这辆电车是有毛病的,不断地出故障。不是前面一辆大车的轮子卡在电车轨道里挡住电车的去路,就是车身下或车顶上的绝缘体损坏,造成短路而发出啪啪的响声,将线路烧断。

司机不时地拿着一把扳手从车厢前门走下车,绕车兜个圈子,然后蹲下身子,钻到下面修理车轮和后门之间的机件。

这辆倒霉的车子把整条路线都堵住了。街上挤满了电车,新开过来的也一辆接一辆停下来,现在已经排到练马场而且还在继续延伸。后面车上的乘客跑到前面正在修理的车上来,希望能追回一点时间。在这个炎热的早晨,塞得满满的车厢里又挤又闷。在跑来跑去的一群乘客头顶上,有一片黑紫色阴云从尼基特门那边涌过来,渐渐朝上涌去。眼看一场暴风雨就要来临。

日瓦戈坐在左面紧挨窗口的单人座位上。尼基特大街左面的人行道——音乐学院就在这里——一直在他眼前。他一面想着心事,一面不由自主地呆呆望着左面的行人与乘客,一个也不放过。

一个满头白发的老妇人吃力地从他眼前走过。她戴着一顶淡色草帽,上面插着亚麻布母菊和矢车菊,穿着一件老式雪青色紧身连衫裙,一面大声喘气,一面扇动着手里的一个纸包。她的腰束得紧紧的,热得疲惫不堪。她满脸是汗,不时用花边手帕擦拭眉毛和嘴唇。

她和电车走的是一个方向。有好几次电车修好,开动起来赶过了她,她就从他的视线中消失,等电车又出了毛病停下来,她便又赶上来,重新进入他的视野。

日瓦戈想起在学校念书时做的习题。两列火车在不同时间开出,以不同的速度行驶。要求算出两列火车到达终点所需的时间和先后。他想回忆起解这道题目的方法,但怎么也想不起来。于是他丢开这个念头,转而进行更复杂的思考。

他想到几个同时在生活道路上前进的人,他们前进的速度各不相同;不知在什么情况下一个人的运气会超过另一个人的运气,在什么情况下,一个人比另一个长寿。他觉得这有点像是人生竞技场上的相对性原则,不过最后他的思路全乱了,于是他把这个念头也丢开了。

这时电闪雷鸣,这辆倒霉的电车又在从库德林大街到动物园的下坡处卡住,也不知这是第几次停车了。过了不久,那位穿雪青色连衫裙的妇女又在窗框中出现,她在电车旁走过,愈走愈远。豆大的雨点落在人行道上、大街上和那个妇女身上。一阵狂风卷起地上的尘土,从树上吹过,把树叶吹得挤在一起;风掀起她头上的草帽,翻起她的衣裙,但蓦然间又平息下来。

日瓦戈觉得一阵眩晕胸闷。他挣扎着站起来,抓住窗上的皮带环,上下猛拉,想把窗子打开。但窗子纹丝不动。

有人朝他喊叫,说窗子是钉死的,但他这时又难受又慌乱,并没注意这话是对他说的,所以也没去想这句话的意思。他继续去拉那窗子,往上、往下各拉了三四下,然后又猛地朝自己身上一拉。他忽然觉得胸口一阵剧痛,这在以前还没有过,他意识到身体里什么东西破裂了,这一下要了他的命,一切都无法挽救了。这时车子开动,但在普列斯尼亚大街走了没多远又停下来。

日瓦戈以惊人的毅力拼命挣扎着,摇摇晃晃地挤过车厢里密密麻麻的人群,走到车后门口。人们都不让他,讥笑他。新鲜的空气使他恢复了精神,他觉得也许还没有什么大问题,觉得好多了。

他开始从车后门的人群中往外挤,又惹起一阵谩骂声,人们踢他,朝他恶狠狠地喊叫。他也顾不了这许多,挤出了人群,踩着踏脚板下了电车,走了一步、两步、三步,咕咚一声摔倒在路上,再也没起来。

周围的人嚷成一团,有的在交谈,有的在争论,有的出主意。有几个人从电车上跳下来,把他围住。他们发现他的呼吸已经停止,心脏也不跳了。人行道上的行人也走过来,看到他不是被车压死的,与电车没有关系,因此有的人放下心来,而有的却感到失望。围的人愈来愈多。穿雪青色衣服的妇人也走过来,站了一会儿,看了看死者,听了一会儿周围的谈话,便又继续走自己的路。她是个外国人,不过她听出来有人要把死者抬到电车上送往医院,另外有人主张先把民警叫来。她没等知道最后结果就走了。

这位妇人是瑞典人,是麦柳泽耶夫来的弗列莉小姐。她年事已高。二十年来一直申请回国,直到最近才获准。她到莫斯科是办理离境签证的。这天她去本国大使馆取护照，一面走，一面用扎得好好的一包文件当扇子扇。她又朝前走去，这已经是第十次赶过这辆电车了，但她一点儿也不知道她赶过了日瓦戈，并且在寿命上也超过了他。

十三

从走廊往门里望进去，可以看见房间的一角，斜对着门放着一张桌子。桌上放着一个粗制的独木舟似的棺材，死者双脚正好对着门口。这就是日瓦戈生前伏案写作的那张桌子，此外房间里没有第二张。他的手稿都已收拾好放在箱子里。桌上放着棺材。头部垫得很高，身体躺在棺材里，就像躺在山坡上一样。

遗体四周摆满了鲜花，有一丛丛那个季节里罕见的丁香、插在瓶中或放在篮中的仙客来和千里光。花把窗口的光线遮挡住了，光线透过花枝照在死者蜡黄的脸上、手上，照在棺木和棺衣上。桌上映着美丽的花影，好像刚刚才停止摇动似的。

当时遗体火化相当普遍，人们对此已经习惯了，考虑到孩子们的津贴和她们日后读书求学，并且还要考虑玛丽娜在单位的处境，决定不举行安魂祈祷仪式，只举行一般火葬。这件事已经通知有关组织。现在正等待有关方面代表的到来。

这时，房间空空的，好像老房客已经迁走，新房客尚未搬入一样。只是当有人踮着脚小心翼翼地进来与死者告别时，那偶尔发出的沙沙声才打破室内的寂静。来的人虽不算多，但比估计的多很多。这个几乎是默默无闻的人的死讯，以惊人的速度在附近一带传了开去。来了许多在不同时期认识他的人,他们先后或和他失去了联系,或被他遗忘。他的科学思想和诗作曾经获得了更多不知名的朋友,他们没见过他,但都想看看他。现在这些人也来了,他们是第一次同时也是最后一次同他见面。

这里没有任何仪式,有的只是一片沉默,这更使人感到此人已经逝去,只有鲜花代为祭奠和鸣哀。

鲜花不只是又鲜艳又芳香,而且也许是想尽快凋零,就像约好了似的,一齐使劲地散发清香,把自己芬芳的威力分给众人,似乎是在尽自己的责任。

植物王国很容易被看作是死亡王国的近邻。在大地上的绿色植物中,在坟地上的树木间,在一排排花苗中就蕴藏着生命转化的奥秘,这正是我们一直想要解开的谜。马利亚一开始没有认出从棺材中走出的耶稣,把他当作了园丁(她以为他是园丁……)。

十四

当日瓦戈的遗体运到他最后的住处卡麦尔格尔胡同时,得悉他的死讯并大为震惊的朋友们和吓呆了的玛丽娜一同从大门口直跑进敞开着的房间里。这时订的棺材还没送到,房间也正在收拾。日瓦戈的尸体放在长木柜上。玛丽娜痛不欲生,她倒在地上,用头直撞木柜。她号啕痛哭,时而喃喃自语,时而扬声哀诉,这些话有多半是她痛哭时不知不觉说出来的。她像乡下人一样边哭边诉,一点也不顾忌什么,仿佛周围没有人似的。她紧紧搂住尸体,周围的人费了好大的劲才把她拉开,把尸体抬进收拾好的房间,擦洗过之后,放进已经抬到的棺材里。这都是昨天的事,今天她悲痛的狂涛已经平息,浮在她脸上的是一种万念俱灰的表情,不过她仍无法自持,一句话也不说,呆呆地坐着。

她从昨天起就一直坐在这里,一步也没离开。有人把克拉莎送来喂奶,大的卡普卡和小保姆也来过,后来都走了。

杜多罗夫和戈尔顿也在这里,他们和她一样伤心。她的父亲马尔克尔也和她坐在一起,马尔克尔啜泣着,使劲地擤着鼻涕。母亲和姐姐也哭着来了。

人群中有一男一女两个人,很引人注目。这两人并未显出同死者的关系比上述那些人更密切,也没像玛丽娜那样哭得死去活来,没像死者的女儿和好友那样伤心,而把这伤心痛苦的权利让给了他们。这两个人没提出任何要求,但他们和死者却有一种特殊的关系。对他们两人的这种秘而不宣的权利谁也没表示怀疑和提出争议。看来正是这两人一开始就承担起了料理后事的责任。他们十分沉着地安排各种事宜,仿佛这样才使他们感到满意。他们这种超脱态度颇引人注目,并给人留下了一种奇怪的印象,使人觉得他们不仅与丧事有关,而且和他的死也有关。这并不是说他们是罪魁祸首,也不是说他们是间接地造成了他的死,而是对日瓦戈的死抱着一种面对现实的顺应态度。认识这两个人的不多。有的还在猜测他们是谁,但大多数人对他们一无所知。

但当这个有着一双好奇同时又引人好奇的吉尔吉斯型窄细眼睛的男子同这位衣着随便的美丽女子走进灵堂时,所有的人,不论是坐着的、站着的还是在走动的，包括玛丽娜在内，都一言不发，像有默契似的给他们让路，从墙边的凳椅上站起来，离开房间，走到过道和前厅里。门关了，房间里只剩下这一男一女。就像是被请来的两位行家，在料理丧葬的重大事宜似的。房间里静悄悄的，没人打扰，现在他们正扮演这样的角色。他们分坐在两张凳子上，开始商量：

“情况怎么样，叶甫格拉夫·安得列耶维奇[①]？”

“今天晚上火葬。再过半小时，医务工会派人来，把尸体运到工会俱乐部。四点钟举行追悼会。他的证件没有一份是合格的。他的工作证已经过期了；工会会员证还是老的，没去换新的，而且有好几年没交会费了。这些事都得去办，所以我拖了这么久才来。在收尸的人没来之前——不过也快来了，得准备一下——让您一个人在这里待一会儿，这是您提的要求。对不起。您听见我的话了吗？有电话。我出去一下。”

格兰尼亚走到过道里。那里挤满了日瓦戈的同事、同学、医院里的医护辅助人员和书店店员，他都不认识。玛丽娜和孩子也在过道里，她搂着孩子，把大衣衣角盖在她们身上（天很冷，门口有风）。她坐在椅子边上，等房门打开，就像一个来看望犯人的妻子在等看守放她进入会见室一样。过道里很挤，通往楼梯的门也开了，过道里容不下的人便在前厅和楼梯口站着，有的抽着烟，走来走去；有的人则站在楼梯上，互相交谈，离大街愈近，谈话的声音愈响，愈随便。虽然四周的人谈话的声音不算大，但格兰尼亚还是全神贯注地听对方说话，然后，用手捂着话筒，用这种场合所

①即日瓦戈医生的同父异母兄弟格兰尼亚。

允许的限度,低声回答了有关殡葬及日瓦戈死亡的情况。然后他又回到屋里继续他们的谈话。

“火化后请不要走开,拉莉萨·费多罗芙娜。我有件重要的事求您帮忙。我不知道您住在什么地方,请您留个地址,我好找您。我打算今天或明天就整理一下我哥哥的遗稿,因此非常需要您的帮助。您可能是最了解他的人了。您刚才提到您昨天刚从伊尔库茨克来,住不了几天,说您是因为别的事偶然到这房子里来的,根本不知道我哥哥最近几个月住在这里,更不知道他已去世。您这些话我有的不大明白,我并不是要您作什么解释,不过请您不要走开,因为我不知道您住在哪里。这两天要整理他的遗稿,我们最好能住在一起,即使不住在一起,也不要离得太远,也许能在这幢房子里另外找两间屋子住,好在我认识这里的主任。”

“您刚才说我有些话您不明白。有什么不明白的?我一到莫斯科,就把东西寄存好,在街上蹓蹓,看看莫斯科,大半地方都认不出了,忘了。我走啊,走啊,沿着库兹涅茨桥往下走,然后又穿过库兹涅茨胡同。我忽然一惊:多么眼熟啊,这是卡麦尔格尔胡同!我那被枪杀的丈夫安季波夫读大学时就在这里租了一间屋住,就是我们现在坐的这间。我想,上去看看也许我走运,还能遇到几个老房客。谁知道这里全都变了,老房客一个也没有了。到第二天和今天,我才慢慢听说这件事,不过当时您也在,我就不用再说了。我当时吃了一惊:房门大开,里面那么多人,还停着一口棺材。死者是谁?我进了门,走近棺材。我还以为我这是疯了,我是在做梦,不过这一切您都亲眼见到了,是不是,我用不着再说了。”

“请等等,拉莉萨·费多罗芙娜,我打断您一下。我已经对您说过,无论是我还是我哥哥,都没想到这间屋还有这么多令人惊讶的事,比如安季波夫在这里住过。不过更叫我吃惊的是您的另一句话。对不起,我等会儿再告诉您是哪一句。安季波夫就是革命队伍里的斯特列尔尼科夫,这个人我在内战初期有一段时间经常听到,几乎可以说是天天听到,而且还见过他一两次,但我没想到,在家庭方面他和我会有什么关系。不过,请原谅,也可能我听错了,您好像说,他是被枪杀的,这也许是口误。难道您不知道他是自杀的?”

“有这种说法,不过我不相信。巴沙决不会自杀。”

“不过这是千真万确的事实。我哥哥告诉我,安季波夫是在您住过的那幢房子里自杀的,这事发生在您带着女儿前往尤梁津转车去符拉迪沃斯托克之后不久。我哥哥把他埋葬了。这些情况难道您没听说过?”

“没有。我听到的是另外一种说法。这么说,他的确是自杀死的?许多人都这样说,不过我都不信。就在那幢房子里?不可能!您跟我说的这个具体情况太重要了!对不起,我再问一下,他见着日瓦戈了吗?是否谈过话?这个情况您知道吗?”

“从我哥哥说的话来看,他们有过一次长谈。”

“这是真的吗?谢天谢地,这太好了(她慢慢地在胸口画了个十字)。多么巧呀!您是不是让我再来谈谈这件事,再问您几个具体的问题?这里的每一个细节我都感到珍贵。不过我现在心情太乱。是不是?我太激动了。我要安静一会儿,休息一下,好好想一想。是不是?”

“啊，当然需要，当然需要。”

“您说是不是？”

“当然是。”

“哎呀，我差点忘了。您让我火化后不要走开。好的，我不走。我同您一起回到这里，您给我找个地方，我住下来，需要住多久就住多久。我们来整理尤拉的手稿，我帮您做。说真的，我对您可以说大有用处。这对我是一种安慰！我对他的一笔一画都熟悉得不得了。另外，我也有事求您帮忙，您一定能帮助我，是不是？听说您是位律师，反正您对现行的规章制度，不论是目前的还是过去的，都十分熟悉。此外，熟悉哪些机关，管哪方面的事，这也非常重要。这方面的情况不是人人都了解。是不是？我有件可怕的、压在我心头的事，想请您给我出个主意。这是有关一个孩子的事。不过还是从火葬场回来之后再谈吧。我这一生都在找人，是不是？请告诉我，假如需要查找一个送给别人抚养的孩子的下落，那全国有没有一个管理现有孤儿院的材料的总档案库？有没有做过全国流浪儿童的普查或登记？不过您用不着现在告诉我，我求您。以后再说，以后再说。唉，太可怕，太可怕了！人生太可怕了，不是吗？我不知道我女儿来了之后怎么办，但目前我可以在这里住下来。我发现卡秋莎很有戏剧和音乐方面的才华，她学谁像谁，而且惟妙惟肖，还能自编自演，演整整一出戏。除此之外，她会唱歌剧里角色的独唱，全是听会的。这孩子真了不起，是不是？我想让她进戏剧学校或音乐学校的预科初级班学习，哪里收就进哪里，让她住校。我就是为这事来的，我所以没带她来，就是想先把学校安排好，等弄好之后我就走。这些事一时也说不定，是不是？这件事以后再谈。我先歇一会儿，安静安静。我要好好把头脑里的想法清理一下，打消我心头的恐惧。另外，我们把尤拉的亲朋好友关在门外已经这么长时间了，我好像两次听到有人敲门，像有什么动静似的。一定是殡仪馆的人来了。我在这里坐一下，好好想想，您开门让他们进来。时候差不多了，是不是？您等等，等等，棺材旁边要放张小板凳，否则人家够不到尤拉。我刚才试过了，踮起脚也不行，玛丽娜和孩子就更需要了。再说这也是规矩。要最后一次吻他了。啊，我受不了，受不了呀，我太难受了。是不是？”

“我马上开门，让他们进来，不过我有句话先说说。您讲了许多令人费解的话，还提了这么多让您坐卧不宁的问题，我真不知怎么回答。不过有一件事我希望让您了解：我愿意在您提的任何问题上全力帮助您。请您还要记住，任何时候任何情况下都不要绝望。要满怀希望，积极努力，这是我们处在逆境时应负的责任。不作努力而只会失望，就是忘记和推卸责任。现在我开门让吊唁的客人进来。小板凳的事您说得对，我就去弄一张来。”

但是安季波娃没听见他的话。她也没听到他开门，没听到人群从过道里拥进来，没听到格兰尼亚同殡仪馆人员与负责陪送的人的谈话，也没听到人们的走动声，没听到玛丽娜的痛哭、男宾们的咳嗽和女宾们的哭喊声。

一阵又一阵单调的哭声使她感到眩晕，几乎要呕吐了。她尽力克制住自己，不使自己晕倒，只觉得万箭钻心，头痛欲裂。她低下头，陷入沉思、冥想和回忆之中。她的思想越走越远，有好几个小时好像沉浸在未来的岁月里，虽然她不知道能不能活到那个时

候。那是几十年之后的事,那时候她将是一个白发老妪。她陷入沉思中,仿佛坠入深渊,坠入不幸的最底层。她想道:

“谁也没留下来:一个死了,另一个自尽了。只剩下一个该杀死的东西,她曾向他开枪,因为失手才没把他杀死。这个家伙与她心性完全不同,是个令人不齿的坏蛋,他毁了她的一生,使她铸造下一连串莫名的大错。这个庸俗的怪物正在只有集邮者才知道的亚洲各个神秘角落里窜来窜去,而我心爱的、难舍难分的人却一个也没有了……啊,对了,这是圣诞节那天的事,在我决定枪杀这个卑俗家伙之前,在这间黑暗的房间里同还是孩子的巴沙谈过一次话,而现在大家正在吊唁的尤拉,当时尚未进入她的生活。”

她苦苦回忆圣诞节那天同巴沙的谈话,但什么也记不起来,只记得窗台上那支燃烧的蜡烛和玻璃窗上的冰凌融化出来的圆圈。

她何曾想到,此时躺在这灵床上的死者当年经过这条街时看到了这个圆圈,并注意到了蜡烛?何曾想到,从他在街上看见这烛火(“桌上点着蜡烛,点着蜡烛呢”)起,他的命运就发生了变化?

她的思路乱了。她想:“没给他举行安魂祈祷,太遗憾了!葬仪应当是庄严隆重的!大多数死者都不配举行这样的葬仪,不过为尤拉举行却毫不过分!他受之无愧,临葬的挽歌应当唱阿利路亚[①],这句话对他完全合适!”

想到这里,她的心里泛起一阵轻快自豪的浪波,这种感觉是

①阿利路亚,在祷告时赞美上帝的用语。

每当她忆起尤拉和几次同他一起生活的短暂岁月时就会产生的。此时,尤拉那种自由坦荡的精神又充满了她全身。她连忙从椅子上站起,感到一种无以名状的冲动。她多么想借助这种冲动冲出这痛苦的深渊,到外面去,到新鲜空气中去重温往日自由的欢乐,哪怕是重温一会儿也好。她仿佛觉得同他告别,尽情地俯在他身上痛哭,就是这样一种欢乐。她的眼睛涌满泪水,又疼又模糊,就好像医生给她点了刺眼的药水。她急切地环顾四周的人群,人们都开始移动脚步,擤鼻涕,慢慢走出房间,带上门,留下了她一个人。她一面画着十字,一面走到棺材旁,踏上格兰尼亚拿来的小板凳,在遗体上画了三个大十字,吻他那冰凉的前额和双手。他那冰凉的前额似乎变小了,小得像一只握成拳头的手,这一切她都没有感觉出来,没有注意。她一动不动,好一会儿工夫什么话也没说,什么也没想,也没哭泣,她用自己的身体、自己的头、自己的胸膛、自己的心灵以及像心灵一样宽大的双臂紧紧抱住棺材、鲜花和他的遗体。

十五

她强忍着,没有放声痛哭,憋得全身都在颤抖。她竭力克制着自己,但当她实在克制不住时,泪水便像决口一样夺眶而出。热泪流在衣襟上、手臂上,流在她紧紧偎抱着的棺木上。

她什么也不说,什么也不想。回忆起一串串的想法、看法、共同点和彼此的信赖,这一切在她的脑海中飘然而过,像天上的浮云,像他们往日夜晚的絮语。正是这一切曾带给他们鱼水般的欢乐。他们心意相通,这是一种出自本能的相互了解,是真挚的,出自内心的。

此时,这种感觉又充满她的心。她模模糊糊地懂得了死,但她在死面前毫不惊慌,并且有了死的准备。她仿佛在人世间已经生活过二十次,曾经无数次失去过日瓦戈,因而已经积累了丰富的经验,所以她在他遗体旁所感所做的一切,是恰如其分的。

啊,这是一种多么合乎心意的、难得的爱情,简直没有别的东西可以相比!他们心心相印,就像吟唱那样和谐自然。

他们的相爱并非受到驱使,不是有些人所说的“情欲的奴隶”。他们之所以相爱,是因为周围的一切,那脚下的大地、头上的青天、天空的白云和地上的树木,都希望他们相爱;他们周围的一切,不论是陌生的路人,还是漫步时展现在眼前的远方田野以及他们居住和会面的房间,都为他们相爱而欣喜,甚至还超过他们自己。

啊,这就是使他们相亲相爱而结合的主要之点!即使在他们最美妙最忘情的幸福时刻,他们也从未失去过这种最崇高最动人的感情:他们欣赏大自然的美景,感到他们就是这画面的一部分,他们属于这个美景,属于整个宇宙。

他们时时刻刻感觉到这种共同性。因此,他们并不欣赏那种让人高踞于大自然之上,要处处顺应人、以人为主的说法。他们觉得,已经变成政治的一些虚假的社会生活原则是不会长久的,是没有意义的。

十六

她开始与他告别了，她用的是普通的家常话，活泼自然，不拘形式，打破现实的框框。她的话并没有什么意义，正如悲剧里的合唱与独白、诗语、音乐以及其他的程式没有意义一样，只是表现激情的一些程式。此刻帮助她进行这种非同一般的交谈的程式是她的泪水，她那些亲切、真情的话语都沉浸和漂游在她的泪水中。

她这些浸透泪水的话语仿佛是自然而然串联在一起，变成她温柔快速的喁喁低语，就像暖雨中湿漉漉的、光滑柔软的树叶被风吹动时发出的沙沙声。

“我们又聚在一起了，尤拉。上帝为什么又让我们相聚？多可怕，真令人难以相信！啊，我受不了！上帝啊！我要痛哭，我要痛哭呀！真想不到啊！我们居然又这样相逢了，总是那么突然。你一去，我也完了。这又是一种不可改变的大事。生命的谜、死亡的谜，天才的美、质朴的美，这些我们是熟悉的。可是天地间那些琐细的争执，像重新瓜分世界之类，对不起，这完全不是我们的事。永别了，我的伟大的人，亲爱的人；永别了，我的骄傲，永别了，我的水深流急的小溪，我多么爱听你那日夜鸣溅的水声，多么爱纵身跃入你那冰冷的浪花之中。你还记得我同你在雪中告别的情景吧！你竟然骗了我！没有你我能走吗？啊，我知道，我知道，你是违心而为的，是为了我实际并不存在的幸福。从那以后一切都化为乌有。天啊，我吃了多少苦，受了多少罪！但你什么也不知道。啊，我干了些什么，尤拉，干了些什么哟！我罪孽深重，你一无所知！但这不是我的过错。我在医院里躺了有三个月，其中有一个月不省人事。从那以后我就失去了生活，尤拉。我悔恨，我痛苦，我的心没有片刻的安宁。不过我还没把最主要的事告诉你。我说不出口，我缺乏勇气。每当我想到我生活中的这一段，我会吓得毛骨悚然。我甚至怀疑我的精神是否正常。不过你知道，我不像许多人那样酗酒，我不会走上酗酒这条路，因为一个女人一喝上酒，那就完了，这种事是难以想象的。你说是不是？”

她还说了许多，痛哭、悲伤。突然，她抬起头，环顾四周。房间里早已经进来一些人，他们正在走动，忙碌。她走下小板凳，踉踉跄跄地离开棺木，用手掌揉着眼睛，像是要把未哭出来的泪水挤出来，甩到地上似的。

几个男人走到棺材旁，用三条麻披把棺材抬起。开始出殡了。

十七

拉莉萨·费多罗芙娜在卡麦尔格尔胡同待了好几天。她和格兰尼亚清理日瓦戈的遗稿，但她没有把这一工作做完。她同格兰尼亚还作过一次谈话。这是她过去提过的，并告诉他一件重要的事情。

有一天她离开住的地方，便没再回来。看来是在街上被捕了。她也许死了，也许被送到北方数不清的普通集中营或女子集中营里，被编成代号列入名册。后来名册丢失了，她也被遗忘了。

第十六章　尾　声

一

一九四三年夏天，在库尔斯克突围成功和奥廖尔解放之后，不久前擢升为少尉的戈尔顿和杜多罗夫少校分别返回部队。戈尔顿是到莫斯科出差回来，杜多罗夫则是在莫斯科度过三天假以后回来的。

他们在归途中相逢并在契尔恩过夜。契尔恩是个小城市，像大多数遭受溃退的敌人严重破坏而成为“荒漠地区”的居民点一样，虽然已经被毁，但尚未被完全消灭。

在这个已是断壁残垣，成为一堆瓦砾的城市里，他们找到了一个完好无损的干草棚，于是他俩就在这里躺下过夜。

他们睡不着，一直谈了一夜。拂晓三点来钟时，刚要入睡的杜多罗夫被戈尔顿的动作弄醒。戈尔顿笨手笨脚地钻进柔软的干草堆里，在里面翻来滚去像在游泳一般。他拿了几件衣服，捆在一起，然后像熊一样从草堆顶上爬下来，朝门口走去。

“你带这些东西到哪里去？天还早呢。”

“到河边去。想洗两件衣服。”

“简直是得了精神病。晚上回到部队，管衣服的妲尼娅会给你换套新的。你急什么？”

“我不愿意拖。出汗出得衣服都湿透了，而且也脏了。早上热，我很快地涮一涮，拧一拧，太阳下面一会工夫就干。我再洗个澡，换身衣服。”

“这总不大像话，不论怎么说，你总是个军官。”

“还早呢，人们都还在睡觉。我找个有小树丛的地方，没人看见。你睡吧，别说话了。再说就不想睡啦。”

“我反正也睡不着了，和你一道去。”

他们经过已被初升的烈日晒得发白的瓦砾堆朝河边走去。人们睡在烈日下往日曾是大街的地上，打着鼾，满头是汗，脸晒得都发了红。这都是当地无家可归的老人、妇女和孩子，偶尔有几个掉队正在追赶自己部队的红军士兵。戈尔顿和杜多罗夫目不转睛地盯着脚下，小心翼翼地在他们中间走过，怕踩着他们。

“别大声说话，否则把全城吵醒，我的衣服就洗不成了。”

于是他们悄悄地继续着他们昨夜的谈话。

二

“这是什么河？”

“不知道，我没打听过。大概是祖沙河”。

“不对，这不是祖沙河，是另外一条什么河。”

“那我就不知道了。”

“你知道那些事是在祖沙河上发生的——赫里斯季娜的事。”

“对呀，是在另一个地方，在下游。听说教会已追认她是圣女。”

“那边曾有一座砖石建筑，名叫‘马厩’。那的确是国营农场种马场的马厩，这是个专有名词，不会更改了。这是个古老的建筑，墙很厚。德国人又加修了一番，修成了一座难攻难破的碉堡。四周都在射程之内，因而阻挡了我们部队前进。马厩非要拿下不可。赫里斯季娜依靠机智勇敢，竟奇迹般地潜入德军阵地，把马厩炸毁，可是她被生擒，绞死了。”

“她为什么叫赫里斯季娜，而不叫杜多罗娃？”

“因为我们还没结婚。一九四一年夏天，我们说定，战争一结束我们就成婚。在这以后，我随部队经常转移，我那一部分调动频繁，这一来，我和她就失去了联系，再没见过她的面。关于她的英勇事迹和壮烈牺牲的事，我和别人一样是从报纸上和团部命令中知道的。据说准备在这一带为她竖立纪念碑。我听说亡友日瓦戈医生的弟弟日瓦戈将军正在这一带视察，搜集她的材料。”

“对不起，我不该和你谈她的事。这事一定使你很伤心吧。”

“这没什么。不过我们扯得太久了。我不愿妨碍你，你快脱衣服下河去洗吧。我在河边躺下，折根草梗放在嘴里，嚼嚼，想想，也许再打个盹。”

过了几分钟。谈话又开始了。

“你这种洗衣法是从哪里学来的？”

“没办法的时候什么都学得会。我们倒霉，被送进一个最可怖的惩戒营。很少有人能活下来。就从到达惩戒营那一天讲起吧。我们被带下了火车,眼前只见茫茫一片白雪,远处有座树林,卫兵们把枪口对准我们,还有好多条牧羊狗。这时,另外几批也先后押到,把我们排成一个大多边形,背朝里脸朝外,让谁也看不见谁。然后命令我们跪下,不许朝两边看,违者要枪毙。接着便开始长达数小时的点名,点名时对我们进行种种侮辱,我们就一直这样跪着。然后命令我们起来,别的几批分别带走了,把我们一批留下,宣布:'这是你们的营地,好好把营房盖起来。'这是一片茫茫雪原,中央竖着一根木桩,上面写着:古拉格 92Я H90 此外便一无所有。"

"我们的情况好一些,还算走运。我又被关过一次,这是由第一次惹出来的,而且这次罪名不同,条件也不相同。我获释之后,又和第一次一样恢复了我在大学的工作。后来又动员我入伍参战,享受少校衔待遇,不像你那样是从惩戒营弄去打仗的。"

"是啊,除了一根木桩:古拉格 92Я H90,什么也没有。开始时正是冬天,我们就靠赤手空拳把小树折断,盖起窝棚。不管你信不信吧,我们一样一样慢慢都盖起来了,有围上了栅栏的牢房、单人囚房、瞭望塔,都是自己盖的。后来开始采伐木材,八个人拉一辆雪橇,在雪地里扛木头,有时会摔倒,跌进齐胸深的积雪里。有好长时间不让我们知道战争已经爆发了,对我们保密。有一天,突然向我们提出:凡是自愿上前线的人,如果几仗打下来没死,那就可以恢复自由。后来上了前线,不断地进攻、进攻,几公里长的带电铁丝网、地雷、迫击炮,一连几个月枪林弹雨,出生入死,怪不得我们这些人在连队里被称为敢死队。没有剩下一个活的。可我怎么会活下来的？怎么活下来的？不过，同在惩戒营受的罪相比，来到这个血淋淋的地狱倒还是福气，并不是说条件艰苦，而是有另外一方面的原因。”

“唉，老兄，你可吃苦啦！”

“所以，在那里别说洗衣服，什么都能学会。”

“说来也真是怪事。不要说你们那苦役犯了，就是对过去在三十年代生活过的人而言，对很多在大学里天天同书本打交道、有钱、日子过得又舒服的人而言，战争的确是一场除污驱垢的暴风雨，洋溢着一股清新爽快的气息。我认为集体化这个措施是错误的、失败的，同时却又不能承认这是个错误。为了掩饰集体化的失败，便用一切恐怖手段使人们改变判断与思维的习惯，迫使他们去看并不存在的东西，肯定那些与目睹的事实全然相反的事。由此便产生了空前残暴的叶若夫[①]时期；所谓宪法完全是装饰门面，所谓选举根本无选举之实。当战争爆发时，战争的现实恐怖、现实危险以及死亡的现实威胁，同毫无人性的谎言统治相比，无疑是一种幸福，使人们有一种轻松之感，因为上面提到的那些恐怖、危险、威胁，使空话与谎言再也不能施展其魔力了。不只你这些服苦役的人有这种感觉，就连后方和前线的人也都有这种感觉，所有的人都深深地舒了一口气，怀着一种兴高采烈的真正的幸福感投入了这场严酷斗争的洪炉，投入这个死亡和得救的洪炉。”

“这场战争是几十年来革命锁链中的一个特殊环节，它使变革的动力已不再发生作用。许多间接的结果，果实的果实，后果

①叶若夫，1936年至1938年间苏联内务人民委员部人民委员。

的后果,已开始显露。灾难锻炼了人们的性格,培养了人们的吃苦耐劳与英雄主义精神,准备为空前伟大的事业献身。这些令人震惊的出色品质乃是这一代人的精华。尽管赫里斯季娜历尽折磨而死,我也受过伤,我们遭受损失,我们为这场战争付出了流血牺牲的高昂代价,但当我看到这一切时,我的心中充满欢欣。自我牺牲的光芒帮助我承受了赫里斯季娜的死带给我的痛苦,为她的死,同时也为我们每个人的生活增添了光辉。正当你在受着折磨时,我获得了自由。赫里斯季娜这时进了大学历史系。她的专业是我负责的。很早之前,还在我第一次获释之后,当时她还小,我已经注意到这个不同凡响的女孩子了。你大概还记得,尤拉在世的时候我跟你们讲过。现在她成了我的学生了。当时学生批判教师的风气还刚刚兴起。赫里斯季娜劲头十足地参加批判。天知道她为什么对我如此凶狠。她一点不手软,言辞激烈偏颇,有的学生看不下去,有时替我抱不平、为我辩护。她非常幽默,给我取了一个让人一看就知道是我的化名,在壁报上对我恣意取笑。一个偶然的机会使我忽然发现,她对我一贯的仇视态度原来是一个年轻姑娘爱情的伪装。这是她早已藏在心头的痴情,我对她也是如此。我们在一九四一年度过了一个美好的夏天,那是战争爆发的第一年,正值战争爆发前后。几个男女大学生,赫里斯季娜也在其中,住到了莫斯科市郊的别墅区,后来我所在的部队也驻扎在那里。这时候他们在进行军训,建立市郊民兵组织,赫里斯季娜在进行跳伞训练,在莫斯科高楼顶上反击进行夜袭的德国飞机。通过这些活动,我们建立了友谊,感情不断发展。我已经说过,我们那时订了婚,但过了不久,我们部队奉调转移,我和她就分开了，以后再没见过面。当局势显著好转，德军大批投降时，我由于两次受伤两次住院，便从高炮部队调到司令部七处，因为那里需要通晓外语的人员。后来当我像大海捞针一样找到你时，便坚持也把你调进来了。管被服的妲尼娅和赫里斯季娜很熟，她们在前线相识，成了好朋友。她常讲赫里斯季娜的故事。这个妲尼娅笑起来满脸都笑，和尤拉一样，你注意到了吗？一笑起来，她那翘鼻子和高颧骨便看不出来了，显得秀丽可爱。这种类型的人，在我们俄国很常见。”

“我懂得你这话的意思。大概是这么回事。不过我没注意过。”

“妲尼娅·别佐契列多娃(意为:没规矩的妲尼娅)这个绰号太不雅，太不像话。这根本不是姓，是胡编乱造出来的。你看是不是？”

“这点她解释过。她是个流浪儿，没有父母。可能在俄国内地语言古旧的地方，称她为别佐查，意思是没有父亲。城里一些人听不懂这个词的意思，因为他们全靠耳朵听，所以叫得走了音，变成了一个可笑的绰号。”

三

这是在被夷为平地的卡拉切夫市，在戈尔顿和杜多罗夫在契尔恩过夜并谈了通宵之后不久。他们在追赶部队的路上，遇到了大队后面的几个后勤机关。

已经入了秋，但是这晴朗炎热的天气已经持续了一个多月。

天空万里无云,位处奥廖尔和布良斯克中间的勃雷恩河两岸的肥沃的黑土地带在阳光照射下闪耀着暗棕色的光辉。

一条笔直的大街穿过城市,与公路干道相连。大街一侧的房屋遭到炮轰,变成了一堆堆瓦砾,果园中的果树被连根拔起,枝干断裂、焦斑片片,横卧在地上;另一侧因为原先就没有什么建筑,没有摧毁的目标,所以不大看到炮火的遗迹。

在原先有房子的那一侧,流离失所的人们正在未烧尽的瓦砾、灰烬中翻捡。他们把从各个角落捡拾出来的东西堆集在一起。另外有的人在挖地盖土屋,他们把泥土切成一个个方块,用这种草土块盖屋顶。

大街的另一侧支着许多白色帐篷,停着许多卡车和后勤部队的各种公务马车,一辆接着一辆。这里有同师司令部失去联系的战地医院,走迷了路或弄错番号正在彼此寻找的各种辎重库、军需和给养部门,还有补充连的一些瘦削体弱的少年士兵,戴着灰色船形帽,背着沉重的军大衣,因为赤痢腹泻面容枯黄,毫无血色,他们在这里解手、吃东西、睡觉,然后继续西行。

这个一半被炮火毁为灰烬的城市有的地方还在燃烧,远处不时传来定时炸弹的爆炸声。

拾捡破烂的人感到脚下大地在震动,不时伸直身子,扶着铁锹柄休息,转脸朝发生爆炸的方向眺望。

一根根灰土柱腾空而起,然后这些灰土柱像沉甸甸的烟团,冉冉上升,化作灰、黑、红三色的尘云在空中缓缓扩展,变成一束束帽缨状的东西,飘散,回到地面。然后人们又继续干自己的活儿。

这一侧有一块四周环绕着灌木丛的空地。这里古树参天，枝叶繁茂，一片荫凉，古树与灌木丛把这块空地与外界隔开，就像一个孤零零的荫凉的内院。

管被服的姑娘妲尼娅和两三个同事以及几个死乞白赖硬要搭车的人，还有戈尔顿和杜多罗夫，一清早就来到这块空地上，等候来接妲尼娅和运被服的车子。这些被服有好几箱，像小山似的堆在空地上。妲尼娅照看着这些箱子，一步也不离开；另外几个人也都等在箱子旁，唯恐失去搭车的机会。

他们已经等了五个多钟头。人们闲着无事，便听这个见过很多世面、又很喜欢说话的姑娘讲故事。她刚才讲了她见到日瓦戈少将的经过。

“那当然，这是昨天的事。有人领我去见将军。他是路过，来了解赫里斯季娜的情况的。他到处找那些亲眼见过她、认识她的人。人家说我认识她，是她的朋友。将军就派人找我把我带去见他。他一点不叫人害怕，跟普通人一样，没什么特别的地方。眼睛有点斜，黑头发。我就把我知道的事都讲了。他听我说完便说:谢谢你。他还问:你是哪里人？我当然只好扯东扯西，不直接回答。有什么好吹的？一个流浪儿。你们都知道，我到处流浪，还进过感化院。但他不听我的，对我说，说吧，别不好意思。有什么好难为情的？我因为慌张，一开始只说了一两句，后来讲得多了，看他直点头，我的胆子就大了。我可有的说哩。要是你们听见，准不相信，还以为我是胡编乱造的呢。他自然也是如此。等我说完，他便站了起来，在屋子里走来走去。他说，这可真想不到。这样吧，我现在没空，以后我会再找你，你别急，找到你就叫你来，我简直没想到会听到这些事。他说，我不会把你丢下不管，我还得去了解一点详细情况。说不定我还会当你的叔叔呢，提升你做将军的侄女，送你去大学念书，随你进哪所都行。我说的都是真话，绝不撒谎。就有这样爱开玩笑的人!”

这时，一辆车身很长、两边有挡板的空大车来到空地上。这种车在波兰或俄国西部都是用来运干草的。两匹马由一个士兵赶着，照老的说法，赶这种车的叫大车夫，就是辎重车队士兵的意思。士兵把车赶进空地，便从赶车座上跳下来卸马。除了妲尼娅和几个士兵外，在场的人都围过来央求他不要卸，送他们去要去的地方，当然不会让他白干。但是士兵不答应，因为他无权处置马匹和车辆，只能照章办事。他把马匹牵走，便再也没露面。原来坐在地上的人都坐到空车上去了。妲尼娅的故事因为大车的来到以及同车夫谈判而中断，此刻又恢复了。

“你对将军讲了些什么?”戈尔顿问，“如果可以的话，再对我们说一遍吧。”

“当然可以。”

于是她把她可怕的经历给他们讲了一遍。

四

“真的，我的事说起来话才长呢。据说，我不是普通人家出身。不知这是别人告诉我的，还是我自己什么时候听了记下来的。我只听说我妈妈拉伊萨·科马罗娃是一个在外蒙古藏身的俄国部长科马罗夫同志的夫人。这个科马罗夫大概不是我的生身父亲。当然,我没读过书,无父无母,是个孤儿。你们听了也许觉得我说得好笑,不过我知道什么就说什么,你们要是我,也会这样。

“好,下面我要说的事发生在克鲁希策那边,就在西伯利亚那一头,哥萨克地区过去,离中国边界很近。当我们的部队,就是说红军,打到白军的首府时,这个科马罗夫部长便让我妈妈和全家坐上一列专车并下令把他们送走,妈妈胆小,离开他便寸步难行。

“科马罗夫不认识我,不知道世上还有我这么个人。妈妈是在同他长期分居时生的我,所以怕得要命,唯恐有人把这事告诉他。他一点也不喜欢孩子,老是跺着脚喊叫,说孩子把家里搞得一塌糊涂,又吵闹,他老是喊:‘我受不了。’

“后来大概是因为红军要来了,妈妈叫人去纳戈尔车站去找玛尔法。玛尔法的丈夫在铁路上当警卫。这地方离那个首府有三站路。我马上给你们说清楚:第一站叫尼佐车站,第二站是纳戈尔,第三站是萨姆索诺夫山口。现在我才知道妈妈怎么会认识这个警卫的老婆的。我看,一定是因为她常到城里卖菜、卖牛奶,所以才认识的。

“我接着说下去。有的事我还不大清楚。妈妈大概是受了人家的骗,人家对她说的不是那么回事。他们说,这只是暂时的,只待两三天,等局势安定下来再说。妈妈不是要把我永远送给人家去养,当妈妈的怎么也不会把自己的亲骨肉送给人家。

“当然,这全是哄孩子的话。说,你去找大婶吧,大婶会给你吃糖饼干,大婶很好,你不用怕她。后来我一个劲地哭,心里难受,难受得就别提了。我想上吊,差点儿发了疯,我那时还是个小孩子啊!妈妈大概给了玛尔法大婶一笔钱抚养我,一大笔钱。

“警卫室有个大院子,养着一头牛、一匹马、各种家禽,还有一个老大的菜园子——那地是征来的,还有一套不出房租的房子;警卫室反正是属于公家的。从我们住的地方来是上坡,火车走起来很吃力,爬半天才爬上去;从你们拉谢雅来却是下坡,下坡要用闸刹车。到了秋天树木都枯了,望下去可以看到纳戈尔车站,像盛在小碟子里一样。

“我照农村的习惯,管瓦西里大叔叫爹爹。

“他心眼好,老是乐呵呵的,不过就是太轻信别人,一喝醉了,唠叨起来就没完,什么话都会说出来,弄得无人不知。不管见到谁,会把心都掏给人家。

“可是要我对他老婆喊妈,我却怎么也喊不出口,是因为我怎么也忘不了我的妈妈呢,还是别的原因,我也说不清,不过这个玛尔法大婶的确很凶。所以我就叫她玛尔法大婶。

“时间一年一年过去,也不知道过了多少年。我也会跑到火车前头去摇旗子了。至于卸马、牵牛那更是家常便饭。玛尔法大婶教我纺纱,家务事我什么都干,扫地、收拾、做什么吃的、和面,都不在话下,都会干。嗯,我还忘记说我照顾过小别佳呢。小别佳两条腿特别细,已经三岁了,还不会走路,只能躺着,我服侍他。现在已经过了这么多年,可是我一想起玛尔法大婶怒冲冲地望着我的两条健壮的腿的那副神情我浑身就直打哆嗦,好像她是在说:你的腿倒没毛病,最好我和小别佳把腿换一换;好像是我把他的腿弄坏了似的。你们看,世上竟还有这样心狠和不讲道理的人。

“我刚才说的不过是个开头，我下面说的，你们听了准会咂舌头。

“那正是实行新经济政策的时候，两千卢布只能抵一个戈比。瓦西里大叔在山下卖了一头牛，得了两口袋的钱。这钱当时叫克伦卡票子，不，我说错了，是叫柠檬。他喝了点酒，在纳戈尔到处吹他发了财。

“我还记得那是秋天。有一天刮大风，风把房顶都掀掉了，人简直站也站不住，火车爬不上坡，因为是逆风。我看到一个香客模样的老太太正从山坡上下来，她的裙子和头巾被风吹得直抖。

“她一面走，一面哼哼，两手捂着肚子要进我们屋。我们让她坐在板凳上，她直叫:哎哟，我受不了啦，肚子痛得要死，我活不了啦。她求我们说:看在上帝的分上，把我送到医院去，要多少钱都行。大叔把马套上车，把老太太送往离我们有十五俄里的县医院。

“不知过了多久，我和玛尔法大婶躺下睡觉，忽然听到我们的马在窗外嘶叫，大车已经进了院子。怎么回来得这么早？玛尔法大婶开了灯，披了一件衣服，不等爹爹敲门，就把门钩拉开了。

“她开门一看，站在门口的根本不是大叔，而是一个满脸横肉、皮肤发黑的陌生人。他说:‘卖牛的钱放在哪里，快说。你的老头子已经被我在树林里干掉了，你这个娘儿们要是把钱交出来，就饶了你，否则你知道会怎么样，可别怪我。你别磨磨蹭蹭，干脆一点，我没空和你啰唆。’

“哎哟，天哪，这可要了我们的命，你们可以想象得出我们那副样子！我们浑身发抖，魂都出了窍，吓得舌头也发了硬！他把瓦西里大叔杀了,说是用斧子砍死的,这还不够,他又跑到我们家里来抢东西,家里只有我们两个,明摆着是个强盗。

“不用说,玛尔法大婶知道大叔被害死,心里难过得几乎要昏过去,可是不敢让强盗看出来,只好硬挺着。

“玛尔法大婶起初给他下跪,说:‘别杀我,行个好,你说的钱我根本不知道,也没有见过,还是头一次听你说。’这个丧尽天良的家伙,没那么好说话,根本不听她的。大婶突然想出了主意,骗他一下。就说:‘好吧,我告诉你。钱在地板下面。我把地板口打开,你下去。’他这个狗东西一眼就看穿了。他说:‘你是主人,还是你下去。我不管你钻地板还是上房顶,把钱给我就行。不过,别和我要花招,否则没你的好。’

“大婶对他说:‘愿上帝保佑你,你不放心。我倒愿意下去,可我腿不行,爬不了梯子。我还是在上面给你用灯照着。你不用怕。我叫女儿(这当然是说我)和你一起下去,免得你怀疑。’

“哎呀,天哪,你们想想,我听到这句话吓成什么样子!我想,这一下可完啦。我只觉得眼前发黑,两腿发软,眼看要瘫倒了。

“那个坏蛋一点不傻,他翻起眼看了看我们俩,然后又眯缝着眼,龇牙咧嘴地说:‘别来这一套,你骗不了我。’他知道我不是她的亲骨肉,不疼我,于是他一把抄起小别佳,另一只手拉开地板口的盖,说:‘把灯拿过来。’就夹着小别佳钻了下去。

“这时我还以为玛尔法大婶已经吓糊涂了,什么事都不明白了。谁知道那个坏蛋和小别佳刚钻进地板口,她就砰的一声把地板口盖上,上了锁,又去拖一个很重的大箱子,并向我使眼色,意思是说,太重了,我拖不动。她把箱子压在盖上,自己又坐在箱子上,傻乎乎的,倒很高兴。

“她刚一坐好,下面那个强盗就喊叫起来,敲地板,说,‘放我出来,不然我就马上把小别佳弄死。’地板很厚,听不清楚,不过肯定是这个意思。他的声音比野兽的吼叫还要吓人,他喊叫说,你的小别佳马上就没命了,可她一点也不明白,坐在箱子上,一面笑,一面朝我睒眼睛,好像是说:‘你就喊你的吧,反正没人睬你,我就坐在这里,钥匙也在我手里。’

“我又是推她,又是拉她,对着她耳朵叫喊,推她,想把她推下来,把盖一子掀开,救小别佳出来。有什么用!我哪里对付得了她?

“强盗一个劲地在敲地板,时间一分钟一分钟过去,她只管坐在那里睒眼睛,什么都不听。过了一会,哎呀,天啊,天啊！我这一生什么都见过,什么都经历过,不过这种吓人的事还不曾见过,我到死也忘不了小别佳那微弱的声音。这个小天使在地板下先是喊叫,然后哼哼。这个十恶不赦的家伙把小别佳掐死了。

“我想,现在怎么办？我怎么对付这个半疯的老太婆和这个强盗凶手呀？我急得没了主意。就在这时候,我听到院子里的马又嘶叫起来,它一直在院子里,没卸下来。好,马这一叫,好像是告诉我:妲尼娅,快去找好人来救咱们。我一看,天快亮了。好吧,听你的,谢谢你。这马出了个好主意,主意很好,咱们走。我刚打算走,好像听见树林里有人对我说:‘等一下,妲尼娅,别着急,我们另外想个办法。’树林里也有人要帮助我哩。公鸡好像叫得也很亲热,山坡下我熟悉的火车头呜地叫了一声,也在呼唤我呢。一听这声音我就知道是那个火车头。它总在纳戈尔车站升火，叫作后推机车，在后面推着货车爬坡；现在又是在推一列混合列车上坡，它每夜都在这时开过。我听见这个熟悉的火车头在下面喊我。听是听得见，可是我的心直跳。我想，我和玛尔法大婶是不是都得了精神病，为什么总觉得不论是什么狗呀猫呀的活动物，还是什么不会讲话的车子都会讲话，而且讲得这样清楚？

“嗳，火车就要到了，还考虑什么，没时间考虑了。

“我抄起灯，灯已不怎么亮了，就拼命朝铁路奔去，站到路轨当中上下挥动提灯。

“这当然没说的，我让车停下来。也多亏风大，车开得慢，简直可以说是在爬。

“车停了，司机认识我，他探出头来问我，我听不见，风太大。我向他喊，说铁路警卫亭受到袭击，有强盗抢劫杀人，强盗还在屋里，要赶快去抓他，请救命吧，司机叔叔同志。我还没说完，车厢里的红军战士一个个跳下来。这原来是一列军车。他们问：‘怎么回事？’他们感到奇怪:为什么车子半夜里停在陡坡上。

“他们弄清事情原委，便把强盗从地板下拖出来，这个家伙直叫，声音比小别佳叫得还尖还细:饶了我吧，好心肠的人，别杀我，我再也不干了。士兵们把他拖到枕木上，把他的手脚绑在铁轨上，开车从他身上碾过去，对他执行了私刑。

“我吓得也不敢回家拿衣服了。

“我对他们说：‘叔叔们，带我上车吧。’他们让我上了车，我就这样跟他们走了。后来，我和许多流浪儿一起跑遍了我们自己大半个国家和别的地方，什么地方都去过。我这不是瞎说。经过童年时代的这段痛苦的生活之后，我才知道今天多么自由，多么幸福!当然,我还遭过许多罪,做过不少错事,不过那是以后的事,我下次再对你们讲。出事那天,铁路上一个工作人员下了火车,接管了公家的东西。对玛尔法大婶也作了安排。听说她后来进了疯人院,死在疯人院里。还有人说她的病好了,已经出了院。"

听完妲尼娅的故事,戈尔顿和杜多罗夫默默地在草地上徘徊了好久。后来,来了一辆卡车。卡车费了好大的劲才把笨重的车身从大路上转到空地上。人们把一箱箱的被服抬到车上。戈尔顿说:

"你现在明白妲尼娅是谁了吧?"

"啊,那当然。"

"格兰尼亚会照顾她的。"他沉默了一会,然后又说,"一个崇高完美的理想会变得愈来愈粗俗,愈来愈物化。这种事在历史上是屡见不鲜的。希腊就这样变成了罗马,俄国的启蒙运动也就这样变成了俄国革命。你读一读勃洛克'我们是俄罗斯恐怖岁月的孩子'这句诗,你立刻就可以看出这两个时代的区别。勃洛克这句话不应该从字面去理解,是一种比喻。这里的孩子不是孩子,而是儿女,知识分子。恐怖也不是指的可怕,而是天意,具有启示的性质,这完全是两回事。可是现在这个比喻却成了事实,孩子就是孩子,恐怖就是恐怖,区别就在这里。"

五

不知是过了五年还是十年,在一个静谧的夏日傍晚,戈尔顿和杜多罗夫又一起高坐在敞开的窗户旁。窗外是一眼望不到边的傍晚时候的莫斯科。他们正在翻阅格兰尼亚整理的日瓦戈作品集。集子里的作品他们已读过多次，有一半他们都能背出来。他们一边读，一边交谈，不时陷入沉思。当他们读到一半时，天黑了，已经看不大清楚，于是开了灯。

窗外一望无际的莫斯科是作者的故乡，他一生经历的事件大半在这里发生。但在他们看来，莫斯科现在不是这些事件的发生地，而是他们今晚手中那部长篇故事中的主角，现在他们已经把这个故事读完了。

尽管战后人们所期待的光明与解放并没和胜利同时降临，但不管怎么说，战后这些年来，自由的征兆已经显露，成为这些年头唯一具有历史意义的内容。

倚坐在窗口的两个朋友已经进入了老年。他们觉得精神上的自由已经到来，觉得在这个晚上，光明已经实实在在地降临在下面的大街上；他们自己已经跨进了光明，而且已生活在光明之中。当他们想到这个神圣的城市，想到整个大地，想到那些活到今天晚上的历史参加者和他们的子女时，他们产生一种幸福、安详、温馨的心情，仿佛置身于四周无声的欢快乐曲之中。他们手中的书似乎很了解他们，对他们这种心情与感受给予支持和肯定。

第十七章　日瓦戈的诗

一、哈姆雷特

喧闹声停息。我走上舞台。
我倚靠在门框上，
细听往事的余音，
揣度今后的半生。

夜色像千百只望远镜，
一齐对准了我。
亚伯天父啊，如果可以的话，
免去我这一苦杯吧。

我珍视你既定的意图，
甘愿担当这一角色。

但现在演的是另一出戏，
求你豁免我这一回。

然而戏的场次已安排好，
最后的结局也无法逆转。
我孤零零，总是沉没在假仁假义里。
人生一世不似漫步田园。

二、三月

太阳晒得暖洋洋，热烘烘，
山沟哗哗直响，像是发了疯。
春神就像健壮的农妇，
一干起活儿就劲头个足。

白雪像害了贫血病，奄奄一息，
一条条发青的血管已没有血丝。
但是牛栏里热气腾腾，
连叉齿也露出生机。

这些夜晚呀，这些日日夜夜！
近午时候那嗒嗒的水滴，
那檐上冰锥的日渐消瘦，
那不眠的溪水的窃窃私语！

马棚和牛栏全都敞开。
鸽子在雪地里啄食燕麦，
最活泼、最不安分的粪堆
散发出清新的春天气味。

三、在基督受难周

夜幕还未收起。
天色还早，
依然繁星满天，
每颗星星都亮灿灿，
大地在赞美诗声中沉睡，
如果这样睡下去，
会误了复活节。

夜幕还未收起。
天色还这样早:
从路口到街头，
黑咕隆咚一片。
到天亮和天暖
好像还有一千年。

大地还是光着身子，
夜里想起来打钟，

想从外面配合唱诗的声音，
可是没有衣服不能起身。
从受难周星期四
到星期六这几天，
河水冲打着堤岸，
打起一个个涡旋。

在基督受难的日子，
树林也脱光了衣和帽，
一棵棵树木挺身站立，
就像祈祷者站在那里。

在城里，在不大的地方，
就像在集会上那样，
一棵棵树木光着身子，
一齐朝教堂栅栏里张望。

树木露出惊惧的目光。
树木自然会感到恐慌。
因为花园要走出栅栏，
土地已经晃晃欲动，
土地要去埋葬苍天。

大门口那两棵白桦树
看着圣障中门边的烛光，
看着黑头巾和许多蜡烛，
看着一张张泪汪汪的脸，
忽然捧十字架的人群走出来，
还带着绘有基督遗像的方布，
白桦树连忙让路。

祈祷的人群顺着人行道
绕着教堂转起圈儿，
把春意、春的絮语，
把带有圣饼气味的空气，
把春天的醉人气息
从大街上带进教堂门廊里。

三月的风把雪撒开去，
撒在台阶上，撒在一群残废人身上，
就好像有一个人走出来，
把存法器的约柜搬出来打开，
把所有的东西分得一干二净。

唱诗唱到东方发白。
唱诗手或者圣徒，
等到号哭够了，

就从里面轻轻走出来，
走到空地上，路灯下。

但到了半夜里，等听到春的信息，
感觉到春的萌动，
一切有生之物会静下来，
死亡是可以战胜的，
因为复活了。

四、白夜

我想起遥远的过去
想起彼得堡的一座楼房。
你这个大学生来自库尔斯克，
你是草原上一个小地主的姑娘。

你娇艳可爱，有很多人倾慕你。
我们在那个白夜里，
一块儿坐在你的窗台上，
从你的高楼上向下眺望。

晨风吹得路灯轻轻颤抖，
像是一只只薄绸蝴蝶。
我轻轻对你说的话儿，

多么像沉睡的远方!

在长长的涅瓦河那边,
彼得堡远远地铺展开去,
我们也像这夜晚的城市,
羞答答地保守着自己的秘密。

在那个春天的白夜里,在远方,
在郁郁苍苍、丛林如带的地方,
夜莺唱着美妙的歌儿,
那歌声又清脆又嘹亮。

那声音千回百转,如醉如狂。
那小小鸟儿的声音
在着了迷的丛林里
造成又欢快又热闹的气氛。

在那地方,白夜像赤足行者
贴着栅栏悄悄走过,
偷听到的谈话溜下窗台,
紧紧跟在白夜后面。

在听来的谈话的余音中,

在围了板墙的果园里，
苹果树枝和樱桃树枝
穿起了淡白色的外衣。

一棵棵树木像白色幽灵，
成群地走出来为白夜送行，
白夜要走了，
因为已经看见那么多事情。

五、春天的泥泞路

正是夕阳如火的时候，
一个人骑马在林中走，
道路泥泞，林海茫茫，
他要去一个遥远的乌拉尔村庄。

马儿走得摇摇晃晃，
马蹄在路上噗唧噗唧响，
小水洼儿打旋儿的声音，
紧跟着给马蹄声伴唱。

等到骑马人放开缰绳，
马儿一步一步往前行，
来到春水泛滥的地方，

四周围一片哗哗流水声。

有的咯咯笑,有的呜呜哭,
那是石子儿撞击石片儿,
那是连根冲出的树桩
在旋涡里打转转儿。

可是在火红的晚霞里,
在远处的树丛中,
有一只夜莺起劲地叫着,
就像很响的报警钟声。

就在那沟边的杨柳
耷拉下那寡妇的头巾的地方,
夜莺就像古代的夜强盗,
在贼船上打起呼哨。

这样狂叫是因为什么,
什么样的喜,什么样的悲?
叫声像一颗颗老大的枪弹
在林中纷飞,要射的是谁?

仿佛它就要像林中精灵似的

走出这逃亡政治犯安歇之地，
迎着当地游击队的步哨
或者巡逻的马队走去。

青天、大地、田野、丛林
都在听这少有的声音，
分不清是痛是苦，
是狂乱还是幸福。

六、表白

生活又无缘无故地回来，
就像当年中断得那样奇怪。
我又来到这条古老的街上，
就像那个夏日里那时候一样。

还是这些人，这些操心事，
自从那个死亡的黄昏
匆匆将落日钉在曼涅日广场上，
至今落日的火焰没有冷却。

一些穿粗布衣的女子
夜里仍然徘徊在街头。
然后她们要回到顶楼，

忍受铁皮屋顶的烘烤。

一个女子拖着疲惫的双脚，
缓缓走到门口，
从地下室里走上来，
斜斜地穿过院子。

我又在准备托词，
又是一切和我没有关系。
那女子绕过后院走了，
只剩下我们在一起。

* * *

你别哭，别噘嘴，
别把肿了的嘴唇皱起，
春天上火烧出的疱刚刚结痂，
不要把干痂弄破。

不要把手放在我的胸前，
我们是带电的电线。
要当心无意中撞击，
我们又会粘在一起。

过几年，等你嫁了人，
会忘记这些杂七杂八的东西。
做女人是很伟大的事，
使男人发疯是了不起的业绩。

我这一辈子始终如一，
像奴隶一样爱慕女人的秀丽，
爱慕秀美的肩膀和手臂，
爱慕秀美的脊背和脖子。

黑夜用苦闷的铁箍把我锁住，
不管把我锁得怎样结实，
冲出去的愿望比什么都强，
我时时刻刻想挣脱出去。

七、城里的夏天

说话声低低的。
一齐忙不迭地
把脑后的头发
挽到头顶上去。

戴船形帽的女子
把缠满辫子的头

高高地昂起，
就像长了大冠子。

夜晚闷热异常，
眼看着大雨要来，
行人纷纷回家，
脚步声嚓啦嚓啦。

断断续续的雷声传来，
拖着高亢的回声，
一阵狂风吹过，
窗帘扑扑抖动。

一阵沉寂，
依然十分闷热，
电光依然在飞掣，
在天空划来划去。

等到夜雨过后，
明丽而火热的朝阳
又射在遍地水洼的
林荫道上。

那一棵棵开着花儿、
香喷喷的老椴树,
还因为没有睡足,
一副愁眉苦脸的样子。

八、风

我死了,你活着,
风如怨如诉,
摇撼着树林和别墅,
不是一棵一棵地摇撼。

而是一下子把所有的树
连同无边无际的远方
吹得摇摇颠颠,
就像海港里的帆船。
这不是逞勇示威,
也不是无端发怒,
而是在苦闷中遣词造句,
为你谱写摇篮曲。

九、醉花儿

我们在柳丛下躲雨,

柳丛缠满常春藤。
我们肩上披着雨衣，
我的两臂紧紧搂着你。

我错了。这柳丛
缠的是醉花儿，不是常春藤。
啊，既然人也醉了，那咱们
就把雨衣铺在身子底下。

十、晴和的初秋

醋栗叶子又粗糙又肥壮。
屋子里哈哈笑，玻璃叮叮响，
屋子里忙着切菜、腌菜，加胡椒，
还要把干鸡舌香花芽用醋渍上。

爱取笑的树林把这些声音
一齐撒到陡峭的山坡上，
山坡上的榛树晒成了焦黄色，
就像被野火烤煳了一样。

这儿有一条路通向山沟，
可叹那泡过水又干透了的老树，
还要可叹那斑斓的秋色，

秋风正把一切都扫进深谷。

还要可叹那世间的万物
比有些聪明人说得简单，
可叹那丛林一副颓丧神气，
可叹万物到时候都有一死。

等到草木一片枯黄，
等到秋色染遍大地，
眼前景象一片凄凉，
叹息、瞪眼都无济于事。

一条小路从园子里出来，
伸到白桦树丛里。
房子里是笑声和干活儿的闹声，
同样的笑闹声也在远处响起。

十一、婚礼

客人们带着手风琴，
一齐拥到新娘家里来，
院子里人山人海，
一直要喝到东方发白。

在蒙了毛毡面子的
主人家的房门外面，
断续的说话声停了，
从一点清静到早晨七点。

早晨，正做着好梦，
正想美美地再睡一觉，
参加婚礼的手风琴
又欢快地响起来了。

手风琴手又用手风琴
把掌声，把珠光宝气，
把一阵阵欢声笑语
频频地洒了开去。

还有，还有，还有，
那民间小调的声波
纷纷从婚宴上飞来，
飞进睡觉人的耳朵。

有一个女子，浑身像白雪，
在叫声、闹声、口哨声里，
又仪态万方地款款走来，

摆动着窈窕的身躯，

摆动着肩膀，摆动着头，
摆动着右臂和右手，
随着行进的舞曲
翩翩起舞，像开屏的孔雀。

那热闹的欢声笑语，
那轮舞的踢踏声，
忽然一下子停息，
就像钻进了地缝。

热闹的院子又活跃起来。
一丝不苟的回声
又加入了声声叫闹，
加入了阵阵欢笑。

一群鸽子飞出窝儿，
像旋风似的向高处飞去，
在辽阔的天上散了开来，
就像千百颗瓦灰色小点儿。

就好像有人忽然想起，

急忙派鸽子参加婚礼，
带着良好的祝愿，
向新郎新娘道喜。

人生有如昙花一现，
人生又是溶化的过程，
把自己溶化在别人之中，
可以算是对别人的馈赠。

但愿只有婚礼，只有
飞进窗来的婚礼欢笑声，
只有瓦灰色的鸽子，
只有歌声，只有梦。

十二、秋天

我让家里人上外地去了，
亲人们早已各自一方，
不论在心里，在大自然里，
都像往常一样孤寂。

这森林里又寂寥又空旷，
只有我和你默默相望。
就像歌儿里唱的，一条条小道

快要长满了荒草。

现在只有我和你
凄凄切切地对着木壁。
我们原不想冲破樊篱
我们将坦然地死去。

我拿起书本,你拿起绣花针,
在一点钟坐下,三点钟站起身,
在黎明时不知不觉
我们停止了接吻。

树叶呀,树叶,什么也别管,
你们只管尽情地飒飒飘散。
就让今天的万种愁绪
超过昨天痛饮的苦酒。

多么可爱,多么迷人,多么美丽!
我们要消融在九月的秋声里!
要在秋天的飒飒声里沉醉!
或者静默不语,或者如呆如痴!

就像丛林脱去绿叶,

你脱去长长的女衫，
投入我的怀抱，
只穿着带丝流苏的睡袍。

当生活比生病更令人生厌，
美的生存靠着勇敢的时候，
你是我不幸中之幸，
所以我们如此依恋。

十三、童话

在很古很古的时候，
在很远很远的地方，
有一个骑马的好汉
在草原荒野上奔走。

他是骑马去作战，
可是透过草原的灰尘，
看到迎面而来的远方
是一片黑郁郁的森林。

骑马人一阵疑惑，
心里嘀咕起来：
可不能去饮马，

要紧一紧马肚带。

他却不听心里的嘀咕，
飞马朝前奔去，
一溜烟冲进森林里，
跑上林中高地。

转过一座小丘，
进了一条山谷，
跑过一片空地，
翻越一道山冈。

来到一处洼地，
走上林间小路，
踩着野兽的爪印，
寻找饮马的去处。

他不听心里的呼喊，
不理睬自己的预感，
驱马下了悬崖陡岸，
来到清澈的小溪边。

* * *

溪边有一个山洞，
洞前是一处浅滩，
好像有一股硫火
在洞口一闪一闪。

一片红红的浓烟
遮住了人的视线，
忽然在林中响起
似近似远的呼唤。

骑马人哆嗦一下，
辨清呼喊的方向，
就驱马顺着山沟
奔向呼喊的地方。

骑马人紧握长矛，
他看到一个龙头，
又看到一条龙尾，
还有闪亮的龙鳞。

龙嘴里往外喷火，
火焰发射着火光，
龙身子盘成三圈，

缠住了一个姑娘。

龙身子就像长鞭，
龙脖子就像鞭梢，
龙身子缠在她身上，
龙脖子搭在她肩上。

当地有一种风俗，
凡是逮到美女子，
都要当作战利品，
献给林中的妖物。

当地的许多居民
向妖龙奉献贡品，
是为了保护家园，
请妖龙多多开恩。

妖龙得到这女子，
把她的手脚缠住，
又勒住她的喉咙，
要把她活活吞吃。

骑马人望望上天，

向上天祈求保佑，
端起长长的铁矛，
和妖龙进行搏斗。

* * *

合上的眼睛。
天空。白云。
水。浅滩。河流。
不知过了多久。

好汉被撞下马来，
他的头盔也撞坏。
忠心的马用四蹄
朝妖龙身上猛踩。

马和妖龙的尸体
并排躺在沙滩上。
骑马人昏迷不醒，
姑娘呆呆地发愣。

中午的天空又明又亮。
蓝天皎洁可爱。

她是谁？是女皇，
是郡主，还是农村姑娘？

一会儿觉得高兴，
高兴得泪如泉涌，
一会儿出神凝思，
仿佛这是一场梦。

一会儿神志清醒，
一会儿血脉一动不动，
因为流血过多，
因为没有了力气。

可是他们的心在跳动。
有时她清醒，
有时他清醒，
有时他们做起同样的梦。

合上的眼睛。
天空。白云。
水。浅滩。河流。
不知过了多久。

十四、八月

太阳光很守信用，
清早就闯进窗来，
在窗帘和沙发间
挂起斜斜的金带。

阳光染红了树林，
染红一座座大楼，
还有书架后面的墙角，
我的被窝和湿了的枕头。

我想起来，枕头湿了
是因为什么。
我梦见，你们给我送殡，
你们一个一个走进树林。

你们正在林中走，
忽然有人想起来，
今天是基督变容节，
是旧历八月初六。

通常在这个日子，

无焰的光从太伯山出来，
清澈的秋日天空，
这时候分外可爱。

你们穿过又矮又稀、
光秃秃的赤杨树棵子，
走进一片坟地树林里，
树林像打了红印的饼子。

静静的树头指着青天，
青天摆出了不起的神气，
远处传来公鸡的叫声，
鸡叫声拉得长长的。

死神站在坟地的官林里，
就像是管土地的神灵，
他望着我的僵死的脸，
要给我挖一个容身的坟坑。

大家都真切地听见，
旁边有一个平静的声音。
那是我原来的说话声，
是我死前的预言：

“再见，变容节的青天，
八月初六的金色阳光。
再给我一点温柔和慈祥，
免得临别时过分悲伤。

“再见了，反常的年月，
再见了，向无尽的屈辱
勇敢挑战的女子！
我曾经是你的战场。

“再见吧，勇敢的翅膀，
再见吧，自由，顽强的翱翔，
还有未实现的世界方式，
还有创作和创造奇迹。”

十五、冬夜

大地一片白茫茫，
无边无际。
桌上的蜡烛燃烧着，
蜡烛燃烧着。

就像夏天的蚊虫
一群群飞向灯光，

如今外面的飞雪
一阵阵扑向玻璃窗。

风雪在窗玻璃上
画着圈圈和杠杠。
桌上的蜡烛燃烧着,
蜡烛燃烧着。

顶棚被烛光照亮,
影子投在顶棚上:
有交叉的胳膊和腿,
还有命运的交会。

两只女鞋砰砰两声
落在地板上。
扑簌簌几滴烛泪
滴在衣服上。

一切都沉入雪海里,
白茫茫,灰蒙蒙。
桌上的蜡烛燃烧着,
蜡烛燃烧着。

一股风扑在蜡烛上，
一颗芳心荡漾，
就像天使一样，
张开两只翅膀。

二月里到处一片白，
夜晚常常是这样。
桌上的蜡烛燃烧着，
蜡烛燃烧着。

十六、分离

他站在自家的门槛上，
看到家里完全变了样。
她走了，就像是逃亡。
四周围一片败破景象。

屋子里到处乱糟糟，
他因为泪眼模糊，
还因为一阵头晕，
看不清乱到什么地步。

早晨起耳朵里就嗡嗡作响。
他是清醒，还是在梦里？

为什么苍茫无际的大海
总是闯入他的脑际?

窗上蒙了厚厚的白霜,
看不清外面的风光。
无法排遣的满腔忧愁
益发像空旷的海洋。

他爱她的一颦一笑,
他爱她的每一特点,
大海和海岸相亲
是因为有拍岸的浪涛相连。

就像在狂风暴雨之后,
芦苇藏在浪涛深处,
她的容貌和窈窕身影
深深留在他的心底。

在动荡不宁的岁月,
在生活难熬的时代,
命运的波涛把她冲出,
她出了底层,朝他冲来。

克服无数的阻挠,
冲破千万重险关,
波涛冲呀,冲呀,
把她冲到他的身边。

所以现在她这样离去,
也许是强压自己的痛楚!
因为他们俩都怕分离,
分离会使人揪心裂腑。

他定了定神,四处看了看:
看到她在离开之前,
把橱柜抽屉里的东西
上上下下翻了个遍。

他在房里徘徊到天黑,
把各式各样衣服和布片
还有用纸剪成的样子
收拾起来放进箱子。

他的手碰到她缝的衣服,
衣服上的针线还在,
他好像忽然看见了她,

不由得轻轻哭了起来。

十七、相逢

大雪纷纷扬扬，
将道路和房顶遮盖。
我正要出外走走，
却见你站在门外。

你一个人，穿着夹大衣，
没戴帽子，也没穿套靴，
为了压制激动的心情，
你嘬着水漉漉的雪。

树木和一道道栅栏
渐渐沉入黑暗。
你在大雪飘舞的夜里，
一个人站在一边。

头巾上的水簌簌地流，
顺着袖子流进翻袖口，
一滴滴的小水珠儿
在头发里亮闪闪的。

那金发的闪光
照亮了你的面庞，
那头巾、身影和大衣
都泛着熠熠的光芒。

睫毛上的雪化了，
眼睛里的痛苦还在，
你的整个模样儿
就像是铸成的铁块。

就好像拿你当铁笔，
在染发药水里蘸了蘸，
就在我的心上画，
画上了很粗的印子。

这些印子沉淀下来，
永远留在我心里，
就因为人世冷酷，
这些印子永不消失。

因此，那个风雪的夜晚
分成了前后两半，
可我不能在你我之间

划一条界限。

可是,在那些年月里,
到处都是流言蜚语,
我们没有容身之地时,
我们哪里像今日?

十八、圣诞星

这时候正是冬天。
草原上冷风飕飕。
圣婴在山洞里
冻得瑟瑟发抖。

一条犍牛呼着热气,
用热气暖和圣婴。
山洞里有不少家畜,
摇篮周围热气腾腾。

牧人抖了抖皮袄,
抖掉黍粒和碎草,
站在悬崖上,
用惺忪的睡眼望着夜晚的远方。

远处是雪中的田野和坟地，
还有雪中的栅栏和碑石，
还有埋在雪里的车辕，
坟地上空，繁星满天。

旁边有一颗星，起初叫人看不见，
比更房里的灯还暗，
在去伯利恒的路上，
发出耀眼的亮光。

这颗星不在天上，
它红得像火一样，
像大火的火光，
像失火的场院或村庄。

它高高地燃烧着，
就像着火的麦秸垛或干草垛，
这颗新星一出来，
惊动了整个世界。

它发出的火光通红通红，
这红光不知是吉是凶，
看到这不曾有过的火光，

三位星相家连忙来看究竟。

他们后面是驮东西的骆驼。
还有上了驮的小毛驴儿
一步一步朝山下走去。

后来发生的一切
此时像幻景似的提前出现。
出现了各种博物馆和画廊、
各种社会、各种意识、各种理想、
各种悲惨的场面、欢乐的情景、
各种各样枞树晚会和孩子的梦。

还有跳动的烛火、发光的金链,
还有五彩缤纷的金线银线……
还有越来越猛的草原狂风……
还有苹果,还有金光菊。

池塘的一角被赤杨树遮住,
但是透过鸦巢和树顶,
在这一边还是看得很清楚。
骆驼和毛驴在塘边走,
悬崖上的牧人完全看得见。

他们就掩上皮袄,说道:
“咱们走,跟大家一块儿去看看。”

蹚着雪走,走得浑身发热。
牧人们朝小屋后面走,
斜斜的脚印叠在那些脚印上,
走上光溜溜的林中小道,
护羊狗见到星光汪汪直叫。

寒冷的夜晚分外清幽,
似乎雪丘上有一个无形的人
老是想朝他们的行列里走。
护羊狗担心地四处张望
怕是祸事来临,紧紧贴在牧人身上。

有几个天使在人群里走,
在同一条路上,经过同样的地方。
天使无影无形,肉眼看不见,
但是走过后,脚印留在雪地上。

一大群人拥挤在大石边。
天亮了。露出雪松树干。
“你们是什么人?”马利亚问。

“我们是天使和牧人，
我们是来向你们道喜。”
“请在门口等等。不能一齐进来。”

在灰蒙蒙的晨曦里，
骑马的和步行的吵吵嚷嚷，
赶骆驼的和放羊的拥拥挤挤，
在一口饮水井边，
骆驼在吼叫，毛驴在乱踢。

天亮了。灰蒙蒙的曙光
拂拭着天上最后的星星。
马利亚挡住众多的人群，
只让三位星相家进入山洞。

他神采奕奕地躺在橡木摇篮里，
就像射进洞穴的月光。
驴嘴和牛鼻子里的热气
给他暖和着身子。

他们站在背阴处，
小声讷讷地说着话儿。
摇篮左边阴暗处有一个人

忽然用手捅了捅一位星相家，
星相家回头一看:只见圣诞星来到，
正在门口望着圣母马利亚。

十九、黎明

你曾经是我命运中的一切。
后来战争来了,乱了，
很久不见你的踪影，
很久不知你的去向。

过了很多很多年，
你的声音又使我激动不安。
我整夜读着你的遗言，
好像从昏迷中清醒过来。

我很想到人群里去，
加入早晨热闹的行列。
我想把一切打碎，
我想把一切降服。

我从楼梯上跑下来，
就好像第一次出门，
来到外面的雪地里，

踏上结了冰的马路。

到处是灯火，人们起身了，
忙着吃早点，赶电车。
几分钟的工夫
整个城市就变了样子。

狂风用密密的飞雪
在门外编织着大网。
人们为了及时赶到，
只草草吃几口就动身。

好像我也在他们之中，
我的感觉和一切相同，
雪融化，我也在融化，
早晨阴沉，我也阴沉。

和我在一起的有陌生人，
有树木、没出门的大人和孩子们。
他们一个个把我征服了，
但这正是我的胜利。

二十、神奇

他从比法尼亚往耶路撒冷走，
心里怀着隐忧。
峭壁上的荆棘晒得焦黄，
农舍上的炊烟一动不动，
空气热烘烘，芦苇静静伫立，
死海的海面寂然无声。

他怀着像死海那样的愁苦心情，
伴随着不大的一团灰尘，
顺着灰土飞扬的大路，
到城里去参加弟子们的集会。

他一个劲儿地愁思苦想，
连田野都愁得发出苦蒿味。
一切无声无息。只有他在这里。
大地在昏昏沉睡。
一切都混在一起:温暖与荒凉，
又有蜴虎，又有泉水，又有小溪。

不远处有一株无花果，
没有果子，只有枝叶。

他对无花果说:“汝有何用?
徒然木立,于我何益?

“我方饥渴,而汝无实,
汝之于我,未若岩石。
似汝不材,使我不适!
无德如此,万劫不复!”

无花果听到责难一阵战栗,
就像避雷针闪过一阵火花,
无花果被烧成了灰烬。

如果枝、叶和树根、树干
这时候有选择的自由,
可能会各尽其天年。
但神奇就是神奇,神奇就是上帝。
在我们不知所措的时候,
神奇事会猝然出现。

二十一、大地

春天大踏步来了,
闯进莫斯科的人家。
飞蛾从橱后轻快地飞出来,

在夏天的草帽上爬。
人们把皮袄收进衣箱。

一个个的花盆
摆到一条条搁板上，
有紫罗兰，还有桂竹香，
阁楼里散发着灰尘气味，
房间里的气息异常清爽。

一扇扇窗户敞开，
外面的空气随便进来，
白夜和晚霞
再不会在河边错过。

在走廊里可以听得清
外面的一切动静，
还听见阳春四月
对融雪的水滴说些什么。
四月知道很多很多事情。

朝霞停留在栅栏上，
说起人类的苦难，
絮絮叨叨说起来没完。

在外面和在宅院里，
又是一番蓬勃景象，
连空气也按捺不住性子。
又是绿了杨柳丝，
又是处处冒出白白的芽儿，
在窗台上、在大街上、
在作坊里、在路口都是这样。

为什么雾蒙蒙的远方在哭泣？
为什么粪堆发出苦涩的气息？
那我的使命就是，
让远方不再悲戚，
让城外的大地
不再感到孤寂。

因此在早春时候，
常常邀集一些好友，
把聚会当作死别，
把酒宴当作遗言，
为的是用痛苦的暗流
温暖寒冷的人生。

二十二、罪恶的日子

他在上一个礼拜天
进入耶路撒冷的时候，
千百教徒高呼着迎接他，
举着棕枝跟在他后头。

可是日子越来越昏暗，阴沉，
仁爱已不能打动人心。
眉头轻蔑地皱了起来，
完了，没什么好说了。

那阴云密布的天空，
像铅块一样沉重。
法利赛人一面像狐狸对他逢迎，
一面在为他罗织罪证。

他被教堂的黑暗势力
交给一些败类去审判，
他们拼命咒骂他，
就像过去赞美他时那样起劲。

附近一带的人们

纷纷探出头来张望，
跑前跑后，挤来挤去，
等着看事情的结局。

到处都是污言秽语，
四面八方飞来谣言。
他恍惚记起当年逃往埃及，
记起遥远的童年。

他记起荒野里那巍峨的高山，
还有那陡峭的悬崖，
撒旦在悬崖上诱惑他，
说要给他全世界的富贵荣华。

他记起在迦南举行的婚礼，
那丰盛的酒宴令人惊异。
还有那雾茫茫的大海，
他在海上步行登船，如履平地。

还有那聚集在茅舍里的穷人，
还有，他带着蜡烛走下地牢，
那死而复活的人一站起来，
蜡烛就惊吓得熄灭了……

二十三、抹大拉·马利亚[①](之一)

天一黑，我的魔鬼就来，
它是我过去欠的债。
当初我像个疯癫的游魂，
整日里徘徊在街头巷尾，
给男人做发泄性欲的工具，
回忆起这些淫邪的往事，
心里痛楚得如同刀绞。

剩下的日子已经不多，
死亡的时刻就要到来。
但我要在未死之前，
趁我一息尚存，
我要在你面前把生命打碎，
就像打碎石膏制的器皿。

啊，主啊，我的救主，
如果此时此刻，
不是死神在桌旁守候着我，
像被我勾引的又一位顾客
那我此时又在何处？

---

①抹大拉·马利亚，第一个看到耶稣复活的女人。

不过，既然在众人眼前，
我在无边的苦海里
和你紧紧连在一起，
就像长在树上的嫩枝，
那你告诉我，罪过、死亡和硫火
又是什么意思？

主耶稣呀，当我把你的双足
抱在我的膝上时，
也许我是在学着
拥抱十字架的方木，
我昏昏沉沉，向你扑去，
原以为要送你入坟墓。

二十四、抹大拉·马利亚（之二）

人们在过节前忙着收拾。
我没有忙活这些事，
而是从桶里取出圣油
涂抹你洁净的双足。

摸来摸去，却摸不到你的鞋子。
我的泪眼什么也看不见。
一绺绺头发披散在眼上，

就好像挂起厚厚的帷帘。

我把你的双足放在衣襟上，
用泪水冲洗你的双足。
用项链将双足缠绕，
用头发将双足包起。

我对未来的事看得清清楚楚，
就好像你把未来放在我面前。
现在我有了先知的洞察力，
未来的事我都能预言。

明天庙里的帷幕就要落下，
我们将会在一边挤成一圈儿，
大地将要在脚下摇撼，
也许这是对我的怜惜。

押送队要变换队形，
骑兵要四面散开。
那十字架也要直冲天空，
就像一股冲天的龙卷风。

我要匍匐在十字架脚下，

我昏昏沉沉，咬紧嘴唇。
你把双臂伸到十字架的两端，
想拥抱太多的人。

你这样博大，显这样的神威，
受这样的痛苦，为了世上的谁？
世上可有这样多的生灵？
可有这样多的村落、河流和森林？

但是这样的三天会过去的，
这三天将把我推到新的境地，
在这可怕的几天里，
我将成长起来，获得新生。

二十五、客西马尼园

远方的星星眨着眼睛，
冷漠地照耀着大路拐弯处。
大路绕过橄榄山，
下面流的是汲沦溪水。

一片小草地突然断了半截。
小草地那边便是银河。
银灰色的橄榄林依然向前伸去，

仿佛飘浮在半空里。

尽头处是一个花园,一块份地。
他在墙外离开他的弟子们,
对他们说:“我的心十分悲戚,
你们在这里同我待一阵子。”

他二话也不说,
交出了无边的权力与法力,
就好像归还借来的东西,
如今他成了和我们一样的凡人。

夜晚的远方又冷又死寂,
好像是被毁灭的无人区。
广阔的宇宙空空荡荡,
只有这园里充满生机。

他望着那黑黑的远方,
空旷的远方无边无际,
为了免饮死亡的苦杯,
他流着血汗祷告天父。

他在祷告后打起了精神,

信步走出了园门。
他的门徒们疲惫不堪，
一个个在路边草地上打盹。

他唤醒他们:“天父赐福给你们，
叫你们与我同在，你们却这样昏睡。
人类之子的寿限到了。
他要被坏人出卖了。”

他的话刚刚说完，
一群奴隶和无赖突然出现，
火把、刀剑，还有犹大领先，
还要以接吻做暗号。

彼得挥剑和歹徒搏斗，
一剑削下一个人的耳朵。
但是他听到主说:“收回你的剑，
不能用刀剑解决争端。”

难道天父会不派天兵
前来保护我的生命?
敌人动不了我一根毫发，
他们会逃得无影无踪。

但生命的书已翻到最珍贵的一页，
这一页比什么都神圣。
已经写下的就应该实现，
就让它应验吧。阿门。

你看，时代的流逝像寓言，
在流逝中会化成火焰。
为了证明其博大深远，
我将自愿受苦，走进坟墓。

我走进坟墓，三天后复活，
所有的时代将从黑暗中涌出，
像木排，像商队的木船，
依次涌来，接受我的审判。